समकालीन हिन्दी कविता :
अज्ञेय और मुक्तिबोध के संदर्भ में

वाणी प्रकाशन

21-ए, दरियागंज, नयी दिल्ली-110002

फोन : 011-23273167, 23275710

फैक्स : 011-23275710

e-mail : vaniprakashan@gmail.com

website : www.vaniprakashan.com

समकालीन हिन्दी कविता : अज्ञेय और मुक्तिबोध के संदर्भ में

शशि शर्मा

वाणी प्रकाशन का 'लोगो'
विख्यात चित्रकार मक़बूल फ़िदा हुसेन की
कूची से

ISBN : 81-7055-401-2

वाणी प्रकाशन
21-ए, दरियागंज, नयी दिल्ली-110002
द्वारा प्रकाशित
प्रथम संस्करण : 1995
संस्करण : 2008
मूल्य : 395.00

आवरण : वाणी चित्रांकन
जयभारत प्रिंटिंग प्रेस, शाहदरा, दिल्ली-110032
द्वारा मुद्रित

SAMKALEEN HINDI KAVITA :
AGYAY AUR MUKTIBODH KE SANDHRBH
MEIN
by : Shashi Sharma

दो शब्द

स्वतंत्रता के बाद की लगभग चार दशकों की हिन्दी कविता में जितनी उथल-पुथल तथा वाद-विवाद हुए हैं वह अन्यत्र और इतिहास में दुर्लभ हैं। प्रयोगवाद, नई कविता अकविता, विद्रोही कविता, सहज कविता, सूर्योदयी कविता, समकालीन कविता, प्रतिबद्ध कविता जैसी अनेक काव्य-प्रवृत्तियों से हिन्दी कविता का संसार स्पंदित रहा है। आन्दोलनों का ज्वार जब थम चुका है तो स्पष्ट दिखाई देता है कि आज की कविता, सूर्योदयी कविता, सहज कविता कागज की नाव की तरह थे। सब कुछ स्थिर हो जाने पर अज्ञेय और मुक्तिबोध दो सीमांतों की तरह दिखाई देते हैं, जिनके प्रस्थान बिन्दु भिन्न हैं। दोनों पृथक् विचार-सारणियों का प्रतिनिधित्व करते हैं।

अज्ञेय और मुक्तिबोध के काव्य-चिंतन की पृष्ठभूमि और प्रेरणा भिन्न है। अज्ञेय अपने लेखन में प्रारंभ से ही व्यक्ति मोक्ष पर बल देते आए हैं और मुक्तिबोध सामाजिक मोक्ष पर। अज्ञेय विचारों में बंधे हुए कवि नहीं हैं। वे व्यक्ति के विवेक-स्वातंत्र्य को अधिक महत्त्व देते हैं इसलिए उनके काव्य में स्थैर्य नहीं विविधता है जबकि मुक्तिबोध प्रतिबद्ध कवि हैं वे मार्क्सवाद की विचारधारा से जुड़े हुए हैं किन्तु सामाजिक पक्षधरता के संदर्भ में मार्क्सवादी होते हुए भी उनमें कठमुल्लापन नहीं है। वे भी रचनाकार की तरह स्वतंत्रता के हिमायती हैं। दोनों कवि आधुनिकता को महत्त्व देते हैं किन्तु अज्ञेय की आधुनिकता पश्चिमी वादों का अनुसरण करने लगती है और मुक्तिबोध आधुनिक भाव-बोध के सन्दर्भ में मानव की सत्ता को विस्मृत नहीं करते हैं। अज्ञेय क्षण की महत्ता को स्वीकार करते हैं और मुक्तिबोध क्षण-शृंखला में विश्वास करते हैं। यहीं उनका काव्य-पथ अलग-अलग हो जाता है इसी शीतोष्ण धारा के टकराव को समझने का प्रयास हमने प्रस्तुत ग्रन्थ में किया है।

अज्ञेय तथा मुक्तिबोध इन दो कवियों ने समकालीन कविता को प्रभावित किया। अज्ञेय ने प्रयोगवाद और नई कविता की विचार-भूमि को प्रभावित किया और सातवें दशक के उत्तरार्द्ध के कवियों ने मुक्तिबोध से संस्कार ग्रहण कर समकालीन कविता का विकास किया। समकालीन कविता मुक्तिबोध के शिल्प,

कथ्य यहां तक कि जीवन से भी प्रभावित हुई है तथा समकालीन कविता की एक धारा अभी भी अज्ञेय के निकट है, दोनों ही समकालीन कविता के शलाका पुरुष रहे हैं।

मुक्तिबोध ने तो नई कविता को भी दो वर्गों में विभाजित किया परन्तु अज्ञेय को मुक्तिबोध की काव्य-चिंता धारा का विरोध करने की प्रत्यक्ष आवश्यकता नहीं प्रतीत हुई। मुक्तिबोध ने अज्ञेय की मानसिकता से प्रभावित नई कविता की काव्य-प्रवृत्तियों का स्पष्ट विरोध किया। यह तो निर्विवाद रूप से परिलक्षित होता है कि अज्ञेय जब नवलेखन के केन्द्र में थे पर मुक्तिबोध की मृत्यु और उनके साहित्य के प्रकाशित होने के बाद वे केन्द्र से हटते दिखाई देते हैं और मुक्तिबोध समकालीन कविता की उस कविता से प्रतिबद्ध हैं। तथा केन्द्रीय कवि के रूप में प्रतिष्ठित होते हैं। रूपवादी और जीवनधर्मी काव्यधारा के प्रतिनिध कवि के रूप में क्रमश: अज्ञेय और मुक्तिबोध को लेकर अप्रिय विवादास्पद स्थितियां भी निर्मित हुई हैं, जिनमें एक तरह की असहिष्णुता ही प्रकट हुई है। प्रासंगिकता को लेकर अति-रंजित वक्तव्य दिए गए हैं जो कि साहित्य के परिप्रेक्ष्य में उचित भी नहीं हैं। इसलिए दोनों कवियों के काव्य-चिंतन और प्रभावों को परिवेश के परिप्रेक्ष्य में रखकर आंकने का प्रयास मैंने प्रस्तुत ग्रन्थ में किया है।

बदलते हुए परिप्रेक्ष्य में अज्ञेय और मुक्तिबोध को लेकर जो द्वन्द्वात्मकता उभरी, उसने कविता को दो भागों में विभाजित कर दिया। दोनों धाराओं के समानान्तर चलते हुए प्रतिबद्ध कविता को वेग प्राप्त हो गया। क्योंकि प्रतिबद्ध कविता समकालीन कविता के केन्द्र में है। अत: प्रतिबद्ध कविता को वेग कैसे प्राप्त हुआ, इसको विश्लेषित करने की कोशिश भी मैंने सातवें अध्याय में की है।

अज्ञेय और मुक्तिबोध दोनों कवियों के चिन्तन और प्रभाव के परिप्रेक्ष्य में एक विशिष्ट कोण से काव्य-प्रवृत्तियों का मूल्यांकन करना हमारा अभिशाप रहा है। समकालीन कविता, अज्ञेय और मुक्तिबोध तीनों पर पृथक रूप शोधकार्य और स्वतंत्र ग्रन्थ उपलब्ध हैं। मेरा विश्वास है कि सुधीजन इस कार्य को उसी नजरिये से देखेंगे जिसके चलते मैंने समकालीन कविता के उस द्वन्द्वात्मक रूप को समझने की कोशिश की है जो अज्ञेय और मुक्तिबोध की ऐतिहासिक उपस्थिति और सर्जना से प्रभावित हुई है।

मेरे इस कार्य में मेरे गुरु श्रद्धेय श्री चन्द्रकान्त देवताले का स्नेह सान्निध्य और सहयोग प्राप्त हुआ उसी का परिणाम है कि यह शोध-प्रबन्ध इस रूप में प्रस्तुत हो सका। उन्हीं के द्वारा कविताओं और मुक्तिबोध से मेरा आत्मीय रिश्ता कायम हुआ और उन्हीं की चिन्तन दृष्टि के आलोक ने मेरा मार्ग प्रशस्त किया। श्रीमती कमल देवताले ने भी मुझे निरन्तर उत्साहित किया। मैं अपने प्रियजन

और परिजनों के प्रति भी आभारी हूं जिन्होंने प्रत्यक्ष-अप्रत्यक्ष से सहयोग दिया।

यू० जी० सी० की योजना के अन्तर्गत शोध प्रबन्धों के प्रकाशनार्थ विक्रम विश्वविद्यालय, द्वारा प्रदत्त अनुदान राशि के लिए मैं विक्रम विश्वविद्यालय, उज्जैन के प्रति भी अपना आभार व्यक्त करती हूं तथा विक्रम विश्वविद्यालय के कुल सचिव के प्रति भी मैं आभारी हूं जिन्होंने इस शोध प्रबन्ध को प्रकाशित करने में सहयोग दिया।

अंत में, मैं उन सभी लेखकों के प्रति भी आभारी हूं जिनके ग्रंथों और लेखों ने मुझे दिशा प्रदान की।

—शशि शर्मा

[illegible] स्वतन्त्रता के बाद इसका प्रभाव हिन्दी कविता पर [illegible] है। [illegible] प्रतीकों के प्रयोग [illegible] के सौन्दर्यपूर्ण प्रतीकों को निम्न कविता में देखा जा सकता है—

"यह देह का अहंकार
छोड़ो—
कहीं है प्यार की पहचान
तो भी कहो—
'मधुर यह वेला'
कल। इस क्षण की
पुनरावृत्ति कर देखो
फिर हाथ से गिर जाने दो—
फूल पर गिर आने दो—
(फूल को चूमती) धूप।
फूल की स्मरण प्रतिमा ही बचती है
तुम नहीं। न तुम्हारा नाम।"[25]

अज्ञेय के मध्य रहस्यवाद में भी प्रतीकवाद के तत्त्व दिखाई देते हैं। नई कविता की अणुवादी प्रवृत्ति भी प्रतीकवाद की देन है।

बिम्बवाद पश्चिम का महत्त्वपूर्ण आन्दोलन है। इसका उद्भव बीसवीं शताब्दी के पहले दशक में हुआ जिसके प्रवर्तक टी० ई० ह्यूम थे। बिम्बवादियों की महत्त्वपूर्ण स्थापना यह थी कि काव्य में विशेष अभिव्यक्ति होनी चाहिए सामान्य नहीं। बिम्ब का सम्बन्ध कवि के ऐन्द्रिय-बोध से है और ऐन्द्रियबोध का विषय है विशेष (विशेष-व्यक्ति, 'विशेष-वस्तु', विशेष स्थान), अतः बिम्ब भी विशेष होगा, सामान्य नहीं। इस मान्यता का परिणाम यह हुआ कि कविता के परम्परागत उपमान जो [illegible] सामान्य बन गए थे, [illegible] दिये गये और उनके स्थान पर दैनिक जीवन से परिचित उपमान जीवन

विषय-सूची

अध्याय : 1

समकालीन कविता की पृष्ठभूमि, समकालीन कविता पर प्रभाव, प्रवृत्तियां व आंदोलन

"नहीं होती, कहीं भी खत्म कविता नहीं होती
कि वह आवेग-त्वरित काल-यात्री है
व मैं उसका नहीं कर्ता
पिता-धाता
कि वह कभी दुहिता नहीं होती,
परम स्वाधीन है वह विश्व-शास्त्री है
गहन-गम्भीर छाया आगमिष्यत् की लिखे
वह जन-चरित्री है।"

—मुक्तिबोध

स्वतंत्रता प्राप्ति हमारे समय की महत्त्वपूर्ण घटना है। आजादी के बाद ही भारतीय समाज में तेजी से परिवर्तन हुए और साहित्य भी इन परिवर्तनों से प्रभावित हुआ। इन प्रभावों के फलस्वरूप साहित्य के क्षेत्र में अनेक काव्यात्मक प्रयास किये गये, किन्तु साहित्य के क्षेत्र में परिवर्तन आकस्मिक घटना की तरह नहीं आते हैं। कभी-कभी आकस्मिक प्रतीत होते हुए भी वे युगीन-दृष्टि तथा सामाजिक ढांचे में आये बदलावों का परिणाम होते हैं। परिस्थितियों के बदलाव और परिवर्तनों के साथ ही मूल्य और प्रतिमान भी बदलने लगते हैं। मुक्तिबोध ने कहा है कि—"कोई भी नया साहित्यिक आन्दोलन उन विशेष कालगत स्थितियों में पैदा होता है, जिन्हें हम सामाजिक विकास की महत्त्वपूर्ण श्रृंखला कहते हैं।"[1] उन विशेष कालगत स्थितियों को हम पूर्व प्रवृत्तियों द्वारा ही समझ सकते हैं। स्वतंत्रता के पहले जो प्रवृत्तियां थीं, उसी का विकसित रूप हमें बाद के आन्दोलनों में दिखाई देता है।

हिन्दी साहित्य में आधुनिक युग का प्रारम्भ 'भारतेन्दु युग' से ही हो जाता है, क्योंकि 1917 की रूसी क्रान्ति से समस्त शोषित देश एशिया और अफ्रीका प्रभावित हुए थे। इसलिए मार्क्सवादी सिद्धान्तों के बीज भारतेन्दु और द्विवेदी युग में दिखाई पड़ते हैं। "बाबू हरिश्चन्द्र और द्विवेदी युग के सभी कवि युगीन परि-स्थितियों के प्रभाव से धीरे-धीरे बौद्धिक चिन्तन को अपनाते जा रहे थे। उनके मानवतावाद में देव, ईश्वर और आत्मा की पौराणिकता की अपेक्षा तर्क और बुनियादी व्यावहारिक यथार्थता पर अधिक बल दिया जा रहा था। यह अवश्य है कि कुछ कवियों की कुछ कविताओं को छोड़, इस परिवर्तन का आधार मार्क्सवादी चिन्तन न होकर, तत्कालीन युग-पुरुषों, सुधारकों और महात्माओं का सामाजिक आन्दोलन था। इसी आन्दोलन के बीच मार्क्सवाद की क्षीण धारा सन् 1920-21 में बहनी शुरू हो गयी थी, जो सन् 1934 तक आते-आते एक महा-नदी का स्वरूप लेने लगी थी।"[2] मार्क्सवादी विचारधारा से अनुप्रेरित इस प्रवृत्ति को प्रगतिवाद की संज्ञा दे दी गई। "इन वाम-पक्षी विचार-आवर्तों ने दो प्रकार के लेखक पैदा किये—एक तो वे जो सीधे-सीधे राजनीतिक विचार-प्रवाह के साहित्यिक रूपान्तर थे, दूसरे वे जिन्होंने छायावादी-साहित्यिक आदर्शों और मनोदिशाओं के विरुद्ध तीव्र प्रतिक्रियाएं की थीं। ये दूसरे प्रकार के लेखक सन्

1939 से ही छायावादी आदर्शवादी भूमि को वैचारिक दृष्टि से त्याग रहे थे। उनका सबसे महत्त्वपूर्ण विरोध इस बात को लेकर था कि छायावाद ने अर्थभूमि को संकुचित कर दिया है। छायावादी मनोदशा वास्तविक जीवन का प्रतिनिधित्व नहीं करती, इसलिए उसमें जिन्दगी की असलियत लापता है। यही वह मूल प्रक्रिया थी जो उस समय छायावाद के विरुद्ध की गयी थी।"[3] अतः प्रगतिवाद की धारा छायावाद के विरुद्ध प्रतिक्रियास्वरूप तो आई और उन वायवीय आदर्शों के खिलाफ भी जो मनुष्य के जीवन सम्बन्धी समस्याओं पर विचार नहीं करते।

हिन्दी साहित्य के लिए 1935 से 1940 तक का समय संक्रमण का काल है। छायावाद की अन्तिम उपलब्धि कामायनी का प्रकाशन 1936 में हुआ और निरालाजी की 'वह तोड़ती पत्थर' रचना भी सन् 1935 में प्रकाशित हुई। इसके साथ कवि पंतजी ने युगान्त घोषणा कर दी, कुछ अपवादों को छोड़कर छायावाद के सभी कवि मार्क्सवाद से प्रभावित हुए थे। यहां तक कि छायावादी काव्यधारा की कवयित्री महादेवी वर्मा ने भी कहा—"छायावादी काव्य व्यष्टिगत की समष्टिगत परीक्षा में अनुत्तीर्ण रहा। अतः काव्यक्षेत्र में प्रतिक्रिया का आगमन अनिवार्य था और उसी के परिणामस्वरूप एक नवीन काव्यधारा, एक नवीन काव्य-प्रवृत्ति ने जन्म लिया जिसे प्रगतिवादी संज्ञा से अभिहित किया गया।"[4]

सन् 1934 में प्रगतिवाद का स्वर स्पष्ट सुनाई देता है। खासतौर पर सन् 1934 के प्रगतिशील लेखक संघ के अध्यक्षीय भाषण में जन-प्रिय साहित्यकार प्रेमचन्द जी साम्यवाद का समर्थन करते दिखाई देते हैं। जनवरी 1934 को 'जागरण' में कहा गया कि—"साम्यवाद का विरोध तो वह करता है जो दूसरों से ज्यादा सुख भोगना चाहता है, जो दूसरों को अपने अधीन रखना चाहता है। जो अपने को दूसरों के बराबर समझता है, जो अपने में सुर्खाब के पर लगा हुआ नहीं देखता, जो समदर्शी है उसे साम्यवाद से विरोध क्यों होने लगा।"[5] उन्होंने रसवादी, आनन्दवादी साहित्य की कड़ी आलोचना की और उच्च-चिंतन, स्वाधीनता का भाव, संघर्ष और बेचैनी, उत्पन्न करने वाले साहित्य के सृजन का उद्घोष किया। इसीलिए उनके भाषण को ऐतिहासिक महत्व प्राप्त है।

सन् 1935 में कलकत्ता में आयोजित इस संघ के दूसरे अधिवेशन के अध्यक्ष रवीन्द्रनाथ टैगोर थे। उन्होंने साहित्यकार से अपेक्षा की कि—"वह साहित्य में अन्ध परम्पराओं की जगह वैज्ञानिक बुद्धिवाद का समावेश करेगा और सारे देश में क्रान्ति की भावना के विकास में सहायता पहुंचायेगा। वह प्रतिक्रियावादी प्रवृत्तियों का साहसपूर्वक विरोध करेगा जो साम्प्रदायिक, जाति, द्वेष तथा मनुष्य द्वारा मनुष्य की भावना को प्रतिबिम्बित करती हो।"[6]

संघ का तीसरा अधिवेशन डॉ० अलीम की अध्यक्षता में सन् 1942 में

दिल्ली में हुआ। संघ के अधिवेशनों में सबसे प्रचारवादी स्वरूप इस अधिवेशन का दिखाई पड़ता है। 22 जून, 1941 को फासिज्म शक्तियों का हमला सोवियत रूस पर हो चुका था, अतः दुनिया की कम्युनिस्ट संस्थाएं, उस तारीख के बाद बराबर फासिज्म के विरुद्ध जनता को जागृत करने में लगी हुई थीं। राजनीतिक-पार्टियों द्वारा चलाये जाने के कारण, फासिज्म विरोधी आन्दोलन कभी भी उच्च कोटि की गरिमा नहीं पा सका और पर्चों व प्रचारात्मक गीतों से ऊपर न उठ सका।

इसका चौथा अधिवेशन मई 1943 में श्री एस० ए० डांगे की अध्यक्षता में हुआ। इस अधिवेशन का प्रधान स्तर भी फासिज्म विरोधी ही था क्योंकि पूर्वी सीमान्तों पर जापानी युद्धखोर बम बरसाने में लगे थे। ऐसी हालत में इस संस्था के अधिवेशन में फासिज्म विरोधी नारा लगाया जाना स्वाभाविक था।

इसी बीच विचित्र राजनीतिक स्थिति उत्पन्न हुई। 1942-43 में 'भारत छोड़ो आन्दोलन' की घोषणा हुई। प्रगतिशील लेखक संघ द्वारा इसकी उपेक्षा की गई और स्वतत्रंता के बाद उनकी घोषणा कि हिन्दुस्तान आज भी साम्राज्य-वाद का गुलाम बना हुआ है, लोगों को पसन्द नहीं आई। मार्क्सवादी चिंतक डॉ० सज्जाद जहीर भी पाकिस्तान चले गये और एक तरह से प्रगतिवादी धारा बहुत कमजोर हो गई और इन सब स्थितियों का लाभ उठाया नयी कविता के कवियों ने। प्रगतिवाद की प्रमुख विशेषता यह थी कि वह मार्क्सवाद पर आधारित है। डॉ० इन्द्रनाथ मदान ने इसकी व्याख्या इस प्रकार की है--"प्रगति-वादी कवि वही है जो मार्क्सवादी विचारधारा से प्रभावित हो, जो सामाजिक चेतना को समाजवादी चेतना में परिणित करने के लिए प्रयत्नशील हो, जिसमें सामाजिक यथार्थ को समाजवादी धरातल पर ग्रहण करने का आग्रह हो।"[7] जबकि श्री रामप्रसाद त्रिवेदी के अनुसार—"हिन्दी में प्रगतिवाद का उद्भव भारतीय साहित्य की उस विशाल परम्परा का अंग है, जिसके मूल में लोक-मंगल की भावना निहित होती है।"[8] और डॉ० विशम्भरनाथ उपाध्याय 'प्रगतिवाद' को तो मार्क्सवाद से सम्बन्धित मानते हैं लेकिन 'प्रगतिशील' को नहीं; इसीलिए वे कहते हैं—"दलित वर्गों के प्रति सहानुभूति तो काव्य में प्रारम्भ से मिलती है परन्तु उन सबको 'प्रगतिवादी' नहीं कहा जा सकता, उन्हें 'प्रगतिशील' अवश्य कहा जा सकता है।"[9]

अतः निष्कर्ष के तौर पर हम यह कह सकते हैं कि दलितवर्ग के प्रति सहानु-भूति, न्याय के लिए पक्ष व लोक-मंगल की भावना तो साहित्य में प्रारम्भ से मिलती है, लेकिन उसे प्रगतिवादी नहीं कहा जा सकता बल्कि सुधारवाद या नवजागरण का काल कहा जा सकता है। प्रगतिवादी काव्य की मुख्य प्रेरणा तो वर्ग-संघर्ष की तीव्रतम अभिव्यक्ति है। वे ही कविताएं प्रगतिवादी कही जाती थीं, जो साम्यवाद के अनुकूल अभिव्यक्तियां देती थीं। यह विचारधारा जीवन के

प्रति वैज्ञानिक दृष्टिकोण रखती है तथा व्यक्ति को सामाजिक चेतना से प्रतिबद्ध करती है। उन्होंने साहित्य में यूटोपिया की कल्पना नहीं की, वे भौतिकवादी दृष्टि में विश्वास रखते थे। उनका समस्त चिंतन एक ही लक्ष्य से प्रतिबद्ध था—मानव द्वारा मानव के शोषण से मुक्ति। उन्होंने साहित्य में मजदूरों और किसानों का पक्ष लिया और भारतीय साहित्य की उस जनवादी परम्परा की प्रशंसा की, जो सन्त काव्यों, लोक-गीतों और लोक-वार्ताओं में विकसित हुई है। इस धारा का कथ्य निम्न वर्ग के जीवन से जुड़ा हुआ था। जन-सामान्य को सामाजिक क्रांति के प्रति सजग करना और ऐतिहासिक परिस्थितियों के परिप्रेक्ष्य में समाज का यथार्थ चित्रण करना ही उनके काव्य का मुख्य प्रयोजन था। इस समय के काव्य में तत्कालीन स्थितियों का यथार्थ चित्रण हुआ है। प्रगतिवादियों ने जन-जीवन से बिम्ब और प्रतीकों की रचना की। भाषा में सपाटबयानी और व्यंग्यात्मक शैली का परिष्कार किया।

इसी बीच मार्क्सवादी काव्यधारा के समान्तर अस्तित्ववाद और अतियथार्थवाद का भी काव्यधारा पर प्रभाव पड़ा। कई लोगों का मत है कि मार्क्सवाद के विरोध की प्रक्रिया सन् 1953 से शुरू हुई जो आज तक समाप्त नहीं हुई। सन् 43 से 46 के बीच एक भी प्रगतिशील लेखक संघ की बैठक नहीं हुई। सन् 46 में इस संघ के मंत्री भी पाकिस्तान चले गए और इसके बाद प्रगतिशील चेतना का दौर खत्म-सा होने लगा। स्वतंत्रता मिलने के तुरन्त बाद के दशकों में प्रगतिशील धारा के क्षीण होने के दो कारण थे—एक तो पांचवें दशक में लिखी जा रही प्रगतिवादी हिन्दी कविता का कलात्मक पक्ष कमजोर था और स्वतंत्रता के बाद भारत के सत्ताधारी दल ने कम्युनिष्ट पार्टियों के प्रति विशेष रूप से विरोधपूर्ण रवैया अपनाया था और जन-आन्दोलनों को संगठित नहीं होने दिया। कम्युनिष्ट नेतृत्व में आपसी मतभेदों के कारण भी प्रगतिशील धारा को धक्का पहुंचा था। इस बात को मुक्तिबोध ने भी अनुभूत किया था—"आज के प्रगतिवाद में बाह्य पक्ष का ही चित्रण किया जाता है। व्यक्तिगत यथार्थ, आन्तरिक अनुभूति को तो वे लोग छूत तक नहीं, यहीं उनका मामला गड़बड़ है। जब तक वह सम्पूर्ण मनुष्य को लेकर नहीं चलेंगे तब तक वह उसके किसी एक ही अंश को सम्पूर्ण मानकर खत्म कर देंगे।"[10]

ऐसी स्थिति में अज्ञेय बिखरी हुई विचारधारा को लेकर एक साथ तार-सप्तक में आये। प्रथम तार-सप्तक तक तो यह प्रयोगों का ही साधन था, लेकिन बाद में इन कवियों को अनायास प्रयोगवादी कवियों की संज्ञा दे दी गई। पांचवें दशक में जो कवि 'राहों के अन्वेषी' थे, उन्हें सन् 60 तक आते-आते राह मिल गयी और पूरी तरह सौन्दर्यवादी पक्ष में लुप्त हो गयी। प्रयोगवाद और नई कविता में थोड़ा अन्तर है। प्रयोगवाद में स्वतंत्रता के पहले की संघर्ष की गूंज थी

और वह भी स्वप्नवादिता विरोध में आया आन्दोलन था। प्रारंभिक उत्थान-कालीन प्रयोगवादी कविता को यदि हम उसके समग्र रूप में देखें तो हमें मार्क्स-वाद की छाया मिल जाएगी।" "जीवन आलोचन की दुःखात्मक किन्तु तीव्र ध्वनि सुनाई देगी। उस कविता में भाव-तत्वों का आन्तरिक गठन, उसकी आन्तरिक रचना-शैली ऐसी थी जिससे यह ध्वन्वर्थ प्राप्त होता था कि यह इस ओर है या उस ओर।"[11] पहले तार-सप्तक में भिन्न-भिन्न विचारधाराओं के कवि थे, लेकिन सब स्वयं को वादों से मुक्त मानते थे। अज्ञेय ने तो 'प्रयोगवाद' शब्द का विरोध दूसरे तार-सप्तक में भी किया था—"प्रयोग अपने आप में कोई वाद नहीं है। हम वादी नहीं रहे हैं, न प्रयोग अपने आप में कोई इष्ट या साधन है। ठीक इसी तरह कविता का कोई भी वाद नहीं है। कविता भी अपने आप में इष्ट या साधन नहीं है, अतः हमें प्रयोगवादी कहना उतना ही सार्थक या निरर्थक है, जितना हमें कवितावादी कहना।"[12] इस प्रकार अज्ञेय ने प्रयोग को 'सत्य को जानने" तथा प्रेषण की क्रिया और साधनों को जानने का दोहरा साधन बताया। तार-सप्तक की रचनाओं को रूप और वस्तु की दृष्टि से अलग देखकर छायावादी आलोचकों ने उसे अनायास प्रयोगवाद की संज्ञा दे डाली।

इसी बीच नलिनीविलोचन शर्मा, केसरी कुमार, नरेश इन तीन कवियों ने प्रपद्यवाद की घोषणा की। उनके अनुसार—"प्रगति या प्रयोग शब्द के प्रति मोह की आवृत्ति न हो और नये काव्य को स्वीकार किया जाए, इसलिए इन कवियों ने अपने वाद के प्रपद्यवाद और नाम के लिए (नकेन) सभी नामों के प्रथम अक्षर से स्वीकार किया।"[13] इस प्रकार हिन्दी साहित्य क्षेत्र में यह धारा आगे बढ़ी जो निःसंकोच प्रयोग को अपना साध्य मानती है। प्रपद्यवाद में प्रयोगवाद की ही विचारधारा प्रतिफलित हुई थी। वस्तु और रूप किसी भी दृष्टि से यह उससे अलग नहीं थी। उन्होंने अज्ञेय के प्रयोगवाद की सार्थकता का समर्थन किया था, परन्तु उन्होंने अज्ञेय द्वारा की गई व्याख्या को प्रयोगशील की व्याख्या माना, प्रयोगवाद की नहीं। उन्होंने 'प्रकाश पत्रिका में प्रयोग को दस सूत्रों में स्पष्ट किया है, जिसमें पहली बार प्रयोगशील को प्रयोगवाद से पृथक् बताया गया है। 'पस्पशा' में बताया गया कि प्रयोगशील कविता किस प्रकार प्रयोगवादी कविताओं से भिन्न है। उनके अनुसार प्रयोगशील कविता 'कविता' को प्रयोग का विषय मानकर भी स्पष्ट शब्दों में प्रयोग को मात्र साधन घोषित करने में सावधानी बरतती थी जबकि प्रपद्यवादियों की प्रयोग के सम्बन्ध में स्पष्ट घोषणा थी कि प्रयोगशील प्रयोग को साधन मानता है और प्रयोगवादी साध्य।

"प्रपद्यवादियों ने 'नकेन के प्रपद्य' संग्रह की भूमिका में दस सूत्रों के द्वारा इस सूक्ष्म अंतर को प्रतिपादित किया—

—प्रयोगवाद भाव और व्यंजना का स्थापत्य है।

—प्रयोगवाद सर्वत्र स्वतन्त्र है। उसके लिए शास्त्र तथा दल निर्धारित नियम अनुपयुक्त है।

—प्रयोगवाद महान पूर्ववर्तियों की परिपाटियों को भी निष्प्राण मानता है।

—प्रयोगवाद दूसरों के अनुकरण की तरह अपना अनुकरण भी वर्जित समझता है।

—प्रयोगवाद को मुक्त काव्य ही नहीं अपितु स्वच्छंद काव्य की स्थिति अभीष्ट है।

—प्रयोगशील प्रयोग को साधन मानता है, साध्य नहीं।

—प्रयोगवाद की इक् वाक् पदीय प्रणाली है।

—प्रयोगवाद के लिए जीवन और कोष कच्चे माल की खान है।

—प्रयोगवादी प्रयुक्त शब्द और छन्द का स्वतः निर्माता है।

—प्रयोगवाद दृष्टिकोण का अनुसंधान है।"[13]

"इसके दो सूत्र बाद में 'अवन्तिका' में 1954 में प्रस्तुत किए गए—

—प्रयोगवाद मानता है कि पद्य में उत्कृष्ट केन्द्रण होता है। यही गद्य और पद्य में अन्तर है।

—प्रपद्यवाद मानता है कि चीजों का एकमात्र ही सही नाम होता है।"[14]

हम जानते हैं कि तार-सप्तक के प्रयोगवाद और नकेनवादी प्रयोगवाद में कोई विशेष अन्तर नहीं है। फिर भी तार-सप्तक के समय प्रयोगवाद और प्रगतिवाद को मिलाये रखने की जो व्यग्रता थी या प्रयोगवादी जो प्रगतिवादी का स्पष्ट विरोध नहीं कर पा रहे थे, उनकी इस प्रवृत्ति को नकेनवाद ने छिपने नहीं दिया और बाद के स्वरूप को विकसित होने में महत्त्वपूर्ण सहयोग दिया।

प्रगतिवाद, प्रयोगशील, प्रयोगवाद, प्रपद्यवाद इन सभी नामों को एक साथ लेकर नयी कविता सामने आयी। नयी कविता प्रयोगवाद का ही विकसित रूप है। चौथे दशक में जो राहों के अन्वेषी थे, उन्हें पांचवें दशक तक आते-आते राह मिल गयी। प्रगतिवाद के विरुद्ध प्रतिक्रियास्वरूप नयी कविता सामने आयी। मुक्तिबोध के शब्दों में—"नयी कविता के बुर्ज से शीतयुद्ध की गोलंदाजी की गयी थी।"[1] इस प्रकार नयी कविता प्रगतिवाद के विरुद्ध ही साहित्य में आई क्योंकि प्रगतिवाद विचारधारा के कमजोर पड़ने का कारण उसमें कलात्मकता की कमी था।

स्वतंत्रता प्राप्ति के तुरंत बाद के दशकों में प्रगतिशील धारा का वेग क्षीण होता दिखाई देता है किन्तु समाप्त नहीं होता। मुक्तिबोध के अनुसार—"नयी कविता में कई भावधाराएं हैं एक भावधारा में प्रगतिशील तत्त्व पर्याप्त है।"[16] नयी कविता की यह धारा निराला से लेकर दुष्यंत, अजित, केदारनाथसिंह,

नागार्जुन, त्रिलोचन, मुक्तिबोध तक आती है। तार-सप्तक के सभी कवियों को अनायास प्रयोगवादी संज्ञा से अभिहित किया गया। प्रत्येक रचनाकार का अपना प्रस्थान बिन्दु होता है। अतः प्रगतिवाद विचारधारा भी क्षीणरूप में सही नयी कविता के समानान्तर चलती रही।

प्रयोगवाद की तरह नयी कविता में भी नवीनता के प्रति मोह था। परिणामस्वरूप नयी कविता पाश्चात्य प्रभावों से प्रभावित हुई और आधुनिकतावाद तथा व्यक्ति-स्वातंत्र्य को लेकर आयी। इस आधुनिकताबोध में जहां तक कल्पना के स्थान पर व्यक्ति के आत्मगत अनुभव को स्थापित करने की बात थी वहां तो ठीक था लेकिन यहां आधुनिकताबोध का अर्थ व्यापक सामाजिक समस्याओं से दूरी रखने लगा। स्वतत्रता के बाद साहित्य में परिवर्तन होना तो दूर लेकिन हमने विदेशी समस्याओं को अपने जीवन की सतह पर लबादे की तरह ग्रहण किया। एक तरह से पाश्चात्य आन्दोलनों का अन्धानुकरण किया जा रहा था जिसमें व्यक्त चिन्तन, विचार, अनुभव भी हमारे जीवन की समस्याओं से बहुत दूर थे। मुक्तिबोध के शब्दों में—"इस समय के आधुनिक भाव-बोध में उन उत्पीड़नकारी शक्तियों का बोध शामिल नहीं है, जिन्हें हम शोषण कहते हैं, पूंजीवाद कहते हैं, साम्राज्यवाद कहते हैं तथा उन संघर्षकारी शक्तियों का भी नहीं जिन्हें हम जनता कहते हैं।"[17] इस प्रकार आधुनिकतावाद व्यक्तिवादी सृजन का अनुकर्त्ता बनकर रह गया और नयी कविता दायित्वहीन होकर खुले तौर पर राजनीति का विरोध करने लगी।

नया कवि व्यक्ति स्वातंत्र्य की चिन्ता तो बहुत करता था किन्तु इस बारे में बिल्कुल चुप रहता था कि तीसरी दुनिया के देशों में मानव विरोधी शक्तियां किन-किन रास्तों से प्रवेश कर रही हैं? वर्तमान परिस्थितियां देश की क्या हैं? नव शक्तियां गरीब और पिछड़े देशों में किस प्रकार शोषण और कुचक्र चला रही हैं? इस सम्बन्ध में नये कवि की व्यक्ति-स्वातंत्र्य की धारणा बिल्कुल खामोश रहती थी, क्योंकि राजनीति के बारे में कुछ कहना प्रगतिशील वामपंथी शक्तियों से जुड़ना था और नई कविता प्रगतिशील काव्यधारा के प्रतिक्रियास्वरूप उत्पन्न हुई थी। इसलिए नई कविता का उस राजनीति से विरोध है जो व्यापक जन समुदाय के समर्थन को लेकर सत्ता के हितों से टकराती है। इसका प्रमुख कारण यह है कि वह यह समझते थे कि कांग्रेस व्यापक जन-समुदाय के हितों का प्रतिनिधि है। यद्यपि भारतीय समाज में जटिल होते जा रहे अन्तर्विरोधों को वे समझ भी रहे थे तभी 1951 के बाद नयी कविता में एक खास तरह की वाक्पटुता दिखाई देती है लेकिन इस चेतना का इतिहास से कोई गहरा सम्बन्ध नहीं था।

नयी कविता के व्यक्तिपरक ढांचे में क्षणवाद की भी प्रमुख भूमिका रही

है। नए कवि ने जीवन की समग्रता को बहुत ही सीमित दायरे में बांधने का प्रयत्न किया जबकि व्यापक जीवन का अनुभव-बोध इतना सरल और एकायामी नहीं होता कि उसे क्षण की परिधि में बांधा जा सके। क्षण-शृंखला से अलग क्षण का कुछ भी महत्त्व नहीं है क्योंकि भाषा, अन्ततंत्व, संवेदनात्मक अनुभव और कल्पना इत्यादि में रचनाकर्म का संपादन मन के भीतर चलता रहता है। इसकी इन्टेंसिटी कम या अधिक हो सकती है या बीच में ही टूट भी सकती है। एक विशेष क्षण का अनुभव दूसरे क्षण के अनुभव-बोध से अलग अवश्य हो सकता है किन्तु असम्पृक्त तो कदापि नहीं होगा।

नयी कविता के 'क्षणवाद' सिद्धान्त ने भी उसे जीवन के व्यापक सन्दर्भों से काट दिया। मुक्तिबोध के शब्दों में—"नया कवि केवल बाह्य के प्रति संवेदनाघात और संवेदनात्मक प्रतिक्रिया करके उसे शब्दों में बांध देता है। यह इसलिए कि कवि-कलाकार यथार्थ-बोध के प्रथम स्तर पर संवेदनात्मक आंकलन और संवेदनात्मक प्रतिक्रिया करके उसे शब्दों में बांध देता है। यह इसलिए कि कवि-कलाकार यथार्थ-बोध के प्रथम स्तर पर संवेदनात्मक आंकलन और संवेदनात्मक प्रतिक्रिया के स्तर पर ही रहना चाहते हैं। यही कारण है कि जीवन के विस्तार के चित्र हमें नयी कविता में कम दिखाई देते हैं, क्योंकि उनमें केवल विशिष्ट का चित्रण नहीं, वरन् परस्पर सम्बन्धित विशिष्टों का चित्रण और उनका सामान्यीकरण—इन दोनों की आवश्यकता है। गहराई से जीवन में पैठने के अतिरिक्त जीवन के वैविध्य के अनुभव चिन्तन और कलात्मक उपलब्धि के लिए आवश्यक अभिव्यक्ति क्षमता यह सब चाहिए।"[18]

अत: निष्कर्ष के रूप में हम कह सकते हैं कि नवीनता की होड़ का यह वह समय था जिसने रचनाकारों को पाश्चात्य सिद्धान्तों की ओर प्रेरित किया। जिसके कारण नयी कविता भी व्यापक सत्यान्वेषण की ओर से पलटकर आत्मान्वेषण की ओर अग्रसर हुई। पश्चिमी जमीन से पनपे सिद्धान्तों ने उसे अपनी जमीन से भी उठा दिया और अनुभव की सत्यता दब सी गई किन्तु इसके साथ ही नयी कविता की कुछ उपलब्धियां भी थीं। उसने कविता को छायावादी भावुकता से मुक्त कर बौद्धिक ढंग से सोचने की ओर प्रवृत्त किया। शिल्प के सम्बन्ध में भी छायावादी काल्पनिक सत्यों की भाषा से मुक्ति पाने के लिए अनुभवयुक्त भाषा के प्रयोग किये जिसके कारण साहित्य में नए उपमानों, प्रतिमानों की सृष्टि होने लगी। रचनाकार एक बार फिर से नए ढंग से सोचने के लिए उद्यत हुए।

कला और साहित्य पर अपने समय की स्थितियों का प्रत्यक्ष व परोक्ष प्रभाव अवश्य पड़ता है और यह प्रभाव कभी जातीय अनुभवों से प्रेरित होता है तो कभी अन्तर्राष्ट्रीय हलचलों से। हिन्दी साहित्य भी फ्रायड का मनोविश्लेषण, बिंबवाद,

प्रतीकवाद, प्रभाववाद, अतियथार्थवाद, अस्तित्ववाद आदि अनेक वादों, सिद्धान्तों से प्रभावित हुआ है।

भारतीय साहित्य पर मनोविज्ञान के सिद्धान्तों का भी गहरा प्रभाव है। मनोविश्लेषण शास्त्रियों के अनुसार—"कलाकार सामाजिक दृष्टि से एक दुर्बल तथा अनुपयोगी प्राणी है। उसे सदा ही अपनी सामाजिक-अनुपयोगिता की अनुभूति त्रास दिया करती है। वही अनुभूति उसे कला-सृजन की प्रेरणा भी देती है, फलतः अपनी कला द्वारा वह समाज में अपनी उपयोगिता को प्रमाणित करता हैं।"[19] इस मत के प्रवर्तक प्रसिद्ध मनोवैज्ञानिक एडलर थे।

फ्रायड की दूसरी मान्यता यह है कि समस्त कला-सृजन के मूल में कलाकार की दमित और कुंठित काम-वृत्तियों की सत्ता होती है। ये वृत्तियां विविध प्रकार की बाह्य-जिज्ञासाओं के कारण कलाकार के अवचेतन अथवा अचेतन मन में दबी पड़ी रहती हैं और अवसर आने पर उसकी कला द्वारा अपने निकास का मार्ग खोज लेती हैं। व्यक्ति के जीवन की प्रेरणाओं का उद्‌गम व्यक्ति के अवचेतन में दबी इन्हीं दमित एवं कुंठित काम-वृत्तियों की सत्ता वस्तुतः प्रत्येक मनुष्य के मस्तिष्क में होती है। अपनी जिन इच्छाओं की वह समाज के भय से तथा अन्य वर्जनाओं के कारण अभिव्यक्त नहीं कर पाता, वे सब उसके अवचेतन अथवा अचेतन मनों में एकत्र होती रहती हैं और इस प्रकार विविध मानसिक रोगों तथा विकृतियों को जन्म देती हैं। कलाकार के पास कला का माध्यम होता है तथा वह अपनी इन दमित वृत्तियों को अपनी कला के माध्यम से उदात्त रूप में प्रस्तुत करने का प्रयत्न करती है। कतिपय विशिष्ट कला-कृतियों का विश्लेषण कर फ्रायड ने इस कथन को प्रमाणित कर दिया।

हिन्दी साहित्य के क्षेत्र में इसका प्रभाव सन् 1943 के बाद की कविताओं पर देखा जा सकता है। अज्ञेय का काव्य ही नहीं वक्तव्यों पर भी इस सिद्धान्त का प्रभाव है। इसी सिद्धान्त से प्रभावित होकर उन्होंने कहा था—"कला कलाकार द्वारा स्वयं को प्रमाणित करने का प्रयत्न है।"[20] "अपर्याप्तता के प्रति विद्रोह है।"[21] इसी विचारधारा से प्रभावित होकर अज्ञेय ने कहा कि—"आधुनिक युग का साधारण व्यक्ति यौन-वर्जनाओं का पुंज है। उसके जीवन का एक पक्ष है उसकी सामाजिक रूढ़ि की लम्बी परम्परा, जो परिस्थितियों के परिवर्तन के साथ-साथ विकसित नहीं हुई, और दूसरा पक्ष है स्थिति-परिवर्तन की असाधारण तीव्र गति जिसके साथ रूढ़ि का विकास असंभव है। इस विपर्याप्तता का परिणाम है कि आज के मानव का मन यौन-परिकल्पनाओं से लदा हुआ है और वे कल्पनाएं दमित और कुंठित हैं। उसकी सौन्दर्य चेतना भी इससे आक्रान्त है। उसके उपमान सब यौन प्रतीकार्थ हैं।"[22] नयी कविता के अधिकांश कवियों ने मनुष्यों के भीतरी मनोभावों को ही अपनी कविता का मुख्य विषय बनाया तथा कलाकार के

अहम् को ही अधिक महत्त्व दिया।

प्रभाववाद चित्रकला के क्षेत्र से साहित्य के क्षेत्र में आया। इसकी स्थापनाओं का विकास 19वीं शताब्दी के उत्तरार्द्ध में हुआ। इसकी प्रमुख स्थापना यह है कि यथार्थ-चित्रण करने के लिए चित्रकला के क्षेत्र में बिन्दुओं और मुक्त तूलिका क्षेपण को तथा साहित्य के क्षेत्र में वर्णों की विशिष्ट लेखन योजना को महत्त्व मिलना चाहिए। इस पद्धति द्वारा महसूस किए गए मनस्तत्त्व और अभिव्यक्ति के रूप में प्रकट हुए कलातत्व के बीच अन्तर हो जाता है। यह अभिव्यक्ति की विशिष्ट प्रक्रिया है जो मनस्थिति के सूक्ष्म प्रभावांकन को महत्त्व देती है। बिन्दुओं, विरामचिह्नों और वर्णों को छोटे-बड़े बेतरतीब क्रमों में लिखने की पद्धति से अनुभूत को अविकल रूप में पाठक तक पहुंचाने की प्रक्रिया और प्रयत्न में इस सिद्धान्त का विकास हुआ।

हिन्दी कविता में इस सिद्धान्त का प्रभाव 'अ-कविता' आन्दोलन के कवियों पर स्पष्ट परिलक्षित होता है। जगदीश चतुर्वेदी, सौमित्र मोहन, श्याम परमार की कविताओं में इस प्रकार की प्रवृत्ति दृष्टिगत होती है। कदाचित् इस सिद्धान्त से प्रेरित होकर ही अज्ञेय ने आज के कवि की अभिव्यक्ति सम्बन्धी स्थिति पर व्याख्या करते हुए तार-सप्तक में लिखा था—"प्रयोग सभी कालों के कवियों ने किए हैं। यद्यपि किसी काल में किसी विशेष दिशा में प्रयोग करने की प्रवृत्ति होना स्वाभाविक है, किन्तु कवि यह अनुभव करता आया है कि जिन क्षेत्रों में प्रयोग हुए हैं, उनसे आगे बढ़कर अब उन क्षेत्रों का अन्वेषण करना चाहिए जिन्हें अभी छुआ नहीं गया है या जिन्हें अभेद्य मान लिया गया है। भाषा को अपर्याप्त पाकर विराम संकेतों से, अंकों और सीधी-तिरछी लकीरों से, छोटे या उल्टे अक्षरों से, लोगों के अधूरे वाक्यों से—सभी प्रकार के इतर साधनों से कवि उद्योग करने लगा कि अपनी उलझी हुई संवेदना की सृष्टि को पाठकों तक अक्षुण्ण पहुंचा सके।"[23] हिन्दी की कविताओं में नकेनवादियों की कविताओं पर इस वाद का प्रभाव देखा जा सकता है।

प्रतीकवाद का जन्म फ्रांस के प्रकृतवाद के विरुद्ध एक रोमेन्टिक प्रतिक्रिया के रूप में हुआ था। 19वीं सदी के मध्य में विज्ञान ने नए आविष्कार किए। डार्विन तथा स्पेंसर के सिद्धान्तों ने मनुष्य के प्रति उस धारणा में परिवर्तन किए, जो स्वच्छन्दतावाद के समय से चली आ रही थी। मनुष्य की बदलती हुई धारणाओं ने प्रकृतवाद को जन्म दिया। प्रकृतवाद का दौर समाप्त नहीं हुआ कि रोमेन्टिकता का दौर आ गया।

प्रतीकवाद के तत्त्वों का प्रारंभ में अंग्रेजी साहित्य पर प्रभाव था किन्तु आन्दोलन के साथ-साथ उसका जो स्वरूप फ्रांस में प्रकट हुआ उसमें कुछ विशेषताएं थीं जिन्होंने कालान्तर में उसे अंग्रेजी कविता से भिन्न धरातल में स्थापित

कर दिया। मेलार्मे, बेलरी, रिम्बों आदि प्रतीकवादी-काव्य के आधारस्तम्भ हैं।

प्रतीकवादियों ने अपने काव्य में आदर्श सौन्दर्य की सृष्टि की एवं रहस्यवादी तत्त्वों के कारण उसकी विशिष्ट सत्ता हो गई। उनकी मान्यता थी कि अनुभूति का प्रत्येक क्षण, दूसरे क्षण से सर्वथा भिन्न होता है। परम्परागत भाषा तथा उपमान से उन्हें अभिव्यक्त नहीं कर सकते। इसलिए आवश्यक है कि ऐसी भाषा का निर्माण किया जाये जो उसके व्यक्तित्व के, उसके अनुभवों को उस क्षण-विशेष के संदर्भ में व्यक्त कर सके। इसलिए प्रतीकवादी कविता में बिम्बों व चित्रों की लम्बी श्रृंखला होती है जो निश्चित रूप से दुरूहता को जन्म देती है। प्रतीकवादी कविता विवरणों को महत्त्व नहीं देती बल्कि अपनी अनुभूतियों को संकेतमयी भाषा में प्रस्तुत करती है।

प्रतीकवाद के विरुद्ध 'आत्मोन्मुखी' होने का सबसे बड़ा आरोप है। प्रतीकवादी कलाकार अपने व्यक्तिगत कल्पनालोक का चित्रण करते-करते उसमें इस प्रकार लीन हो जाता है कि उसे शेष संसार से कोई तात्पर्य नहीं रहता। बाह्य जगत की वास्तविकताओं से पृथक् कल्पनालोक में जाने की वृत्ति प्रतीकवादियों की रही है। इसी वृत्ति ने इसे जीवन की वास्तविकता से दूर कर दिया।

संकेतों के माध्यम से अनुभव को अभिव्यक्त करना मनुष्य की प्राथमिक प्रवृत्ति रही है। मनुष्य ने भाषा का निर्माण भी इसी तरह किया। उसकी सारी सभ्यता, सत्ता और उपलब्धि प्रतीकों की है। प्रतीकों ने ही उसे अतीत के अनुभव से सम्पन्न करके आगे के अनुभव व ज्ञान को समझने का आधार प्रदान किया है। इसीलिए इसे भाषा की शक्ति कहा गया है।

हिन्दी साहित्य में इसका प्रभाव नई कविता पर हुआ है। नई कविता पर ही नहीं बाद की कविताओं पर यह कुछ भिन्न अर्थ में दृष्टिगत होता है क्योंकि प्रतीक अनुभूति संकेत है, वह अनुभवों को गहराई प्रदान करता है इसलिए उसकी उपयोगिता खत्म नहीं होती। "प्रयोगवादी कविता के प्रवर्तक अज्ञेय स्वयं बाटलेयर तथा टी० एस० इलियट जैसे कवियों से प्रभावित हैं। अन्य अनेक कवियों पर भी प्रतीकवादियों के नए रहस्यवाद का प्रभाव पड़ा है। प्रतीकवादियों की सांकेतिक अभिव्यक्ति और संकेतगर्भी प्रतीकों के प्रति रुझान इन कवियों की विशेषता है। समकालीन काव्य-धाराओं में से कुछ की आत्मनोन्मुखी-क्षणवादी भूमि भी प्राय: प्रतीकवादी दर्शन से रस लेती है।"[24] डॉ० शिवकुमार मिश्र के इस कथन से स्पष्ट हो जाता है कि अज्ञेय का नव्यरहस्यवाद क्षणवाद की प्रवृत्ति और वैयक्तिकता भी कहीं-न-कहीं प्रतीकवाद से प्रेरित है। यहां हमें यह ध्यान रखना है कि मुक्तिबोध की प्रतीक-योजना इससे भिन्न है। अज्ञेय ने प्रतीक के सम्बन्ध में कहा है कि—"मानव विवेकशील प्राणी हो तो आश्चर्य नहीं है। पशु और मानव में इतना मौलिक अन्तर है कि मानव प्रतीक-स्रष्टा प्राणी है। मानव

प्रतीकों की सृष्टि करता है यह बात उसे पशु से और भी पृथक् ढंग से अलग करती है। यह अंक सारे सांस्कृतिक एवं प्रातिभ विकास का आरम्भ बिन्दु है। मानवेतर सभी प्राणी, जिन्होंने पतीक सृष्टि की यह प्रतिभा नहीं पाई है वे सीमित जीवन ही जी सकते हैं। उनका जीवन स्थूल जगत् की दिखाई देने वाली अनुभूतियों तक ही सीमित रहता है और वे अनुभूतियां भी एक से दूसरे को संप्रेष्य नहीं होतीं, क्योंकि संप्रेषण का कोई परिपक्व साधन उनके पास नहीं है।"[25]

स्वतंत्रता के बाद इसका प्रभाव हिन्दी कविता पर स्पष्ट रूप से दिखाई देता है। अज्ञेय पर रिल्के के सौन्दर्य-प्रतीकों के प्रभाव को भी देखा जा सकता है। अज्ञेय के सौन्दर्यपूर्ण प्रतीकों को निम्न कवितांश में देखा जा सकता है—

"यह देने का अहंकार
छोड़ो—
कहीं है प्यार की पहचान
तो यों कहो:
"मधुर यह देखो
फल। इसे तोड़ो
घुमा-फिरा कर देखो,
फिर हाथ से गिर जाने दो—
हवा पर तिर जाने दो—
(हुआ करे सुनहली) धूल।
फूल की स्मरण प्रतिभा ही बचती है
तुम नहीं। न तुम्हारा दान।"[26]

अज्ञेय के नव्य रहस्यवाद में भी प्रतीकवाद के तत्त्व दिखाई देते हैं। नई कविता की क्षणवादी प्रवृत्ति भी प्रतीकवाद की देन है।

बिम्बवाद पश्चिम का महत्त्वपूर्ण आन्दोलन है। इसका उद्भव बीसवीं शताब्दी के पहले दशक में हुआ जिसके प्रवर्तक टी० ए० हुल्मे थे। बिम्बवादियों की महत्त्वपूर्ण स्थापना यह थी कि काव्य में विशेष अभिव्यक्ति होनी चाहिए, सामान्य नहीं। बिम्ब का सम्बन्ध कवि के ऐन्द्रिय-बोध से है और ऐन्द्रियबोध का विषय है 'विशेष' 'विशेष-व्यक्ति' 'विशेष-वस्तु' 'विशेष स्थान', अतः बिम्ब भी विशेष होगा, सामान्य नहीं। इस मान्यता का परिणाम यह हुआ कि कविता के परम्परागत उपमान जो विशिष्टता खोकर सामान्य बन गए थे, धीरे-धीरे छोड़ दिए गए और उनके स्थान पर बौद्धिक आघात देने वाले परिचित उपमान जीवन

क्षेत्र से चुने जाने लगे और प्रतिष्ठित किए जाने लगे।

प्रमुख कवि व आलोचक एजरापाउण्ड ने बिम्बवाद की घोषणाओं को इस प्रकार प्रकाशित किया—

—काव्य के रूप अथवा रचना-तंत्र को सर्वोपरि महत्त्व देना

—नयी संवेदना के अनुकूल नयी लय-पद्धतियों की खोज

—मुक्त छंद को मानव की मौलिक स्वातन्त्र्य चेतना के रूप में स्वीकार करने का आग्रह

—विषय के निर्वाचन में पूर्ण स्वतन्त्रता

—ताजे और मूर्त बिम्बों का अन्वेषण तथा अपूर्ण शब्दों का बहिष्कार

—ऐसी कविताओं का निर्माण करना जो 'संक्षिप्त' 'कठोर' और स्पष्ट हों

—काव्य में प्रणशीलता का सिद्धांत।"[27]

सन् 1915 में प्रकाशित Some imagit poet संग्रह में बिम्बवादियों ने अपनी मान्यताओं को स्पष्टतः व्यक्त किया। उनका विचार था कि कविता की रचना में जितने कम-से-कम शब्दों का प्रयोग हो उतनी ही सुन्दर कविता की सृष्टि हो सकती है। कम-से-कम शब्दों का प्रयोग करते हुए भी जो कविता एक पूरे चित्र को खींच सके, वही सफल कविता है। शब्दों का चयन उतना ही सार्थक हो जो दृश्य उपस्थित करने में पूर्ण समर्थ हो, यहां तक कि सामान्य से सामान्य शब्द भी अनुपम अर्थ-सृष्टि करता हो। ऐसे काव्य का सृजन किया जाये जिसमें शिल्प की प्रधानता हो। बिम्बवादियों पर भी चित्रकला के प्रभाववाद का प्रभाव था। अपनी मान्यताओं के अनुरूप अपनी कविताओं में शब्द-चित्रों के हेतु उन्होंने पर्याप्त सतर्कता बरती। बिम्बवादियों का आन्दोलन सीमाओं के कारण साहित्य में अधिक नहीं रहा।

यह एक असामाजिक दृष्टिकोण था इसलिए इसकी प्रतिक्रिया भी हुई। विरोध का दूसरा कारण यह था कि वह समाज की बाह्य वास्तविकताओं से दूर रहता था। कविता में शैली शिल्पगत प्रयोगों की धुन में बाह्य यथार्थ के प्रति बिबवादियों के विचार निराशाजनक हो गये। बिम्बवादियों द्वारा विषयवस्तु की उपेक्षा भी इनकी उपेक्षा का कारण बना और यह आन्दोलन शैली-शिल्प सम्बन्धी महत्त्वपूर्ण देन देकर समाप्त हो गया।

हिन्दी के नये काव्य पर बिम्बवाद का प्रयोग प्रत्यक्ष व अप्रत्यक्ष स्त्रोतों द्वारा पड़ा है। शैली व शिल्पगत प्रयोगों को लेकर प्रयोगवादी आन्दोलन सामने आया।

ऐसी कविताओं की सृष्टि होने लगी जो स्वत: अपने में एक चित्र, एक Impretion अनुभूति की एक भंगिमा मात्र होती है। अज्ञेय की छोटी कविताओं में इसे देखा जा सकता है। गिरिजाकुमार माथुर और नई कविता में भी इसका प्रभाव देखा जा सकता है।

अतियथार्थवाद भी एक महत्त्वपूर्ण आन्दोलन है। इसने हिन्दी कविता को अनेक स्तरों से प्रभावित किया है। प्रथम महायुद्ध से प्रभावित होकर अतियथार्थवादी आन्दोलन का जन्म हुआ है। सन् 1930 में दो घोषणाओं ने इसका स्वरूप स्पष्ट किया था किन्तु सन् 1936 में लन्दन में हुई अतियथार्थवादी चित्रों की प्रदर्शनी ने इसकी पूरी आकृति स्पष्ट कर दी। यह आन्दोलन एक समूची पीढ़ी को प्रभावित करने के बावजूद तथा अनेक प्रतिभाशाली कलाकारों द्वारा समर्पित होते हुए भी अधिक समय तक जीवित नहीं रह सका।

एफ० एल० लूकास जैसे विचारकों के मत में यह आन्दोलन स्वच्छन्दतावाद का ह्रासशील रूप था। इसके अनुयायी फ्रायडीय मनोविश्लेषण की आपत्तियों से प्रभावित थे। इतना ही नहीं उन्होंने अपनी कला तथा साहित्य में इसके उदाहरण प्रस्तुत किये। मन के चेतन तथा अवचेतन स्तरों पर उनके लिए अचेतन ही प्रधान बना। प्रथम महायुद्ध के कारण हुए नैतिक विघटन और क्षत-विक्षत स्थितियों से ये कलाकार क्षुब्ध थे। इसलिए बाह्य यथार्थ की इस कटुता से त्रस्त तथा आतंकित इन्होंने अवचेतन स्तर पर की गई आभ्यन्तरिक-यथार्थ की अभिव्यक्ति को ही अपनी कला का प्रधान लक्ष्य घोषित किया।

इनके लिए कला जगत् और स्वप्न-जगत् एक हो गये, चेतन और अचेतन की सीमा-रेखाएं बन गयीं। अवचेतन के इस यथार्थ को इन्होंने सजीवता से अपनी कृतियों में प्रस्तुत किया। फ्रायड के मतानुसार चूंकि अवचेतन में अनेक प्रकार की दमित व कुण्ठित वृत्तियों की स्थिति रहती है, अतः इन कवियों तथा कलाकारों की वृत्तियां भी उन्हीं का प्रतीक बनकर सामने आयीं। बुद्धि और विवेक के नियंत्रण से परे, असंगत और विशृंखल मानसिक गतिविधियों की प्रतीकात्मक अभिव्यक्ति उनकी प्रधान विशेषता बनी। अवचेतन के विकृत यथार्थ को स्वतःचालित लेखन का आदर्श सामने रखकर इन कलाकारों ने ज्यों का त्यों अपनी कृतियों में उपस्थित किया। उनके द्वारा प्रस्तुत यह यथार्थ समस्त प्रकार के नैतिक और सौन्दर्य सम्बन्धी मूल्यों का अतिक्रमण करता हुआ जिस परिणति को प्राप्त हुआ, उसके प्रति यूरोप की जागरूक और स्वस्थ-कला चेतना की प्रतिक्रिया स्वाभाविक थी। इस प्रकार की कला तथा साहित्य की तीव्र आलोचना हुई। अत: यह मानव व्यक्तित्व और मानवीय क्षमताओं का ह्रास ही था, जिसे इस आन्दोलन ने अभिव्यक्ति दी थी। इस कारण यूरोपीय कला तथा साहित्य पर

अपने प्रभाव छोड़कर यह आन्दोलन पृष्ठभूमि में ही लुप्त हो गया।

छायावादोत्तर काव्य की अनेक धाराओं पर अतियथार्थवादी आन्दोलन का प्रभाव दिखायी देता है। यह प्रभाव कई रूपों में दिखाई देता है। अज्ञेय तथा धर्मवीर भारती जैसे कवियों के कला सिद्धान्तों पर इसकी प्रेरणा के बीज विद्यमान हैं। नयी कविता भी इसके प्रभावों से अछूती नहीं है। बाह्य यथार्थ की अपेक्षा मन के भीतरी स्तरों पर स्पर्श करने वाली प्रवृत्ति इन रचनाओं में दिखायी देती है। उसके मूल में इसी प्रभाव की सत्ता है। अवचेतन के स्तर पर की गई तथाकथित मनोवैज्ञानिक यथार्थ की अभिव्यक्ति भी इन कविताओं की एक प्रधान दिशा है। शमशेर बहादुरसिंह जैसे मध्यवर्ती कवियों ने इसकी प्रतिपत्तियों को स्वीकार न करते हुए भी अपनी कुछ कविताओं में अभिव्यक्त किया है।

अस्तित्ववाद के प्रमुख प्रवर्तक कीर्केगार्द और प्रो० हैडिगर हैं जो आस्तिक व नास्तिक अस्तित्ववादियों की दो शाखाओं का सूत्रपात कर यास्पर्स, मार्सेल काफ्का और ज्यां पॉल सार्त्र जैसे समर्थकों द्वारा आज भी अपनी परम्परा कायम रखे हुए हैं। इस दर्शन का आधारभूत तत्त्व 'मनुष्य का अस्तित्व' है। उनके अनुसार मनुष्य जैसा स्वयं को बनाता है उससे अलग वह नहीं जा सकता, अतः मनुष्य का सारा उत्तरदायित्व उसी पर है। उसमें इस तथ्य की चेतना को जागृत करना अनिवार्य है कि अपने किसी भी कार्य के लिए मनुष्य किसी अन्य सत्ता या सामाजिक संस्था के सामने उत्तरदायी नहीं है।

अस्तित्ववाद की प्रमुख अवधारणा यह है कि व्यक्ति का अपना यथार्थ सारी पुरानी परम्परागत दृष्टियों या अन्य किसी सम्भावनाओं के आधार पर ही निर्मित उपपत्तियों से अधिक महत्त्वपूर्ण है। जीवन ही जीवन के परिचय, ज्ञान, भाव तथा विचार और मूल्य का माध्यम है। जूलियन बेंद्रा के कथनानुसार—"यह भाव तथा विचार के प्रति जीवन का विद्रोह है।"[28] भाव तथा विचार मनुष्य के ऊपर इतने हावी हो जाते हैं कि जीवन अपने प्रकृत अरूप में अपनी पूर्णता करने से वंचित रह जाता है। सम्भवतः इसीलिए एलेन कहता है—"अस्तित्ववाद परम्परागत दर्शक की दृष्टि न होकर अभिनेता की दृष्टि है। इस विचार-पद्धति में जीवन की समस्याओं पर विचार भुक्तभोगियों की ओर से होता है।"[29]

अस्तित्ववादी विचारधारा के दो शिविर हैं। एक में वे विचारक हैं जो ईश्वर के साथ जुड़ने की बात करते हैं और दूसरे वे विचारक आते हैं जो ईश्वर के अस्तित्व को नहीं मानते। कीर्केगार्द, कार्ल-यास्पर्स, गबरेल मार्सेल आदि प्रथम वर्ग में आते हैं और हेडेगर तथा ज्यां पॉल सार्त्र दूसरे वर्ग में आने वाले विचारक हैं। दार्शनिकों ने यह लक्षित किया था कि मनुष्य सुख चाहता है। सुख के साथ समृद्धि और सामाजिक प्रतिष्ठा के प्रति वह आकृष्ट रहता है। परम्परा के दार्शनिकों ने सामान्य मनुष्य की इस आकांक्षा को इसलिए स्वीकार किया कि ये

चीजें क्षणिक होती हैं। इनको प्राप्त करने के लिए मनुष्य श्रम व कर्म करते हुए असफल भी रह सकता है क्योंकि इनकी प्राप्ति के प्रयत्नों, हेतुओं, परिस्थितियों पर केवल मनुष्य का ही कब्जा न होकर दैवी कब्जा भी होता है। अतः यह स्वतंत्र होते हुए भी इस सन्दर्भ में एक प्रकार से परतन्त्र है। इसलिए इन दार्शनिकों ने ऐसी सुखेच्छाओं को क्षणिक मानते हुए यह स्पष्ट किया कि वस्तुओं पर उसकी नश्वरता की स्थिति का सम्यक बोध हो जाता है और उसकी आसक्ति से मुक्ति भी प्राप्त हो जाती है। अन्ततः मनुष्य को निराशा का शिकार होना ही पड़ेगा। इसीलिए परम्परित दार्शनिकों ने राय दी थी कि किसी 'इन्द्रियातीत' के प्रति प्रतिबद्ध होना ही इसका एकमात्र हल है। यह इन्द्रियातीत अलग-अलग दार्शनिकों का अलग-अलग है। प्लेटो ने इसे 'सर्वोत्कृष्ट प्रत्यय' अरस्तू ने 'सार', थॉमस ने 'ईश्वर' कहा है। अस्तित्ववादी चिन्तकों ने इसे अमानवीय बताते हुए कहा कि यह मनुष्य के अस्तित्व के प्रति गहरी उपेक्षा है।

मनुष्य की वैयक्तिक सत्ता ही ज्ञाता और ज्ञेय है। वह अपने कुरूप और सुरूप किसी भी रूप में स्वीकार्य और निराशाओं, परिणतियों और हर प्रकार की व्यथाओं के साक्षात्कार में उसके जीने का मर्म और कर्म ही संहति है। आवश्यकता केवल अनुभव करने की है। इनके लिए एक क्षण की अवस्था व परिणति का भोग और ज्ञान ही जीवन को अर्थ देता है। इसी अर्थ में मृत्यु इसके रूप को और सघन करती है। इसकी सत्ता को जानने के लिए और पहचान को गहरा करने के लिए मृत्यु बोध ही आवश्यक प्रक्रिया है। इसलिए इसे निराशा, मृत्यु और वैयक्तिकता का भी दर्शन कहा जाता है। अस्तित्ववादी साहित्य के अन्तर्गत 'व्यथा' और 'मृत्यु' के आतंक में प्रेम और जीवन के चित्र खिचे हुए मिलते हैं। मनुष्य अपने बारे में कुछ नहीं जानता है। वह अपने भविष्य की मूर्तिमान अभिज्ञता से परिचित नहीं है। हेडेगर के शब्दों में—"मानो (वह) मनुष्य सृष्टि में फेंका जाकर छोड़ दिया गया हो।"[28] यह दर्शन मानवीय जीवन की अवशता को सिद्ध करता है और फिर उसके अस्तित्व को प्रमाणित करने के लिए उसके स्वातन्त्र्य को महत्त्व प्रदान करता है।

सार्त्र इस स्वातन्त्र्य और प्रत्यक्ष कर्म को महत्त्व देने वालों में सबसे आगे हैं। सार्त्र ने अवसाद, अनास्था और अस्वीकृति के बावजूद स्वतन्त्रता, प्रगतिशीलता, सीधे-सीधे हिस्सेदारी आदि मूल्यों की स्थापना करने की कोशिश की है। अतः सार्त्र व्यक्ति के माध्यम से वर्तमान की गहरी चेतना के साथ मनुष्य की प्रतिष्ठा करता है।

"सम्पूर्ण सन्तुष्ट जीवन सम्भव नहीं है।" इस स्थापना के सम्बन्ध में अनेक वाद-विवाद और मतभेद हैं। कार्ल यास्पर्स इसे असम्भव तथा बर्टेंड सम्भव मानते हैं। प्रायः अधिकांश अस्तित्ववादी सम्पूर्ण सन्तुष्टि की असम्भवनीयता ही स्वीकार

करते हैं। कार्ल यास्पर्स ने इसके सम्बन्ध में कहा है—"Suppoge that all the matter and all the engry in the world could be continually atilized without reserve population could be regulated by birth control—diseases would have been abolised—the need of all would be supehtied—the joys, of life would be provided···in truth, powercy' such a conditinog affaris in impossible—there may be the specific misfortune of a failure of technique"[38]

अस्तित्ववाद व्यक्ति प्रधान दर्शन है। अस्तित्ववादी चिन्तन के अनेक सूत्र स्वातन्त्र्योत्तर नयी कविता के संसार में दृष्टिगत होते हैं। इसका प्रभाव परिस्थितियों की उपज और नवीनता के मोह का परिणाम था। जो कवि अपनी जमीन से जुड़ नहीं पाये उन पर यह प्रभाव अधिक गहरा दिखाई देता है। अकविता और कई आंदोलनात्मक काव्यात्मक दुनिया में अस्तित्ववाद का प्रभाव देखा जा सकता है। सातवें दशक के आसपास इसका प्रभाव अधिक दिखायी देता है। लेकिन समकालीन कविता इन सब वादों से मुक्त होकर व्यापक रूप से अपनी जमीन से जुड़ी है। यह समकालीन कविता का शुभ लक्षण है। ऐसा होना भी स्वाभाविक था क्योंकि अस्तित्ववाद पश्चिम में पहले ही खत्म हो चुका है। डॉ० रामविलास शर्मा ने इस सम्बन्ध में ठीक ही कहा है—"हिन्दी के बुद्धिजीवियों ने मार्त्र के अस्तित्ववाद को जब अपनाना शुरू किया, जब वह स्वयं उसे छोड़ चुके थे।"[31]

नयी कविता तथा अकविता में कई अस्तित्ववादी प्रवृत्तियां दिखाई देती हैं। अहंबोध की प्रधानता भी अस्तित्ववादी चिन्तन की देन है क्योंकि वे वैयक्तिक सत्ता को महत्त्वपूर्ण मानते हैं। क्षण का अनुभव तथा व्यथा की अनुभूति भी आदि प्रवृत्तियां अस्तित्ववाद से प्रेरित होकर ही साहित्य में आयी हैं।

निष्कर्ष के तौर पर हम कहेंगे कि इन वादों के प्रभावित होने के कारण हमारे साहित्य और प्रतिमानों में कई परिवर्तन हुए। यह परिवर्तन भी आवश्यक थे किन्तु इन सब स्थिति में नवीनता एक होड़ का रूप धारण कर रही थी, कौतुकता का भाव भी था जिसके कारण हम उनका अन्धानुकरण करते गये। इन आन्दोलनों ने कविता को अपनी जमीन से उठा दिया और कृत्रिम आधुनिकता की ओर ढकेल दिया। इतना होते हुए भी यह एक जरूरी मंथन की तरह ही था, जिसके कारण समकालीन कविता इतनी सहज हो सकी है।

नयी कविता की वैयक्तिकता और रूढ़ि से मुक्ति की कोशिश में समकालीन कविता का प्रारम्भिक दौर आन्दोलनों और कविता के लिए नये नाम की खोज का समय सिद्ध हुआ। सन् साठ के बाद साहित्य में अनेक काव्यात्मक प्रयास किये गये, जो स्वाभाविक थे। जब तक कविता अपने समय के साथ सामंजस्य स्थापित

नहीं कर लेती, काव्यात्मक प्रयास होते ही रहते हैं और दूसरा कारण यह भी है कि स्वतंत्रता के बाद इतिहास में स्वयं को स्थापित करने की प्रवृत्ति भी सक्रिय रूप से कार्य कर रही थी। परिणामस्वरूप अनेक काव्य आंदोलन उभर कर आये जिनमें भूखी पीढ़ी, श्मशान पीढ़ी, सनातन सूर्योदयी कविता, अकविता, विरोधी कविता, प्रतिद्ध कविता आदि का नाम गिनाया जा सकता है, जिनमें से अकविता, तथा प्रतिबद्ध कविता सबसे जीवन्त आन्दोलन सिद्ध हुए बाकी सब आन्दोलन मात्र रह गये। कुछ सार्थक नहीं दे पाये जिससे कविता के क्षेत्र में उनकी कुछ पहचान बनती।

डॉ० विनयमोहन शर्मा ने विविध काव्यान्दोलनों को पश्चिम का अन्धानुकरण मानते हुए कहा है—"आज की कविता, नयी कविता, नवगीत, अकविता, विद्रोही पीढ़ी, भूखी पीढ़ी आदि नामों से पुकारी जाने लगी है और इन नामों के साथ अपने को जोड़ने वाला कवि अन्य नामधारी कविता से अपने को अधिक आधुनिक और नवीन मानता है। ये नाम पाश्चात्य देशों से उधार लिये गये हैं। नई कविता के लिए हम अमेरिका के ऋणी हैं। वहां भी यह अद्यतन कविता के नाम से पुकारी जाती है, विद्रोही कविता, भूखी पीढ़ी ये सब नाम वहीं से आयात हुए हैं।"[32] और दूसरा वर्ग विदेशी प्रभावों को नकारता है। डॉ० रामदरश मिश्र इन काव्यान्दोलनों की प्रवृत्ति को नई कविता से अंकुरित मानते हैं। "मेरी स्पष्ट धारणा है कि सन् साठ के बाद कविता में जो स्तर उगे हैं वे नयी कविता के बीज रूप में वर्तमान रहे हैं और गौण भाव से प्रस्फुटित होते रहे हैं। ये स्वर नयी कविता के मूलाधार नहीं रहे हैं किन्तु नयी कविता से सर्वथा विच्छिन्न या विरोधी स्वर के रूप में इनकी व्याख्या नहीं हो सकती जैसाकि अकविता वाले कवि करते हैं।"[33] कोई भी नयी काव्य-प्रवृत्ति बदलती हुई परिस्थितियों का परिणाम होती है। इसलिए उस समय के साहित्य पर परिवेश की बदली हुई घटनाओं का प्रभाव पड़ता है, वहीं दूसरी ओर अन्तर्राष्ट्रीय गतिविधियों का भी।

अकविता का प्रारम्भ जगदीश चतुर्वेदी द्वारा संपादित (सन् 1963 में प्रकाशित) चौदह कवियों के संकलन 'प्रारम्भ' से माना जाता है। इस संग्रह में जगदीश चतुर्वेदी, कैलाश बाजपेयी, नरेन्द्र धीर, राजकमल चौधरी, केशु, ममता अग्रवाल, श्याम परमार, विष्णुचन्द शर्मा, श्याममोहन श्रीवास्तव, मनमोहनी, रमेड़ गौड़, राजीव सक्सेना, स्नेहमयी चौधरी और नर्मदाप्रसाद त्रिपाठी इन चौदह कवियों की कविताएं संकलित हैं।

संकलन की भूमिका में सम्पादक जगदीश चतुर्वेदी ने लिखा है कि—"इधर के कवि उस मैनरिज्म से मुक्ति पाते जा रहे हैं, जो कि पिछले वर्षों में प्रकाशित तमाम नयी कविताओं में दिखाई देती है। अनुभूति की गहनता और बौद्धिक

प्रक्रिया के सम्भावित आयामों को व्यक्त न करने के कारण दशक के कई कवि शिल्प प्रणालियों में बहकर मूल संवेदना से कहीं दूर जा पड़े हैं। किन्तु सहज अभिव्यक्ति के साथ संवेदना के समुचित तादात्म्य तथा आवेगों की स्वस्थ अभिव्यंजना के कारण इधर के कुछ कवियों ने मेरा ध्यान आकृष्ट किया और मुझे लगा कि कविताओं की इस बाढ़ में से सहजता और आधुनिकता के विभिन्न रूपों को प्रतिभाषित करते हुए कविताएं एक साथ प्रकाशित की जाये ताकि नये काव्य की संभावनाओं को परिलक्षित किया की जा सके, उसके अभिनव काव्य रूपों के विकासशील तत्त्वों को पहचाना जा सके।"[34]

नयी कविता की पुरानी मान्यताओं से मुक्ति की कोशिश में नयी कविता की ही तरह कविताओं के सम्बन्ध में वक्तव्य दिए गये जो निम्नलिखित हैं—

—राजनीतिक विचारों को काव्य पर लादने का जमाना लद चुका। समाज का द्रष्टा कवि आज मानवीय चेतना को बौद्धिक धरातल पर प्रतिभाषित कर रहा है। यह कहने में मुझे कोई भी अड़चन नहीं होगी। किसी भी कुण्ठित या ग्रस्त राजनीतिक विचारधारा में हमारा विश्वास नहीं है। हममें से अधिकांश कवि महानगरों या नगरों में रह रहे हैं। नगरों का जीवन यांत्रिक हो गया है। व्यस्तता में लीन एक अजीव-सी उमस और अजनबियत तथा अकेलेपन की भावना हममें घर करती जा रही है।

—नगर जीवन के अकेलेपन ने आज के कवि को एक तटस्थता, एक बौद्धिक दृष्टि और पृथक् व्यक्तित्व प्रदान किया है।

—आज हमारा सारा जीवन विषम परिस्थितियों से गुजर रहा है। एक ओर सामाजिक संस्कार, पत्नी, परिवार, प्रेयसी और दूसरी ओर यार-दोस्त, नाचघर, शराबखाने, रेस्तरां आदि हमारे जीवन के अनिवार्य अंग बन गये हैं, जिनमें आपस में कोई समानता नहीं। किन्तु इन विरोधी स्थितियों में भी हमें और किसी थोथे आदर्श का चोला पहनना है। इन तमाम कष्टों को भोगना है और बाहर मुस्कराहट लेकर बाजारों में घूमना है। कॉफी-हाउसों और टी-हाउसों में मुस्कराकर लोगों से मिलना है। यही विरोधाभास इनमें से अधिकांश कवियों का जीवन है।

—आज के कवि को इन्हीं विसंगतियों ने व्यंग्यात्मक दृष्टि भी दी है और सशक्त व्यंग्य लिखने के लिए गहरी जीवनदृष्टि, अनुभवों की विचित्रता और परिपक्वता भी आवश्यक है।

—वैसे भी अज्ञेय की रुचि और आज की रुचि में एक मौलिक अन्तर आ

गया है। आज की हमारी संवेदना, हमारी अनुभूति की विशिष्टता, दृष्टिकोण की विविधता, योग्य स्थिति के प्रति सचेतनता ने हमें एक अत्याधुनिक दृष्टि दी है। इन्हीं स्थितियों के अनुरूप हमारी भाषा, हमारे प्रतीक, हमारी बिम्ब योजना सभी कुछ उस पुरानी परम्परा से अलग दिखायी देता है। हमारी उपलब्धियां उनके भाव स्तर से भिन्न हैं। हमें तो हमारे ही समकालीन दूसरे कवियों की भाषाभिव्यक्ति भी अर्थ-हीन-सी लगती है। उनके प्रति कोई लगाव हममें नहीं दिखाई देता। इसी कारण स्थापित मूल्यों से भिन्न रूपों में इन कविताओं का आकलन सम्भव होगा।"[35]

इस संग्रह के चार वर्ष पहले ही 'तीसरा सप्तक' का प्रकाशन हुआ था। 'तीसरा सप्तक' में केदारनाथसिंह, कुंवरनारायण और सर्वेश्वरदयाल सक्सेना की कविताएं संकलित हैं। इनकी काव्य संवेदना में आगे चलकर बहुत अंतर आया। तीसरा सप्तक की आरंभिक संवेदना नयी कविता के रूमानियत की परिधि के भीतर ही है। इसके विपरीत 'प्रारंभ' में स्पष्ट रूप से जगदीश चतुर्वेदी, कैलाश वाजपेयी, राजकमल चौधरी आदि की कविताओं में बदलाव के संकेत मिलते हैं। राजकमल चौधरी और श्याम परमार की कविताओं में ये परिवर्तित भाव आक्रोश और तिक्तता के साथ उभरे हैं। उसका प्रमुख कारण यह था कि सन् 60 के बाद परिवेश की राजनीतिक-सामाजिक स्थितियां ऐसी हो गईं कि रचना-कर्म महिमामंडित कार्य न हो सका बलिक अस्तित्व को बनाये रखने के लिए एक जरूरी कर्म हो गया। केदारनाथसिंह के शब्दों में—"आज के कवि की सबसे बड़ी ट्रेजडी यह है कि वह अपनी रचनात्मक यात्रा उस बिन्दु से आरम्भ करता है जहां कवि के निकट 'रचना' शब्द की पवित्रता और महत्त्व का जादू काफी हद तक टूट चुका है। वह जानता है कि वह जो कुछ भी रचता है वह उसे किसी अर्थ में वैशिष्य नहीं प्रदान करता, न ही उसके द्वारा वह अपने आस-पास तर्कहीन स्थिति की कोई संगति दे पाता है। यह आज की मानवीय स्थिति की चरम परिणिति है कि कवि के निकट स्वयं सृजन-प्रक्रिया भयावह हो उठी है।"[36] इस उद्धरण से स्पष्ट हो जाता है कि परिस्थितियों के दबावों के कारण कविता के प्रतिमानों और मान्यताओं में भी परिवर्तन आये।

अकविता की संवेदना में अपनी पूर्ववर्ती पीढ़ी की अपेक्षा बदलाव आया है। उस पीढ़ी से इस पीढ़ी तक आते-आते चीजों के अर्थ बदल गये हैं। राजनीति की पवित्र सूक्तियां नष्ट हो गयीं। स्वतंत्रता के पहले जिस स्वर्णिम भविष्य की कल्पना हमने की थी वह धराशायी हो गयी। इस स्थिति में वह वर्तमान को अनुभव करते हुए भी आत्म-ग्रस्त कटघरे से बाहर नहीं आ पा रहा था। केदारनाथसिंह

के अनुसार—"आज के लेखक की ट्रेजडी यह है कि वह अपनी रचनात्मक यात्रा उस बिन्दु से आरम्भ करता है जहां उसे सारे विकल्प समाप्त हो गए लगते हैं। इसलिए हर बार उसे अनुभव के स्तर पर एक नये विकल्प की तलाश करनी पड़ती है। हालांकि वह अच्छी तरह जानता है कि जो वास्तविकता उसके सामने है, उसका कोई विकल्प हो ही नहीं सकता।[37] अत: वर्तमान को तीव्रतम रूप में भोगने और विकल्पहीन स्थिति में जाने की पहली प्रतिक्रिया हम अकविता में देखते हैं।

अकविता का सारा भाव-बोध स्वतंत्रता के बाद भारत के महानगरों में आजीविका के लिए संघर्ष करते हुए युवा-पीढ़ी का भाव-बोध है। वर्तमान समय में तकनीकी औद्योगीकरण ने मानव को चीजों के ढेर में पटक दिया है। ऐसी स्थिति में यह कवि संताप ही अधिक करते दिखाई देते हैं।

निरर्थकता के बोध के कारण यह कवि भी मानव समूह को भीड़ के रूप में मानता है। यद्यपि यह अकेलेपन का बोध नई कविता के कवि में भी था लेकिन फिर भी वह परिवेश के प्रति एक रागात्मकता रखता था किन्तु अकविता में संबंधहीनता की प्रवृत्ति ने उसे और भी आत्मकेन्द्रित बना दिया है। उसे अपने आस-पास के व्यक्तियों के प्रति भी कोई लगाव नहीं है।

वर्तमान समय में यांत्रिकता के बीच में ममुष्य के जीने की कोई ललक, आस्था और प्रतिबद्धता नहीं रह गई है। श्याम परमार के अनुसार—"अव्यवस्था, विसंगति और मूल्यहीनता और आदर्शों के अकाल अब उसे संवेदनशील और करुण नहीं बनाते। वह यह जान चुका है कि अंतिम दर्शन की मान्यताओं का कोई अर्थ नहीं रह गया है। विज्ञान की मर्यादाएं टूट रही हैं।"[38] कीर्केगार्द ने इस मन:स्थिति के लिए कहा था कि—"What the English say of their home, I have to say about my sadeness, my sadeness in my castle."[39]

अकवि अपने चारों ओर होने वाले विसंगतियों से बेखबर नहीं है। उसे समाज में फैले हुए षड्यंत्र का अच्छी तरह पता है लेकिन वह प्रतिशोध नहीं चाहता। वह अन्याय के खिलाफ स्वयं को बहुत असहाय महसूस करता है। वह स्वयं की नि:संगता पर हंस सकता है। उसे सारे विद्रोह बेमानी लगते हैं। स्वयं जगदीश चतुर्वेदी ने कहा है कि—"आज का साहित्यकार किसी के प्रति प्रतिबद्ध नहीं है। प्रतिबद्धता एक ऐसी नागफांस है जो व्यक्ति को मात्र कुंठित करती है। उसे एक दायरे में कैद कर देती है—वह दायरा चाहे राजनीति का हो या सामाजिक मर्यादाओं का या साहित्यिक चिंतन का। मैं प्रतिबद्धता शब्द में एक विशेष अपराधवृत्ति मानता हूं और इसीलिए मुझे लगता है कि इस घातक विष के कुपरिणामों से आज के साहित्यकार को बचना चाहिए।"[40] और इसलिए

युगीन यंत्रणा की भयानक विभीषिका जिसे पश्चिम में आवाज मिली, अकविता की स्वाभाविक प्रक्रिया बन गयी।

सम्बन्धहीनता, व्यर्थताबोध व अप्रतिबद्धता की अनिवार्य परिणति निषेध के रूप में हुई। इसे अपने अस्तित्व के सिवा अन्य चीजें अर्थहीन और विसंगत लगने लगीं। अत: अकविता में विसंगति बोध दिखाई देता है। जगदीश चतुर्वेदी ने लिखा है—"हवा का चलना बन्द हो जाए या मकान में विस्फोट हो तो उसे आश्चर्य नहीं होता। मृत्यु का आतंक उसे बचकाना लगने लगता है और अमर जीवन की इच्छा महत्त्वहीन, रोगग्रस्त होकर जीना या स्वस्थ मन सड़कों पर घूमना उसे एक-सा लगता है। इस विरोधाभास की दोहरी जिन्दगी का एहसास इतना तीव्र और यथार्थपरक है कि कवि अपनी और वैयक्तिक अनुभूतियों को भी एक भयावह संसार में छोड़ देता है। निष्कर्ष या भविष्य उसके लिए निरर्थक हो गया है। वर्तमान से कटकर वह एक विदूषक की तरह खोखली मर्यादाओं में जी रहा है।"[41]

विसंगति के बोध को एक अन्तर्सूत्र देने के लिए वह 'एब्सर्ड' का प्रयोग भी करता है। सिनिसिज्म में छिपी अस्वीकृति आदर्शों से परिचालित होते हुए भी बौद्धिक क्रान्ति से नहीं जुड़ती। इस कारण यह मनुष्य के वृहत्तर संदर्भों से कट जाती है। अस्वीकार की भावना अकविता में कई रूपों में दिखाई पड़ती है। कहीं वह विनाश की ओर बढ़ती है तो कहीं चीजों को घृणा से देखते हुए नि:संगता में डूब जाती है तो कहीं चीजों को गड्डमगड्ड कर एब्सर्ड-बोध की ओर बढ़ती है।

सौमित्र मोहन की कविताओं में निराशा और बौद्धिक सम्मिश्रण का गड्ड-मगड्ड संसार एब्सर्ड बोध को रचता है। केदारनाथ अग्रवाल ने इन कविताओं के बारे में कहा है कि—"सभ्यता संस्कृति की परतें यहां उखड़ी हैं और उखड़ने पर दु:स्वप्न पैदा हुआ है। वही दु:स्वप्न आज के भारत का दु:स्वप्न है, जिसे भारतीय जी रहे हैं। असहाय, असमर्थ और चिन्तनीय।"[42] राजकमल चौधरी, श्याम परमार, जगदीश चतुर्वेदी आदि कवियों की रचना में असंगतता का संसार दिखाई पड़ता है। वे इस असंगत बोध में व्यंग्य और विद्रूप शैली का प्रयोग करते हैं। उनका एक लक्ष्य सामन्ती समाज की भद्रता, शिष्टता, संस्कार, गरिमा की धज्जियां उड़ाना भी है। 'मुक्ति-प्रसंग' और 'लुकमानअली' कविताएं बिना भावुकता के स्वार्थ की राजनीति, आडम्बरों आदि स्थितियों का पूर्ण अनावरण करती है तथा कौतुकों, फंतासियों, वीभत्साओं और अटपटे दृश्यों का निर्माण करती है और यथार्थ स्थिति से संघर्ष के लिए यौन प्रतीकों का प्रयोग भी विध्वंसक तरीके से करती है।

अकविता की इन प्रवृत्तियों को देखकर इस निष्कर्ष पर पहुंचा जा सकता है कि इस काव्य-प्रवृत्ति में बड़बोलापन तो था किन्तु मानवीय अनुभवों की नाटकीयता

का अभाव था। अशोक वाजपेयी इस बारे में कहते हैं—"इससे इनकार नहीं है कि हमारे जमाने की सच्चाई हिंसा भरी आक्रामक और उग्र सच्चाई है। लेकिन सच्चाई सीधी सरल चीज नहीं है। वह हमेशा मानवीय संभावना के कई स्तरों पर एक साथ गहरे जुड़ी हुई होती है। इसलिए लाजिमी है कि इस सच्चाई को चरितार्थ उजागर करने वाली कविता न केवल उग्र और नाटकीय हो, संभावना के लगातार और अनन्त एहसास से अविकल घिरी हो।"[43] इसमें संदेह नहीं कि 'लुकमानअली' जैसी कृतियों में समकालीन जीवन में भीतर जाकर पाये गए तनाव हैं फिर भी यह कहा जा सकता है कि वे जिस मानवीय त्रासदी से साक्षात्कार करते हैं उसे अनुभव के स्तर पर नहीं बल्कि वैचारिक सरलीकरण करते प्रतीत होते हैं। यह कविता विद्रोही होने के बावजूद मानवीय गौरव व प्रतिष्ठा के लिए संघर्ष नहीं करती है। केदारनाथसिंह ने लिखा है—"सच्चाई हमेशा विधेयात्मक ढंग से ही व्यक्त नहीं होती, प्रतिक्रियात्मक आवेग के कारण एक नकारात्मक तेवर की भंगिमा भी धारण कर लेती है।"[44] सम्पूर्ण निषेध की प्रवृत्ति ने ही उसे समाज के व्यापक संदर्भों से अलग कर आत्मग्रस्त घेरे से बाहर नहीं आने दिया। जगदीशनारायण श्रीवास्तव ने अकविता के विषय में यह महत्त्वपूर्ण टिप्पणी की है कि—"ये मुहावरे रटे-रटाये पहाड़े की तरह इस दौर की कविताओं में जड़ दिए गये हैं। चूंकि इनकी जड़ें जमाने की बेचैनी में नहीं हैं इसलिए सारा आक्रोश, निषेध और आक्रमण सामन्तवाद और पूंजीवादी संकर मानसिकता को तोड़ नहीं पाता और अंततः पिट-पिटाकर सत्ता और पूंजीवाद समाज के लिए 'शेडो-बॉक्सिग' की तरह मनोरंजक, विदूषकीय काव्य आन्दोलन बनकर रह जाता है।[45] लेकिन अकविता का आन्दोलन इन न्यूनताओं के बावजूद भी ऐतिहासिक महत्त्व रखता है। इस आक्रोश ने कविता को नयी कविता की रूढ़ियों से मुक्त किया तथा यह भी उल्लेखनीय है कि चन्द्रकांत देवताले, कुमार विकल, धूमिल आदि कवियों पर भी अकविता के मुहावरे छाये रहे पर अपनी बाद की कविताओं में इन सभी कवियों ने स्वयं को सामाजिक और राजनीतिक संदर्भों से जोड़ दिया। नयी कविता के युग में वस्तु और रूप के बीच तनाव बढ़ता जा रहा था। नयी कविता का रूढ़िवाद रूप 'वस्तुओं' के अंतर्विरोध को अभिव्यक्त करने में अप्रासंगिक होता जा रहा था। इसलिए अकविता एक आन्दोलन के रूप में सामने आई। अकविता को हमें उसकी उस ऐतिहासिक प्रक्रिया में भी देखना चाहिए जिस समय के दबावों में यह उपजी थी। अकविता के कुछ कवियों ने विशेषकर सौमित्र मोहन और राजकमल चौधरी ने विडम्बनाओं और विसंगतियों के लिए एब्सर्ड रूप को पहली बार हिन्दी कविता से परिचित करवाया और सबसे महत्त्वपूर्ण बात तो यह हुई कि कवि के 'कलाकार' होने के दंभ को अकविता ने बहुत हद तक समाप्त कर दिया।

साठोत्तरी कविता की एक दूसरी प्रवृत्ति अकविता की तरह भीतरी संसार में वस्तु-संसार के ठोस ब्यौरों की तरफ गई। यह धारा पूरी तरह वामपंथी राजनीतिक विचारधारा से प्रतिबद्ध थी और प्रतिबद्धता की इस धारणा ने रचना के भाव-जगत् में आधारभूत अन्तर पैदा कर दिया। अकविता में जो विद्रोह केवल आक्रोश बनकर रह गया था वह सक्रिय हस्तक्षेप में बदलने लगा। इतिहास, संस्कृति, विचार तथा मनुष्य के प्रति भी कवि के मन में दायित्व-बोध जागा और सबसे महत्त्वपूर्ण मुद्दा यह कि अन्याय के विरोध में वह स्वयं को अकेला व असहाय न पाकर शोषितवर्ग के प्रतिनिधि के रूप में देखने लगा। वैसे भी आक्रोश और विद्रोह में बुनियादी अन्तर है। आक्रोश दायित्वहीन होता है। वह मनुष्यमात्र को निरीह या असहाय प्राणी के रूप में देखता है जबकि विद्रोह में 'अन्याय' के खिलाफ संघर्ष का संकल्प है। वह मनुष्य को एक सामूहिक शक्ति के रूप में देखता है।

स्वतंत्रता के दो दशक भी देश पर गहराते आर्थिक व राजनीतिक संकट ने युवा कवियों को विक्षोभ से भर दिया। उन्होंने भयावह आर्थिक विषमता और सामाजिक पिछड़ेपन के वर्तमान में पूंजीवादी षड्यंत्रों को दिन-प्रतिदिन बढ़ते हुए देखा। आजादी के पहले जो स्वप्न दिखाये गए थे। उन्हें ध्वस्त होते देखा। ऐसे में संताप और विरोध के सिवा किया भी क्या जा सकता था। इसलिए प्रतिबद्ध कविता अन्याय और अत्याचारों के विरोध में खड़ी होती है। वह समाज की प्रगतिशील शक्तियों के संघर्ष से स्वयं को जोड़ने के लिए प्रतिबद्ध है। इसलिए उसने अपने चारों ओर फंसे निम्न और शोषित वर्ग के जीवन की समस्याओं को काव्य का विषय बनाया।

> "जड़ के अपने इतिहास में/अंधेरे को लपेटने की कोशिश है। एक नन्हीं बच्ची/जो पटरी पर नजर गड़ाये चली जाती है/इन बच्चों की जड़ें जले हुए कोयलों में है/बिखरी गिट्टियों में, और लोहे के पत्तरों में।"[46]

मनुष्य के संघर्ष की स्थिति को यह कविता उजागर करती है। यह कविता यथास्थितिवाद का विरोध करती है। इसमें यथास्थिति के परिवर्तन की आकांक्षा है और इसके लिए कवि परिवर्तनकामी शक्तियों के साथ मिलकर संघर्ष में अपनी सक्रिय हिस्सेदारी चाहता है।[47] जीवन की ये भयावह स्थितियां उसमें निराशा पैदा नहीं करतीं। धूमिल की ये पंक्तियां यहां द्रष्टव्य हैं—

"कविता घेराव में किसी बौखलाये हुए आदमी का संक्षिप्त एकालाप है।"[48]

"दुनिया का सबसे अर्थवान शब्द है वियतकांग⋯सबसे विद्रोही शब्द है। कविता।"[49]

"जब मैं अपनी कविताओं के बारे में सोचता हूं तो मुझे कई हथियारों के नाम याद आते हैं।"[50]

इसी प्रकार के वक्तव्य अन्य कवियों ने भी दिए हैं। उन्होंने अपनी कविता को अनुभवों की गहराई से पृथक्कर नारे के रूप में इस्तेमाल किया। यहां प्रभात कुमार त्रिपाठी की यह बात उल्लेखनीय लगती है कि—"आज की जिस दुनिया का वर्णन कविताएं करती हैं, रचना की उपस्थिति में उस आम-आदमी के वासना बहुल संसार को खोजने के लिए पाठक को चमकती हुई लपेटदार भाषा के चालाक संसार से गुजरना होगा और गुजरने के बाद भी वह पाएगा कि आम-आदमी जिस रूप में वहां है, उसे तो वह दैनिक अखबार से भी पा सकता था।"[51]

इन कमियों के बावजूद यह कविता मानवीय जीवन की समस्याओं को केन्द्र में रखती है। उसने शक्ति के संगठन में विश्वास पैदा किया है। वह अपने समय की आर्थिक, राजनीतिक व सामाजिक समस्याओं के बारे में खामोश नहीं है। "कविता पहले रचनाकार के भीतर मानवीय होने की प्रक्रिया में घटित होती है।"[52] इसलिए बिना मानवीय अनुभवों के मानवीय अस्तित्व, स्वतंत्रता के लिए संघर्ष निरर्थक है। समकालीन कविता धीरे-धीरे इन संकटों से मुक्त हो गई है। पहले जहां प्रतिबद्धता को वामपंथी विचारधारा से जोड़कर केवल एक पक्ष पर ही अधिक जोर दिया जा रहा था, वहां अब अनुभवों के विस्तार ने उसे व्यापक संदर्भों से जोड़ दिया है।

अब आठवें दशक के कवियों की प्रतिबद्धता किसी राजनीतिक बयान में नहीं, बल्कि जनसामान्य के दैनन्दिन संघर्षपूर्ण जीवन के आत्मीय और ठोस जीवन सदर्भों से प्रतिबद्ध है। विचारधारा का आतंक अब धीरे-धीरे समाप्त हो गया है और कविता भी सामान्य आदमी से जुड़कर अन्याय के प्रतिपक्ष में खड़ी होती है। सबसे महत्त्वपूर्ण बात यह है कि यह बदलाव किसी आन्दोलन या संकलन से प्रकाशित होने से नहीं घटित हुआ। यह परिवर्तन घर, समाज, परिवार के संघर्ष से जुड़े अनुभवों के आधार पर ही हुआ मानसिक परिवर्तन है।

आठवें दशक में इस कविता का जो स्वरूप उभरकर आया है उसमें राजनीति एक धारणा नहीं, बल्कि एक अनुभव है। रघुवीर सहाय कहते हैं कि—"सबसे मुश्किल और एक ही रास्ता है कि मैं सब सेनाओं से लड़ूं—किसी में ढाल सहित, किसी में निष्कवच—मगर अपने को अन्त में मरने सिर्फ अपने ही मोर्चे पर दूं। अपने भाषा के, शिल्प के और उस दोतरफा जिम्मेवारी के मोर्चे पर जिसे साहित्य कहते हैं।"[53] अतः हम देखते हैं कि प्रतिबद्ध कविता में कवियों का राजनीति से जो रिश्ता बना है वह इसलिए कि राजनीति मनुष्य के जीवन को प्रभावित करती है। यह कविता अमानवीयता के विरोध में तथा मानवीय जीवन के पक्ष में खड़ी होती है। उसके केन्द्र में मनुष्य की पीड़ा है और पीड़ा के कारणों

को जानते हुए ही हम उसका राजनीतिक आशय समझ सकते हैं। केदारनाथसिंह ने इस पर टिप्पणी करते हुए कहा था कि—"राजनीतिक आशयों से गर्भित विषय पर नितान्त और राजनीतिक ढंग से लिखी गयी इस कविता में जो विचलित करने वाला भोलापन और कलात्मक संयम है वह विशेष रूप से हमारा आकृष्ट करता है।"[54] अतः राजनीति समकालीन कविता के कथ्य का विषय इसलिए है कि उससे मानवीय जीवन प्रभावित होता है और मनुष्य जीवन की समस्याओं, दैनिक आवश्यकताओं, संघर्षों का संसार ही समकालीन कविता का काव्य-संसार है।

समकालीन कविता में अपने समय की पहचान है। वह कल्पना के वायवीय-आवर्तों में चक्कर नहीं काटती, उसमें आज के संघर्ष करते आदमी की सच्ची तस्वीर है। डॉ० विशम्भरनाथ उपाध्याय के अनुसार—"समकालीन कविता में जो रहा है उसका सीधा खुलासा है। इसे पढ़कर वर्तमान काल का बोध हो सकता है क्योंकि उसमें जीते, संघर्ष करते, लड़ते, बोखलाते, तड़पते-गरजते तथा ठोकर खाकर सोचते वास्तविक आदमी का परिदृश्य है। आज की कविता में काल, अपने गत्यात्मक रूप में है। ठहरे हुए क्षण अथवा क्षणांश के रूप में नहीं। यह 'कालक्षण' नहीं कालप्रवाह की, आघात और विस्फोट कविता है।"[55] समकालीन कविता में दैनिक आवश्यकताओं के ज्ञान की शक्ति है। प्राथमिक आवश्यकताओं को पहचान कर लड़ने का संकल्प है।

समकालीन कविता अपने समय के अंतर्विरोधों की कविता है। यहां अनन्त मिश्र की यह टिप्पणी उल्लेखनीय है कि आठवें दशक के सभी अच्छे कवि आदमी के भीतर के आदिम इतिहास से टकराते हैं, जहां से सभ्यता-संस्कृति के तत्त्व पैदा होकर आगे उस विकास को प्राप्त हुए और शोषण तथा आदमी की तबाही का सिलसिला आरम्भ हुआ। सीधे संदर्भ का नारा न देकर कविताएं शोषित मनुष्य के भीतर उथल-पुथल पैदा करती है क्योंकि कवि जानते हैं कि बिना उथल-पुथल किए मनुष्य की भीतरी ज्वाला को जगाया नहीं जा सकता, जिसकी रगों में यथा-स्थिति और चुप रहने की रक्तधारा प्रवाहित हो रही है—हजारों वर्षों से। इसलिए साम्प्रतिक कविताओं में समस्त मानवीय परिवेश के इर्द-गिर्द सामन्ती पूंजीवादी कुहासे को पहचानने की कोशिश प्राप्त है।[56] उपरोक्त टिप्पणी के आधार पर यदि समकालीन कविता पर विचार किया जाए तो हम देखते हैं कि इन कविताओं में अनुभवों की द्वन्द्वात्मकता ही उभरी है। जहां वे आदिम संवेगों का वर्णन करते हैं वहीं वर्तमान समाज के मूर्त तथा यथार्थ संदर्भों से भी जुड़ते हैं।

आठवें दशक की कविताओं की प्रमुख विशेषता यह भी है कि इसने कथ्य को व्यापक परिवेश प्रदान किया है। आठवें दशक की कविता घर, परिवार, समाज से जुड़कर अपने वृहत्तर संदर्भों को पकड़ती है। स्त्री, मां, बच्चा, बेटी, घर, परिवार के प्रसंग उसे और भी मानवीयता प्रदान करते हैं। आठवें दशक की

कविता में प्रतिबद्धता का रूप इतना घुलमिल गया है कि कविता अपने अनुभव में मात्र शुभेच्छा नहीं रह गयी है। उसमें अमानवीय शक्तियों का दबाव भी स्पष्ट दिखाई देता है। चन्द्रकान्त देवताले की 'थोड़े से बच्चे और बाकी बच्चे' शीर्षक कविता में हमारे समाज में दो भिन्न दुनियाओं के बच्चों के एकदम अलग-अलग जीवन के अन्तर्विरोधों को दिखाया गया है। इसी प्रकार संघर्षशील अबोध बच्चों के अनेक संवेदनशील चित्र इधर के कवियों ने उभारे हैं। भगवत रावत की ऐसी कविता का अंश द्रष्टव्य है—

> "अलमुनियम का यह दो डिब्बों वाला
> कटोरदान
> बच्चे के हाथ से छूट कर
> नहीं गिरा होता सड़क पर
> तो यह कैसे पता चलता
> कि उसमें
> चार रूखी रोटियों के साथ
> प्याज की एक गांठ
> और दो हरी मिरचें भी थे।"[57]

इसी प्रकार संघर्ष करते आदमी, औरतें, अबोध बच्चे भी समकालीन कविता में दिखाई देते हैं। रघुवीर सहाय, चन्द्रकान्त देवताले, केदारनाथसिंह, विष्णु खरे के अलावा अरुण कमल, राजेश जोशी, मंगलेश डबराल, उदयप्रकाश, असद जैदी, सोमदत्त आदि की कविताओं में स्त्री व बच्चों की मानवीय उपस्थिति है। आठवें दशक की कविता में पाया गया यह ऐसा भाव-बोध है जो उसे पूर्ववर्ती कविताओं से आगे ले जाता है।

संदर्भ

1. मुक्तिबोध रचनावली भाग-5, मुक्तिबोध, पृ॰ 318
2. मुक्तिबोध के काव्य का पुनर्मूल्यांकन, डॉ॰ सम्पत ठाकुर, पृ॰ 20
3. मुक्तिबोध रचनावली भाग-5, मुक्तिबोध, पृ॰ 318
4. नया हिन्दी काव्य, शिवकुमार मिश्र, पृ॰ 35
5. 'जागरण' जनवरी, 1934 के सम्पादकीय से
6. 'हंस' अक्टूबर 1944, पृ॰ 18

7. 'हंस', 1947, पृ० 15
8. प्रगतिवादी समीक्षा, श्रीरामप्रसाद त्रिवेदी, पृ० 85
9. आधुनिक हिंदी कविता, सिद्धांत समीक्षा, डॉ० विशम्भरनाथ उपाध्याय, पृ० 343
10. मुक्तिबोध रचनावली भाग-5, मुक्तिबोध, पृ० 325
11. मुक्तिबोध के काव्य का पुनर्मूल्यांकन, डॉ० सम्पत ठाकुर, पृ० 22
12. तार-सप्तक, सं० अज्ञेय, पृ० 278
13. पस्पशा, नकेन, पृ० 113-14
14. अवन्तिका, जनवरी, 1954, कुशरीकुमार के लेख से उद्धृत,
15. मुक्तिबोध रचनावली भाग-5, मुक्तिबोध पृ० 331
16. वही, पृ० 324
17. वही, पृ० 163
18. नये साहित्य का सौन्दर्यशास्त्र, मुक्तिबोध, पृ० 44
19. स्वातन्त्र्योत्तर गद्य साहित्य, सिस्टर मेरी, पृ० 53
20. त्रिशंकु, अज्ञेय, पृ० 77-78
21. वही,
22. तार-सप्तक, सं० अज्ञेय, पृ० 5
23. वही, पृ० 7
24. नया हिन्दी काव्य, शिवकुमार मिश्र, पृ० 414-15
25. आलवाल, अज्ञेय, पृ० 92-93
26. आत्मनेपद, अज्ञेय, पृ० 24
26. आधुनिक हिन्दी कविता में बिम्ब विधान, केदारनाथसिंह, पृ० 17
28. हिन्दी साहित्य कोष, पृ० 85
29. अस्तित्व : कीर्केगाद से कामू तक, योगेन्द्रशाही, पृ० 186
30. Man in the morden age, कार्ल यास्पर्स, पृ० 81
31. नयी कविता और अस्तित्ववाद, डॉ० रामविलास शर्मा, पृ० 174
32. समकालीन कविता के आन्दोलन, डॉ० विनयमोहन शर्मा, पृ० 23
33. वही
34. प्रारभ, सं० जगदीश चतुर्वेदी, पृ० 5
35. वही, पृ० 7
36. धर्मयुग, 4 जुलाई, 1965, सम्पादक धर्मवीर भारती, पृ० 11
37. आलोचना, जनवरी, 1968
38. अकविता और कला संदर्भ, श्याम परमार, पृ० 22
39. अस्तित्ववाद : कीर्केगाद से कामू तक, योगेन्द्रशाही, पृ० 186

40. दस्तावेज, सं० विश्वनाथप्रसाद तिवारी, पृ० 110
41. दस्तावेज, सं० विश्वनाथप्रसाद तिवारी, पृ० 11
42. समय-समय पर, केदारनाथ अग्रवाल, पृ० 30
43. फिलहाल, अशोक वाजपेयी पृ० 64
44. आलोचना (जनवरी-मार्च, 1968) पृ० 51
45. समकालीन कविता पर एक बहस, डॉ० जगदीश नारायण श्रीवास्तव, पृ० 85
46. अबेकस, ऋतुराज, पृ० 33
47. पटकथा, धूमिल, पृ० 125
48. संसद से सड़क तक, धूमिल, पृ० 138
49. समकालीन कविता की भूमिका, सं० विशम्भरनाथ उपाध्याय, पृ० 141
50. वही, पृ० 190
51. रचना के साथ, प्रभातकुमार त्रिपाठी, पृ० 21
52. आवेग (1987), चन्द्रकान्त देवताले, पृ० 9
53. 'आत्महत्या के विरुद्ध' की भूमिका से, रघुवीर सहाय
54. कलावार्ता (सितम्बर, 1981) की रिपोर्ट से उद्धृत
55. समकालीन कविता की भूमिका, सं० विशम्भरनाथ उपाध्याय, पृ० 3
56. दस्तावेज (13-14 अंक), अनन्त मिश्र, पृ० 212
57. समुद्र के बारे में, भगवतरावत, पृ० 8

अध्याय : 2

अज्ञेय का चिंतन और सौन्दर्य दृष्टि

"मौन भी अभिव्यंजना है,
जितना तुम्हारा सच है
उतना ही कहो।"

—अज्ञेय

रचनाकार पर अपने परिवेश और परिस्थितियों का प्रत्यक्ष या परोक्ष प्रभाव अवश्य पड़ता है। परिस्थितियों के घात-प्रतिघात के बीच ही कवि की सृजनात्मक प्रवृत्तियां जन्म लेती हैं और विकसित होती हैं। इन्हीं तनावों और दबावों के बीच कई बार कवि को निर्णय करने पड़ते हैं। ये निर्णय कई बार समय के साथ गलत भी साबित हो सकते हैं। लेकिन इन्हीं में काव्य का विकास निहित होता है।

अज्ञेय की पहली रचना सन् 1927 में प्रकाशित हुई। तब से पांच दशकों तक कवि की काव्य-यात्रा निरन्तर चलती रही। अभी तक उनके तेरह काव्य-संग्रह प्रकाशित हुए। यह अवश्य है कि आरंभ से ही अज्ञेय की काव्य-रचना विवाद का विषय बनती रही, परन्तु यह भी हम जानते हैं कि जब भी कोई कवि अपने समय की प्रचलित परम्परा को तोड़कर नयी भाव-भूमि लेकर आता है तो उसका विरोध अवश्य होता है।

अज्ञेय ने 'तार-सप्तक' में हिन्दी कविता को नया मोड़ दिया और काव्य मर्मज्ञों ने इसका विरोध भी किया। आचार्य नन्ददुलारे वाजपेयी को लगा कि—"ये रचनाएं पश्चिम से आ रही हैं...। ऐसी कविताएं हिन्दी में नैसर्गिक प्रक्रिया का परिणाम नहीं कही जा सकतीं।"[1] यह तो सर्वविदित है कि तब नवीनता की होड़ का, पाश्चात्य अनुकरण के कुहरे में भारतीय पाठक के सामने कुछ भी स्पष्ट नहीं हो पा रहा था। यही कारण है कि पाठकों का एक बड़ा वर्ग इससे विमुख रहने लगा, किन्तु एक छोटे वर्ग ने इसका स्वागत भी किया।

अज्ञेय के चिन्तन और कृतित्व को समझने के लिए सबसे पहले हमें अतिवादी धारणाओं से दूर जाना होगा, जो कवि के रचनाकर्म को एकांगी दृष्टि से परखती है। किसी भी विषय पर स्वतन्त्र अभिव्यक्ति, रचनाकार का कर्म है। "साहित्यकार को किसी भी परिभाषा में बांधा नहीं जा सकता।"[2] इसलिए अज्ञेय किसी भी विचारधारा से जुड़े हुए नहीं हैं। उनके चिन्तन में विविधता है। जीवन, समकालीन जीवन, व्यक्ति, समाज, राजनीति, कला, संस्कृति, साहित्य के हर विषय पर, भाषा के संदर्भ में शब्द पर, छन्द व शिल्प के संदर्भ में उन्होंने मौलिक चिन्तन किया है।

अज्ञेय साहित्य में वाद की प्रवृत्ति को अस्वीकार करते हैं। तार-सप्तक के

वक्तव्यों में उन्होंने जो कहा है उससे यही बात स्पष्ट होती है—"हम किसी स्कूल या गुट के नहीं हैं। हम राहों के अन्वेषी हैं।"[3] जब अनायास ही प्रयोग को वाद की संज्ञा दी जाने लगी, तब उन्होंने अपने वक्तव्य में यह स्पष्ट विरोध किया था कि—"प्रयोग कोई वाद नहीं है। हम वादी नहीं रहे हैं न प्रयोग अपने आपमें इष्ट या साधन हो सकता है। हमें प्रयोगवादी कहना उतना ही निरर्थक है जितना हमें कवितावादी कहना।"[4] इसलिए अज्ञेय ने काव्य-धारणाओं में भी प्रयोग को विशेष महत्त्व दिया है—"जो कहता है, मैंने जीवन में कोई प्रयोग नहीं किया वह वास्तव में यही कहता है कि मैंने जीवन भर कोई प्रयोग नहीं करना चाहा।"[5] अज्ञेय रचनाकार के अन्वेषक हैं। उसे उन क्षेत्रों का अन्वेषण करना चाहिए जिन्हें अभी छुआ नहीं किया गया है या जिन्हें अभेद्य मान लिया गया है। अज्ञेय ने अपने चिंतन में मनुष्य की गरिमा को आधुनिक, वैज्ञानिक, अन्वेषक की दृष्टि से लगातार प्रतिष्ठापित करने का प्रयत्न किया है।

अज्ञेय की यह अन्वेषी दृष्टि ही उन्हें आधुनिकता की ओर ले जाती है। अज्ञेय के आधुनिकता बोध का सम्बन्ध आधुनिकतावाद से है। कला साहित्य का यह आन्दोलन यूरोप में उन्नीसवीं शताब्दी से प्रारम्भ होकर बीसवीं शती के तीसरे दशक तक अपनी चरमावस्था में पहुंचा था। यह आन्दोलन अनेक कला आन्दोलनों, जैसे—प्रतीकवाद, बिम्बवाद, दादावाद, भविष्यवाद, अतियथार्थवाद, प्रभाववाद, अभिव्यक्तिवाद, अस्तित्ववाद से सम्बद्ध आन्दोलन हैं।

साहित्य में आधुनिकता का इस्तेमाल अनेक पदों में हुआ है। स्टिफेन स्पेन्डर ने आधुनिकता को दो भागों में विभक्त किया है—1. समसामयिक आधुनिकतावादी, 2. आधुनिक आधुनिकतावादी। अज्ञेय आधुनिक आधुनिकतावादी हैं। आधुनिकों का 'मैं' स्वयं प्रभावित होता है। वह ऐसा नहीं मानता कि वह अपनी शक्ति से स्वयं को बदल देगा। वह सहन करता है और अपने समय के प्रबोध को नई कला के माध्यम से प्रकट करता है। आधुनिक मूल्यों में विश्वास नहीं करता, वह भूतकाल को अपने से कटा हुआ पाता है, फिर भी अतीत का एक बोध उसे वर्तमान समय के सन्दर्भ में, उसके मन में तनाव पैदा करता है।

आधुनिक आधुनिकतावादी बिम्बप्रधान काव्यात्मक शैली का प्रयोग करते हैं। आधुनिकता का सबसे प्रमुख लक्षण प्रयोगशीलता है। 'आधुनिकतावाद' के संज्ञा और स्वरूप पर चर्चा करते समय 'मालकम ब्रेडकरी' और 'जेम्स मेकूफार्लेन' ने अपने ग्रन्थ 'आधुनिकतावाद' में कहा है कि—"इतिहास में कुछ परिवर्तन दशाब्दियों में आते हैं और कुछ परिवर्तन शताब्दियों में। लेकिन एक परिवर्तन ऐसा आता है कि वह अपने अतीत को एक भव्य खंडहर के रूप में देखता है। यह परिवर्तन कोई उत्क्रांति नहीं आक्रांति है। 20वीं शताब्दी में यह जो परिवर्तन है वह तीसरे प्रकार का है, वही आधुनिकता है।"[6] उनके ही मतानुसार—

आधुनिकता संज्ञा का एक विशिष्ट समसामयिक संवेदना के साथ साहचर्य सूचित होता है। एक ऐसी संवेदना कि हम एकदम नये समय में जी रहे हैं—

—समसामयिक इतिहास हमारी सार्थकता का स्रोत है।

—हम अतीत से नहीं, आस-पास के परिवेश से उत्पन्न हैं।

—आधुनिकता एक नई चेतना है, मानव मस्तिष्क क एकटटकी स्थिति है जिसको आधुनिक कला ने अन्वेषित किया है और कभी-कभी उसके विरोध में प्रतिक्रिया भी जगाई है।

उनके ही अनुसार आधुनिकतावाद ही आज एकमात्र वाद है। आधुनिकता का साहचर्य, उच्च सौन्दर्यपरक आत्म-चेतना का अन्-अनुकरणात्मकवाद का जो नया युग है, उनके साथ भी है। इसमें कला, यथार्थ और मानव समाज का बाह्य प्रस्तुतीकरण नहीं करती लेकिन जीवन के भीतरी मनोभावों के अन्वेषण की शैली, शिल्प और खुले-स्वरूपों की ओर जाती है। इसमें कलाकार, स्वयं को स्वतन्त्र महसूस करता है और आधुनिकतावादी लेखक अपने को मुक्त ही नहीं बल्कि विशिष्ट ऐतिहासिक दबाव के नीचे देखता है।"[7]

'मालकम ब्रेडबरी' और 'जेम्स मैंकूफार्लेन' की इस लम्बी व्याख्या से हम आधुनिकतावाद की प्रमुख प्रवृत्तियों को समझ सकते हैं। हिन्दी साहित्य में 'तार-सप्तक' से आधुनिक बोध का प्रारम्भ होता है। वैसे तो हिन्दी साहित्य में आधुनिकता का प्रारम्भ भारतेन्दु-युग से ही हो जाता है, लेकिन 'तार-सप्तक' का आधुनिक बोध आधुनिकतावाद से सम्बन्धित है।

पश्चिम में न्यू राइटिंग के तहत इसी प्रकार के संकलन निकल रहे थे। 'ज्यार्जियन पोयट्री' के ऐसे क्रमश: तीन संकलन निकले थे। हिन्दी में 'तार-सप्तक' का प्रकाशन इसी पृष्ठभूमि पर एक घटना सिद्ध हुआ।

अज्ञेय, तार-सप्तक के सम्पादक और प्रथम कवि थे। छायावादी काल से सृजनरत अज्ञेय को हम सन् 1943 में परिवर्तन के मोड़ पर खड़ा देखते हैं। यह परिवर्तन जीवन और काव्य-दृष्टि के नवोन्मेष का परिणाम था। अज्ञेय के शब्दों में—"राहों के अन्वेषी कवियों की रचनाओं को एक संकलन में संपादित करने का यह हिन्दी में प्रथम प्रयास है।"[8] संपादक ने यह भी स्पष्ट किया था कि वे कवि किसी गुट के नहीं हैं, फिर भी हुआ यह कि 'प्रयोगवाद' नामक नई धारा ने जन्म ले लिया।

अगर हम 'तार-सप्तक' में प्रवृत्त, इस काव्यधारा का विश्लेषण करें तो उसमें आधुनिकता के लक्षण पाते हैं। जहां तक आधुनिकता के बोध का सवाल है वह विद्रोह और विक्षोभ के रूप में प्रकट होता है। प्रयोगवाद, छायावाद और प्रगतिवाद दोनों ही प्रतिक्रियास्वरूप आया था। वह अतीत को संकट के रूप में देखता है। पुराने प्रतिमानों व उपमानों को ध्वस्त कर नवीन रूप से रचना चाहता है। परिणामस्वरूप इस काव्यधारा में बौद्धिकता का आग्रह व शिल्प में

परिवर्तन, दिखाई देता है। शिल्प ही नहीं भाव-बोध में भी परिवर्तन दृष्टिगत होता है। छायावाद के रहस्य और प्रकृति में तथा अज्ञेय के रहस्य और प्रकृति में बहुत अन्तर है। इसमें फ्रायड के मनोविश्लेषण तथा मार्क्स के द्वन्द्वात्मक भौतिकवाद दोनों की उपस्थिति है। प्रधानतया यह यंत्र-वैज्ञानिक युग और नगर सभ्यता का प्रतिफलन है। परम्परा के मूल्यबोध में भी परिवर्तन दिखाई देता है एवं उसमें व्यक्ति चेतना का स्वर प्रमुख है।

अज्ञेय ने तार-सप्तक के वक्तव्यों में दो बातों की ओर निर्देश किया है—एक भाव सम्बन्धी, दूसरा भाषा सम्बन्धी—

1. आधुनिक युग का व्यक्ति यौन-वर्जनाओं का पुंज है। इस बात का निर्देश मुख्य है और

2. भाषा की क्रमशः संकुचित होती हुई, सार्थकता की केंचुल फाड़कर नया, अधिक व्यापक, अधिक सारगर्भित अर्थ भरने का कवि का स्वप्न है।[9]

आधुनिकतावादी कवि तकनीक एवं रूप की दृष्टि से भी अधिक प्रयोगशील हैं, वे कवि-कर्म तथा अभिव्यक्ति रीति पर अधिक बल देते हैं, इसलिए काव्य-शैलियों में हम अन्तर पाते हैं। बिम्बवादी और प्रतीकवादी आन्दोलनों से प्रभावित होने के कारण बिम्ब और प्रतीक में नयापन दिखाई देता है। उसके साथ व्यंग्य, उक्ति-वैचित्र्य, वक्रोक्ति को आक्रोश की अभिव्यक्ति के माध्यम से व्यक्त किया गया है। मुक्त छन्द तथा गद्यात्मक भाषा का भी प्रयोग किया गया है।

अज्ञेय के अनुसार—"कलाकार रूप की रचना करता है और मूल्यान्वेषण भी करता है, लेकिन रूप के नाते।"[10]

अज्ञेय ने छायावादी काल में ही सृजन आरम्भ किया, अतः उनकी आरम्भिक रचनाओं पर छायावादी प्रभाव परिलक्षित होता है। सन् 1943 के बाद कवि के मूल्यबोध में भी परिवर्तन होता गया है। प्रथम तार-सप्तक में ही अज्ञेय की काव्य-रचनाओं में हमें आधुनिकता के चिह्न दिखाई देते हैं तथा 'हरी घास पर क्षण भर', 'बावरा अहेरी' व 'इन्द्रधनु रौंदे हुए' में हम उसका विकसित रूप देख सकते हैं। इसके बाद उनकी कविताएं आध्यात्मिकता व नव-रहस्यवाद की ओर मुड़ जाती हैं। डॉ० रामस्वरूप चतुर्वेदी ने यह ठीक ही कहा है कि "इसमें अज्ञेय का वास्तविक कवि रूप उभरकर आता है। इस संकलन की कई महत्त्वपूर्ण कविताएं प्रकृति की स्थिति को नए ढंग से स्वीकार करती हैं, और कवि के विकसित होने वाले गैर रोमेन्टिक भाव को अभिव्यक्ति देती हैं।"[11]

अतः हम निष्कर्ष के रूप में कह सकते हैं कि अज्ञेय की आधुनिकतावादी दृष्टि ने हमारे समय की साहित्यिक और मानवीय परिस्थितियों को सच्चाई से देखा है, और आज के युग के महत्त्व को कलाकार की दृष्टि से अनुप्राणित किया है। "आधुनिकता कला का स्वातंत्र्य ही नहीं, कला की आवश्यकता है।"[12]

जिसे अज्ञेय ने महसूस किया।

व्यक्ति चेतना ही अज्ञेय के आधुनिकता बोध के केन्द्र में है, जिसके कारण उन्हें अहंवादी मान लिया गया है, जबकि अज्ञेय ने सम्प्रेषण की समस्या और समाज के संदर्भ में मौलिक चिन्तन से सामाजिक दायित्व को भी स्वीकार किया है। व्यक्तिबोध को सामाजिक बोध से जोड़ने का भाव अज्ञेय के परवर्ती काव्य में मौजूद है। उनके काव्य में आधुनिकता का व्यापक समावेश भाव सम्बन्धी व शिल्प सम्बन्धी दोनों रूपों में मिलता है। निश्चित ही यह आधुनिकताबोध मुक्तिबोध के आधुनिकताबोध से भिन्न है। लेकिन इसने वर्तमान समय के लेखकों को व्यापक स्तर पर प्रभावित किया है। अज्ञेय ने हिन्दी कविता को नए उपमान, प्रतिमान तथा नया मुहावरा प्रदान किया है। अज्ञेय के शब्दों में आधुनिकता की व्याख्या इस प्रकार है—"आधुनिकता के लोगों ने अनेक अर्थ किए हैं। मेरी दृष्टि में आधुनिकता एक अनगढ़ चीज है। वह एक सिद्ध स्थिति नहीं, एक प्रक्रिया है। संस्कारवान होने की क्रिया को ही मैं आधुनिकता मानता हूं।"[13] अतः अज्ञेय के अनुसार आधुनिकता का अर्थ समय के साथ बदलता रहता है और उसी अर्थ के अर्थवान होने की क्रिया, आधुनिकता है। अज्ञेय ने अपने समय के दबाव को पहचाना व छायावादी भाव परम्परा को बौद्धिक परम्परा में बदला। इस बात से इनकार नहीं किया जा सकता भले ही उन्होंने यह पाश्चात्य आन्दोलनों से प्रेरित होकर ही किया हो।

आजादी के बाद पूरा परिवेश प्रगति की होड़ में लगा हुआ था और सारी परम्परा को ध्वस्त कर प्रयोगों की सृष्टि कर रहा था, साहित्य भी उससे प्रभावित हुआ। नए प्रयोगों के मोह में और इतना ही नहीं, उसमें हमारे समय की स्थितियां भी पूरी तरह योग दे रही थीं। अज्ञेय पर पाश्चात्य आन्दोलनों का प्रभाव पड़ा।

काव्य-सृजन के आरम्भिक काल में 'अज्ञेय' में रूमानी भावनाओं का आधिक्य था, छायावादी कविता के अतिरिक्त उन पर टेनिसन और ब्राउनिंग तथा रवीन्द्रनाथ टैगोर का भी प्रभाव पड़ा। टेनिसन, ब्राउनिंग, पाश्चात्य रोमांटिसिज्म के अन्तिम कवि हैं, जिसका प्रभाव उस समय की हिन्दी, बंगला कविता पर भी पड़ा था। अज्ञेय का सबसे पहले कविता से सम्पर्क हिन्दी की कविता से न होकर संस्कृत व फारसी कविता से हुआ। 'अज्ञेय' के ही शब्दों में—"और इसके बाद अंग्रेजी कविता की बारी आई। लौंगफेलो और टेनिसन से शुरू किया, पर प्रभाव टेनिसन का ही स्थायी हुआ। टेनिसन ऐसे कई बार पढ़ा और उसके प्रभाव में लिखना भी प्रारम्भ किया।"[14] उन्होंने ग्यारहवें वर्ष में स्वामी दयानन्द की गंगा-स्तुति से प्रेरणा पाकर अंग्रेजी में गंगा-स्तुति लिखी, जिसके छन्द तथा भाषा पर टेनिसन की गहरी छाप थी।

अंग्रेजी भाषा से ही रवीन्द्रनाथ ठाकुर की कविताओं के सम्पर्क में आये।

"मैं अंग्रेजी में 'गीतांजलि' के प्रभाव में आकर रहस्यवादी गद्य गीत भी लिखने लगा था जो देवकृपा से कहीं छपे नहीं और मेरे जेल प्रवास के दिनों में न जाने कहां खो गए। पहली कविता अब चिन्ता में ही संगृहीत है।"[15] तथा उन्हीं के शब्दों में—"ब्राउनिंग के ओज भरे आशावाद और ठाकुर के रहस्यवाद के सम्मिश्रण ने मेरे लिए नए विकसते मन पर क्या प्रभाव डाला यह सोचा जा सकता है।"[16] 'भग्नदूत' और 'चिन्ता' के भाव इतिहास में इन कवियों का प्रत्यक्ष प्रभाव देखा जा सकता है। चिन्ता काव्य-ग्रन्थ के अन्त में कवि ने कहा है—एकायन में से सं० 35 के पद की दो पंक्तियां—

ईश्वर बनकर मंत्रशक्ति से छू दे भाल,
मात्र पुरुष रह बांध भुजों से मर्माहत कर डाल

ब्राउनिंग के ही एक पद का रूपान्तरण है।[17] ब्राउनिंग के साथ एक और कवि डी० एच० लारेंस की कविता का प्रभाव भी अज्ञेय के काव्य पर देखा जा सकता है। कविताओं पर ही नहीं कहानियों पर भी डी० एच० लारेंस की विचारधारा से प्रभावित है।

सन् 1933-40 के समय अज्ञेय रोमान्टिकता के दायरे से निकलकर बौद्धिकता का आग्रह करते दिखाई देते हैं। इस समय हिन्दी का साहित्यिक परिवेश मार्क्स और फ्रायड की विचारधारा से प्रभावित था, तब व्यक्ति-स्वातंत्र्य की बात करने वाले अज्ञेय उससे दूर ही रहे हैं और अज्ञेय पर व्यक्तिवादी, असामाजिक होने का आरोप भी प्रगतिवादी खेमे से ही लगाया जाता रहा है।

यह तो हम जानते ही हैं कि अज्ञेय पर मार्क्स के द्वन्द्वात्मक भौतिकवाद का प्रभाव नहीं, फ्रायड की मनोवैज्ञानिक विचारधारा का प्रभाव अधिक है। तार-सप्तक के वक्तव्य में उन्होंने कहा है कि—आधुनिक युग का साधारण व्यक्ति यौन-वर्जनाओं का पुंज है। उसके जीवन का एक पक्ष है सामाजिक रूढ़ि की लम्बी परम्परा, जो परिस्थितियों के परिवर्तन के साथ-साथ विकसित नहीं हुई और दूसरा पक्ष यह है कि स्थिति परिवर्तन की असाधारण तीव्र गति जिसके साथ रूढ़ि का विकास असंभव है। इस विपर्याप्ता का परिणाम है कि आज के मानव का मन यौन परिकल्पनाओं से लदा हुआ है, और वे परिकल्पनाएं दमित व कुंठित हैं। उसकी सौन्दर्य भी आक्रान्त है। उसके सब उपमान यौन प्रतीकार्थ रखते हैं।"[18] अत: अज्ञेय का 'यौन वर्जनाओं के पुंज' का दृष्टिकोण फ्रायड से प्रभावित है।

फ्रायड के मनोविश्लेषण, विशेषत: स्वप्न विश्लेषण से प्रभावित हैं। जो आन्दोलन दो विश्वयुद्धों के बीच फ्रांस में पनपा, वह अतियथार्थवादी आन्दोलन था। अतियथार्थवाद फ्रायड के अवचेतन मन के सिद्धान्त की भूमिका पर आधारित है।

अतियथार्थवाद बहुत ही प्रभावशाली आन्दोलन रहा है। इस आन्दोलन के आधार पर ही 'अज्ञेय' के 'तार-सप्तक' का प्रकाशन हुआ और 'अज्ञेय' ने नई कविता को छायावादी भावुकता और प्रगतिवादी खेमे से अलग कर नई दिशा में ले जाने का प्रयत्न किया। अतियथार्थवाद के सम्बन्ध में अज्ञेय की कविताएं बॉदलेयर की कविताओं से मध्यवर्गीय संवेदना, नगरबोध और प्रतीक के संदर्भ में प्रभावित हैं।

'इत्यलम्' के मुख पृष्ठ पर अज्ञेय ने बॉदलेयर की 'इकेरस का विलाप' काव्य की पंक्तियां और उसका हिन्दी अनुवाद भी किया है—

"भाग्यवान हैं वेश्याओं के प्रेमी
भाग्यवान प्रसन्न और तृप्त
किन्तु मैं—मेरी भुजाएं टूट गई हैं।
क्योंकि मैंने उनकी परिधि में मेघों को बांध लेना चाहा था।"[19]

डॉ० भोलाभाई पटेल के अनुसार—"बॉदलेयर की ये पंक्तियां प्रयोगवादी कविता के भावबोध की जैसे सूत्रात्मक भाषा है।"[20]

प्रयोगवादी नई कविता के आन्दोलन पर बिम्बवाद तथा प्रतीकवाद का भी प्रभाव पड़ा है। डॉ० भोलाभाई पटेल ने ठीक ही कहा है कि—"प्रयोगवादी या नई कविता के आन्दोलन का एक प्रभावक व प्रेरक बल एजरापाउण्ड आदि कवियों द्वारा प्रवर्तित 'बिम्बवाद' है। प्रयोगवाद अपनी सारी क्रिया पद्धति में 'बिम्ब' के समानान्तर चलने वाला आन्दोलन है।"[21] 'तार-सप्तक', 'हरी घास पर क्षण भर', 'बावरा अहेरी' की रचनाएं इन आन्दोलनों से सर्वाधिक प्रभावित हैं, और प्रतीकों की खोज के प्रयास में इन आन्दोलन के कवियों से भी उतनी ही प्रभावित हैं।

अस्तित्ववादी दर्शन के प्रभाव से क्षण का आग्रह और लघुमानवतावाद जैसे सिद्धांत नई कविता में आए। इन सिद्धांतों को अज्ञेय के काव्य में देखा जा सकता है।

अज्ञेय की रचनाओं और सिद्धान्तों को सबसे अधिक टी० एस० इलियट ने प्रभावित किया है। 'त्रिशंकु' में उन्होंने इलियट के बहुचर्चित निबन्ध 'ट्रेडिशन एंड इंडिविजुअल टेलेण्ट' का 'रूढ़ि और मौलिकता' शीर्षक से लगभग भावानुवाद किया है। 'परम्परा' निबन्ध में टी० एस० इलियट ने लिखा है—"कलाकार का मन, एक प्रकार का भण्डार होता है, जिसमें अनेक प्रकार की अनुभूतियां, शब्द, विचार चित्र एकत्रित रहते हैं। उस क्षण की प्रतीक्षा में जब तक कि कवि-प्रतिभा के साथ से नया रसायन, एक चमत्कारिक योग उत्पन्न नहीं हो जाता। यह क्षण अनिर्दिष्ट होता है। जब तक कोष टूट नहीं जाते, हम नहीं जान पाते कि अंडा

सेया जा रहा था।"[22]

अज्ञेय के सृजन सम्बन्धी विचारों पर इसका पूरा प्रभाव देखा जा सकता है। 'त्रिशंकु' में उन्होंने कहा कि—"सृजन, चेष्टित व्यापार नहीं है, दिये हुए ढांचे पर साहित्य का निर्माण करने की आशा, भ्रामक है। परिणाम को परखकर उसकी चेष्टा का बीज आरोपित करना भूल है आदि-आदि।"[23] वे कवि की व्यवस्थित नियोजना का विरोध करते हैं। अज्ञेय के साहित्य में व्यक्तित्व का आग्रह भी टी० एस० इलियट के चिन्तन से समानता रखता है।

अज्ञेय का चिन्तन टी० एस० इलियट से प्रभावित होते हुए भी भिन्न है। मौलिक है। अज्ञेय में जितना बल परम्परा पर है उतना ही नहीं बल्कि उससे भी अधिक बल वर्तमान को सजग रूप से पाने में है। वर्तमान पर यही बल उन्हें मूल चिंतन तक ले गया, जो व्यक्तित्व का सजग प्रतिफलन है। यही बात कालचिंतन के प्रसंग में भी कही जा सकती है। निरन्तर गतिशील काल-प्रवाह में व्यक्ति के 'अमरत्व के क्षण' को पाने में अज्ञेय के विचार को भी हम उनके व्यक्तित्व के आग्रह की अनुरूपता में देख सकते हैं।

हिन्दी में निर्वैयक्तिकता का सिद्धान्त भी इलियट के निर्वैयक्तिकता के सिद्धान्त पर ही आधारित है। निर्यवैक्तिकता के सिद्धान्त में उसने व्यक्ति की अभिव्यक्ति को स्वीकार किया है और यहां तक लिख दिया कि "व्यक्तित्व की सबलता या निर्बलता ही वास्तव में रचना की सबलता और निर्बलता है।"[24] इलियट के विपरीत अज्ञेय का चिन्तन सामाजिक दायित्व को स्वीकार करता है और इसी के परिणाम में व्यक्तित्व के महत्त्व की स्वीकृति भी बनी रहती है।

अतः हम निष्कर्ष के रूप में कह सकते हैं कि अज्ञेय का चिन्तन विभिन्न वादों और पाश्चात्य कवियों से प्रभावित होते हुए भी नितान्त मौलिक है। कवि की निजी समझ के आधार पर विकसित है। इस सन्दर्भ में अज्ञेय की उक्ति संगतिपूर्ण है। उन्होंने लिखा है—"दूसरे साहित्यों से प्रभाव ग्रहण करने की एक क्षमता और तत्परता होनी चाहिए, जो हर साहित्य में हर समय वर्तमान नहीं होती, बल्कि विकास अथवा परिपक्वता की विशिष्ट अवस्था में ही आती है। इसलिए किसी प्रभाव से जो रचनात्मक प्रेरणा मिली है उसे अनुकृति मानना या हेय मानना अनुचित है और बहुधा ऐसी समालोचना करने वाले के आत्मावसाद तथा हीन भावना का ही द्योतक है।"[25] वास्तव में मनुष्य का कोई भी व्यापार मौलिक नहीं है। महत्त्व इस बात का है कि उसे किस अन्तरंगता से ग्रहण किया जा. रहा है। समय के साथ उसका सामंजस्य हो रहा है अथवा नहीं।

साहित्य, मानव जीवन की विशद् व्याख्या है। अब जीवन का यह सम्बन्ध किस रूप में है, इस पर अनेक विद्वानों ने विचार किया है। कोई साहित्य का उद्देश्य जीवन जगत् का यथार्थ-चित्रण मानता है, कोई इसे जीवन की आलोचना

एवं विश्लेषण मानता है। कोई जीवन को आत्माभिव्यक्ति मानता है, यह दृष्टि सौन्दर्यवादी भी होती है और पलायनवादी भी। हर कलाकार जीवन-प्रेमी होता है। कलाकार ही नहीं, व्यक्ति के लिए भी जीवन का अर्थ अलग-अलग होता है।

अज्ञेय के लिए जीवन···स्वप्नों और आकारों का रंगीन विस्मय भरा पुंज है। उनके अनुसार—"मेरे निकट जीवन के प्रति यह प्रेम एक निस्संग विस्मय का भाव है।"[26] क्योंकि जीवन, 'होने की क्रिया' अथवा नैसर्गिक व्यापारों का अनुक्रम नहीं है। जीवन, होने के बोध का नाम है। 'यानी' 'कुछ है' नहीं 'मैं हूं' यही वास्तव में जीवन है।"[27]

जीवन-व्यापार का यह क्रम एक क्षण से दूसरे क्षण तक चलता ही रहता है और किसी भी क्षण यह व्यापार रुक सकता है। जीवन समाप्त हो सकता है, लेकिन वह फिर भी चलता है और कुछ अनुभवों का संचय करता जाता है। यह कोई छोटा विस्मय नहीं है। अज्ञेय के अनुसार इसको पहचानने के लिए निस्संगता आवश्यक है—"हम यह पूरी तरह से यह भी अनुभव कर लें कि जीवन कभी भी समाप्त हो सकता है, और उतनी ही तत्परता से यह भी अनुभव करें कि वह चल रहा है यानी विस्मय में डूब जाएं, मेरे निकट जीवनानन्द का यही नुस्खा है।"[28] अज्ञेय के जीवन दर्शन को किसी विशेष दर्शन से बांधा नहीं जा सकता, हम यही कह सकते हैं कि अज्ञेय का चिन्तन निजी अनुभवों पर आधारित है।

उनके चिन्तन में 'मैं हूं' का बोध ही उन्हें व्यक्तिवादी धारणा के निकट ले जाता है और आन्तरिक अनुभूति से जोड़ देता है इसका आशय यह नहीं है कि वे बाहरी परिवेश से पूरी तरह बेखबर हैं। उन्हें अपने का बोध है, वे युग की आवश्यकता को पहचानते हैं। समकालीन जीवन पर उनकी धारणा उनके निबंधों, लेखों और वक्तव्यों में भी व्यक्त हुई है। जीवन को देखने की कवि की निजी-दृष्टि होती है। इसलिए यह हो सकता है कि काव्यगत धारणाएं भी समकालीन जीवन की निजी समझ पर आधारित हो।

यदि वे कहते हैं कि आधुनिक युग का साधारण व्यक्ति यौन वर्जनाओं का पुंज है, तो उनका यह कथन समकालीन परिस्थितियों की समझ का परिणाम है। उनके अनुसार—"वर्जनाएं और ग्रंथिकता, न समाज के उपरले स्तरों पर उतनी जटिल होती हैं, न निचले स्तरों पर उतनी जटिल होती है जितनी कि अधोभाग में। इसका कारण सीधा है कि दोनों छोरों पर स्वच्छन्दता अधिक है। यद्यपि भिन्न कारणों से अभिजात वर्ग सुसंस्कृत है, संस्कारों में मंजा हुआ है, साथ ही सुविधा-सम्पन्न है।

उसके वैसे दमित तनाव नहीं है, दूसरी ओर लोक वर्ग भी सुसंस्कृत है क्योंकि लोक-संस्कृति की सहजता में पला वह बीच का तबका ही सबसे अधिक रूढ़िग्रस्त

है।"[29] अज्ञेय के काव्य में मध्यवर्गीय संवेदना है। वे वर्तमान परिस्थितियों का विश्लेषण करते हैं। समाज में व्यक्ति की स्थिति, सामाजिक, राजनीतिक, आर्थिक और धार्मिक चेतना के सभी पहलुओं पर अपने ढंग से सोचते और लिखते हैं।

अज्ञेय के चिन्तन में आधुनिक युग की परिस्थिति, उससे उत्पन्न साहित्यिक समस्याओं और साहित्यकार के दायित्व का उल्लेख है। वे अपने परिवेश के प्रति अत्यन्त सजग हैं। "वे अनुभव करते हैं कि आज के लेखक का परिवेश बहुत विस्तृत हो गया है। परिवेश-विस्तार के साथ, अनुभव-विस्तार, संवेदन-विस्तार और सम्प्रेषण विस्तार की प्रतिक्रिया अनिवार्य है।"[30]

नगर की बढ़ती हुई भीड़, अज्ञेय में निराशा उत्पन्न करती है। समकालीन जीवन के सभी विषयों पर अज्ञेय ने तत्परतापूर्वक चिन्तन किया है। 'साहित्य का परिवेश' में उन्होंने कहा है कि—"परिवेश की चिन्ता का एक पहलू यह भी है कि यदि हम चरम विनाश का यह चित्र सामने नहीं लाते तब भी सभ्यता के तथाकथित विकास के परिवेश सम्बन्धी बहुत-सी चिन्ताएं हमारे सामने आती हैं। जैसे बड़े शहरों का विकास और शहरों में बढ़ती हुई भीड़, लगातार भीड़ में रहते हुए मनुष्य का सामाजिक विकास बिल्कुल अलग ढंग से होता है।"[31] इसमें वे व्यक्ति के व्यक्तित्व के प्रति चिन्तित दिखाई देते हैं। अज्ञेय के काव्य में भी कुंठा, निराशा व तनाव मोजूद है। लेकिन अज्ञेय का तनाव मानसिक तनाव है, उसमें भीड़ से आतमघाती भय है। उनके अनुसार—"या तो हम बड़े शहरों में रह लें या मानव प्रेम की बात ही छोड़ दें।"[32] अज्ञेय के चिन्तन में व्यक्तित्व का आग्रह हर चिन्तन में प्रधान रहता है वह चाहे शिल्प के सम्बन्ध में हो, या कथ्य के सम्बन्ध में।

अज्ञेय के काव्य का मुख्य विषय व्यक्ति का आभ्यन्तरिक यथार्थ है। मनुष्य के भीतरी मनोवेगों का विश्लेषण है। सामाजिक सम्बद्धता की जो प्रखरता आरम्भिक अज्ञेय में दिखाई देती है, वह आगे अमूर्त होते जाने वाले उनके नैतिक मूल्यों में क्षीण पड़ती चलती गई। अज्ञेय रचनाकार के दायित्व को हमेशा महत्त्व देते रहे हैं।

लेकिन धीरे-धीरे उनकी चिन्ता लेखकीय चिन्ता बनती चली गई। तार-सप्तक के 'वक्तव्य' में उन्होंने जो वक्तव्य दिया था कि—"सत्य व्यक्तिबद्ध नहीं है, व्यापक है। जितना ही व्यापक है, उतना ही काव्योत्कर्षकारी है।"[33] किन्तु दूसरे तार-सप्तक में वस्तु-सत्य को आत्म-सत्य बनाने पर बल है। यहां तक कि अन्वेषण का अर्थ भी बदल गया। पहले जिसे राहों का अन्वेषण कहा गया था, दूसरे तार-सप्तक में आत्मान्वेषण हो गया। डॉ० नामवरसिंह ने भी लिखा है—"जोर वास्तविकता से हटकर ईमानदारी की ओर आ गया। 1951 में 'प्रतीक'

के सम्पादकीय ने काव्य में ईमानदारी का नारा दिया, जिससे 'अनुभूति' की प्रामाणिकता की अवधारणा हुई।"[34] बौद्धिकता का स्थान रागात्मकता ने ले लिया और छायावाद युग का प्रिय शब्द 'अनुभूति' पुनः प्रचलन में आ गया। ये सभी मान्यताएं 'व्यक्तित्व की खोज' का दार्शनिक रूप लेकर सामने आई। अज्ञेय प्रारम्भ से ही व्यक्ति स्वातंत्र्य पर बल देते रहे हैं। उन्होंने लिखा है कि—"कोई दार्शनिक या तार्किक पद्धति समाज या राष्ट्र की स्वतन्त्रता को एक चरम मूल्य के रूप में प्रतिष्ठित नहीं कर सकती, अगर वह व्यक्ति-स्वातन्त्र्य के अपहरण का अनुमोदन करती है।"[35]

'त्रिशंकु' में उन्होंने यांत्रिकता और औद्योगीकरण का प्रमुख दोष यही माना है कि इसके व्यक्तित्व का लोप और संस्कृति का ह्रास हो रहा है। उनके निकट कला, कलाकार द्वारा अपने को प्रमाणित करने का प्रयत्न है, एक प्रकार का आत्मदान है, जिसके द्वारा व्यक्ति का अहं अपने को अक्षुण्ण रखता है। उन्होंने सत्य का स्रोत अथवा चेतना का आविर्भाव व्यक्ति में ही माना है। अज्ञेय की आलोचना में व्यक्तित्व का आग्रह ही उसे इलियट से पृथक् कर देता है। परम्परा के विषय में इलियट ने लिखा है—"सही अर्थ में नई कृति के आवरण से बदलाव आता है।"[36] अज्ञेय ने इसे स्वीकार किया है। लेकिन वे यह भी मानते हैं कि "किसी लेखक का परम्परा को बदल डालना, समाज से लेखक का अपना व्यक्तित्व स्वीकृत कराना है। यह व्यक्ति के व्यक्तित्व का घनीभूत रस होता है, जो 'परम्परा' के अनुकूल अपने को नहीं बनाता बल्कि पूर्ण स्वीकृति चाहता है।"[37]

उन्हें आरम्भ से ही व्यक्तिवादी कहा जाता रहा है, किन्तु वे व्यक्तिवादी कम व्यक्तित्ववादी अधिक हैं उनके अनुभव—"काव्य रचना या कला-सृष्टि का अधिकार तभी आरम्भ होता है जब व्यक्तित्व का सम्पूर्ण विलयन हो जाय।...मैं कहूं कि इस चरम कोटि का आधुनिक कवि मैं नहीं हूं। अधिक-से-अधिक उस श्रेणी में हूं जो कविता को अहं के विलयन का साधन मानते हैं।"[38] अज्ञेय बाहरी अनुभवों को तो साहित्य के लिए प्रेरक मानते हैं किन्तु वे आन्तरिक बाध्यता को भी साहित्य के लिए महत्त्वपूर्ण मानते हैं। "साहित्य में प्रेरक शक्ति होती है किन्तु वह साहित्यकार की आन्तरिक क्षमता का स्वयंभूत फल होती है।"[39]

अज्ञेय के उपन्यासों और कहानियों में भी व्यक्ति के आन्तरिक जीवन का मनोविश्लेषण है। यही कारण है कि उनके पात्र साधारण आदमी से भिन्न असाधारण होते हैं। उनके अनुसार उपन्यास अनिवार्यता पूरे समाज का चित्र हो, यह मांग बिलकुल गलत है। उपन्यास की परिभाषा के बारे में यह भ्रांति साहित्य के सामाजिक तथ्य को गलत समझने का परिणाम है। 'नदी के द्वीप' उपन्यास में रेखा भी कहती है—"पर भुवन, तुम समाज की दृष्टि से देखते हो, वह दृष्टि गलत नहीं है, अप्रासंगिक है, निर्णायक भी नहीं है। व्यक्ति को दबाकर इस मामले

में जो भी निर्णय होगा गलत होगा, घृण्य होगा, असह्य होगा।"[40]

अज्ञेय व्यक्ति को अनेक सम्भावनाओं का पुंज मानते हैं। मानव उनकी परिकल्पना में अर्थवत्ता का खोजी व स्रष्टा है और यही उसके मानवतत्त्व की पहचान है। इसलिए उनका रचना-कर्म मानवत्व की अर्थवत्ता की खोज से जुड़ा रहा है।

व्यक्ति चेतना अज्ञेय के एिन्तन का केन्द्र-बिन्दु है। लेकिन इसका यह आशय कदापि नहीं है कि वे समाज की सत्ता को अस्वीकार करते हैं। वे व्यक्ति-चेतना को प्राथमिकता देते हुए उसे सामाजिक चेतना से जोड़ देते हैं। उन्हीं के शब्दों में—"संक्षेप में यह कहूं कि मैं व्यक्ति का अपने प्रति भी उत्तरदायित्व मानता हूं और समाज के प्रति भी, पर मैं अपने उत्तरदायित्व को प्राथमिक मानता हूं और समाज के प्रति दायित्व को उसी से उत्पन्न।"[41] अज्ञेय पर यह आरोप लगते रहे हैं कि वे व्यक्तिवादी लेखक हैं, असामाजिक दृष्टिकोण वाले लेखक हैं और कुण्ठाओं निराशाओं आदि को लेकर लिखने वाले मनोवैज्ञानिक साहित्यकार हैं।

निर्मल वर्मा ने कहा है—"अज्ञेय जब सामाजिकता की बात करते हैं तो ऐसा लगता है कि वे पांवचे उठाकर कीचड़ में उतरने का प्रयत्न कर रहे हैं।"[42] डॉ० यशपाल ने तो उन्हें—"अपनी दुम का पीछा करता हुआ कुत्ता" तक कह दिया है। वहीं विशम्भर मानव के अनुसार—"उनका व्यक्ति अपना पृथक् अस्तित्व रखकर भी सामूहिकता को पुष्ट करने वाला है, क्योंकि उसका लक्ष्य भी लोक-कल्याण है।"[43]

अतः अज्ञेय के इतने स्पष्ट विचारों के उपरान्त यह आरोप अतिवादी धारणाओं के अतिरिक्त कुछ नहीं है। अज्ञेय को सामाजिकता का विरोधी तो कदापि नहीं कहा जा सकता और समाज से बचने का उन्होंने कभी भी प्रयत्न नहीं किया। अगर साहित्य में उन्होंने सामाजिक समस्याओं का उल्लेख नहीं किया तो सिर्फ इसलिए कि वे किसी भी प्रकार की दलबन्दी को अस्वीकार करते हैं। चाहे वह साहित्यिक हो या राजनीतिक। वे समाज और राजनीति के विरोधी न होते हुए खेमेबाजी के विरोधी थे। उन्होंने कहा है कि—"समय-समय पर रचनाकार को महत्त्वपूर्ण सामाजिक समस्याओं पर अपना अभिमत प्रकट करना चाहिए... किंतु साहित्यिक व्यक्तित्व का ऐसा सामाजिक उपयोग करने में या होने देने में उसे दलबन्दी से बचना चाहिए।"[44] राजनीति से भी उन्होंने अपने साहित्य को दूर ही रखा है। राजनीति के सम्बन्ध में उन्होंने कहा कि—"राजनीति की बात करने के लिए मेरे पास अन्य साधन थे और कुछ बातों को कहने के लिए और कोई रास्ता नहीं था।"[45] इसका आशय यह नहीं समझ लेना चाहिए कि वे कवि या लेखक होने के नाते सामयिक घटनाओं के प्रति उदासीन ही थे। सामाजिक, राजनीतिक, आर्थिक सवालों के साथ वे पत्रकार के रूप में सदैव जुड़े रहे, और

काव्य में सामाजिक समस्याओं और परिवेश की स्थितियों से प्रभावित होकर उन्होंने व्यंग्य प्रधान रचनाएं लिखी हैं। यह हो सकता है कि वे अधिक प्रभावशाली न रही हों। इसके सन्दर्भ में उन्होंने कहा कि—"मेरे अनुभव उस दिशा में उतने गहरे नहीं थे।"[46] और फिर रचनाकर्म की दिशा लेखक के अपने निर्णय की वस्तु है। "कवि राजनीति से निरपेक्ष नहीं हो सकता. कविता राजनीति से निरपेक्ष हो सकती है।"[47]

अज्ञेय कला के क्षेत्र को विशिष्ट का क्षेत्र मानते हैं। उसका सत्य विशिष्ट अद्वितीय और मौलिक सत्य है। इसका आशय यह नहीं है कि कला हमें समाज से काट देती है बल्कि विशिष्ट की अनुभूति के आधार पर कला हमें अन्तश्चेतना के माध्यम से बोध देती है।

अज्ञेय किसी विचारधारा से जुड़े हुए नहीं हैं, लेकिन विचारधारा का विरोध 'अज्ञेय' नहीं करते हैं। विचारधारा तो हर किसी व्यक्ति की होती है। बिना विचारधारा के आदमी विवेकशील नहीं रह सकता। विचारधारा का अर्थ होता है एक जीवन दृष्टि, एक मूल्य पद्धति, आचरण अथवा कर्म के बारे में एक वरीयता प्राप्त दृष्टिकोण। अज्ञेय विचारधारा और मतवाद में अन्तर बताते हुए कहते हैं कि "जो विचार या मत या सम्प्रदाय लेखक के जीवन में ऐसा रच गये हैं कि कर्म के बारे में द्वंध या तनाव पैदा नहीं करते, उन्हीं को मैं किसी रचनाकार की विचारधारा कहूंगा और उससे साहित्य का अहित नहीं होता। और जहां हमारा विवेक हमें एक प्रकार के कर्म की प्रेरणा देता हो, निजी जीवन से सम्बन्ध रखने वाले कर्म की या सामाजिक कर्म की ओर हमारा मतवाद एक दूसरे प्रकार के कर्म या आचरण का निर्देश देता हो, वहां समस्या होती है। सिद्धान्ततः तो ऐसा हो सकता है कि ऐसा द्विभाजित मानस का तनाव रचना के लिए प्रेरक हो, लेकिन वस्तुतः ऐसा होता नहीं है क्योंकि रचनाशील तनाव व्यावहारिक जगत् तक सीमित नहीं होते, बल्कि उनकी जड़ें अवचेतन तक फैली होती हैं इसलिए मतवाद रचना में सहायक नहीं होते।"[48] इसलिए अज्ञेय मतवादी प्रतिबद्धता को स्वीकार नहीं करते। उनके अनुसार विवेक स्वातंत्र्य को नकारकर जो प्रतिबद्धता है, वह साहित्यकार के लिए मानसिक गुलामी का स्वीकार है। यह सही है कि साहित्यकार समाज में रहता है, समाज में जीता है, अतः उसे सामाजिक प्रगति के लक्ष्यों में योग देना चाहिए। लेकिन प्रगति का अर्थ वहीं बदल जाता है जहां प्रगति की दिशा का निर्धारण साहित्यकार के विवेक से नहीं किया जाता है। उनके अनुसार—"दो सच्चाइयों को अनदेखा नहीं किया जा सकता—पहली यह कि जो प्रतिबद्धता चाही गयी है वह सामाजिक नहीं है, बल्कि चाहने वाले दल अथवा समुदाय अथवा समाज के साथ बंधी हुई है। (यानी इसी अत्यन्त सीमित अर्थ में सामाजिक है) और उसी की सत्ता बनाये रखने के लिए

है। यह प्रतिबद्धता यथास्थिति के पक्ष में है, और अगर वह बाहर है, और सत्ता-कामी है, तो यह प्रतिबद्धता यथास्थिति के विरुद्ध है। और क्रान्तिकारी है तो सत्ता लक्ष्य के अधीन ही अर्थात् प्रतिबद्धता सत्तासीन दल के साथ हो अथवा सत्ताकामी दल के साथ, वह एक विशेष प्रकार की अवसरवादिता का ही नाम है। सामाजिक प्रतिबद्धता नहीं है।"[49] वहीं दूसरी ओर वे कहते हैं कि यह हो सकता है कि मेरी दृष्टि का विस्तार करने में दूसरों का सहयोग हो और दूसरों के मार्ग निर्देश से मैं पहचान अपना रास्ता सकूं। लेकिन वह मेरा रास्ता तभी होगा, जब वह मेरी का रास्ता पहचान हो। उनके अनुसार—"समाज की सही पहचान के बिना और अपने को विवेक की आग में शोधे बिना जो प्रतिबद्धता होगी, वह समाज को भी अंधेरे गर्त में ले जायेगी।"[50]

अज्ञेय की सामाजिक प्रतिबद्धता, किसी दल, सम्प्रदाय, संस्था से नहीं है, उसका सम्बन्ध समाज से है। सामाजिक उस अर्थ में है जिस तक वह अपनी रचना पहुंचाता है। उस समाज से अज्ञेय की सामाजिक प्रतिबद्धता है। "साहित्य-कार के नाते मेरी प्रतिबद्धता जिस समाज के साथ है वह मुझमें है। मेरी अपेक्षा में ही अस्तित्व रखता है। ठीक वैसे ही जैसे कि मैं उस समाज में हूं। उसकी अपेक्षा में ही बना रह सकता हूं।"[51] इस सन्दर्भ में वे सम्प्रेषण को महत्त्व देते हैं। रचना परिस्थिति से उपजती है और परिस्थिति सबसे पहले उस सम्प्रेषण माध्यम की उपस्थिति है, जिसमें वह रचना हुई है। 'अज्ञेय' सम्प्रेषण को ही समाज का संवेद्य रूप मानते हैं। अगर इस अर्थ में सामाजिक साहित्यकार में और साहित्यकार समाज में नहीं है तो उसके चिन्तन के आर्थिक अथवा ऐतिहा-सिक आधार अर्थशास्त्री अथवा इतिहास की दृष्टि से कितना ही सही हो वह समाज के साथ जुड़ा नहीं है।

अतः निष्कर्ष के रूप में हम कह सकते हैं कि अज्ञेय की प्रतिबद्धता वर्तमान समय में प्रचलित प्रतिबद्धता की अवधारणा से सर्वथा भिन्न है। जो विचारधारा किसी दूसरे के निर्देश पर चलना नहीं मानती, बल्कि विचारधारा का अर्थ निजी जीवन-दृष्टि, मूल्य-पद्धति मानती है, जिसमें साहित्यकार का विवेक स्वातन्त्र्य अत्यन्त आवश्यक है और दूसरा यह कि समाज की पहचान के बिना, उसे विवेक की आग में शोधे बिना जो प्रतिबद्धता है वह सामाजिक प्रतिबद्धता नहीं है। अज्ञेय के अनुसार—"मैं जब साहित्यकार हूं तब सम्प्रेषण का तो एक व्रत मैंने ले लिया है। यह मेरा उत्तरदायित्व है कि मैं दूसरे तक पहुंचूं, दूसरे तक मूल्यबोध पहुंचाऊं। जिनके बारे में मेरा सहज विवेक मुझे आश्वस्त करता है कि ये मूल्य उस पूरे समाज के जीवन को अधिक गहरा, समर्थ और अर्थवान बना सकते हैं। इन मूल्यों के सम्प्रेषण का, उनकी चेतना जगाने का मेरा अक्षुण्ण अधिकार और अपरिहार्य कर्तव्य ही मेरी सामाजिक प्रतिबद्धता है, और यह प्रतिबद्धता किसी भी वर्ग, दल,

समूह अथवा प्रतिष्ठान के हित अथवा सत्ता से निरपेक्ष है।"[52] अतः दूसरे तक मूल्यबोध को पहुंचाना ही अज्ञेय की सामाजिक प्रतिबद्धता है। सम्प्रेषण का माध्यम समाज है। समाज को इस माध्यम के रूप में देखे समझे बिना न साहित्य को समझा जा सकता है न साहित्य रचना प्रक्रिया को, और न ही समाज में साहित्यकार की स्थिति को। अज्ञेय की संस्कृति, समाज, साहित्य सम्बन्धी अवधारणाओं में परस्परता और अन्योन्याश्रय का गहरा सम्बन्ध है। अज्ञेय के अनुसार "साहित्यिक कर्म सांस्कृतिक कर्म है। साहित्यक रचना भी एक तरह से संस्कृति की रचना है और साहित्यिक के सांस्कृतिक परिवेश की उपेक्षा नहीं की जा सकती।"[53] संस्कृति भी समय के अनुसार बदलती रहती है। यह सही है कि संस्कृति समाज को स्थायित्व देती है, लेकिन फिर भी वह एक गत्यात्मक प्रक्रिया है। "संस्कृति मूलतः एक मूल्य दृष्टि और उससे होने वाले निर्माता प्रभावों का नाम है।"[54] मूल्य दृष्टियां बदलती हैं, भौतिक परिस्थितियां बदलती हैं इसलिए समाज बदलता है, और संस्कृति भी बदलती है। लेकिन सस्कृति केवल भौतिक परिस्थिति का परिणाम नहीं होती क्योंकि वह भौतिक जगत् और जीव-जगत् के साथ मानव जाति के सम्बन्ध पर आधारित है। वह सम्बन्ध ज्ञान के विकास और संवेदन के विस्तार के साथ बदलता है, और संस्कृति उन सम्बन्धों का निरूपण करती है, निर्धारण करती है व आकलन भी करती है।

प्राचीन समय से हमारा समाज, अनेक संस्कृतियों से प्रभावित रहा है। आधुनिक समय में कई विद्वानों ने इसे अपने-अपने ढंग से परिभाषित किया है। एक परिभाषा है जो जन्म से लेकर मृत्यु तक मानव के समग्र कर्म और उसके तन-मन पर असर डालने वाले सब प्रभावों को संस्कृति के अन्तर्गत मानती है अर्थात् जैविक या आनुवंशिक दाय के अतिरिक्त जो कुछ मानव प्राणी ग्रहण करता है, उसका संस्कार है, इसलिए उसे संस्कृति कहा जाना चाहिए। दूसरी परिभाषा मानव के समग्र कर्म को संस्कृति के अन्तर्गत नहीं मानती है, वह तो मानव को निरूपित निर्धारित और प्रेरित करने वाले मूल्यों के समूह को और समाज की मूल्य-दृष्टि को संस्कृति मानती है। तीसरी परिभाषा के अनुसार संस्कृति अपने को केवल उन मूल्यों तक सीमित रखना चाहती है जिनका सम्बन्ध समाज के सौन्दर्यबोध से है। संस्कृति की चौथी परिभाषा भी है, जो अपने को केवल उत्पादन के उपकरण पर आधारित करना चाहती है। इन सारी परिभाषाओं को 'अज्ञेय' पहली परिभाषा के ही अन्तर्गत मानते हैं, वैसे उनके अनुसार—"किसी भी परिभाषा से प्रारम्भ किया जाये, हमें इस परिणाम पर पहुंचना पड़ता है कि हमारे संस्कार मात्र हमारे समाज़ में एक नियामक सत्ता का प्रभाव रखते हैं।"[55] यह बात सही है कि 'ऐसा करना चाहिए' 'यह ठीक है' का बोध ही मूल्य है। उचित-अनुचित का विचार मूल्य-दृष्टि से होता है।

अतः संस्कृति का सम्बन्ध मूल्य-दृष्टि से होता है लेकिन हममें संस्कृति का

कुछ बोध है तो उसका अर्थ केवल इतना नहीं है कि हम परम्परा से चले आये मूल्यों को पहचान लें। चेतना केवल स्वीकार का भाव नहीं है। "मूल्य-दृष्टि की चतना मूल्यों की अर्थवत्ता की अनवरत खोज की प्रक्रिया है।"[56] संस्कृति की चेतना जिज्ञासा का भाव लिये रहती है। अनेक सम्भावनाओं का रास्ता आविष्कृत करती है। इसलिए संस्कृतियां विभिन्न युगों में किसी नयी अनुभूति को स्वीकार करती हैं और किसी को नकार देती हैं। जब हम यह कहते हैं कि रचना कार वर्तमान में रहकर अतीत-द्रष्टा और भविष्य-द्रष्टा होता है तो यह कहना चाहते हैं कि रचनाकार का देखना ही वह मूल्य-दृष्टि है जिसकी परिभाषा में वर्तमान की उपेक्षा नहीं की जा सकती, क्योंकि वहीं खड़े रहकर वह अतीत और परम्परा का मूल्य आंकता है और भविष्य के लिए रास्ता आविष्कृत करता है। तभी वह पहचान पाता है कि भौतिक जगत् में कुछ घटित हो रहा है। अज्ञेय के अनुसार—"संस्कृति की कोई परिभाषा वर्तमान की उपेक्षा कर नहीं की जा सकती। बल्कि यह भी कह सकते हैं कि हमारा आरम्भ बिन्दु तो हमेशा वर्तमान का क्षण ही होगा। वहीं पर खड़े होकर हम अतीत का परिदृश्य देखते हैं और भविष्य में विस्तार की सम्भावनाएं रखते हैं।"[57] इसी आधार पर अज्ञेय संस्कृति का सूक्ष्म विश्लेषण करते हैं।

संस्कृति काल के अनुसार बदलती रहती है। भारतीय संस्कृति, आर्य-संस्कृति, यूनानी संस्कृति। आधुनिक युग की जब हम बात करते हैं तो वह इसी अर्थ में होती है।

आधुनिक युग विज्ञान का युग है। विज्ञान तो हमेशा मूल्य-निरपेक्षता का दावा करता है और संस्कृति मूल्य-सापेक्षता का। विज्ञान अपरिवर्तनशील है जब कि संस्कृति लगातार बदलती रहती है फिर हम किस प्रकार विज्ञान पर संस्कृति का प्रभाव मानते हैं? विज्ञान की दो प्रमुख धाराएं लक्षित होती हैं। एक जैविक विकास की ओर जाती है तो दूसरी आर्थिक विकास की ओर। "जैविक विकास का सिद्धांत जड़ से चेतन और फिर चेतन से अनेक जीव जातियों और इस प्रकार जातियों के अविराम विकास को मानता है और इसी क्रम में चेतना के विकास को भी रखता है। लेकिन इस प्रश्न को अप्रासंगिक समझ लेता है कि यह सारा विकास किसके लिए, किस ओर, और किस प्रेरणा से?"[58] आर्थिक विकास की धारा आर्थिक शक्तियों को स्वीकार करती हैं और आभ्यन्तर संसार को नकार देती है। उनके अनुसार यथार्थ वही है जो बाहर है। अज्ञेय के शब्दों में—"प्रत्येक संवेदन-शील प्राणी जानता है कि यथार्थ बाहरी जगत् ही नहीं, भीतरी जगत् भी एक यथार्थ है।"[59] अत: अज्ञेय वैज्ञानिक संस्कृति में मनश्चेतना को महत्त्वपूर्ण मानते हैं और मूल्यों की समस्या को भी।

भारतीय संस्कृति पर भी अज्ञेय ने विशेष चिन्तन किया है। हमारी संस्कृति

प्रारम्भ से ही धार्मिक संस्कृति रही है और अब भी है। समाज के धार्मिक होने पर भी हम उसे, उसकी देशीयता से अलग नहीं कर सकते। अज्ञेय साहित्य में धर्म की व्यापक परिभावा को महत्त्व देते हैं। वे कहते हैं—"प्रारम्भ से ही यदि धर्म की व्यापक परिभाषा अपनायी गयी होती तो ये अत्याचार नहीं होते। संस्कृति का आधार धर्म है लेकिन इस सन्दर्भ में कि धर्म समाज के पूरे कर्म को धारण करने वाला नियम है।"[60] वर्तमान समय में हमने इस परिभाषा को भुलाकर धर्म को उसकी व्यापकता से खण्डित कर दिया है। अब वह जाति-पांति पर आधारित होने लगी है। यही कारण है कि संस्कृति की वर्तमान दुरवस्था हमारे सामने है।

इसी प्रकार अज्ञेय ने खेलों की संस्कृति के विषय में, दर्शन की संस्कृति के विषय में भी चिन्तन किया है और उसे परम्परा से देखकर, वर्तमान के लिए प्रासंगिक माना है। इसके लिए वे पंजाब के एक खेल का उदाहरण देते हैं। पंजाब में बच्चें जब खेल में यह कहते हैं—

लुक-छिप जाना मकई का दाना
राजे दा बेटा आडया जे।

तो इसमें वे उस सामाजिक स्थिति की पहचान करवाते हैं कि जिसमें राजा का बेटा राजस्व के रूप में अनाज बटोरने निकलता था और किसान का पुराना संस्कार भी जिसमें वह मकई का दाना छिपाकर रखना सुरक्षा का एक सह उपाय समझता था। उस समय की यह बात हमें आज की स्थिति पर सोचने को विवश कर देती है।

हर देश की अपनी संस्कृति, सभ्यता और दर्शन होता है। अज्ञेय इन सबसे बढ़कर मानव संस्कृति की बात करते हैं। वे कहते हैं—"अगर हम अपनी संस्कृति के अलावा दूसरी संस्कृतियों के मूल्यों को भी पहचान और समझ सकते हैं तो हमारे संवेदन का विस्तार बढ़ता है, हम अधिक संस्कारवान होने की अर्हता प्राप्त करते हैं और इसलिए अपनी संस्कृति को सम्पन्नतर बना सकने की स्थिति में आ जाते हैं।"[61]

अतः हम निष्कर्ष के रूप में कह सकते हैं कि अज्ञेय ने संस्कृति को निम्न बिन्दुओं पर विश्लेषित किया है—

—संस्कृति का अनिवार्य सम्बन्ध मूल्य-दृष्टि से होता है।

—संस्कृति की परिभाषा के अनुकूल ही चेतना का क्षेत्र निर्धारित हो जाता है। चेतना की बात नहीं बदलती। वास्तव में ऐसी स्थितियां जो आत्म-

चेतन नहीं हैं, सांस्कृतिक स्थितियां तो हो सकती हैं लेकिन वह अपने आप में संस्कृति नहीं हैं।

—संस्कृति को परिभाषित करने में वर्तमान की उपेक्षा नहीं की जा सकती।

—संस्कृति, काल के अनुसार बदलती है।

—विज्ञान, खेल, श्रम, दर्शन, सामाजिक शिष्टाचार आदि सभी संस्कृति के अंग हैं।

रचनाकार जब अपनी कृति को अपने से अलग कर उसे समाज को सौंपता है तो उसका कुछ-न-कुछ उद्देश्य अवश्य होता है। कविता हमें किसी के पक्ष में और किसी के विरोध में खड़ा करती है। इससे ही तो उचित और अनुचित निर्धारित होता है। रचनाकार के पास ऐसा क्या है जिसे वह उचित मानता है और अपने समाज को देना चाहता है। उचित और अनुचित का विचार सिर्फ साहित्यकार के लिए ही नहीं बल्कि व्यक्ति के लिए भी अत्यन्त आवश्यक है। यह बात अलग है कि कोई कला का मूल्यांकन इस आधार पर नहीं करता है और कला कोई का मूल्यांकन इसी आधार पर करता है। सौन्दर्यवादी साहित्य में नैतिकता को अनिवार्य मानते हैं लेकिन नैतिकता के आधार पर साहित्य को नहीं परखते।

स्पिन्गार्न ने कला के प्रयोजन पर सबसे स्पष्ट विचार इस प्रकार व्यक्त किया है—"कला का नैतिकता, धर्म, दर्शन आदि से कोई सम्बन्ध नहीं है। सौंदर्य की सृष्टि, जो कला का कार्य है, अपना उद्देश्य आप है।"[62]

अज्ञेय साहित्य की शाश्वतता में विश्वास करते हैं उन्हें काव्य के सारे प्रश्न चिरन्तन प्रतीत होते हैं, जबकि नैतिकता कभी शाश्वत नहीं रहती, वह भी काल के अनुसार बदलती रहती है। अज्ञेय के अनुसार—"यदि साहित्य का उद्देश्य नैतिकता माना जायेगा तो प्रश्न यह उठता है कि नैतिकता का आधार क्या है? प्रत्येक धर्म की अपनी मान्यताएं विभिन्न हैं, फिर तो साहित्य-धर्म सापेक्ष हो गया।"[63]

आज जो नैतिक है वह कल एक सामाजिक रूढ़ि बन सकता है, अनैतिक कहा जा सकता है। शहर वालों की सभ्यता गांव वालों के लिए अनैतिक हो सकती है। गांव वालों की सभ्यता शहर वालों के लिए अनैतिक हो सकती है। इसलिए नैतिकता स्थायी नहीं है और इसके आधार पर साहित्य की परख नहीं की जा सकती। नैतिकता और अनैतिकता के आधार, देशकाल पर आश्रित होते हैं। अज्ञेय इसको एक उदाहरण द्वारा इस प्रकार समझाते हैं—"संस्कृत काव्य को एक दिन आर्य-साहित्य का गौरव समझा जाता था, उसे दूसरे दिन गर्हणीय घोषित किया गया, जो ग्रंथ लिखकर प्रणेता एक दिन ऋषि गिने गये उसे दूसरे दिन एक 'राजर्षि' ने 'भारत का कलंक' ठहरा दिया।"[64] अतः प्रतिष्ठा का नाम

ही मर्यादा है। कुछ मानदण्ड मान लिये जाते हैं और आगे जाकर बदल भी जाते हैं। यह बात अज्ञेय ने भाषा की नैतिकता के विषय में भी कही है।

नीतिशास्त्र और कला की नैतिकता में अन्तर बताते हुए वे कहते हैं कि नीति शास्त्र के नियमों में परिवर्तन नहीं होता लेकिन कला की नैतिकता बदल सकती है। "कला की नैतिकता को प्रचलित रूप से कोई लगाव नहीं है। उसे तो नैतिकता के बुनियादी स्रोतों से मतलब है।"[65] हर व्यक्ति यह समझे कि नैतिक आचरण करना है। यह ठीक है, यह नैतिक भी है लेकिन यह सोचकर आचरण करे कि यह समाज की मान्यता है तो वह रूढ़ि है। अनैतिक है। नैतिकता उसकी अन्तःप्रेरणा है। सही और गलत निर्णय करने के लिए वह स्वतन्त्र है। यदि वह समाज के हित में है। अज्ञेय के अनुसार, "अधूरा देखना ही अनैतिकता है। अश्लीलता तथा अनैतिकता दृष्टि में होती है। शर्म भी आंखों में होती है और उघड़ापन भी वहीं होता है।"[66] यह पाठक के स्तर पर निर्भर भी करता है। अपरिपक्व मस्तिष्क के लिए नैतिकता भी अनैतिकता हो सकती है। असामाजिक भावनाएं जगा सकती है।

कुछ आलोचकों ने 'नदी के द्वीप' और अन्य उपन्यासों के चरित्र को असंभव असाधारण बताया है। 'शेखर : एक जीवनी' के विषय में उन्होंने कहा है कि—"शेखर की स्वातन्त्र्य की खोज टूटती हुई नैतिक रूढ़ियों के बीच नीति के मूल स्रोत की खोज है। कह लीजिए कि समाज की खोखली सिद्ध हो जाने वाली मान्यताओं के बदले व्यक्ति की दृढ़तर मान्यताओं की प्रतिष्ठा करने की कोशिश है। मैं मानता हूं कि चरम आवश्यकता के चरम दबाव के निर्णय करने, चरम आवश्यकता के क्षण में हर व्यक्ति अकेला होता है, और इस अकेलेपन में वह क्या करता है ? इसी में उसकी आत्मिक धातु की कसौटी है।"[67] 'नदी के द्वीप' में अश्लीलता का जो आरोप लगाया गया, उसके बारे में अज्ञेय ने किसी भी वर्णन में अश्लीलता को नहीं माना है। "लेखक, भुवन, रेखा की दृष्टि में वह अश्लीलता नहीं है बल्कि चन्द्रमाधव की दृष्टि में वह है जो यह कह कहते हैं उनसे मुझे बहस नहीं करना है क्योंकि यह ठीक है कि थोड़ी बहुत अश्लीलता अधिक वास्तविक है।"[68]

स्त्री पात्रों की असाधारणता पर उन्होंने कहा है कि वे इसलिए असाधारण हैं क्योंकि उनमें ईर्ष्या नहीं है। "मेरे निकट ईर्ष्या और अपरिपक्वता ही अनैतिकता व अश्लीलता है।"[69]

अतः हम यह कह सकते हैं कि अज्ञेय नैतिकता का साहित्य के लिए अनिवार्य मानते हैं लेकिन कला का मूल्यांकन वे नैतिकता के आधार पर नहीं करते हैं। साहित्य तो शाश्वत होता है और नैतिकता में काल के अनुसार परिवर्तन होते रहते हैं। अतः साहित्य का मूल्यांकन नैतिकता के आधार पर कैसे हो सकता है ?

अज्ञेय के लिए नैतिकता व्यक्ति की अन्तःप्रेरणा है। समाज की खोखली सिद्ध हो जाने वाली मान्यताओं के बदले दृढ़तर मान्यताओं को प्रतिष्ठित करने की कोशिश है।

यथार्थ अनेकायामी होता है, एकपक्षीय नहीं होता। इसलिए यथार्थ को अलग अलग कोणों व दृष्टिकोणों से परखा जा सकता है, इसलिए कोई भी घटना लेखक की संवेदनशीलता पर चोट करती है, उद्वेलित करती है और यह घात-प्रतिघात भाषा का रूप ग्रहण कर लेता है। परिणामस्वरूप रचना में यथार्थ प्रकट होता है, वह रचनाकार का पहले का सोचा हुआ नहीं होता। अज्ञेय के अनुसार—"यह कह देना कि अमुक यथार्थ है और अमुक यथार्थ नहीं है, लेखक के नाते अपनी समस्या से कतराना है।"[70] कुछ लोगों के लिए यथार्थ सिर्फ बाहरी जगत् में है। यह वे लोग सोचते हैं जो प्रगति की दिशा को आर्थिक मानते हैं। यथार्थ का इस तरह विभाजन नहीं किया जा सकता। ऐसा कोई भी रचनाकार नहीं जिसके साहित्य में यथार्थ के सभी आयाम न हों, यह बात अलग है कि घटना जिस संवेदन पर अधिक चोट करती है वह उभर आता है। इतने मात्र से यह कह देना कि प्रेमचन्द के साहित्य में सामाजिक यथार्थ है और अज्ञेय के साहित्य में वैयक्तिक यथार्थ है, गलत है। अज्ञेय के काव्य में भी समाज का यथार्थ चित्रण है। यह हो सकता है कि प्रभावपूर्ण न हो। यह बात जरूर है कि वे यथार्थ को सिर्फ ऐतिहासिक दृष्टि से नहीं देखते हैं। मनोवैज्ञानिक दृष्टि को महत्त्व देते हैं। "कृतिकार कृति रचता है, सामाजिक इतिहास नहीं लिखता। उसके लिए और उसके अध्ययन के लिए यह काफी नहीं है कि बाहरी तथ्यों में क्या परिवर्तन हुआ? लेखक की 'वस्तु' उसकी रिएलिटी सदैव उसकी चेतना की है, उसके मनोजगत् की है, बाहर की नहीं। इसलिए उसके यथार्थ को केवल ऐतिहासिक दृष्टि से देखना काफी नहीं है, उसके मनोजगत् के यथार्थ तक पहुंचना आवश्यक है।"[71]

यथार्थ को किसी दृष्टिकोण से नहीं देखा जा सकता। किसी कोण से देखने के कारण वह सीमित हो जाता है। अज्ञेय के अनुसार—"मुझे चेतना-वृत्त चाहिए। मैं जहां खड़ा हूं, वहां से केवल एक तरफ देखकर अन्धा नहीं हो सकता मुझे बिन्दु वह नहीं चाहिए जिससे मैं देखता हूं, बिंदु जिस पर मेरी आंख जब-तब केन्द्रित रहे।"[72] अज्ञेय के लिए रचना का महान "यथार्थ वही है, जो रचना स्वयं है।

अतः निष्कर्ष के रूप में हम कह सकते हैं कि अज्ञेय यथार्थ को किसी एक विशेष दृष्टिकोण से नहीं परखते। अज्ञेय साहित्य के लिए मनोवैज्ञानिक दृष्टि को आवश्यक मानते हुए भी, ऐतिहासिक दृष्टि का विरोध नहीं करते। साहित्य के लिए दोनों ही दृष्टियां आवश्यक होती हैं। कोई लेखक यह सोचकर लिखना प्रारम्भ नहीं करता कि वह कौन-सा यथार्थ प्रस्तुत करने जा रहा है। कोई भी

घटना, उसके संवेदनशील मन पर चोट करती है और वह घात-प्रतिघात भाषा का रूप ग्रहण कर लेता है। परिणामस्वरूप वही चीज मुख्य हो जाती है। अज्ञेय की यथार्थ-चेतना वास्तव में वादों-दृष्टिकोणों से निरपेक्ष है। उनका यथार्थ-बोध सूक्ष्म तथा वैज्ञानिक स्तर का होता है। वे कहते हैं—"यथार्थ वह नहीं है, जैसा वह दिख रहा है। यदि ऐसा है तो रचना भी एक चीज है जो उसे भीतर से खोदकर देखने को यथार्थ मानते हैं। उसमें आप किस तर्क और किस अधिकार से भीतरी अर्थ और तात्पर्य और लेखक की नियत आदि देखते चलते हैं ? किस अधिकार से आप कहते हैं कि लेखक का मन्तव्य या चित्र का अर्थ वह है जो आपको दीखता है या जो आप कहते हैं कि वहां है, जबकि यथार्थ के बारे में रचनाकार का दावा नहीं मानते हैं···दोनों दावे एक-से-एक सच और एक-से-एक झूठ हैं। रचना वही है जो वह है।···आपके और समझ के बावजूद।"[73] और इसलिए उनके लिए यथार्थ वही है जो रचना स्वयं है। उसके सम्बन्ध में सभी प्रकार के दावे झूठे हैं।"

आरम्भ से ही 'कला कला के लिए' सिद्धान्त के दो वर्ग रहे हैं—एक वर्ग वह है जो कला का उद्देश्य आत्माभिव्यक्ति मानता है और पलायनवादी है। दूसरा वर्ग वह है जो कला को सौन्दर्यवादी दृष्टि से देखता है। अज्ञेय कला को सौन्दर्य-वादी दृष्टि से देखते हैं।

अज्ञेय की कला सम्बन्धी अवधारणा लेखक एवरक्राम्बी से तुलनीय है। 'शुद्ध कविता वही है, जो कवि के अनुभव को ज्यों-का-त्यों पाठक के सामने उपस्थित कर दे और शुद्ध अनुभव भी वही है जिसका हेतु स्वयं अनुभव हो, जिसका मूल्यां-कन नैतिकता, सत्य और उपयोगिता के वाह्य मानदण्डों से न हो।"[74] अज्ञेय के अनुसार भी कला-सृष्टि का अधिकार तभी प्रारम्भ होता है जब व्यक्तित्व का सम्पूर्ण विलयन हो जाय। रचनाकार का बुनियादी सरोकार वे स्वयं जानने और पहचानने को, स्वाधीन होने को मानते हैं। "मैं सिर्फ इतना कह सकता हूं कि मेरे लिए महत्त्व की बात यह है कि अपने और अपने आसपास के बीच जो सम्बन्ध है उसे जानने-पहचानने का प्रयत्न करूं। उसके सभी स्तरों को, उनकी समग्रता और जटिलता में और उस पहचान के सहारे उस स्वाधीनता को बढ़ाऊं और पुष्ट करूं, जो मेरे मानवत्व की सबसे मूल्यवान उपलब्धि है।"[75] इसी कारण अज्ञेय को इलिलट के निबन्धों ने प्रभावित किया और अज्ञेय ने उसका अनुवाद भी किया है। उसमें इलियट के विचारों से साम्य भी है और अज्ञेय की अपनी निजता भी सुरक्षित है।

अज्ञेय अपने लेखन में आरम्भ से ही व्यक्ति स्वातन्त्र्य पर बल देते आये हैं। सत्य स्रोत और चेतना का आबिर्भाव उन्होंने व्यक्ति में ही माना है। उसे मूल्यों का सृजनकर्ता स्वीकार किया है। उसे सर्वोपरि महत्त्व देने का कारण भी वही है कि जिन मूल्यों को वह रचता है उसकी रक्षा के लिए वह अपने प्राणों की बलि

देकर उन्हें अपने से ऊपर प्रतिष्ठित कर देता है।"[76] उनका यह सिद्धान्त कलाकार को प्रमाणित करने का प्रयत्न है, अपर्याप्तता के प्रति विद्रोह है यह इसी व्यक्ति चेतना पर आधारित है।

अपर्याप्तता की व्याख्या करते हुए अज्ञेय कहते हैं—"अन्ततः कन्दरावासी कलाकार और आधुनिक कलाकार में कोई विशेष अन्तर नहीं है। दोनों में ही एक अपर्याप्तता चीत्कार करती है।'''समाज के साधारण जीवन में अपना स्थान न पाकर तो वह प्रेरित होता है कि वह अपना स्थान बनाये। अतएव पुरानी लीकों पर चलने की असामर्थ्य ही नई लीकें बनाने की सामर्थ्य को प्रोत्साहन देती है।"[77] इसके द्वारा कवि कलाकार के दायित्व के दुहरे निष्कर्ष निकालता है। प्रथम—"जिसके द्वारा कवि अपने व्यक्ति के अहं को अक्षुण्ण रखना चाहता है।"[78] द्वितीय—"आत्मदान अहं को ही पुष्ट करने वाला है, क्योंकि अहं को छोटा कर कोई व्यक्ति रह ही नहीं सकता।"[79] उनके अनुसार प्रत्येक काल में कवि मनोवैज्ञानिक दृष्टि से अपनी क्षतिपूर्ति कर लेता है। कृतिकार एक दिशा में अपने को संकुचित करता है तो दूसरी दिशा में अपने को फैला लेता है। साहित्य के क्षेत्र विस्तार के साथ-साथ कवि कृतिकार की परिधि में संकोच होता गया है। यह परिधि संकोच उसने स्वेच्छया से नहीं किया उसकी कमजोरी से हुआ है। उसने यह अनुभव किया है कि वर्तमान स्थिति में कोई भी कवि ऐसा कुछ नहीं कर सकता, जिसे जब समान रूप से समझ सके।"[80] रचनाकार अपने समय के बहुत पीछे जाकर बहुत आगे तक देख लेता है। यही कारण है कि अज्ञेय उसे सामान्य से अलग विशिष्ट के रूप में देखते हैं।

'रूढ़ि और मौलिकता' पर उनका निबन्ध टी० एस० इयियट के 'ट्रडिशनल एण्ड इण्डीविजूएल टेलेण्ट' का छायानुवाद है। फिर भी अज्ञेय की विचारधारा उसमें परिलक्षित होती है। इसमें दो वक्तव्य हैं—"कलाकार जितना ही सम्पूर्ण होगा, उतना ही उसके भीतर मांगने वाले प्राणी और रचने वाले प्राणी और रचने वाली मनीषा का पृथकत्व स्पष्ट होगा।"[81] और दूसरा कविता भावों का उन्मोचन नहीं है बल्कि भावों से मुक्ति है। वह व्यक्तित्व की अभिव्यंजना नहीं बल्कि व्यक्तित्व से मोक्ष है। कवि के व्यक्तिगत जीवन और कला कृतित्व में परस्पर भिन्नता मानी गयी है।

कविता और कवि के परस्पर सम्बन्ध पर विचार करते हुए अज्ञेय ने कहा है कि—"एक कवि के बारे में तो प्रसिद्ध है कि उससे उसकी एक कविता का अर्थ पूछा गया तो उसने कहा—जब मैंने कविता लिखी थी तब दो जन उसका अर्थ जानते थे—एक भगवान और एक मैं। अब तो सिर्फ भगवान ही जानता है।"[82] उनका कवि, कविता रचकर अपनी हेतुभूत विवशता को पहचान लेता है। अतः सर्जक सर्जना करने के बाद उन भावों से मुक्त हो जाता है।

अज्ञेय रचनाकार को स्वतन्त्र मानते हैं और इसी अर्थ में कला को भी स्वतंत्र मानते हैं। अज्ञेय के लेखन का स्वरूप उन्हीं के शब्दों में इस प्रकार प्रकट होता है—"मैं खिड़की के सामने बैठकर सोचता हूं। मेरे मन की खिड़की खुली है, उसके सामने विचार हवा में तैरते हुए चले जाते हैं—कोई सर्राटे से निकल जाते हैं, कोई धीरे-धीरे पंख तौले हुए, मानो निरायास बहते हुए कोई अबाबील की-सी द्रुत विलम्बित गति से, बीच में एकाएक मोड़ लेते हुए और कोई ऐसे सुलगते हुए मानो रात के अंधेरे में कोई चिनगारी फूटी हो।"[83] इस उद्धरण से हम उनकी विचार प्रक्रिया को समझ सकते हैं। अज्ञेय की चिन्तन प्रक्रिया में कुछ विचार सूत्रमय शैली में प्रकट होते हैं।

"उन सूत्रों का विचारों की जांच में निरीक्षण होता है। जैसे आग में रोटी उलट-पुलट कर ठीक से सेंकी और पक्की कर दी जाती है। इस बीच विचारों का गुच्छा खिल उठता है। कभी सूक्ष्म और पैना व्यंग्य कलाबत्तों की तरह झिलमिलाता सौन्दर्य वृद्धि करता है।"[84]

अज्ञेय प्रारम्भ से ही कविता की व्याख्या के विरोधी रहे हैं। आत्मनेपद में उन्होंने कहा है कि "कविता ही कवि का परम वक्तव्य है।"[85] लेखक की दृष्टि से "स्वयं जब-जब चर्चा करनी पड़ी है, मैंने उसे लेखक की हैसियत से अपनी पराजय ही समझा है।···और मेरा समकालिक आलोचक या पाठक उसे ठीक न भी समझे तो भी मैं यह क्यों मानूं कि उसे समझाना मेरा काम है? मैं अध्यापक हूं—मेरा उद्दिष्ट छात्र है या कि सहृदय है? मेरी रचना कृति है या कि पाठ्य पुस्तक?"[86] समीक्षकों के प्रति ऐसा कद्र भाव अन्य लेखकों में भी रहा है। अज्ञेय ने रचनाकारों को और उनकी साहित्यिक कृतियों को अपने विचारों से नही परखा है, उन्होंने समीक्षा के सिद्धांतों को साहित्यिकता की कसौटी पर परखा है। इसीलिए वे साहित्य के बुनियादी सरोकारों पर, जैसे—प्रतीक, मिथक, बिम्ब, मूल्य शासन, व्यक्ति समाज, राजनीति, रचना, भाषा, परम्परा, आधुनिकता, संस्कृति जैसे विषयों पर लगातार सोचते व लिखते नजर आते हैं।

समीक्षात्मक लेखन की दृष्टि से अज्ञेय रचनाकारों एवं कवियों से सर्वथा भिन्न हैं। उन्होंने काव्य-समीक्षा के अनेक पक्षों पर, समय-समय से गहराई से विचार किया है। उन्होंने स्वयं लिखा है—"मुझे जब से लेखक के रूप में जाना जाने लगा, तभी से मैं लगातार हिन्दी साहित्य के समकालीन कृतित्व का भी पर्यवेक्षण करता रहा हूं जिसके आधार पर मैंने एक समकालीन रचना-कर्म के लिए परम्परा के मूल्य और महत्त्व का विचार किया है, दूसरी ओर यह देखने का प्रयत्न किया है कि समकालीन संवेदना के लिए पूरे साहित्य का क्या महत्त्व है या हो गया है।"[87] अज्ञेय ने सृजन कर्म के गहरे पक्षों पर अपनी समीक्षा पुस्तकों, पत्रिकाओं तथा भूमिकाओं में भी विचार किया है। साठोत्तरी कविता के विषय

में, प्रगतिवादी कविता के विषय में भी उन्होंने चिन्तन किया है।

अज्ञेय ने साहित्य और कला सम्बन्धी विचारों को त्रिशंकु, तार-सप्तक तथा अन्य संग्रहों की भूमिकाओं, 'प्रतीक' की टिप्पणियों 'आत्मनेपद' तथा 'आज का भारतीय' आदि समीक्षा पुस्तकों में व्यक्त किया है और अभी-अभी वत्सल निधि के शिविर में भी उनके लेखन का अन्य लेखकों के साथ प्रकाशन हुआ।

त्रिशंकु उनका प्रथम निवन्ध संग्रह है जिसमें 'कला के स्वभाव तथा उद्देश्य' तथा 'रूढ़ि और मौलिकता' निबन्धों में मुख्य रूप से कला की उत्पत्ति, प्रकृति और लक्ष्य के विषय में अनेक विचार हैं, शेष निबन्धों में आधुनिक युग के परिवेश संस्कृति और साहित्य की समस्या तथा साहित्यकार के दायित्व का विवेचन है। 'चेतना के संस्कार' निबन्ध में अज्ञेय के रहस्यवाद सम्बन्धी विचार हैं।

तार-सप्तक की भूमिकाओं में अज्ञेय आन्दोलन के प्रवर्तक के रूप में खड़े होते हैं। 'त्रिशंकु' में मुख्यतया युग-विश्लेषण है और भूमिकाओं में अपने समय के काव्य की विशेषताओं को स्पष्ट करने का प्रयत्न किया गया है। वर्तमान समीक्षा-दृष्टि के विरुद्ध टिप्पणियां भी की हैं। आज के साहित्य में उन्होंने जो स्थापनाएं की हैं, वे परम्परागत धारणाओं से इतनी भिन्न व वैयक्तिक हैं कि हिन्दी जगत् में उसका सर्वत्र विरोध हुआ और इन्हीं के आधार पर हम उनके विचारों का निरूपण करेंगे।

जब उन्हें 'प्रयोगवादी कविता' के प्रवर्तक के रूप में माना जाने लगा तो उन्होंने तार-सप्तक भूमिकाओं में कविता के प्रयोग की स्थिति पर भी वक्तव्य दिया। कविता और यथार्थ के बारे में, साहित्य और समाज के बारे में, कोई भी पक्ष हो, अज्ञेय सदा वैचारिक तटस्थता बनाये रखते हैं। साहित्य में काव्यगत अनुभूति, वास्तविक अनुभूति, काल-बोध की प्रतीति, सम्प्रेषण की समस्या आदि के सम्बन्ध में, उनके वैचारिक निष्कर्ष की श्रेष्ठता को देखा जा सकता है। उन्होंने प्रतिपक्ष पर भी आक्रमण किया है। आरोपों का खण्डन करने के लिए बौद्धिक खीज भी व्यक्त की है। इस खीज के पीछे विचारों का नैतिक आधार भी है।

इधर कई वर्षों से अज्ञेय की चिन्ता के केन्द्र में काव्य की वाचिक परम्परा से क्रमशः लिखित एवं पठित परम्परा के संक्रमण की स्थिति रही है जिसे उन्होंने बहुत गहराई से विश्लेषित किया है। कविता जब सामाजिकों के बीच सुनाई जाती थी, तब सम्प्रेषण का वही एकमात्र रास्ता था, उस समय उसकी रचना सर्वथा भिन्न थी। जब वह छप कर पढ़ी जाने वाली वस्तु बन गई तो अर्थ की गहराई प्रधान तत्त्व बन गयी। यहां एक बात और विचारणीय है कि व्यक्ति जब लिखता है तो उसका वही पुराना श्रोता भी होता है। अपनी रचना को बार-बार पढ़कर वह सुनता है। कविता के नाद का प्रथम आघात स्वयं रचनाकार के कानों पर होता है। वहां से होकर ही वह रचना सबके सामने सबके लिए होती है।

अतः वाचिक परम्परा से मुक्त होकर भी मुक्त नहीं हो सकती। मृत्यु से पहले 'कवि भारती' के आयोजन में भी उन्होंने इस समस्या पर विचारों को प्रस्तुत किया था।

समकालीन कविता के विषय में उनकी प्रतिक्रिया इस प्रकार है—"सन् साठ के बाद की कविताओं में मुझे वह बहुत कम मिलता है जिसकी मैं काव्य से अपेक्षा रखता हूं। भाषा के गुण नये मिल जाएंगे, कुछ नये बिम्ब मिल जाएंगे, लेकिन इतना काफी नहीं होता। अच्छे काव्य में सच्चाई की नयी पहचान होती है। इस अर्थ में अच्छा काव्य संसार को बदलता है, भले ही थोड़ा-थोड़ा करके और इस गुण का मैं समकालीन कविता में अभाव पाता हूं।"[88]

प्रतिबद्ध कविता के सन्दर्भ में वह कविता की ईमानदारी पर जोर देते हैं। मैं तो यह देखूंगा कि रचना की दृष्टि कितनी सच्ची है और दूसरे शब्दों में यह देखूंगा कि उस प्रतिबद्धता की खूंटी कहां है।[89] छन्द का अर्थ केवल तुकबन्दी नहीं है। साहित्य में छन्दोबद्ध कविता को निर्धारित करते हुए अज्ञेय कहते हैं कि तुक छोड़ते ही छन्द टूट जाता है यह मैं नहीं मानता। छन्द योजना का ही एक नाम है। जहां भाषा की गति नियंत्रित है वहीं छन्द है। "रूप तो छन्द से भी व्यापकतर चीज है। जहां कविता का प्रश्न होता है, वहां छन्द से भी आगे बढ़कर हम रूप का प्रश्न उठा रहे होते हैं—बल्कि रूप को पहचानने, आत्मसात् करने और सम्प्रेष्य बनाने का ही साधन छन्द है।"[90]

अज्ञेय में एक समीक्षक की दृष्टि और वस्तुनिष्ठता का पूरा परिपाक दिखाई देता है। अज्ञेय किसी भी विषय पर एकपक्षीय दृष्टिकोण से विचार नहीं करते और न ही अपने निष्कर्ष को किसी पर थोपने की कोशिश करते हैं।

अज्ञेय का शिल्प के प्रति अत्यधिक आग्रह ही उन्हें कलावादियों के निकट ले आता है। अज्ञेय को भाषा का शिल्पी कहा जाता है। काव्य-भाषा के सन्दर्भ में 'तार-सप्तक' में उन्होंने गम्भीरतापूर्वक विचार किया है। गद्य भाषा और पद्य भाषा में अन्तर बताते हुए वे कहते हैं—"गद्य का सीधा सम्बन्ध भाषा से है, काव्य का भाषा से नहीं बल्कि शब्द से और उसकी सत्ता से।"[91] इसलिए अज्ञेय ने शब्द के उद्भव व अर्थ की महत्ता पर मौलिक चिन्तन किया है। अज्ञेय में शब्द व अर्थ के सम्बन्ध एक-दूसरे से इस तरह सम्बद्ध होते हैं कि उन्हें विभक्त करना सम्भव प्रतीत नहीं होता। शब्द से अर्थ का सामयिक अर्थ प्रकट होता है और प्रत्येक शब्द समय-समय पर भिन्न अर्थ देता है। उनके अनुसार भाषा माध्यम ही नहीं है, अस्मिता का प्रश्न भी है। भाषा में ही सृजन के सारे आयाम विलीन हो जाते हैं।

अज्ञेय उदाहरण द्वारा स्पष्ट करते हैं कि—"प्रत्येक अर्थ चमत्कार के आगे का सोपान होता है। उदाहरणतः 'गुलाबी' शब्द उस रंग तक पहुंचने के लिए

गुलाब के फूल की मध्यस्थता अनिवार्य रही होगी तथा उपमान के माध्यम से ही अर्थ लाभ रहा होगा। उस समय इस सीधे शब्द से अर्थ बोध कर लेते हैं। इसका कारण यह है कि अब उसका अर्थ चमत्कार मर गया है तथा वह अभिधेय हो गया है।"[92] अतः भाषा का निर्माण भी समय के अनुसार होता है। उस समय का शब्द हो अर्थ चमत्कार उत्पन्न करता था, इस समय वह रागात्मक सम्बन्ध स्थापित नहीं कर पाता। इससे मुक्ति पाने के लिए कवि अर्थ की प्रतिपत्ति करता है जिससे पुनः रागात्मक सम्बन्ध स्थापित हो। अतः इस प्रकार भाषा का निर्माण नवीन अर्थ की संभावनाएं पैदा करता है।

रिचर्ड्स और आवडेन के अनुसार प्रसंग एक विशेष प्रकार से घटनाओं और वस्तुओं का समन्वय होता है, जबकि अज्ञेय के अनुसार—"केवल सन्दर्भ नया होता है और वही नया अर्थ देता है। जो नये सन्दर्भ को पहचानने के लिए तैयार है वह अपने आप में नया हो जाता है और उसमें नया अर्थ बोलने लगता है।"[93]

भाषा मानवीय आविष्कार है। जितना अर्थ भरने का प्रयत्न हम करते हैं उतना ही वह अर्थ होता है। अतः एक समय में जो अर्थ मान लिये गये, प्रतिष्ठित हो गये। इस समय हमने अमुक अर्थ मान लिया, वही अर्थ हो गया। दूसरा मान लेते, दूसरा अर्थ हो जाता। इसलिए शब्द में अर्थ ग्रहण की प्रक्रिया बराबर बनी रहती है और इस प्रकार 'शब्द' और 'अर्थ' के सूक्ष्म सम्बन्ध बल के आधार पर भाषा में भावों, संवेदनाओं की क्षमता बनी रहती है। अज्ञेय की दृष्टि में शब्द में अर्थ का संस्कार मानवेतर शक्तियां नहीं करतीं, मनुष्य ही करता है इसलिए कवि के समक्ष चमत्कार की समस्या बनी रहती है। वह शब्दों को निरन्तर नया अर्थ देता हुआ चलता है।

अज्ञेय ने शब्दार्थ के निश्चयकर्ता के रूप में रचनाकार और पाठक दोनों को ही महत्त्व दिया है। कवि अगर शब्द में नये अर्थ की सृष्टि करता है, तो पाठक भी पढ़ते समय उन नये सन्दर्भों को ग्रहण करता है और उसका विस्तार करता है। अज्ञेय के अनुसार—"प्रत्येक शब्द का समर्थ उपभोक्ता उसे एक नया संस्कार देता है और इसी के द्वारा पुराना शब्द नया होता है यही उसका कल्प है। इसी प्रकार शब्द का वैयक्तिक प्रयोग भी होता है और प्रेरणा का माध्यम भी बना रहता है।"[94] इसी सिद्धान्त को ध्यान में रखते हुए वे आधुनिक समय में भाषा की समस्या को देखते हैं। "आधुनिक जीवन में कवि एक बहुत बड़ी समस्या का सामना कर रहा है। भाषा की क्रमशः संकुचित होती हुई सार्थकता की केंचुल फाड़कर उसमें नया व्यापक अर्थ भरना चाहते हैं और अहंकार के कारण नहीं, इसमें युग की गहरी व भीतरी मांग स्पन्दित है।"[95]

भाषा की समस्या को अज्ञेय कवि-कर्म की मुख्य समस्या मानते हैं। अगर वे यह कहते हैं कि उसमें युग की गहरी मांग स्पन्दित है तो यह सोचना पड़ता है कि

उस युग की भाषा अर्थात् छायावादी भाषा आधुनिक जीवन की जटिलता को व्यक्त नहीं कर पा रही थी जिसके कारण वह भाषा में नया अर्थ भरना चाहते थे और इस बात को बतलाने की आवश्यकता नहीं कि वे कितने सफल हुए हैं।

अज्ञेय ने भाषा के सन्दर्भ में ऐतिहासिक दृष्टि से भी विचार किया है। वे कहते हैं—द्विवेदी युग में भाषा के बारे में जो सजगता और आग्रहशीलता थी वह आज नहीं है। यह ठीक है कि उस युग में जो आग्रह था वह आज की स्थिति में पर्याप्त न होता, क्योंकि उस समय व्याकरण शुद्धि पर और भाषा के प्रतिमानीकरण पर ही अधिक बल दिया जाता था और भाषा अथवा शब्द का संस्कार व्याकरण-शुद्धि से अधिक बड़ी और गहरी बात है। इसके बाद युग के भी कुछ कवियों ने तथा बाद के कई कवियों ने इस बात का अनुभव किया कि भाषा लिखने में व्याकरण शुद्धि से अलग भी या अधिक भी कुछ चाहिए। किन्तु छायावाद के बाद यह चेतना क्रमशः क्षीणतर होती गई है। छायावादी युग का विश्लेषण करते हुए वे कहते हैं—"छायावादी युग के कुछ कवियों को छोड़कर, भाषा के सम्बन्ध में जितनी चेतना कवि अथवा साहित्यकार में होनी चाहिए, उतनी कम लेखकों में रही।"[96] मैं समझता हूं हिन्दी की यह बहुत बड़ी कमी या समस्या रही है।

भाषा-सम्पदा को बढ़ाने के लिए सरल और लोकजीवन की भाषा को अपनाने का भाव, वातावरण के अनुरूप काव्य-भाषा के सृजन के प्रति उनका सैद्धांतिक आग्रह स्पष्ट है। उन्होंने कहा भी है—"भाषा का संस्कार सही वही होता है जो इतना गहरा हो जाये कि लिखते-बोलते समय ही नहीं, स्वप्न देखते समय भी यह प्रश्न न उठे कि भाषा सही है या नहीं। सही भाषा जब सहज भाषा हो जाये वह वास्तव में सही है।"[97] भाषा की सहजता करते हुए भी वह यह कहते हैं कि—"इसका आशय यह नहीं है कि रचनात्मक भाषा और बोल-चाल की भाषा एक हो गयी है।"[98] इन दोनों कथनों से यह स्पष्ट होता है कि भाषा सहजता को तो वे स्वीकार करते हैं और यह कहना चाहते हैं कि सहज भाषा भी विशिष्ट अर्थ चमत्कार उत्पन्न कर सकती है।

भाषा का माध्यम संप्रेषण है। अज्ञेय ने भी संप्रेषणीयता के प्रश्नों पर विचार किया है। वे बराबर संप्रेषण की समस्या से जूझते हुए दिखाई देते हैं। 'तार-सप्तक' के वक्तव्य में आधुनिक कवियों की समस्याओं की चर्चा करते हुए उन्होंने लिखा है कि जो व्यक्ति का अनुभूत है उसे कैसे समष्टि तक पहुंचाया जाय—यही पहली समस्या है।

संप्रेषण का तात्पर्य समझाते हुए उन्होंने लिखा है —"कवि के प्राणोन्मेष में इस बात का महत्त्व होता है कि जहां कवि एक भोक्ता के रूप में अचूक प्रत्यभिज्ञा से यह जानता है कि यह मुझे कुछ 'मिला' यह मुझे कुछ 'दिया' यह मैंने कुछ 'छुआ' इत्यादि, वहां वह उतने ही दृढ़ प्रत्यय से यह भी जानता रहता है कि मैं

यह 'मिला होना' यह 'दिखा होना' दूसरे तक भी पहुंचा सकता हूं जो भोग के क्षण में मेरा सहभागी, भोक्ता नहीं था। ठीक उसी प्रत्यभिज्ञा और प्रतीति में सर्जक कवि भोक्ता से अलग हो जाता है।" अज्ञेय कवि की अनुभूति को सुनिश्चित मानते हैं और यह भी कि संप्रेषण की सार्थकता इसमें है कि कविता पाठक को प्रभावित करे। अज्ञेय ने लिखा भी है कि "हम कहते हैं रचना ने हमें छुआ—रचना हमारे भीतर बजती है—यह छूना, छुआ जाना, यह भीतर बजना ही संप्रेषण का आयाम है।"[99]

एब्बे ब्रेमांड का विचार है कि—"कोई कवि जितना अधिक वह कवि है, अपने अनुभव को संप्रेषित किए जाने की आवश्यकता से उतना ही पीड़ित रहता है।"[100] इलियट इस विचार से सहमत नहीं हैं। उनके अनुसार—"रचना जब रच जाती है तब कुछ रहस्यमय घटित हो जाता है।"[101] जबकि अज्ञेय का विचार है—"कवि कविता रचकर अपनी हेतुभूत विवशता को पहचान लेता है।"[102]

अतः हम कह सकते हैं कि अज्ञेय भाषा के सम्बन्ध में हमेशा सचेत रहे हैं। अज्ञेय ने पहली बार भाषा को मुख्य प्रश्न के रूप में देखा और उस पर अपने आप को केन्द्रित किया। अज्ञेय भाषा को कई कोणों पर रखकर देख सकते थे। यही कारण है कि गद्य में भी उनकी भाषा काव्यात्मक दिखाई देती है। गिरिराज किशोर ने उनकी भाषा चेतना के विषय में ठीक ही कहा है कि—"अज्ञेय की भाषा चेतना ने कई परवर्ती कथाकारों को प्रभावित किया है। उनकी भाषा काव्य संस्कार से जुड़ी भाषा है या फिर यह अनुभव किया जाता है कि कविता और कथा साहित्य की दूरी कम की जाय। कुंवरनारायण, रघुवीर सहाय, भारती, नरेश मेहता, सर्वेश्वर जी आदि कवि उनके भाषा संस्कार से प्रभावित नजर आते हैं। दरअसल संवेदना और भाषा अन्धे की लाठी नहीं होती।"[103] अज्ञेय ने भाषा का विश्लेषण मातृभाषा में किया है। उनके लिए काव्य सबसे पहले एक शब्द है। भाषा के संदर्भ में संप्रेषण की प्रयोजनीयता पर विचार अज्ञेय की महत्त्वपूर्ण मौलिक देन है।

अज्ञेय के साहित्यिक चिन्तन में प्रयोग का बहुत महत्त्व है। नवीनता के प्रति इस आग्रह ने ही उन्हें विवाद का विषय बनाया। 'तार सप्तक' की भूमिका में अज्ञेय ने अभिव्यक्ति में नया तथा व्यापक अर्थ भर देने की लालसा से यह कहा कि—"कविता जड़ाऊ, मात्र शब्दों की मीनाकारी नहीं है और न ही वह हो सकती है क्योंकि वे जमाने लद गये हैं। साधारणीकरण की पुरानी प्रणालियां जीवन के नियमित परिवर्तन के साथ परिवर्तित हो चुकी हैं। शब्दों में नया तथा व्यापक अर्थ भर देने के लिए वे लालायित हैं।"[104] उन्होंने शिल्प में, नवीनता का आग्रह किया है। उसे वे केवल नवीनता का मोह न मानकर युगानुरूप परिवर्तन की एक स्वस्थ चेष्टा के रूप में स्वीकार करते हैं।

शिल्प सम्बन्धी प्रयोगों के स्वरूप की सीमा निर्धारित करते हुए 'अज्ञेय' ने लिखा है—"वास्तविक प्रयोगकर्ता केवल अदम्य लालसा की भावना से या नवीनता की इच्छा से या आश्चर्यचकित या चमत्कृत कर देने की इच्छा से या आश्चर्यचकित या चमत्कृत कर देने की कामना के वशीभूत हो प्रयोग नहीं करता, अपनी प्रतिक्षण विकासशील भावनाओं की जिन पर उसका कुछ नियंत्रण नहीं रहता है, उनका वास्तविक रूप प्रदान करने की बाध्यता से प्रयोग के लिए प्रेरित होता है।"[105] अज्ञेय के काव्य पर, और अज्ञेय पर रूपवादी होने का आरोप लगाया जाता रहा। उस स्थिति को स्पष्ट करते हुए उन्होंने कहा कि वस्तु से रूपाकार को अलग नहीं किया जा सकता तथा दोनों का सामंजस्य अधिक समर्थ और प्रभावपूर्ण होगा। अज्ञेय की प्रयोगशीलता का वैशिष्ट्य साधारणीकरण व संप्रेषण के लिए है।

सैद्धांतिक तौर पर अज्ञेय ने काव्य में प्रतीकों के महत्त्व पर भी बड़ी सूक्ष्मता से विचार किया है। काव्य में प्रतीकों को महत्त्व देते हुए वे कहते हैं—"प्रतीक अपने आप में अनिष्ट नहीं है : आशंकनीय यह बात होती है कि ये प्रतीक निजी न बन जावें—बन क्या जावें, रह न जावें, क्योंकि निजी को सामान्य बनाना ही तो कवि-कर्म है। व्यापक सत्य को कवि निजी करके देखता है और निजी दृष्टि को फिर साधारण बनाता है। साधारण का वर्णन कविता में नहीं है, कविता तभी होती है जब साधारण पहले निजी होता है और फिर व्यक्तियों से छनकर साधारण होता है। जो इसको भूलते हैं उनके पद्य, सदुद्देश्यपूर्ण न होकर भी कविता नहीं बन सकते और चाहे कुछ हो जावे।"[106] अज्ञेय प्रतीकों को महत्त्व इसलिए देते हैं कि अन्योक्ति के सहारे लोगों पर साहित्य का प्रभाव पड़ता है।

प्रतीकों को महत्त्व देना प्रतीकवाद है। ह्रासशील प्रवृत्ति है। प्रतीकवाद एक मुर्दा है और दूसरे विदेशी मुर्दे हैं। अज्ञेय इस बात का विरोध करते हैं। कोई भी स्वस्थ काव्य साहित्य प्रतीकों की, नये प्रतीकों की सृष्टि करता है और जब वह वैसा करना बन्द कर देता है तो वह जड़ हो जाता है। जड़ हो जाने पर वह पुराने प्रतीकों पर निर्भर रहने लगता है, इसलिए अज्ञेय काव्य में प्रतीकों को महत्त्व देते हैं। प्रतीकों का प्रयोग जन-साहित्य के लिए किया जाता है।

प्रतीक को अज्ञेय ने सत्यान्वेषण का साधन कहा है। अज्ञेय की दृष्टि में जीवन स्वप्नों और आकारों का एक रंगीन और विस्मय-भरा पुंज है। हम चाहे तो जीवन भर उसी पुंज में उलझे रह सकते हैं। रूप के प्रति यह आकर्षण भी हमारे जीवन के प्रति आकर्षण का प्रतिबिम्ब है। उनकी यह बात कविता द्वारा स्पष्ट होती है :

हम निहारते रूप
कांच के पीछे हांफ रही मछली
रूप तृषा भी
और कांच के पीछे है जिजीविषा।

वस्तुत: जीवन ही अज्ञेय को निरन्तर शोध करने के लिए प्रेरित करता है। जिसके लिए कवि भिन्न प्रतीकों का आश्रय ग्रहण करता है। यद्यपि प्रतीकार्थ अलग-अलग होते हैं, जो बहुत लम्बे समय के लिए स्थायी हो जाते हैं, व्यापक हो जाते हैं। यह इसलिए कि "वास्तव में प्रतीक एक ज्ञान का उपकरण है। जो सीधे-सीधे अभिधा में नहीं बंधता उसे आत्मसात् करने के लिए या प्रेरित करने के लिए प्रतीक काम देते रहते हैं।"[107]

प्रतीकों द्वारा ज्ञान की खोज अज्ञेय के मत से कौतूहलपूर्ण विषय है। प्रतीकों के उत्पन्न ज्ञान और सामान्य ज्ञान में अन्तर बताते हुए अज्ञेय कहते हैं कि "वैज्ञानिक सागर की गहराई नापने के लिए रस्सी डालता है या किरणों की प्रतिध्वनि का समय ढूंढ़ता है। वह एक प्रकार का ज्ञान है। वह प्रतीक द्वारा सत्य को जानता है। सत्य के सागर में प्रतीक रूपी कंकड़ी फेंककर उसकी थाह का अनुमान करता है। यदि हम सागर को हमारे न जाने हुए सब कुछ प्रतीक मान लें, तो मछली उस प्रतीक का प्रतीक हो जाती है जिसके द्वारा कवि अज्ञात सत्य का अन्वेषण करता है।"[108] अज्ञात सत्य का अन्वेषण कवि प्रतीकों के माध्यम से करता है और प्रतीक और प्रतीक में अन्वेषित होते चले जाते हैं। समय के अनुसार प्रतीकों के भी अर्थ बदल जाते हैं। पुराने प्रतीक, प्रतिमान सब व्यर्थ हो जाते हैं। इसीलिए अज्ञेय नवीन काव्य प्रतीकों की खोज पर अधिक बल देते हैं। "प्रतीक विधान में कवि स्वप्न, सत्य, अनुभूति और इन्द्रिय बोध को विचित्र ढंग से संयोजित करके वर्ण्य-वस्तु को अपने भावोन्मेष का प्रतीक बनाने की चेष्टा करता है। दूसरे शब्दों में वह वर्ण्य-वस्तु को प्रतीकों द्वारा खोज लेना चाहता है। इस तरह प्रतीक सत्य, ज्ञान के अन्वेषण का एक विशेष माध्यम है।"[109] संक्षेप में, अज्ञेय ने प्रतीक को सत्यान्वेषण का साधन माना है। प्रतीक द्वारा वह अज्ञात सत्य की खोज करता है। प्रतीक भी कालानुसार बदल जाते हैं और नये-नये प्रतीक काव्य में नये अर्थ की सृष्टि करते हैं। यदि रचनाकार काव्य में प्रतीकों की सृष्टि बन्द कर देता है तो वह साहित्य जड़ हो जाता है। प्रतीकों का प्रयोग जन-साहित्य के लिए किया जाता है क्योंकि अन्योक्ति, व्यंजना के सहारे लोगों पर साहित्य का प्रभाव पड़ता है। अत: अज्ञेय के काव्य में प्रतीकों का बहुत महत्त्व है।

बिम्ब अंग्रेजी शब्द 'इमेज' का पर्याय है। हिन्दी आलोचना में शुक्लजी के द्वारा सर्वप्रथम इसका प्रयोग हुआ और 'काव्य में प्राकृतिक दृश्य' के अन्तर्गत

इसकी विवेचना की गयी। हिन्दी में सर्वप्रथम यह रूप-विधान और चित्र-विधान की समकक्षता की कोटि का माना गया। रूप और चित्र के लिए नया शब्द बिब ग्रहण किया गया।

बिम्ब के स्वरूप के विषय में स्टेफेन जे० ब्राउन का कथन है कि —"साहित्य में बिम्ब से तात्पर्य कलाकार की उस क्षमता से है, जिसके सहारे वह बीती हुई घटनाओं और विषय-वस्तु का रंग, ध्वनि, गति, आकार, प्रकार सहित देशकाल परिस्थिति को ध्यान में रखकर शब्द चित्रों में वर्णित कर देता है। शब्द-चित्र ठीक उसी प्रकार का होता है जैसा उस घटना का स्वरूप था।"[110] शुक्लजी ने क्रोचे के सम्बन्ध में इसका उल्लेख करते हुए कहा है कि "काव्य का काम कल्पना में मूर्त भावना उपस्थित करना नहीं है, वरन् वह मूर्त और अमूर्त दोनों ही भावनाओं का उद्वेलन करेगा और विचार भी प्रकट करेगा। कवि या पाठक के मन में जिस पदार्थ, घटना, भाव, विचार का प्रत्यक्ष जीवानुभव होगा उसमें तो बिम्ब विशेष का ही होगा, पर यदि उस प्रकरण से उसका सम्बन्ध नहीं होगा तो वह बिम्ब सामान्य का बनेगा, विशेष का नहीं।"[111] बिम्ब विधान हिन्दी काव्य-शास्त्र की परिभाषा में प्रस्तुत और अप्रस्तुत योजना का ही रूप था, जिसे इलियट ने 'आब्जेक्टिव रिलेटिव' कहा है। अज्ञेय भी काव्य में बिम्बों को महत्त्व-पूर्ण मानते हैं। बिम्बों का प्रयोग अज्ञेय के काव्य में बिम्बवाद का अनुकरणमात्र नहीं है।

छोटी कविता के सम्बन्ध में अज्ञेय ने कहा है कि वह भावना प्रधान होती है। अगर इस कविता को एक क्षण में न बांधा गया तो भावों का पैराफ्रेज होने लगता है। इस तथ्य को स्पष्ट करते हुए वे कहते हैं—"जो घनीभूत पीड़ा थी मस्तक में स्मृति-सी छायी, वह एक आंसू बनकर आये, यहां तक तो ठीक है, किन्तु जब वह बरसात की झड़ी-सी बरसने लगती है, तब वह शायद वही पीड़ा नहीं रहती और घनीभूत तो भला रह ही कैसे सकती है ?"[112] छोटी कविता में नाटकीयता नहीं अनुभूति की तीव्रता सक्रिय रहती है।

सौन्दर्य के बाहरी तत्त्वों पर अज्ञेय काव्य का विश्लेषण करने पर हम पाते हैं कि अभिव्यक्ति पक्ष की प्रधानता ही अज्ञेय को 'कला-कला के लिए' सिद्धान्त का समर्थक बनाती है। उनका साहित्य सम्बन्धी चिन्तन नयी कविता को समझने के लिए दिशा प्रदान करता है।

सन्दर्भ

1. नई कविता और अज्ञेय—हिन्दी साहित्य बीसवीं शताब्दी—डॉ० नन्द दुलारे वाजपेयी, पृ० 248
2. साहित्य का परिवेश, अज्ञेय, पृ० 103
3. तार-सप्तक, सं० अज्ञेय, पृ० 5
4. दूसरा तार-सप्तक, सं० अज्ञेय, पृ० 6
5. वही
6. The Name and Nature of Modernism-modernism, p. 19-55
7. Do
8. तार-सप्तक, सं० अज्ञेय, पृ० 7
9. तार-सप्तक (द्वितीय संस्करण) सं० अज्ञेय, पृ० 275-279
10. दस्तावेज, सं० विश्वनाथप्रसाद तिवारी, पृ० 5
11. अज्ञेय और आधुनिक रचना की समस्या, डॉ० रामस्वरूप चतुर्वेदी, पृ० 7
12. अज्ञेय : एक अध्ययन, डॉ० भोलाभाई पटेल, पृ० 89
13. आत्मनेपद, अज्ञेय, पृ० 28
14. ऋण स्वीकारी हूं—लिखी कागद कोरे, अज्ञेय, पृ० 16-17
15. आत्मनेपद, अज्ञेय, पृ० 22
16. ऋण स्वीकारी हूं—लिखी कागद कोरे, अज्ञेय, पृ० 16-17
17. चिन्ता, अज्ञेय, पृ० 147
18. तार-सप्तक, सं० अज्ञेय, पृ० 278
19. इत्यलम्, अज्ञेय, मुख्य पृष्ठ
20. अज्ञेय : एक अध्ययन, डॉ० भोलाभाई पटेल, पृ० 7
21. वही, पृ० 30
22. दस्तावेज, सं० विश्वनाथप्रसाद तिवारी, पृ० 85
23. त्रिशंकु, अज्ञेय, पृ० 77-78
24. आत्मपरक, अज्ञेय, पृ० 157
25. रूपाम्बरा, अज्ञेय, पृ० 8
26. आत्मनेपद, अज्ञेय, पृ० 43
27. वही
28. वही, पृ० 44
29. तार-सप्तक, अज्ञेय, पृ० 278
30. दस्तावेज, सं० विश्वनाथप्रसाद तिवारी, पृ० 62

31. साहित्य का परिवेश, अज्ञेय, पृ० 74
32. वही
33. तार-सप्तक, सं० अज्ञेय, पृ० 6
34. कविता के नये प्रतिमान, डॉ० नामवरसिंह, पृ० 76
35. आत्मनेपद, पृ० 27
36. दस्तावेज, सं० विश्वनाथप्रसाद तिवारी
37. आत्मनेपद, अज्ञेय, पृ० 26
38. वही, पृ० 33
39. वही
40. नदी के द्वीप, अज्ञेय, पृ० 215
41. आत्मनेपद, अज्ञेय, पृ० 42
42. कला का जोखिम, निर्मल वर्मा, पृ० 80
43. आत्मनेपद, अज्ञेय, अन्तिम पृष्ठ
44. वही
45. दस्तावेज, सं० विश्वनाथप्रसाद तिवारी, पृ० 23
46. वही
47. आत्मपरक, अज्ञेय, पृ० 369
48. वही, पृ० 377
49. धार और किनारे, अज्ञेय, पृ० 148
50. वही
51. वही, पृ० 146
52. वही
53. साहित्य और समाज परिवर्तन की प्रक्रिया, अज्ञेय, पृ० 92
54. धार और किनारे, अज्ञेय, पृ० 36
55. साहित्य और समाज परिवर्तन की प्रक्रिया, अज्ञेय, पृ० 90
56. धार और किनारे, अज्ञेय, पृ० 53
57. वही, पृ० 40
58. वही, पृ० 42
59. वही, पृ० 41
60. वही, पृ० 43
61. वही, पृ० 45
62. पाश्चात्य काव्यशास्त्र, डॉ० जगदीश चतुर्वेदी, पृ० 63
63. आत्मपरक, अज्ञेय
64. आत्मनेपद, अज्ञेय, पृ० 32

65. आत्मनेपद, अज्ञेय, पृ० 146
66. वही, पृ० 73
67. वही, पृ० 69
68. वही, पृ० 80
69. वही
70. सामाजिक यथार्थ और कथा भाषा, अज्ञेय, पृ० 112
71. शाश्वती, अज्ञेय, पृ० 23
72. वही, पृ० 36
73. वही, पृ० 63
74. आत्मपरक, अज्ञेय, पृ० 378
75. आत्मनेपद, अज्ञेय, पृ० 44
76. दस्तावेज, सं० विश्वनाथप्रसाद तिवारी, पृ० 43
77. त्रिशंकु, अज्ञेय, पृ० 26
78. दस्तावेज, सं० विश्वनाथप्रसाद तिवारी, पृ० 46
79. त्रिशंकु, अज्ञेय, पृ० 27
80. वही, पृ० 29
81. वही, पृ० 36
82. आत्मपरक, अज्ञेय, पृ० 55
83. दस्तावेज, सं० विश्वनाथप्रसाद तिवारी, पृ० 72
84. वही, पृ० 74
85. आत्मनेपद, अज्ञेय, पृ० 57
86. कवि-दृष्टि, अज्ञेय, पृ० 9
87. वही
88. आत्मपरक, अज्ञेय, पृ० 115
89. वही, पृ० 370
90. वही, पृ० 371
91. वही, पृ० 372
92. तार-सप्तक, सं० अज्ञेय, पृ० 137
93. आत्मपरक, अज्ञेय, पृ० 156
94. तार-सप्तक, सं० अज्ञेय, पृ० 7
95. आत्मनेपद, अज्ञेय, पृ० 29
96. आत्मपरक, अज्ञेय, पृ० 372
97. वही, पृ० 373
98. सामाजिक यथार्थ और कथा-भाषा, अज्ञेय, पृ० 94

99. दस्तावेज, सं० विश्वनाथप्रसाद तिवारी, पृ० 49
100. वही
101. वही, पृ० 46
102. वही
103. साहित्य और समाज परिवर्तन की प्रक्रिया, अज्ञेय, पृ० 78
104. तार-सप्तक, सं० अज्ञेय, पृ० 139
105. आत्मनेपद, अज्ञेय, पृ० 37
106. वही, पृ० 46
107. वही
108. वही, पृ० 47
109. वही
110. वर्ल्ड आफ इमेजरी, स्टीफन जे. ब्राउन, पृ० 1-2
111. रस मीमांसा, आचार्य शुक्ल, पृ० 252
112. आत्मनेपद, अज्ञेय, पृ० 31

अध्याय : 3

मुक्तिबोध का अनुवंश, चिन्तन तथा सौन्दर्यदृष्टि

"मैं ब्रह्मराक्षस का सजल-उर शिष्य
होना चाहता
जिससे कि उसका वह अधूरा कार्य
उसकी वेदना का स्रोत
संगत, पूर्ण निष्कर्षों तलक
पहुंचा सकूं।"

—मुक्तिबोध

मुक्तिबोध का अनुवंश

किसी भी रचनाकार के जीवन और उसकी रचनाओं का सरलीकृत और सुविधापूर्ण विभाजन नहीं किया जा सकता। कोई भी रचनाकार जन्म से ही किसी विचारधारा का पक्षधर नहीं होता है। वह अपने परिवेश और घटनाओं से निरन्तर प्रभावित होते हुए अपना रास्ता आविष्कृत करता रहता है।

मुक्तिबोध का जन्म 13 नवम्बर, 1917 को श्योपुर ग्राम में ग्वालियर जिले में हुआ। उस समय विद्रोह की लहर पूरे भारत में फैल चुकी थी और यह विद्रोह वैश्विक स्तर पर साम्राज्यवादियों के खिलाफ चल रहा था। मुक्तिबोध के पिता माधवरावजी मुरैना में सब-इन्स्पेक्टर थे, वे धर्मनिष्ठ, स्वाभिमानी और नियम के पाबंद व्यक्ति थे। उनके साथ मुक्तिबोध का बचपन विदिशा, अजमेर, सरदारपुर में सम्पन्नता से बीता, उनके छोटे भाई शरतचन्द्र मुक्तिबोध ने लिखा है—"बड़े भैया बहुत लाड़-प्यार में पले थे। पहले दो लड़के गुजर जाने से माता-पिता उनको आंख से ओझल नहीं होने देते थे···भाई साहब जिद्दी बन गए थे और रोया करते। बाहर अर्दली संभालते और घर पर नानी···हमारे बाबा की अपने पोते पर असीम कृपा थी। उनकी हर जिद वे पूरी करते···।"[1] बचपन से ही मुक्तिबोध भावुक और अन्तर्मुख प्रकृति के थे।

उनकी मां समृद्ध किसान परिवार की थीं। हिन्दी के वातावरण में पली तथा उस समय कक्षा छठी तक पढ़ी हुई। हरिनारायण आप्टे और प्रेमचन्द उनके प्रिय लेखक थे, इनके उपन्यास वे अन्त तक पढ़ती रही थीं। मुक्तिबोध को हिन्दी के प्रति लगाव उनकी मां से प्राप्त हुआ। उन्हीं के शब्दों में--"मां जब प्रेमचन्द की कृति पढ़तीं तो उनकी आंखों में बार-बार आंसू छलछलाते मालूम होते··· प्रेमचन्द की कहानियों का दर्द भरा मर्म मां मुझे बताने बैठ जातीं···मेरी मां सामाजिक उत्पीड़न के विरुद्ध क्षोभ और विद्रोह से भरी हुई थीं···पिताजी देवता हैं, मां मेरी गुरु हैं। सामाजिक दम्भ, स्वांग, ऊंच-नीच की भावना, अन्याय··· लेकिन मेरी प्यारी श्रद्धास्पदा मां यह कभी न जान सकीं कि वह किशोर हृदय में किस भीषण क्रान्ति के बीज बो रही हैं।"[2] उनके इस कथन से स्पष्ट हो जाता है कि सामाजिक उत्पीड़न के विरुद्ध विद्रोह का बीज उनके मन में बचपन से ही विकसित हो रहा था। उस विकसित रूप को हम उनकी बाद की रचनाओं में

देख सकते हैं। और "मां मेरी गुरु थीं अवश्य किन्तु शायद मैं उनका योग्य न था। अगर होता तो कदाचित् अधिक श्रेष्ठ साहित्यिक होता।"[3] अतः एक साथ ही कुछ न कर पाने की बेचैनी उनमें बचपन से ही दिखाई देती है।

सम्पन्नता के ऐसे वातावरण में एक बार अनुत्तीर्ण होने के बाद 14 वर्ष की उम्र में उन्होंने मिडिल परीक्षा उत्तीर्ण की। 15 वर्ष की उम्र में इन्टर तथा पुनः एक बार अनुत्तीर्ण हो 21 वर्ष की उम्र में 1938 में इन्दौर होल्कर कॉलेज से बी० ए० किया।

इस समय के बीच उनके अध्ययन का क्षेत्र व्यापक हो चुका था। प्रेमचन्द तो उनके आदर्श पहले से ही थे। अंग्रेजी, फ्रेंच, रूसी उपन्यास भी उन्होंने खूब पढ़े। यहां तक कि मराठी के कवियों से लेकर रवीन्द्र, रसेल शॉ आदि का उन्होंने अध्ययन किया। "जिंदगी की ओर देखने की व्यापक दृष्टि उन्हें उपन्यासों से प्राप्त हुई थी।"[4] दॉस्तायवस्की, गोर्की को भी उन्होंने खूब पढ़ा। उनकी जिज्ञासा इतनी तीव्र थी कि उन्होंने विज्ञान, गणित, भूगोल सभी का अध्ययन किया था। "समूची मानव जाति के क्रम और विकास का, स्थिति-गति और नियति का अध्ययन जैसा उन्होंने किया था, उसी तरह भिन्न देशों के इतिहासों को भी पढ़ा।"[5] बचपन से ही दो भाषाओं के संस्कार उन्हें प्राप्त हुए थे, दोनों भाषाओं के साहित्य को तो उन्होंने बचपन से ही साथ-साथ पढ़ा, उन्होंने गडकरी, माधव, मर्ढेकर और हिन्दी में प्रसाद, पन्त, निराला, महादेवी वर्मा, माखनलाल चतुर्वेदी को एक साथ पढ़ा।

मुक्तिबोध पर माधव कॉलेज उज्जैन के कवि, प्राध्यापक रमाशंकर शुक्ल 'हृदय' का विशेष प्रभाव था। मुक्तिबोध उन्हीं के छात्र थे।

विद्रोही व्यक्तित्व वाले मुक्तिबोध का सन् 1939 में प्रेमविवाह विद्रोह की दिशा में पहला सक्रिय कदम था। मुक्तिबोध ने प्रेम-विवाह उस समय के भारत में किया जब दकियानूसी कट्टरताएं विद्यमान थीं। उस समय उन्होंने वर्ग-चेतना को झटका दिया, इसका उनके जीवन पर दूरगामी प्रभाव पड़ा, इससे उनके परिवार में तनाव उत्पन्न हुआ ही, वह स्वयं अपराध ग्रंथि का शिकार रहे। 26-10-45 को लिखे पत्र में उन्होंने नेमिचन्द जैन को लिखा— "मैंने भी शादी क्या कर ली आजादी का मुहताज हो गया।"[6] लेकिन यह उन्होंने इसलिए नहीं कहा कि उन्हें अपने किए में कुछ गलती मालूम हुई हो। उनका बौद्धिक स्तर पर और आत्मा के स्तर पर किसी से जुड़ना हमेशा एक समस्या रही और फिर परिवार में तनाव उत्पन्न होने के कारण कुछ खिन्नता आना स्वाभाविक था, यह तो हम जानते हैं कि वे अपने परिवार में माता-पिता के चहेते पुत्र थे।

नेमिचन्द जी को लिखे पत्र इसका अपवाद हैं। व्याकुलता के क्षणों में उन्होंने नेमि जी को निजी बातें भी लिखी हैं। मुक्तिबोध के मित्रों की कमी नहीं है

उनकी मृत्यु के बाद तो और भी नहीं। मुक्तिबोध का वैयक्तिक विचार और भावनाओं के धरातल पर मुक्तिबोध का परिवार और मित्रों से अलगाव बना रहा। उनके पत्रों से ही ज्ञात होता है कि उनका अन्य मित्रों के साथ सम्बन्ध औपचारिकता और साहित्यिक बौद्धिकता तक ही सीमित था। उनके मित्रों ने भी मुक्तिबोध के सम्बन्ध में अनेक भावोच्छ्वासपूर्ण बातें कही हैं, जिसमें स्वयं का बखान ही अधिक है। हरिशंकर परसाई और शरत्चन्द्र मुक्तिबोध अपवाद हैं, जिन्होंने उनके सम्बन्ध में सच्ची बातें कही हैं।

मुक्तिबोध का जन्म मालवा में हुआ था, केवल मुक्तिबोध का जन्म ही नहीं उनके कवि और विचारक का जन्म भी मालवा में हुआ था। मालवा की प्रकृति को उन्होंने इस तरह आत्मसात् कर लिया था कि उनकी रचनाओं के काव्य दृश्यों में भी वह दिखाई देती है। मालवा की जमीन, दरख्त, सांझ, कनेर का पेड़ आदि उनके काव्य में हमेशा मौजूद रहते हैं। "मालवे के विस्तीर्ण मनोहर मैदानों में से घूमती हुई क्षिप्रा की रक्त भव्य सांझे और विविध रूप वृक्षों की छायाएं मेरे किशोर कवि की आद्य सौन्दर्य प्रेरणाएं थीं। उज्जैन नगर के बाहर का वह विस्तीर्ण निसर्ग-लोक उस व्यक्ति के लिए जिसकी मनोरचना में रंगीन आवेग की प्राथमिकता है, अत्यन्त आत्मीय था।"[7] अन्त समय तक मुक्तिबोध मालवा को नहीं भूल पाये। बाद की रचनाओं में तो प्रकृति अधिक अर्थपूर्ण दिखाई देती है। उनकी मृत्यु के पश्चात् यह प्रश्न सामने आए कि "मालवा ने उनके लिए क्या किया"[8] मालवा ने उन्हें बिसार दिया। इस सन्दर्भ में शरत्चन्द्र मुक्तिबोध का कथन सटीक लगता है—"यह धारणा गलत है कि मालवा ने अपने लाड़लों को नहीं अपनाया, मालवा के पास ऐसा क्या है देने के लिए ? वहां निर्धनता है जिसे अपनाने के लिए साहस चाहिए,…मालवा प्रेम दे सकता था तो बन्धु को बहुत दे दिया, खासतौर पर उनका भाषा सामर्थ्य"[9] मुक्तिबोध को भी मालवा से यही शिकायत थी। बीरेन्द्रकुमार जैन को 1956 में लिखे पत्र में उन्होंने लिखा है—"…बड़ी नौकरी चाहिए, कम-से-कम तीन सौ रुपये की, मध्य-भारत पूछता ही नहीं, उसकी बात छोड़ो।"[10] लेकिन मालवा की स्मृतियां उन्हें बराबर आया करती थीं। "मालवा से दूर भटकते हुए जीवन निर्वाह के संघर्ष में असुरक्षा का भाव उन्हें घेरे रहता था।"[11] बेर का पेड़, बंबूल का पेड़, धूलधूसरित रास्ते, मकान, धूप, शाम को लौटती गायें, हरी सांवली छाया, निर्जन बावड़ी…"हम उन दिनों स्पृहणीय कमनीय सौन्दर्य में रहते थे, क्या वे दिन वापस नहीं आयेंगे।"[12]

मुक्तिबोध के जीवन को उनकी नौकरियों के स्थानान्तर और पदान्तर की घटनाओं से जाना जा सकता है। समझौता न करने की प्रवृत्ति और ईमानदारी इन दो चीजों के कारण मुक्तिबोध निरन्तर भटकते रहे। शरत्चन्द्र मुक्तिबोध

के शब्दों में—"वे नौकरी करते थे, मित्रों में रहते थे, लेकिन अपनी जीवन-पद्धति के कारण शायद उनसे पूरी तरह तादात्म्य स्थापित नहीं कर पाते थे।...उनका व्यक्तित्व अन्याय या शोषण नहीं सह सकता था।"[13]

मुक्तिबोध ने 20 वर्ष की उम्र से नौकरी करना प्रारम्भ किया और दो दशकों में बड़नगर, उज्जैन, शुजालपुर, कलकत्ता, बम्बई, बंगलौर, बनारस, इलाहाबाद, जबलपुर और नागपुर आदि स्थानों पर भिन्न-भिन्न प्रकार की नौकरियां कीं। बड़नगर, उज्जैन और शुजालपुर में अध्यापक के पद पर कार्यरत रहे। "शुजालपुर में स्कूल के मैनेजर से नहीं बनी और आप इस्तीफा देकर चल दिए।"[14] "बनारस में वे 'हंस' कार्यालय में डिस्पैचर का कार्य करते थे।"[15] बंगलौर में सेना में सेवा के लिए गए किन्तु वे स्वछन्द प्रकृति के व्यक्ति थे, किसी भी प्रकार के अनुशासन में रहना उनके स्वभाव के अनुकूल नहीं था। जबलपुर में जैन हाईस्कूल में कुछ समय तक नौकरी की और यहीं कुछ समय तक 'दैनिक जयहिन्द' में कार्य किया। इसके बाद 1948 में वे नागपुर आ गए, वहां सूचना एवं प्रकाशन विभाग में पत्रकार की हैसियत से कार्य करते रहे। यह भी उन्होंने आकाशवाणी की नौकरी के लिए छोड़ दी, वहां भी वे सन्तुष्ट नहीं रह पाए, तनख्वाह बहुत कम मिलती थी। आय का चौथाई हिस्सा तो ब्याज में ही चला जाता था। इसके बाद मध्य प्रदेश अलग बन जाने के कारण उनका स्थानांतरण आकाशवाणी केन्द्र हो गया, इसके बारे में उन्होंने नेमिचन्द जैन को 1956 में नागपुर से लिखा है—"All India Radio की यह नौकरी मैं न छोड़ता लेकिन Monthly Contract पर मैं भोपाल जाने को तैयार न था। अगर आपको Government Department अथवा University की कोई अच्छी नौकरी दिखाई दे तो मुझे जरूर सूचित कीजिएगा। वैसे मुझे Lecturership की भी तलाश है, लेकिन उसमें पैसे इतने कम मिलते हैं यानी 150+30 कि अब लगता है, इतनी कम तनख्वाह में मैं गतप्राण हो जाऊंगा।"[16] नौकरी उनके जीवन की सबसे बड़ी समस्या रही, इसके लिए उन्होंने अन्य मित्रों को भी लिखा है। इसके पश्चात् भोपाल न जाकर वे 'नया खून' का सम्पादन करने लगे। 'नया खून' अखबार के लिए उन्होंने बहुत कुछ किया। इस स्थानीय साप्ताहिक पत्र को वह अखिल भारतीय पत्र बनाना चाहते थे और इसमें उन्हें सफलता भी प्राप्त हो रही थी। उन्होंने नागपुर से ही 1956 में 'नया खून' के बारे में श्री नेमिचन्द जैन को लिखा—"क्या आपको वह पत्र मिलता है, मैं चाहता हूं आपकी सम्पूर्ण सेवाओं का व्रत उसमें प्रकाशित करवा सकूं...मेरी इच्छा है वह प्रादेशिक क्षेत्र को पार कर एक अखिल भारतीय पत्र हो।"[17] किन्तु यहां भी 1958 में कृष्णानन्द सोख्ता से नहीं बनी और 'नया खून' छोड़ना पड़ा। "उन्होंने द्वारकाप्रसाद मिश्र के साप्ताहिक 'सारथी' में भी कॉलम लिखे हैं उपनाम और अनाम से भी, स्कूली

किताबें भी लिखीं, गणित, विज्ञान आदि पुस्तकों का भी भाषान्तर किया, सामाजिक अध्ययन की पुस्तकें लिखीं, जो आज भी महाराष्ट्र प्रदेश में चल रही हैं।"[18]

बनारस और जबलपुर में मुक्तिबोध ने घुप्प गुफाओं जैसे घरों में जीवन व्यतीत किया और यही स्थिति उनकी नागपुर में 1958 तक बनी रही। शरत्-चन्द्र मुक्तिबोध ने उनके जबलपुर वाले घर का चित्रण इस प्रकार किया है—"त्रिपुरागेटं से घूमकर हमारा रिक्शा संकरी गलियों से गुजरने लगा। ऐसी पेचीदा और चमकदार घिनौनी गलियां···आसपास खासी मौत की महक आ रही है। रिक्शा एक मारवाड़ी के घर के सामने रुक गया। दिन में भी गली में काफी अंधेरा था। अंधेरे घुप्प जीने से हम लोग तीसरी मंजिल की छत पर पहुंच गए··· कमरा कहां? अटाला रखने का वह ऊपरी छप्पर था। एक पीला बल्ब जल रहा था।"[19] आर्थिक परेशानियों का बेनाप सिलसिला जीवन भर चलता रहा। मुक्तिबोध को बार-बार नेमिचन्द जैन से रुपये उधार लेने पड़ते थे—"उन्हें पारिवारिक जिम्मेदारी और रचनाशीलता का द्वन्द्व बना रहता था और वे खुद से, जिन्दगी से, अपने से नाराज हो उठते थे।"[20] माता-पिता, भाइयों से भी उनका अटूट सम्बन्ध था। अपने पिता के बारे में उन्होंने लिखा है—"दादा के पत्र आते रहते हैं, बड़े ही विह्वल पत्र, सचमुच वात्सल्य भी आपत्ति है, मुझे न सताये यह रोग, बेरुखी सबसे अच्छी।"[21] वहीं दूसरी ओर क० प० सारथि से कहते हैं, "वे ज्यादा वक्त यहां आते रहते थे और यह भी कि अपनी अधिक मांगों की वजह से अपने पुत्र की मानसिक और आर्थिक अवस्था के लिए बहुत बड़ा तनाव और भार थे।"[22] परिवार में ज्येष्ठ पुत्र होने के उत्तरदायित्व को वे महसूस तो करते थे, किन्तु उसके लिए कुछ कर पाना उनके लिए सम्भव नहीं था। इसका एक कारण यह भी था कि गरीबी की प्रेतछाया ने मृत्यु तक मुक्तिबोध का पीछा किया जो शादी के बाद उनके पल्ले पड़ी थी। नौकरी से मिलने वाली आय उनके लिए पर्याप्त नहीं थी। इस संदर्भ में उनकी फिजूलखर्ची की प्रवृत्ति भी विचारणीय है। श्री हरिशंकर परसाई के शब्दों में—"मुक्तिबोध विचारों से आधुनिक वैज्ञानिक थे किन्तु व्यवहार में कई बातों में सामंती थे। किसी को भी घर में साग्रह खिलाना, अपनी हैसियत से बाहर खर्च करना उनकी खास प्रकृति थी।"[23] ऐसी स्थिति में मुक्तिबोध परिवार का दायित्व कैसे निभा सकते थे। अपने परिवार के प्रति दायित्व को पूरा न कर पाने का उन्हें दुःख भी था, लेकिन परिस्थितियों का सामना करने की बजाय वे निराशा में डूब जाते थे। इस प्रक्रिया में वह पारिवारिक जिम्मेदारी में लगभग पीछे और रचनाशीलता में बहुत आगे निकल जाया करते थे। "मुक्तिबोध की कविता का एक बड़ा हिस्सा अकेलेपन की 'थीम' और एक व्यक्ति को अपने वातावरण और परिस्थितियों से लड़ने की अकेली लड़ाई से

भरा पड़ा है।"[24] सांसारिक और पारिवारिक मामलों में वे निराशा से इतने आक्रान्त थे कि अच्छे अवसरों को खो देना उनकी नियति बन चुका था।"[25]

उनके परिवार में उनके सबसे अधिक निकट उनके छोटे भाई शरत्चन्द्र मुक्तिबोध थे। शरत्चन्द्र मुक्तिबोध स्वयं मराठी प्रगतिशील काव्यधारा के प्रमुख कवि हैं। वे प्रारम्भ से अपने बड़े भाई के रचनात्मक व्यक्तित्व में रुचि लेते रहे। नागपुर के दिनों को, जबलपुर के दिनों को भी वे जानते थे। इसीलिए उनकी मुक्तिबोध संबंधी धारणाएं उनके स्वभाव, चरित्र और आचरण के अनेक सूक्ष्म पक्ष उजागर करती है। यद्यपि शरत्चन्द्र मुक्तिबोध को बराबर इस बात का अफसोस रहा है—"हिन्दी में ऐसी सक्रियता भी बहुत है जो वास्तविक तथ्यों का सही अर्थ खोजने की अपेक्षा गलत अनुमान बनाने में ही अपनी मानसिक शक्ति का उपयोग करती है।"[26] हिन्दी समीक्षा और विचार की भावुक अतिरंजना पर उनकी यह टिप्पणी प्रसंगानुकूल ही होगी—"चण्डीगढ़ वाले सज्जन ने भाई साहब के दारिद्र्य का ऐसा भयानक रोमांचकारी वर्णन किया है कि देखकर दया आती है। गरीबी और दारिद्र्य कहां नहीं है हिन्दुतान में ?"[27] मुक्तिबोध के पत्रों में स्वयं अतिरंजना अधिक मिलती है, किन्तु एक मध्यवर्गीय निराश व्यक्ति अपने दुःख को बढ़ा-चढ़ाकर देखता ही है, अतः उनकी अतिरंजनाओं को गम्भीर रूप से नहीं लिया जाना चाहिए यह स्वाभाविक ही है। शरत्चन्द्र मुक्तिबोध के अनुसार "उनमें संयम नहीं था। वे अपने को एडजस्ट नहीं कर सकते थे। वे आइडियाज और आइडियोलॉजी में जीते थे,···वे रोमान्टिक कलाकार थे, मार्क्सवाद के प्रति उनकी सहानुभूति बौद्धिक थी, वे अधिकतर आन्तरिक जीवन जीते थे। उन्हें विरोध महसूस करते रहने का अजीब चसका था।"[28] इसका अर्थ यह कदापि नहीं है कि वे अपने जिम्मेदारी से विमुख थे या उन्हें अपने उत्तरदायित्व का बोध नहीं था या वे व्यवस्थित जीवन जीना नहीं चाहते थे।

अच्छी नौकरी, व्यवस्थित शांतिपूर्ण जिन्दगी मुक्तिबोध भी जीना चाहते थे जिसके लिए उन्होंने कई मित्रों को लिखा भी है। नागपुर से बार-बार नेमिचन्द जैन को नौकरी के लिए लिखते रहे। नागपुर में उनके ऊपर बहुत क़र्ज़ा हो गया था। उनकी इस स्थिति की कल्पना हम नेमिचन्द जैन को लिखे पत्र की पंक्तियों से कर सकते हैं—"पिछले कई दिनों से मेरा स्वास्थ्य जर्जर है, रगें कमजोर हो गयी हैं···नौ वर्ष की सरकारी नौकरी ने कुछ नहीं दिया, तोहमत दी, राजनीतिक और सामाजिक तोहमत···ऊपर से मानसिक और शारीरिक स्वास्थ्य चौपट हो गया, मैंने कभी किसी से झगड़ा नहीं किया, साथ ही अपने अधिकारियों को खुश रखने की अजहद कोशिश की, फिर भी हानि की हानि।"[29]

नागपुर में उनका रहना मुश्किल था। ऐसी स्थिति में लेखन हेतु कुछ करने की कामना से वे राजनांदगांव आए। राजनांदगांव में मुक्तिबोध जहां जीवना-

नुभवों की कविता और गद्य में उतरने में व्यस्त थे, वहीं उनका स्वास्थ्य भी खराब होता चला गया। लेकिन फिर भी उन्होंने यहां एक नये आत्मविश्वास के साथ कार्य किया। राजनांदगांव में उन्हें बहुत आत्मीयता प्राप्त हुई, किन्तु वहां रचनात्मक उड़ान के साथ चलने वाला कोई साथी नहीं था। यहां भी उन्हें मित्रों से कटे होने का खेद था। ऊब उठने की स्थिति निर्मित हो जाया करती थी। वह शहर जाकर लेक्चरारी और अनुसंधान करने की इच्छा रखते थे।

मुक्तिबोध लम्बी रचनाएं लिखते थे। उनकी लम्बी रचनाओं को प्रकाशित कर पाना हर पत्रिका के लिए सम्भव नहीं था। राजनांदगांव में आकर भी वह कृति, कल्पना व धर्मयुग में अपनी रचनाएं भेजते रहे। मुक्तिबोध बिना पारिश्रमिक रचना छपवाने के विरोधी थे।

राजनांदगांव में वे शांतिपूर्ण जीवन की आशा कर रहे थे तभी वे अचानक अस्वस्थ हो गये, सन् 1959 में उनकी ग्लैंड्स बढ़ गयी थी। राजनांदगांव में ही मुक्तिबोध ने पाठ्यक्रम हेतु एक पुस्तक 'भारत : इतिहास और संस्कृति' तैयार की थी, जिस पर 1962 में मध्य प्रदेश सरकार ने प्रतिबंध लगा दिया। इससे मुक्तिबोध बहुत निराश हो गए। प्रतिबंध लगाने के पूर्व उनसे स्पष्टीकरण नहीं मांगा गया था, और उनके विवेकसंगत प्रतिवेदन पर भी विचार नहीं किया गया था। यह पूरी घटना राजनीतिक षड्यन्त्र का हिस्सा थी। मुक्तिबोध को इस बात का बहुत दुःख था कि अभिव्यक्ति की स्वतंत्रता को दबाया जा रहा है। "वे कहते थे—अभिव्यक्ति की स्वतन्त्रता जा रही है, गला दबाकर आवाज घोंटी जा रही है।"[30] क० प० सारथि ने उस समय की प्रतिक्रिया और स्थिति का वर्णन इस प्रकार किया है—"आरोपों का खण्डन सुनने के लिए हम कॉलेज के अध्यापक कक्ष में जमा हुए थे, इतिहास के बड़े-बड़े ग्रन्थों को जिन्हें मुक्तिबोध अपने प्रमाणित करने के लिए लाये थे, मेज पर झुके दोनों हाथों को फैलाते हुए, वे चालीस वर्षों की तरफ यात्रा करते हुए लम्बे आदमी दिखाई दे रहे थे। उनकी आंखें गम्भीर और बेचैन थीं, और उनके पिचके तिकोने चेहरे पर वे चमक जाती थीं। बाहर काफी गर्मी थीं, वे अत्यधिक आवेश में बोल रहे थे। सार रूप में मैंने पाया जैसे वे बता रहे हों कि भाग्य उनके साथ बहुत अकरुण रहा है। यह आघात इतना कठोर था कि वह खुद को जोड़ नहीं पाए और ऐसे मौन में जा डूबे कि जहां से फिर कभी उबर नहीं पाए।"[31]

यह स्थिति मुक्तिबोध के लिए बहुत यातना वाली रही होगी। राजनांदगांव में ही मुक्तिबोध ने 'अंधेरे में' लम्बी कविता पर अन्तिम रूप से कार्य किया और मुक्तिबोध को अचानक पक्षाघात ने घेर लिया, एक्जिमा, मिर्गी, पायरिया तो उन्हें पहले से ही था। अस्वस्थता की स्थिति में वह बहुत संवेदनशील और असहाय हो उठे थे। बात करने में ही उनकी आंखें भर आती थीं। 7 फरवरी को उन्हें

पक्षाघात हुआ था। 17 फरवरी, .1964 को उपचार के लिए भोपाल लाया गया। उनकी उपचार व्यवस्था के लिए हरिवंशराय बच्चन आदि रचनाकारों ने लालबहादुर शास्त्री से अनुरोध किया और उनकी बात मान ली गई। 26 जून, 1964 को वे दिल्ली ले जाए गए जहां मेडिकल इन्स्टीट्यूट में उनकी चिकित्सा का समुचित प्रबन्ध किया। "इसी समय उनकी डायरी और कविता का प्रकाशन हुआ। 'डायरी' उन्हें दिखाई तो उनकी आंखों से आंसू बह निकले।"[32] 15 दिसम्बर, 1964 को मुक्तिबोध इण्डियन मेडिकल इन्स्टीट्यूट के कमरा नं० 208 में 47 वर्ष की उम्र में समकालीन कविता के केन्द्र में प्रवेश करते हुए चले गए।

प्रारम्भ से ही मुक्तिबोध अपनी कविताओं का प्रकाशन चाहते थे। जीवन के अन्तिम समय तक वह—'चांद का मुंह टेढ़ा है' को प्रकाशित नहीं देख पाए।

युवा मुक्तिबोध का व्यक्तित्व प्रभावशाली था। "ऊंची काठी, सांवला रंग, तीखे नक्श, विशेषकर ध्यान आकर्षित करती उनकी लम्बी नाक, सुस्थिर सशंक किन्तु परखती हुई आंखें कुल मिलाकर उनके व्यक्तित्व को प्रभावशाली बनाते थे, चेहरे पर चिंतनगत भव्यता झलकती थी, बौद्धिक स्नावरी जैसा उनकी चाल-ढाल में कहीं कुछ नहीं था, लम्बे डग भरते हुए मुक्तिबोध नितान्त अपने व्यक्ति लगते थे।"[33] लिखते और बहस करते समय बीड़ी पीते थे। गुमिटियों की चाय उन्हें बेहद पसंद थी। मित्रों के साथ चाय या कॉफी पीने की उन्हें बुरी लत थी, चाय उनकी उन छोटी आदतों में शामिल है जिसके लिए वे बड़ी-से-बड़ी चीज और महत्त्वपूर्ण कार्य भी छोड़ देते थे। श्री शरत्चन्द्र मुक्तिबोध के अनुसार—"सिगरेट और चाय तो उनके मूड के उतार-चढ़ाव थे। इसके सहारे वे कठिन बौद्धिक श्रम कर लेते थे।"[34]

अकेले धुन में सोचते हुए चलना उन्हें अच्छा लगता था, किसी से बात करने में एक खास तरह की सतर्कता और गोपनीयता बरतते थे। रचना के क्षणों में वे बेचैन हो उठते थे, चक्कर काटते और बहस करते समय उत्तेजित हो जाते थे। यहां तक कि चुभने वाली गर्वस्फीति बातें भी कह जाते थे। उनकी गले की नसें तन जाती थीं। उनके सम्बन्ध में यह बातें यह दर्शाती हैं कि वे जीवन से किस कदर प्रतिबद्ध थे। क्रान्तिकारी स्वभाव के होने के बावजूद वे बेहद शान्त, विनयी और भीतर से गंभीर थे।" वे सवालों का जवाब बड़ी ईमानदारी से देते थे। जब तक किसी समस्या को सुलझा न लेते चैन नहीं लेते थे।"[35] मनुष्यों के दुःखों का बोध उन्होंने किताबों से उधार नहीं लिया था, आस-पास के जीवन से प्राप्त हुआ था। इसीलिए उनकी करुणा किसी दार्शनिक चिन्तन के आधार पर नहीं उपजी थी बल्कि उन्होंने निज पीड़ा से तदाकार किया था।

कवि मुक्तिबोध के व्यक्तित्व को प्रभावित करने वाले सम्बन्धों का उल्लेख

करना आवश्यक है। उज्जैन के प्रारम्भिक साहित्यिक मित्रों में प्रभागचन्द्र शर्मा उनके घनिष्ठ मित्र थे जो केवल कुछ दूर उनके साथ रहे, वीरेन्द्रकुमार जैन और प्रभाकर माचवे से उनके प्रारंभिक सम्बन्ध बहुत प्रगाढ़ थे। वैचारिक दृष्टि से उनकी यह मित्रता अर्थ रखती है। "वैचारिक समानता को ही मुक्तिबोध और माचवे की मैत्री का मूल कारण समझा जाना चाहिए।"[36] बाद में मुक्तिबोध की विचारधारा और स्वप्न, माचवे की विचारधारा और स्वप्न से अलग हो गये, इसके संकेत उस समय ही मिलने लगे थे। शुजालपुर में नेमिचन्द जैन से हुई मित्रता जीवन-पर्यन्त बनी रही जो आश्चर्यजनक और आह्लाददायी है। श्री नेमिचन्द जैन को जून, 1942 से फरवरी, 1964 तक लिखे गये पत्र इस रिश्ते पर पर्याप्त प्रकाश डालते हैं। इन पत्रों के द्वारा उनके संघर्षशील जीवन के उतार-चढ़ावों को देखा जा सकता है। आज भी उन्हें संघर्षरत मनुष्य की तरह पहचाना जा सकता है। शुजालपुर में ही मुक्तिबोध छायावादी संस्कारों से मुक्त हुए और नवीन वैज्ञानिक विचारधारा से अनुप्राणित हुए। "दोनों की मित्रता की कड़ी—मार्क्सवाद के प्रति सैद्धान्तिक अनुराग था।"[37] लेकिन मुक्तिबोध के शब्दों में मित्रता का दायित्व सिर्फ विचारधारा तक ही सीमित नहीं था—"याद है आपकी बहुत बड़ी जिम्मेदारी है आपने एक व्यक्ति के साथ नाजुक खेल खेला है, उसे कम्युनिस्ट बनाया, दुर्धर्ष घृणा के उत्ताप से पीड़ित उसकी स्त्री के प्रति उसका रुख पलटा, अधिक सहनशील और भावनामय उसे बनाया। यह काम बड़ा ही नहीं नाजुक भी है।"[38] श्रीमती शान्ता मुक्तिबोध के इस कथन को ध्यान में रखकर हम उनकी मित्रता की कल्पना कर सकते हैं। "नेमि जी को वे मुझसे भी ज्यादा प्यार करते थे, वे बहुत उमंग के दिन थे।"[39] मुक्तिबोध की निम्न पंक्तियां जो उन्होंने नेमिचन्द जैन को पत्र में लिखी थीं, श्रीमती शान्ता मुक्तिबोध के कथन का स्पष्टीकरण करती हैं—

> "याद आती है तुम्हारी तैरती सी
> राह से जिस
> कभी कोई आ नहीं सकता
> न माता, पुत्र या पत्नी, पिता।"[40]

मुक्तिबोध का खुलापन जैसा नेमिचन्द जैन के साथ व्यक्त हुआ है, अन्य मित्रों के साथ नहीं, क्योंकि बनारस, जबलपुर और यहां तक कि नागपुर में भी मुक्तिबोध ने लिखा था—"वैसे मन शिथिल है, ग्लानि और अवसन्नता स्वभावजात है, अब मित्रहीन और साधनहीन होने के कारण अवसन्नता है।"[41] लेकिन नागपुर में मुक्तिबोध का एक बड़ा मित्र-मण्डल अवश्य रहा है। इस मित्र-मण्डल के कवियों

को मुक्तिबोध के प्रभाव के अन्तर्गत 'मुक्तिबोध स्कूल के कवि' की संभावना पर भी विचार किया गया। इसके पहले वे जबलपुर में भी रहे थे। वहां किसी के अधिक सम्पर्क में नहीं रहे। भावानीप्रसाद मिश्र, अंचल, नर्मदा खरे आदि से परिचित थे। नागपुर में मुक्तिबोध के मित्रों में कथाकार, व्यंग्यकार, चित्रकार, पत्रकार और कवि सभी थे। जीवनलाल विद्रोही के अनुसार—"उन्होंने यहां अर्थसंकट अवश्य झेला, पर जबलपुर की तरह राजनीतिक संकट उन पर नहीं रहा, यहीं उन्होंने पार्टी की सदस्यता छोड़ी।"[42] साम्यवादी समाज रचना में वे विज्ञान को भी महत्त्व देते थे, "भूखी जनता को बचाने के लिए यही एक व्यवस्था है, ऐसा उनका निश्चित और ठोस आधार था।"[43] उनकी बहसों का दृष्टिकोण व्यापक था। समाज में कला का क्या स्थान होगा, राजनीति पर, सत्ता पर, पूंजीवादियों की पकड़, आराम की जिन्दगी और चैन पाने की लालसा से उधार विद्रोही वृत्ति लेने वालों के खिलाफ वे योद्धा की तरह लड़ते रहे। वे चाहते थे कि नये युवा विद्वान अपनी सृजन तेज-प्रामाणिक अभिव्यक्ति कर सके। उनको विश्वास था कि "नौजवानों को आज अगर सही रास्ता मिल जाये, अगर उसे यह प्रतीत होता जाये कि सामाजिक ढांचे के अन्तर्गत उनकी उपेक्षा नहीं हो रही है तो निश्चय ही वह दुगुने रूप से कार्य करेगा।"[44]

छोटी-छोटी जगहों पर पत्रिकाओं का निर्माण और गोष्ठियों का आयोजन करने की इच्छा हमेशा बनी रहती थी। साहित्य को 'एकान्त साधना' कहने वालों के वे घोर विरोधी थे। 'साहित्य एकान्त साधना है' यह नारा उन लोगों का है जो साहित्य के माध्यम द्वारा समाज में जनता की आवाज के प्रसार को रोकना चाहते हैं।"[45] पत्र-पत्रिकाओं के माध्यम से शोषण, अवसरवादिता, पाखंड, गरीबी, राजनीतिक दबावों का विरोध किया जाना चाहिए। वे जानते थे वह दिन शीघ्र ही आने वाला है जब प्रतिक्रियावाद अज्ञानता और शोषण समाप्त हो जायेगा। वे अक्सर दुहराया करते—"थोड़ा ठहरो दोस्त, सन् 1980 तो आने दो।"[46] जनता को दिमागी रूप से आजाद करना उनका सबसे बड़ा लक्ष्य था। मुक्तिबोध वर्तमान समाज का अनुरंजन करना नहीं बल्कि परिवर्तित करना चाहते थे। उनकी बहस चिन्तन दोनों में मानव को प्रभावित करने वाली सभी स्थितियों पर विचार होता था।

मुक्तिबोध का स्वप्न था कि नगर और ग्रामों में सब सुखी हों और इस स्वप्न के लिए वे भी निरन्तर संघर्ष करते रहे, यह संघर्ष उनकी निजी इच्छाओं के लिए भी था। लेकिन वह अपनी इच्छाओं को और दुःखों को विश्व की इच्छाओं और दुःखों में रूपान्तरण कर देखते थे। बचपन में उन्हें दो स्वप्न आया करते थे। उनका उल्लेख भी हम यहां करेंगे। वह स्वप्न उनकी इच्छाओं के संघर्ष का प्रतीक है। 'मकान की दूसरी मंजिल पर मैं भागता आ रहा हूं। कोई मेरा पीछा कर

रहा है। कोई कौन ? मैं नहीं जानता, क्यों ? यह भी नहीं जानता। वह मुझे पकड़ने की कोशिश कर रहा है। मैं उसके दस कदम आगे हूं। वह मेरे पीछे है। मैं भाग रहा हूं। वह मेरा पीछा कर रहा है।

लेकिन मैं अपने पैरों में भार का अनुभव कर रहा हूं। लगता है जैसे पीछे किसी खिचाव की ताकत है, कोई चुम्बक है जो पैरों को पीछे खींच रहा है, लगातार पीछे खींचे जा रहा है, फिर भी मैं भागने की कोशिश में आगे बढ़ता रहा हूं। लेकिन हर कदम पर पैर आगे बढ़ने से इनकार कर रहे हैं, कोई शक्ति उन्हें पीछे खींच रही है। यदि मैं रुका या पीछे हटा तो वह आदमी मुझे खा जायेगा। इसीलिए मैं जान बचाकर भाग रहा हूं, इसलिए कि मुझे प्राणों का डर है, लेकिन मैं बढ़ नहीं पा रहा हूं···पैरों में भार है, किसी दानवी आकर्षण-शक्ति की जंजीर मुझे पीछे खींच रही है।[47] और दूसरा स्वप्न बचपन से 47 वर्ष की उम्र तक आता रहा वह है—"भागते-भागते मुझे कोई चीज—कोई चमकीला पत्थर, कोई हीरा या कोई अशरफी रास्ते में मिल गयी। सपना टूटा नहीं, आगे बढ़ता रहा। हाथ में वह अत्यन्त अमूल्य वस्तु है और मैं आगे रास्ते पर बढ़ गया हूं या भाग रहा हूं। मैं कतई भूल जाता हूं कि मेरे हाथ में महान् अमूल्य वस्तु है, यद्यपि वह मेरे हाथ में है। सपने में एक प्रदीर्घ काल के बाद यह ख्याल आता है कि मेरे पास भी तो वह चीज है, लेकिन जब मैं अपनी बंधी मुट्ठी खोलता हूं तो पाता हूं उसमें कुछ नहीं है। वह चीज अपनी भुलक्कड़ लापरवाही से मैंने गिरा दी। अब मैं बुरी तरह बेचैन हूं। अपनी बेवकूफी तथा भयानक लापरवाही के प्रति आत्मग्लानि, खुद को कचोटकर खा जाने वाला राक्षसी दर्द, अपने आपके प्रति भयंकर सियाह निराशा मेरे मन में भर जाती है।"[48] ऐसे भयंकर दुःस्वप्न उन्हें आते रहते थे। कुछ-न-कुछ कर पाने की बेचैनी उनमें हमेशा रहा करती थी।

रचनाकार की जीवन-दृष्टि जीवन में आये घात-प्रतिघातों से निर्मित होती है, जिससे वह अपने आस-पास के सामाजिक-राजनीतिक जीवन को परखता है, केवल परखता ही नहीं नये सिरे से सिरजता भी है अर्थात् प्रतिसंसार की सृष्टि करता है। ऐसा करते हुए "कवि अपने समय और इतिहास की जटिलताओं से कट नहीं जाता है। अभिव्यक्ति को निजी अस्तित्व और उसी क्षण उसे मानवीय नियति में गूंथते हुए रचनात्मक तनाव की स्थिति निर्मित हो जाती है। यहीं कविता की सार्थकता और मानवीय अर्थ प्रकट होने लगते हैं।"[49] इतना ही नहीं कवि अन्याय को पहचानते हुए सार्थक लड़ाई लड़ता है। मुक्तिबोध के समग्र रचनात्मक साहित्य का भाव-इतिहास उपेक्षित, पीड़ित जनों और निम्न-मध्यवर्गीय का जीवन है। उनके लिए चिन्तन कोई सैद्धान्तिक प्रश्न नहीं था। वे जीवन के भाष्यकार थे।

मुक्तिबोध का समस्त चिन्तन उनकी कहानियों, कविताओं, लेखों, डायरी आदि में मिलता है, जो मौलिक और महत्त्वपूर्ण है। 'कामायनी : एक पुनर्विचार'

इसका उदाहरण है। किसी ग्रंथ की अपने ढंग से विवेचना और पुनर्मूल्यांकन सहज नहीं है। लेकिन मुक्तिबोध चिन्तन में जीवन समस्याओं के साथ-साथ सृजनात्मक समस्याओं से जूझते हुए काव्य-यात्रा कर रहे थे।

मार्क्सवादी दर्शन के प्रति उनकी आस्था भावुकतावश नहीं हुई थी। एक समय अर्थात् रचनाकाल के आरम्भ में मुक्तिबोध व्यक्तिवादी थे, उनके आन्तरिक विनष्ट शांति के और शारीरिक ध्वंस के उस समय में "व्यक्तिवाद कवच की भांति काम करता था।"[50] किन्तु इसी काल में एक अनुभव सिद्ध व्यवस्थित तत्त्व प्रणाली अथवा जीवन-दर्शन को आत्मसात् करने की प्यास उनके मन में हमेशा रहा करती थी। परिणाम उन्हीं के शब्दों में—"क्रमशः मेरा झुकाव मार्क्सवाद की ओर हुआ। अधिक वैज्ञानिक, अधिक मूर्त, अधिक तेजस्वी दृष्टिकोण मुझे प्राप्त हुआ।"[51] मार्क्सवाद के प्रति मुक्तिबोध को आस्था ही नहीं थी, वे उसे करुण पवित्र कविता की तरह मानते थे। "मार्क्सवादी दर्शन एक यथार्थ दर्शन है, यथार्थ विकास का, मानव संज्ञा के विकास का दर्शन है। अतएव उसके लिए सर्वाधिक मूलभूत और महत्त्वपूर्ण है, जीवन तथ्यों की वास्तविकता जो राजनीति, समाज-नीति, कला आदि को उपस्थित करती है।"[52] लेकिन फिर भी मार्क्सवाद के प्रति उनकी सहानुभूति बौद्धिक थी।

मुक्तिबोध बचपन से ही भावुक और अन्तर्मुख प्रवृत्ति के थे। उनके छोटे भाई श्री शरत्चन्द्र मुक्तिबोध ने भी लिखा है—"कट्टर मार्क्सवादी होते हुए भी मानवी जीवन की असंगतियां उनके भावुक व्यक्तित्व को नहीं तोड़ पायीं। असल में वे रोमांटिक कलाकार थे, मार्क्सवाद के प्रति उनकी दृष्टि बौद्धिक ही थी।"[53] "बेशक उनकी दृष्टि मार्क्सवादी थी और व्यवहार कलाकार का।"[54] उनकी काव्यधारणाओं में कालरिज के कल्पनावाद के साथ-साथ मार्क्स के द्वन्द्वात्मक भौतिकवाद का भी प्रभाव था। नहीं तो मुक्तिबोध का दूसरा क्षण आत्मवादी क्रोचे की 'सहजानुभूति' और इलियट के 'आब्जेक्टिव कोरिलेटिव' बनकर रह जाता।"[55] मुक्तिबोध का समग्र चिन्तन मार्क्सवादी दृष्टिकोण से प्रभावित है।

मुक्तिबोध साहित्य में विचारधारा को बहुत आवश्यक समझते हैं। मार्क्स-वादी होते हुए भी जीवन की व्याख्या सिद्धान्तों से नहीं, आस-पास की चीजों को देखकर अनुभूत वास्तविकताओं के आधार पर करते हैं। मुक्तिबोध प्रतिबद्धता को अनिवार्य मानते हुए लिखते हैं—"हम साहित्यकार जो पीड़ित मध्यवर्गीय श्रेणी से आये हैं अपना विकल्प सामाजिक प्रगति और मानव-मुक्ति चुनते हैं और इस पक्ष में हमें कलाकार के मानव व्यक्तित्व का हनन और सौन्दर्य की उपेक्षा तथा व्यक्ति की अवहेलना नहीं दिखाई देती क्योंकि उसी राह पर हमें सौन्दर्य का साक्षात्कार होता है।"[56] डॉ० शिवप्रसाद सिंह के अनुसार—"प्रतिबद्धता का प्रश्न सिर्फ उन लेखकों के लिए है जो लेखक व्यक्ति-स्वातंत्र्य में पूर्ण आस्था रखते हैं

और मानव नियति से सम्बन्धित हर समस्या को वस्तुनिष्ठ ढंग से देखते हैं, जो किसी आरोपित आदेश को माथा झुकाकर स्वीकार करने की अपेक्षा विवेक द्वारा निर्णय लेना ज्यादा उचित समझते हैं प्रतिबद्धता का प्रश्न उन्हीं लोगों के लिए महत्त्व रखता है।"[57] मुक्तिबोध की प्रतिबद्धता शोषित वर्ग के पक्ष में है, वह हर कलाकार से कमिटमेंट चाहते हैं। "सृजन का सार्थक दायित्वबोध, आस्था, संवेदना, विवेक संकल्पों में ही अन्तर्निहित है।"[58] उनके अनुसार—"पक्षधरता का प्रश्न हमारी आत्मा का, हमारी अन्तरात्मा का प्रश्न है। मैं उस अन्तरात्मा का पक्षधर हूं और चूंकि मेरी अन्तरात्मा की हलचल और बेचैनी आपकी अन्तरात्मा की हलचल और बेचैनी से मिलती-जुलती है, इसीलिए जहां तक अन्तरात्मा का प्रश्न है, मैं आपका भी पक्षधर हूं और चूंकि हम आप जैसे अन्तरात्मा वाले बहुत से लोग इस संसार में हैं इसीलिए हम सब उनके और वे सब हमारे पक्षधर हैं।···हम सब एक प्रवृत्ति हैं, एक धारा हैं। भावधारा, विचार-धारा, जीवनधारा और हम सब उसी धारा के अंग हैं, और हम सब उसी विचारधारा के पक्षधर हैं और हम बिना पक्षधरता के अपने आपको अपूर्ण और मूल्यहीन पाते हैं।"[59] इस लम्बे उद्धरण द्वारा हम उनकी प्रतिबद्धता की धारणा को समझ सकते हैं। मुक्तिबोध भी प्रतिबद्ध रचनाकार हैं, लेकिन उनकी प्रति-बद्धता उस दुनिया से सम्पृक्त है, जिसमें वह जीता है और अपना सहदायित्व अनुभव करता है। अपने और दूसरों के स्वातंत्र्य और मानवीय अधिकारों के प्रति सतर्क है—"सामयिक विषयों को लेकर उनकी प्रतिक्रियाओं के भीतर से भी हम ऐसी आवाज उभरती पाते हैं, जिसका दर्द अंततोगत्वा उसी युग-संपृक्त पीड़ा का अभिन्न अंग रहा है।"[60]

मुक्तिबोध मूलतः विचारक न होकर कवि हैं। उनका चिन्तन एक रचनाकार का चिन्तन है। इसीलिए जीवन-प्रक्रिया से उनका रचनात्मक चिन्तन इस धरातल पर अनुस्यूत है कि उसको पृथक् नहीं किया जा सकता। 'साहित्य कला है' और इसमें मानव-जीवन के सभी अंगों की अभिव्यक्ति होती है। वे कला को जीवन के लिए मानते थे। काव्य प्रयोजन के सम्बन्ध में उनके निबन्ध 'साहित्य के दृष्टिकोण' में विचार किया गया है—"साहित्य के दो प्रयोजन माने गये हैं—1. मनोरंजन के लिए, 2. मानव को अधिक मानवीय बनाने के लिए।" मुक्तिबोध दूसरे प्रकार के प्रयोजन को महत्त्व देते हैं। 'नई कविता के आत्म संघर्ष' में इस प्रयोजन की चर्चा इन शब्दों में की है—"नवयौवनावस्था के पूर्व से ही मेरे प्रयोजन प्राप्त और विकसित होते चले गये और उन्हीं के अनुसार मैंने अपनी भावधारा विकसित की···ये प्रयोजन मेरे निजत्व के मूल चक्र हैं। वे प्रयोजन क्या हैं?···घर में, परिवार में, समाज में, मनुष्य को मानवोचित जीवन प्राप्त हो।··· आर्थिक उत्पीड़न और शोषणमूलक यह जो भयानक पूंजीवादी समाज-व्यवस्था है,

वह हमेशा के लिए समाप्त हो, और उत्पादन तथा श्रम के समस्त माध्यमों तथा साधनों पर पूरे समाज का अधिकार हो। किसी को भी किसी का व्यक्ति-स्वातंत्र्य खरीदने का अधिकार न हो, न बेचने का, किन्तु जो व्यक्ति-स्वातंत्र्य समाजवाद और जनतंत्र समन्वय में बाधक हो, उस व्यक्ति-स्वातंत्र्य को पूरा समाज सार्वजनिक रूप से निंदित और तिरस्कृत करे। समाजवाद जनता की जनसाधारण की, मुक्ति का राजपथ है।"[61] मुक्तिबोध की कविताओं में कहीं भी भीड़ और जनता से आत्मघाती भय नहीं है।

वे काव्य के प्रमुख स्रोत के सम्बन्ध में जीवन को महत्त्व देते हैं। उनका आदर्श वह कवि चरित्र है "जो मानवीय वास्तविकता का बौद्धिक व हार्दिक आकलन करते हुए सामान्य जनों के गुणों और संघर्ष से प्रेरणा और प्रकाश ले और उनके संचित जीवन-विवेक को ग्रहण करे तथा उसे और अधिक निखारकर कलात्मक रूप में उन्हीं की चीज उन्हें लौटा दे।"[62] इसके लिए वे इटैलियन कवि दोमनिको की टिप्पणी भी देते हैं। इस समय हम उस लम्बी टिप्पणी का भी उल्लेख करेंगे जिसके द्वारा उनकी आकांक्षा और स्वप्न की तस्वीर उभरकर सामने आती है। "हम व्यक्तिवाद के गहन दण्डकारण्य में से बाहर निकल पड़े, जिन-जिन स्थानों पर मनुष्य अपनी अस्तित्व रक्षा में लीन है, वहां-वहां हमारे हित लगे हुए हैं। हमारे काव्य का चरित्र नायक आज स्वयं यथार्थ हो···।

कला को अपने औजार उठा ही लेना चाहिए, शायद बारूद भी जरूरी है, जिससे कि चट्टानें तोड़ी जा सकें और युग उन स्पन्दनशील सप्राण भाव-निर्झरों को मुक्त किया जा सके, कि जो उन चट्टानों के नीचे दबे हुए हैं। मनुष्य की मनुष्य के साथ बात-चीत शुरू करनी होगी। मनुष्य का समाज के साथ वार्तालाप आरम्भ करना चाहिए, अब समय आ गया है कि हम अतीत के रहस्यात्मक सूत्र मंत्रों को त्याग दें। यदि विशुद्ध काव्य हमें जीवन से पृथक् रखता है तो उस काव्य को विशुद्ध रखने की आवश्यकता क्या है? हम लोग चारदीवारी को तोड़कर निकल जायें और कूदकर खाइयां लांघ लें। हम स्वगत भाषण और एकालाप से हटकर वार्तालाप की ओर जायें, निःसंगता से हटकर संघर्ष में योग दें। अलग टुकड़ों में काम न करके अखण्डपूर्ण रचना करें। लोगों के सामने हम उन्हीं की गरीबी और दारिद्र्य की स्थिति स्पष्ट करें और यदि हो सके तो उनकी मुक्ति और सांत्वना के शब्द खोज निकालें।"[63] मुक्तिबोध वैयक्तिक मुक्ति नहीं सामूहिक मुक्ति चाहते थे। उनकी विचारधारा लेनिन के इन शब्दों से तुलनीय है—"साहित्य समस्त शोषित वर्ग की सामूहिक मुक्ति के लिए किया जाने वाला प्रयास है।"[64] कवि के आदर्श···पोलैंड और युगोस्लाविया जैसे कम्युनिस्ट देश हैं। उन्होंने 'एक साहित्यिक की डायरी' में श्रीमती आग्नेष्का जी को लिखे पत्र में कहा है—"अब तक साम्यवाद पर यह आरोप लगाया जाता है कि वहां व्यक्ति स्वतंत्रता का;

कलाकार की स्वतंत्र चेतना का हनन होता है। जब हमारे सामने पोलैंड जैसा देश भी है, जिसे देखकर यह कहा जा सकता है—लोगों को समझाकर यह बताया जा सकता है कि साम्यवाद के ऐसे महान देश भी हैं, जिनमें स्वतंत्रता के ऐसे उच्च आदर्श वर्तमान हैं।"[65]

कहने का मतलब यह है कि विरले ही साहित्यकार ऐसे होते हैं जिनके अंतर में मानवीय चिन्ता उफनती रहती है कि वह कविता, कहानी, निबन्ध, लेख और यहां तक कि पत्रों में भी व्यक्त होती है। मुक्तिबोध का कवि विचारधारा के साथ, समाज के साथ, साहित्य के साथ, कविता, कहानी, समीक्षा, लेख सभी में समान रूप से ईमानदार रहा है।

कहानियों में भी सारा कथ्य निम्नवर्गीय उत्पीड़न के इलाके में और पूंजी-वादियों की चालाक साजिशों को पहचानने में फैला पड़ा है। प्रारम्भ से साहित्य में नारी के प्रति जो रूढ़िवादी, सौन्दर्यवादी दृष्टिकोण था, उसके विपरीत यथार्थ के धरातल पर उसके अन्दर की विवशता, भावनाओं का चित्रण, शोषित शिशु, शोषित जन-समुदाय का साथ देते हुए, उनकी तरफ से समस्त सामंतवादी, पूंजी-वादी व्यवस्था के विरुद्ध मुक्तिबोध खड़े होते हैं। पात्रों की मनःस्थिति का चित्रण भी मुक्तिबोध का भोगा हुआ था। कहानी 'भूत का उपचार' में पात्र का कथन मुक्तिबोध का ही कथन है—"पात्र ने मेरी झखमार के प्रति चिन्तित होकर कहा कि रोमांस लड़की में दिखा, जिन्दगी के पेचीदा सवालों में नहीं।[66] मुक्तिबोध को जिन्दगी के पेचीदा सवालों से जूझते हुए उनकी रचनाओं की प्रत्येक पंक्ति में देखा जा सकता है। आरम्भ की रचनाओं में छायावाद का प्रभाव स्पष्ट देखा जा सकता है, किन्तु उस समय भी कवि में समय को पहचानने की निरन्तर जिज्ञासा देखी जा सकती है. जिस समय सारा साहित्यिक परिवेश, पश्चिमी प्रभावों से आक्रान्त हो रहा था, उस समय मुक्तिबोध भारतीय भूमि में कविता को खोज रहे थे। क्या कारण था? हम यही कहेंगे उनका उद्देश्य सौन्दर्य प्रतिमानों से सौन्दर्य को देखना नहीं था, जीवन के प्रश्नों में सौन्दर्य को देखना था।

मुक्तिबोध यथार्थवादी और भाववादी काव्य-दृष्टि में हमेशा फर्क करते हैं। उनके शब्दों में—"कलाकृति स्वानुभूत जीवन की कल्पना द्वारा पुनर्रचना है। यथार्थवादी शिल्प के अन्तर्गत, कलाकृति यथार्थ के अन्तर्नियमों के अनुसार यथार्थ के बिम्बों की क्रमिक रचना प्रस्तुत करती है, किन्तु भाववादी और रोमेंटिक शिल्प में कल्पना अधिक स्वतन्त्र होकर जीवन की स्वानुभूति विशेषताओं को प्रतीक चित्रों द्वारा प्रस्तुत करती है।"[67]

मुक्तिबोध की रचनाएं एक साथ ही यथार्थ की अभिव्यक्ति और भविष्य का स्वप्न है. जो लोगों को सजग बनाने के लिए शोषकों की बीभत्सता का चित्रण करता है और जनता की विजय दर्शाकर आशावादी रास्ता आविष्कृत करता है।

इस प्रसंग में मुक्तिबोध के विचारों की तुलना हम क्रांतिकारी प्रोलेतेरियन से कर सकते हैं। क्रांतिकारी प्रोलेतेरियन के अनुसार—"कलाकार हमेशा साहित्य उज्ज्वल और आशावादी सामग्री से ही सजाता है। समाजवादी पुनर्निर्माण के समय रूसी साहित्य, समाज के समुज्ज्वल पक्ष की सामग्री से परिपूर्ण है। यदि कोई विद्रोही रचनाकार समाज के कृष्ण-पक्ष की अभिव्यक्ति करता है तो उसका उद्देश्य आशावादी ही होता है। इसके विपरीत माओ इस कथन को भ्रांतिपूर्ण ही मानते हैं। उनके अनुसार बुर्जुआ साहित्यकार केवल श्यामपक्ष को ही सम्मुख रखता है।"[68] उनकी कला और साहित्य, दर्शन दुःखवाद और निराशावाद ही प्रतिपादित करते हैं। मुक्तिबोध के बारे में लोगों के भिन्न-भिन्न मत हैं—शमशेर बहादुरसिंह को उनके काव्य में चट्टानी कड़ापन और अंधेरा दिखाई देता है—"मुक्तिबोध में एक चट्टानी कड़ापन, एक खुर्री नग्नता, हिंस्र चांदनी, अपशकुनों से भरा मानवलोक रात या दिन…जिन्दगी जो विद्रूप और क्रूर व्यंग्य है, मिलता है और कविता समाप्त होने पर ऐसा लगता है जैसे हम कोई आतंकित करने वाला (हारर) फिल्म देखने के बाद होश में आये हों।"[69] शिवप्रसाद मिश्र कहते हैं—"कवि की सारी मान्यताएं नकारात्मक लगने लगती हैं। निराशा, घुटन, रुदन, हाहाकार आदि उसके व्यक्तित्व में बद्धमूल होकर रह जाते हैं।" वहीं डॉ० नामवरसिंह कहते हैं—"मुक्तिबोध में जो विशेष है, वह है भयानक शक्ति से जूझने वाले आलोक कण की पहचान।"[70] इस संदर्भ में यह तथ्य काफी संकेतपूर्ण है कि मुक्तिबोध ने अपनी लम्बी कविता के लिए 'आशंका के दीप' और 'अंधेरे में' में से 'अंधेरे में' शीर्षक को चुना और 'आशंका के दीप' को निकाल देने का निर्णय लिया। मुक्तिबोध का संसार कुल मिलाकर निषेध का निषेध है और यही उसकी विशिष्ट मूल्यवत्ता है। कवि चन्द्रकान्त देवताले के अनुसार—"यह मान्यता गलत है कि मुक्तिबोध की कविता में आतंक और दहशत ही है, दरअसल उनकी कविता में प्रेम, सौन्दर्य, संगीत के तत्व भी हैं। मां, पिता, युवक, युवती, बच्चे सभी मौजूद हैं। स्याह अंधेरे रंगों के शेड्स में मुक्तिबोध चकमक पत्थर, अरुण कमल, नक्षत्र, विद्युत और भविष्य के स्वप्न सजाते हैं।"[71] वह जितने भविष्यद्रष्टा हैं, उतने ही स्मृतिगर्भी भी। अनुज, सहचर, मित्र, माता, पिता की स्मृतियां भी हैं। मुक्तिबोध ने मध्यवर्गीय विडम्बना को भोगा था और उसकी त्रासदी को दूर करने के लिए सतत् प्रयत्न किया। यही कारण है कि वे समझौतावादियों की फहरिश्त में खड़े नहीं हुए। सामाजिक अन्याय के परिदृश्य को पहचानकर चुप नहीं हुए, इसी कारण अन्याय और न्याय के द्वन्द्व में ही उनकी कविता केन्द्रित है। समकालीन कविता भी व्यक्ति-स्वातंत्र्य और मानवीय अधिकारों को हनन करने वाली शक्तियों का विरोध करती है। "आज सांस्कृतिक नाटक के सतही परिवेश में अवसरवादिता और राजनीतिक व्यवस्था ने मानवीय आवश्यकताओं के उद्गम

को दूषित कर दिया है। सामाजिक और राजनीतिक जीवन की पवित्र सूक्तियां नष्ट हो गई हैं । परिवेश की यह दुर्भाग्यपूर्ण स्थिति है युवा कविता के केन्द्र में है। इसी अन्यायपूर्ण व्यवस्था का कविता विद्रोह कविता है।"[72] वर्तमान कविता में भी यथार्थ अभिव्यक्ति और वर्तमान समय का सूक्ष्म पर्यवेक्षण है।

कवि-कर्म को मुक्तिबोध ने नकारा नहीं था। वे कवि या कलाकार का जीवन के प्रति उत्तरदायित्व स्वीकार करते हैं : आतंक और भय से मन टूटता है ताकत टूटती है। असंगठित होने के कारण, इस ताकत को पुन: प्राप्त कर लेने का संकल्प इन कविताओं का भाव इतिहास है। वे जानते थे जिन्दगी के तकाजों का हल आत्मा या ब्रह्म के अंधेरे में नहीं खोजा जा सकता, जीवन में ताकत को ढूंढ़ना है। एंजिल्स के अनुसार—"आधुनिक दर्शन का महत्त्वपूर्ण प्रश्न विचार और अस्तित्व के सम्बन्ध को लेकर है। सारी दुनिया के विचारक इस प्रश्न को लेकर दो खेमों में बंटे हुए हैं। एक तो वे हैं जो 'आत्मा या प्रत्यय' की कारणमूलकता स्वीकार करके 'पदार्थ और प्रकृति' को उस पर आधारित मानते हैं। ये सब प्रत्ययवादी खेमे के विचारक हैं। दूसरे वे विचारक हैं, जो पदार्थ और प्रकृति को मूलाधार मानते हैं और विचार को उस पर आधारित ठहराते हैं। ये भौतिकवादी विचारकों के खेमे में आते हैं।"[73] मुक्तिबोध दूसरे प्रकार के विचारक थे। प्रत्ययवादी दर्शन को वे शोषण के अस्त्र के रूप में स्वीकारते हैं, ईश्वर को अरूप शून्य के अतिरिक्त कुछ नहीं मानते—

"मात्र अनस्तित्व का इतना बड़ा अस्तित्व
ऐसे घुप्प अंधेरे का इतना तेज उजाला
लोग बाग
अनाकार ब्रह्म के सीमाहीन शून्य के
बुलबुले में यात्रा करते हुए गोल-गोल
गोल-गोल
खोजते हैं जाने क्या ?
बेछोर सिफर के अंधेरे में बिला बत्ती
सफर भी खूब है !..."[74]

उनकी दृष्टि में मानव से बड़ी और कोई सत्ता नहीं है। इसीलिए उसके समस्त प्रश्नों का हल भी उससे बाहर कहीं नहीं है। 'मैं कौन हूं', 'क्या हूं', 'कहां से आया हूं' सवाल फुर्सत के समय के हैं, जीवन की समस्याओं को पहले हल किया जाए।

प्रत्ययवादियों के अलावा एक दल बुद्धिवादियों का भी है जिन्होंने ईश्वर के

स्थान पर स्वयं को प्रतिष्ठित कर लिया था। उनकी नजर में सारे प्रश्नोत्तर स्वसापेक्ष थे। मुक्तिबोध जानते थे कि ये सब अपनी सामाजिक और मानवीय जिम्मेदारी से बचने के पलायनवादी नुस्खे हैं। इनमें किसी प्रश्न का हल भला कैसे मिल सकता है? ये तो महज—

"आधुनिक सभ्यता के वन में
व्यक्तित्व वृक्ष-सुविधावादी है।"[75]

व्यक्तिवाद, लघुमानव की प्रतिष्ठा, कुंठा, यौन केन्द्रित भावनाओं के घोर विद्रोही थे। वे कलावाद को जीवन से दूर नहीं देखना चाहते थे। नई कविता के व्यक्तिवादी वरेण्यों के प्रति उनकी टिप्पणी इस प्रकार है—"इन महोदयों ने सबसे पहले लेखक-व्यक्तित्व को परस्पर असंपृक्त, परस्पर अप्रभावशील लौह प्रकोष्ठकों में विभाजित किया और फिर उसमें एक प्रकोष्ठ को सम्पूर्ण मान-मूल्य और महत्त्व प्रदान करते हुए, उसको उन अनुरोधों से दूर रखने का प्रयत्न किया, जो अनुरोध वास्तविक जीवन जगत् से प्राप्त होते हैं। इन महोदयों का उद्देश्य, लेखक के कलाकार रूप को सामाजिक और सार्थक दायित्यों से बचाना था। वस्तुतः वे यह बिल्कुल नहीं चाहते थे कि काव्य कला के अंतर्गत ऐसी सामाजिक, राजनीतिक धारणाएं परिलक्षित हों, जिनका सम्बन्ध मानव-साम्य तथा प्रगति के आदर्शों से है।"[76] आधुनिक कविता की दार्शनिक पृष्ठभूमि में मुक्तिबोध का मानवतावादी दृष्टिकोण सामने आया है। ऐसा मानवतावाद जो भाववादी या उदारतावादी नहीं था। उनकी धारणा थी—"सामान्य अर्थ में जीवन-जगत् की व्याख्या के लिए किसी दर्शन की खोज करना दार्शनिकों का बुद्धि-व्यवसाय हो सकता है, किन्तु साहित्यिक क्षेत्र में भी सुनिश्चित दार्शनिक आधार लेखक की विश्व-दृष्टि का अंग बनकर उसकी भाव दृष्टि का अनुसरण करे, यह अपेक्षा भी सर्वथा समीचीन है। लेखक की विश्व-दृष्टि (भले ही संगठित विचारात्मक व्यवस्था के रूप में स्पष्ट, मूर्त और सुलक्षित न हो) और भावदृष्टि में मूलभूत एकता पायी जाय वहीं हम कह सकते हैं कि लेखक के पास अपनी एक दार्शनिक विचारधारा है।"[77] "साहित्य का अध्ययन एक प्रकार से मानव-सत्ता का अध्ययन है।"[78] और "साहित्यिक विवेक मूलतः विवेक है।"[79] यह सूत्र उनके समग्र रचनात्मक साहित्य का मूलाधार है। उनकी रचना और आलोचना दोनों का सार जीवन ही है। साहित्य और समाज का सम्बन्ध वे यांत्रिक नहीं मानते हैं, जैसा कि अन्य विज्ञानों में होता है, इसलिए उनकी दृष्टि प्रारंभ से ही एकपक्षीय अतिरेकों की विरोधी रही है—"जो लोग साहित्य का ऊपरी तौर पर ऐतिहासिक विहंगावलोकन अथवा समाजशास्त्रीय निरीक्षण कर चुकने में ही

अपनी इति-कर्तव्यता समझते हैं, वे भी एक-पक्षीय अतिरेक करते हैं। ऐसे व्यक्ति साहित्य के ऐतिहासिक अथवा समाजशास्त्रीय परिवेश की बात करके चुप हो जाते हैं। आवश्यकता तो इस बात की है कि आलोचना में ऐतिहासिक समाजशास्त्रीय तथा मनोवैज्ञानिक सौन्दर्यात्मक विवेचना की एकात्मकता रहे।"[80] मुक्तिबोध साहित्य की आर्थिक-सामाजिक व्याख्या और भौतिक जगत् का अध्ययन आवश्यक समझते हैं, जो रचनाकार के जीवन को प्रभावित करती है।

क्योंकि ऐतिहासिक-सामाजिक सत्ता द्वारा ही उसकी मानव-चेतना विकसित होती है। अपने आस-पास के जीवन से रचनाकार को जो जीवनानुभव प्राप्त होते हैं उनसे उसका भीतरी तत्त्व प्रभावित होता है और जब इन दोनों में सामंजस्य हो जाता है तो कला का विकास होता है और महत्त्वपूर्ण काव्य-सत्य का उद्घाटन होता है। इसीलिए साहित्य को किसी एक इकाई से नहीं परखा जा सकता, न ही सिर्फ ऐतिहासिक समाजशास्त्रीय दृष्टि से।

मुक्तिबोध रचनाकार थे, किन्तु साहित्य में वायवीय स्थितियों का चित्रण हो, इस सिद्धान्त के विरोधी थे। "वे हर साहित्यकार के लिए जिसे अपने देश की धरती से ही नहीं, जिंदा संवेदनाओं से काम लेना है, महसूस करना और उसे अपनी अभिव्यक्ति का केन्द्र बनाना आवश्यक समझते थे।"[81] मुक्तिबोध के ऊपर यह आरोप लगाया गया कि वे कलात्मक सत्य से विचलित हो गए हैं, इसीलिए राजनीतिक बातों में सिर खपाते हैं। एक साहित्यिक की डायरी में वे लिखते हैं— "मुझसे कहा जाएगा कि यह तो राजनीति हुई साहित्य नहीं रहा। किन्तु वस्तुस्थिति यही है कि जनता की राजनीति और जनोन्मुख साहित्य का स्रोत एक है··· हम छोटी जगहों के साहित्यिक भले ही सड़कछाप समझे जायें।" 'जनता के लिए साहित्य' का आन्दोलन उठायेंगे और म्युनिसिपल कन्दील के नीचे बरगद तले और जहां-जहां जगह मिल सकेगी आपस में मिलकर यह तय करेंगे कि हमें जनता का जीवन चित्रण करना है।"[82] अतः मुक्तिबोध की राजनीतिक चेतना जन समस्याओं पर आधारित है। मुक्तिबोध ने जिस समय सृजन कार्य प्रारम्भ किया, उस समय स्वतंत्रता संग्राम की ऐसी आग लगी हुई थी जिसमें समाज के हर वर्ग का आदमी कूदने के लिए तैयार था। और साहित्यिक जगत् भी इससे पृथक् नहीं था, माखनलाल चतुर्वेदी आदि कवियों में राष्ट्रीय काव्यधारा विकासमान थी। लेकिन मुक्तिबोध के लिए आजादी का अर्थ सिर्फ अंग्रेजों से आजाद होने का नहीं था, वे मानवीय अधिकारों के लिए लड़ना चाहते थे। मुक्तिबोध देशभक्ति का अर्थ जनभक्ति से लेते हैं और साहित्य और राजनीति को एक ही मानते हैं। अतएव "साहित्य और राजनीति मात्र अभिव्यक्ति में भिन्न है। साहित्य व राजनीति दोनों का मूल जन-जीवन के यथार्थ में है।"[83] उनके अनुसार—"पुराने शहीदों—भगतसिंह, बोस, गदर-पार्टी की यशोगाथा से नौजवानों के दिलों में

देशभक्ति और प्रेरणा तो भरी जा सकती है, लेकिन उन कथाओं के जरिए उनकी उलझनों को दूर नहीं किया जा सकता, नसीहतों की झांझ बजाकर नौजवानों की समस्याओं को नहीं सुलझाया जा सकता।"[84] उनके काव्य-चिन्तन में कहीं भी नारेबाजी नहीं मिलती। उन्हें समस्याओं का हल वर्गहीन समाज में ही नजर आता है। मुक्तिबोध स्वतंत्रता-संग्राम की लड़ाई जैसी महत्त्वपूर्ण घटना के बारे में काव्य में चुप हैं। पत्रों में लेख अवश्य हैं लेकिन पत्रों में की गई टिप्पणियां भविष्यवाणियां नहीं हैं, प्रतिक्रियाएं हैं, क्योंकि जहां एक ओर मुक्तिबोध के शुरू के लेखों में नेहरू के समाजवाद के प्रति आस्था प्रकट की है, वहीं बाद में वे कहते हैं—"नेहरू का समाजवाद भ्रामक है।"[85] उनकी टिप्पणियां बदली हुई स्थिति का परिणाम हैं। अतः उनके चिन्तन को पत्रकारिता के सन्दर्भ में गम्भीरता से नहीं लिया जाना चाहिए।

मुक्तिबोध के चिन्तन को, विचारधारा को उनकी रचनाओं से अलग नहीं किया जा सकता और न ही विभाजित किया जा सकता है। जिस समय मुक्तिबोध रचना कर रहे थे उस समय आधुनिकता का इस्तेमाल अनेक पदों में किया जा रहा था। आधुनिकताबोध और आधुनिकतावाद साहित्य में छठे दशक के चर्चित पद रहे हैं। अज्ञेय के समय में 'आधुनिक', 'आधुनिकताबोध' और 'आधुनिक संवेदना' जैसे पद साहित्य समीक्षा की कुंजी थे, इसका यह मतलब नहीं कि आज के संदर्भ में आधुनिक शब्द अप्रासंगिक हो गया है। एक दूसरी बात स्पेन्डर ने आधुनिक और समसामयिक के संदर्भ में कही है। "समसामयिक यथार्थवादी शैली का व्यवहार करते हैं जबकि आधुनिक बिम्बप्रधान काव्यात्मक शैली का प्रयोग करते हैं।"

मुक्तिबोध की आधुनिकवाद की धारणा क्या थी, यह हम उन्हीं की टिप्पणियों से जान सकेंगे। 'एक साहित्यिक की डायरी' में वे कहते हैं—"यह सही है कि मेरी कविता आधुनिकवादी है, घनघोर है, लेकिन मैं आधुनिकतावादियों में भी पुराना हो गया हूं। जल्दी ही खुर्राट हो जाऊंगा।"[86] वहीं दूसरी ओर वे कहते हैं—"आधुनिकतावादियों को मैंने देख लिया है। उनमें दम नहीं है वे पोचे हैं। वे समस्या को बड़ा करके बताते हैं, आदमी को छोटा कर नचाते हैं वह भी एक स्वांग है।"[87]

उक्त अन्तर्विरोध क्यों है? इस प्रश्न का उत्तर भी हम मुक्तिबोध द्वारा पा सकते हैं। मुक्तिबोध एक विशेष अद्वितीयता या विशेष भाव-समुदाय के विरोधी हैं। उनके अनुसार—"अस्तित्व संघर्ष ऐसे भाव-समुदाय उत्पन्न करता है जो आधुनिकता भाव-बोध के अन्तर्गत नहीं आता है।"[88] उनके प्रश्नों में हमको आधुनिक भाव-बोध समझने में मदद मिलेगी—"क्या आप नहीं जानते कि भक्तिकाल में एक विशेष भाव-समुदाय को ही कलात्मक अभिव्यक्ति प्राप्त थी, महत्त्व

प्राप्त था ? क्या आप नहीं जानते कि रीतिकाल में भी एक विशेष प्रकार के भाव-समुदाय को इस तरह महत्त्व प्राप्त था ? क्या आप नहीं जानते कि उस समय आधुनिकता बोध—आधुनिकतावाद का प्रतिरूप हो गया था। आधुनिकतावाद भारतीय जमीन से न उठकर पाश्चात्यवादों, आन्दोलनों को भारतीय जमीन पर भुनाने लगा था। उस समय की रचना में स्व-परिवेश की गूंज नहीं थी।"[89]

भारत के पुनर्जागरण के दौर में आधुनिकता की स्थिति स्पष्ट थी। वह नये वैज्ञानिक-सामाजिक परिवर्तनों के सम्बन्ध में थी। आधुनिकतावादियों ने समाजवादी यथार्थ और आधुनिकता का पृथक्करण कर दिया था। 'द स्ट्रगल ऑफ द माडर्न' नामक अपने ग्रन्थ में स्टीफेन स्पेंडर ने आधुनिकता के बारे में विशेषकर 'आधुनिक' और 'समसामयिक' के बारे में एक लेखक के दृष्टिकोण से विचार किया है। उनका कहना है कि वैज्ञानिक और औद्योगिक युग के प्रगतिशील समय में लिखने पर भी टेनिसन, रस्किन और कार्लाइल 'आधुनिक' नहीं हैं। वे विज्ञान के प्रभाव को नहीं जानते थे, ऐसा नहीं था। लेकिन वे बौद्धिकता की एक परम्परा में रहे, उसकी सत्ता-शक्ति में उनका अडिग विश्वास था। और समसामयिक आधुनिकतावादी अपने समय की समस्याओं से बंधा हुआ होता है, लेकिन वह समय के बदलावों तथा मूल्यों को स्वीकार भी करता है। मगर इस शर्त पर कि वह जनता के हित में है जबकि आधुनिक आधुनिकवादी उन मूल्यों में विश्वास नहीं करता।"[90]

छायावाद-युग में एक विशेष प्रकार के भाव-समुदाय को कलात्मक अभिव्यक्ति प्राप्त थी ? क्या आपको नहीं मालूम कि आधुनिक भाव-बोध के अन्तर्गत विशेष प्रकार के भाव-समुदाय आते हैं ? कुछ विशेष प्रकार की सौन्दर्य परिसीमाएं आती हैं ? एक खास काट और एक खास किस्म की अभिरुचि का सन्निवेश होता है ? तो महोदय, आप जान जायेंगे कि वास्तविक अस्तित्व संघर्ष में उत्पन्न विशेष युक्त, विशेष दिशोन्मुख तथा विशेष दृष्टि सम्पन्न, जो मनोभाव है उन्हें कलात्मक अभिव्यक्ति प्राप्त करने का कोई अधिकार नहीं है।" अतः वास्तविक संघर्ष से उत्पन्न भाव-दृष्टि मनोभाव को वे आधुनिक भाव-बोध के संदर्भ में मानते हैं। उनका संघर्ष द्वन्द्वात्मक संघर्ष पर आधारित है। मुक्तिबोध जब अपने को आधुनिकवादी कहते हैं तब वह समकालीन परिवेश में मानव की सत्ता को विस्मृत नहीं करते हैं। मुक्तिबोध का विज्ञान, टेक्नालॉजी, औद्योगिक क्रांति में, नए विचारों में विश्वास था। वे उसे मानवीय विकास के रूप में देखते हैं और उस आधुनिक-बोध का विरोध करते हैं जो पाश्चात्य काव्यानुभूति पर आधारित है। मुक्तिबोध आधुनिक भाव-बोध को अन्याय की खिलाफत और वर्ग-संघर्ष की दृष्टि से देखते हैं और इसी सन्दर्भ में वे कवि के 'भाव-बोध' का दायरा विस्तृत करना चाहते हैं। आधुनिकता भाव-बोध के अन्तर्गत यह भी है कि

"मानवता के भविष्य निर्माण के संघर्ष में हम अधिक दत्तचित्त हों।...क्या यह आधुनिकता बोध के अन्तर्गत नहीं है कि उत्पीड़ित मनुष्य के साथ एकात्म होकर मैं अपनी लेखनी द्वारा किसी विशेष लोकादर्श के लिए कविता लिखूं ?"[91] मुक्तिबोध आधुनिकता को लेकर नई वैज्ञानिक दृष्टि के हिमायती थे। उस आधुनिकतावाद के नहीं जो पाश्चात्य प्रभावों से आये वादों का परिणाम था। जो अभिव्यंजनावाद, दादावाद, बिम्बवाद आदि पश्चिमी आन्दोलनों से प्रभावित दूसरा आन्दोलन था। वैज्ञानिक मानववाद और यथार्थ जीवन के बारे में सोचते हुए उनकी दृष्टि प्राथमिक आवश्यकताओं पर केन्द्रित रही। इसी संदर्भ में उन्होंने विज्ञान और मानववाद को विशिष्ट किन्तु सामान्य दृष्टिकोण से देखा।

मुक्तिबोध के चिन्तन को निम्नलिखित बिन्दुओं से समझा जा सकता है—

1. त्रिभुज का सिद्धान्त।
2. साहित्य विवेक मूलतः जीवन विवेक है।
3. कलाकृति भोगे हुए जीवन की विधायक पुनर्रचना है।
4. कला आभ्यन्तरण के बाह्यीकरण का ही एक रूप है।
5. काव्य आत्मपरक प्रयास होते हुए भी सांस्कृतिक प्रक्रिया है।
6. आत्मपरक काव्य और व्यक्तिवादी काव्य में अन्तर।
7. सौन्दर्यानुभूति जीवनानुभूति का ही एक रूप है।
8. कला के तीन क्षण होते हैं।
9. फैंटेसी।

मुक्तिबोध के अनुसार जीवन त्रिकोणात्मक है—"इस त्रिकोण की एक भुजा बाह्य-जगत् है, दूसरी भुजा है हमारा अन्तर्जगत् और आधार रेखा हमारी मानव चेतना है।"[92]

"उसकी पहली भुजा हमारे बाह्य जगत् यानी मानव-सम्बन्धों के विशिष्ट क्षेत्र अर्थात् वर्ग जगत् और उस जगत् के विविध जीवन-मूल्यों और आदर्शों के बीच से होती हुई उस छोर तक पहुंच जाती है, जिसे हम देश और जाति की राजनीतिक और सामाजिक स्थिति कह सकते हैं, जो स्थिति मानवेतिहास के विकास के एक विशेषस्तर और विशेष अवस्था का नाम है।"[93]

जीवन की दूसरी भुजा हमारा अन्तर्जगत है—"जिसका निर्माण और विकास बाह्य जीवन जगत के तत्त्वों पर निर्भर रहता है। हमारा भीतरी जगत् बचपन से बाहरी क्रिया-प्रतिक्रिया को आत्मसात् करता रहता है और संवेदनात्मक पुंज बनाता रहता है।"[94] "साहित्य विवेक मूलतः जीवन विवेक है"[95] इस पर हम विस्तार से चर्चा पहले ही कर चुके हैं और मेरी समझ से इतना विस्तार पर्याप्त होगा।

"कलाकृति भोगे हुए जीवन की विधायक पुनर्रचना है"[96] मुक्तिबोध के

अनुसार कलाकार जन्म से आसपास के जीवन को देखता है, अनुभूत करता है। वस्तुतः कलाकार द्विमुखी संघर्ष करता है। उसका एक संघर्ष कलाकृति को उसके पूर्ण सौन्दर्य में उद्भासित करने से, कलाकृति के अन्तर्बाह्य नियमों के अनुसार आकृति गठन प्रस्तुत करने से, उसमें पूर्ण भाव-वैभव लाने से सम्बन्धित है, तो उसका दूसरा संघर्ष, अपने वास्तविक जीवन में, अधिकाधिक मानव अनुभव तथा वैविध्य के दर्शन प्राप्त करने से है, अपने को अधिक संवेदनक्षम, जागरूक और विस्तृत करने से है, तथा ऐसा लक्ष्य प्राप्त करने से है, जो लक्ष्य उसके सम्पूर्ण जीवन और व्यक्तित्व को सार्थक कर दे।"[97] रचनाकार भोगे हुए सत्यों को अभिव्यक्ति में आकार देता है तब कलाकृति बनती है। एंजिल्स का यह कथन—"यथार्थवादी कला, मेरी समझ में सत्य के सूक्ष्म विवरण के साथ ही समकालीन परिस्थितियों और वर्गों के प्रतिनिधि चरित्रों की ईमानदार पुनर्रचना है।"[98] मुक्तिबोध के इस मौलिक चिन्तन से तुलनीय है—"साहित्यकार कलाकार अपनी विधायक कल्पना द्वारा जीवन की पुनर्रचना करता है। जीवन की यह पुनर्रचना ही कलाकृति बनती है। कला में जीवन की जो पुनर्रचना होती है, वह सारतः उस जीवन का प्रतिनिधित्व करती है कि जो जीवन इस जगत् में वस्तुतः जिया और भोगा जाता है, स्वयं द्वारा तथा अन्यों द्वारा।...यह बात महत्त्व की है कि जीवन की यह पुनर्रचना जिस वास्तविक जीवन से सारतः एक है और जिसका वह प्रतिनिधित्व करती है, वह पुनर्रचना जिये और भोगे गए, या जिये और भोगे जाने वाले जीवन की वास्तविकताओं के साथ ही, तत्समान सारी वास्तविकताओं और तत्सद्दस सारी सम्भावनाओं का भी प्रतिनिधित्व करती है।"[99] इसीलिए उसमें विशिष्ट सामान्यीकृत हो जाता है और प्रातिनिधिक भी हो जाता है।

मुक्तिबोध के अनुसार—"कला आभ्यन्तर के बाह्यीकरण का ही एक रूप है।"[100] मनुष्य का सारा जीवन बाहरी जीवन जगत् के आभ्यन्तरीकरण की प्रक्रिया के साथ सम्पन्न होता है। प्रत्येक व्यक्ति अपनी व्यक्ति चेतना के आधार पर ही अपने सामाजिक जीवन का आभ्यंतरीकरण करता है और जीवन की आभ्यंतरीकरण-प्रक्रिया में ही व्यक्ति अपनी जीवन-दृष्टि और मूल्य-दृष्टि को भी विकसित कर लेता है : वर्ग अथवा समाज की विश्व-दृष्टि व्यक्तिगत धरातल पर निजी दृष्टि बन जाती है। उन्हीं के शब्दों में—"मनुष्य एक ओर अपने विशिष्ट सुख-दुःख का भोक्ता है तो दूसरी ओर द्रष्टा भी है। अपने से परे जाने, दूसरों से अपने को मिलानें और सार-सार पहचानने और ग्रहण करने की उसमें अद्भुत शक्ति है।"[101] अपने से ऊपर उठने की प्रवृत्ति को वह मनुष्य की मूल उदात्तता का लक्षण कहते हैं किन्तु वह थोड़ी, बहुत थोड़ी होती है और किसी में अधिक, बहुत अधिक। उनके अनुसार स्वानुभूत जीवन वह स्तर है—"जहां हम किन्हीं

आदर्शों, ध्येयों, वांछनीय गुणों, अभिलाषणीय लक्ष्यों से एकात्म होने का, उन्हें अपने में मिलाने का, उनकी सहायता से परिमार्जन करने का, अपने को दिशा देने का प्रयत्न करते हैं, और इस प्रकार व्यापकतर और उदात्ततर जीवन-प्रणाली या जीवन विकसित करने का प्रयत्न करते हैं ।"[102]

उनके अनुसार—"काव्य आत्मपरक प्रयास होते हुए भी सांस्कृतिक प्रक्रिया है । उसमें जो सांस्कृतिक मूल्य परिलक्षित होते हैं वे व्यक्ति की अपनी देन नहीं, समाज या वर्ग की देन हैं ।"[103] वह रचना को सांस्कृतिक प्रक्रिया कहते हुए रचनाकार की निजता को गलत नहीं ठहराते हैं । कोई भी रचनाकार आत्मचेतस् हो ही नहीं सकता जब तक विश्व-चेतस् न हो । संसार से अर्जित अनुभवों के द्वारा ही मानव की व्यक्तिगत-चेतना का निर्माण होता है, अतः काव्य आत्म-चेतस् का विश्व-चेतस् में रूपान्तरण अर्थात् बाह्यजगत् को आत्मसात् कर आभ्यन्तरित अनुभवों के बाह्यीकरण का ही रूप है । मुक्तिबोध आत्मपरक काव्य और व्यक्तिवादी काव्य में हमेशा फर्क करते हैं, जहां वे रचनाकार के आत्म-संस्कार पर जोर देते हैं, वहीं विशुद्ध व्यक्तिवाद के घोर विरोधी हैं । वे कलाकार को समाज, कुटुम्ब और उसके सार्वजनिक कर्त्तव्यों से अलग, व्यक्तिवाद के लोह प्रकोष्ठ में आबद्ध नहीं देखना चाहते थे । नयी कविता के व्यक्तिवादी कलाकारों के लिए मुक्तिबोध कहते हैं—"इस प्रकार इन महोदयों ने सबसे पहले लेखक-व्यक्तित्व को परस्पर असंपृक्त, परस्पर अप्रभावशील, लोह प्रकोष्ठों में विभाजित किया और फिर उसके एक प्रकोष्ठ को स्वयं पूर्ण मान-मूल्य और महत्त्व प्रदान करते हुए, उसको उन अनुरोधों से दूर रखने का प्रयत्न किया, जो अनुरोध वास्तविक जीवन-जगत् में उत्पन्न होते हैं । इन महोदयों का उद्देश्य, लेखक के कलाकार रूप को सामाजिक और सार्वजनिक दायित्वों से बचाना था । वस्तुतः वे यह बिल्कुल नहीं चाहते थे कि काव्य के कला के अन्तर्गत, ऐसी सामाजिक, राजनैतिक भावनाएं परिलक्षित हों, जिनका सम्बन्ध मानव साम्य तथा प्रगति के आदर्शों से है । उनकी मुख्य लड़ाई साम्यवाद-प्रगतिवाद से थी ।"[104] कलाकार केवल सौन्दर्य का आराधक है । "कलाकार कभी पक्षधर नहीं होता । उसे सामाजिक और राजनीतिक प्रचार से बचना चाहिए ।"[105] इन सिद्धान्तों के मुक्तिबोध हमेशा विरोधी रहे हैं, क्योंकि रचनात्मक क्षण कोई अजीबोगरीब हस्ती नहीं है । मंजुल उपाध्याय के अनुसार "कविता, कविता के रूप में परखी जानी चाहिए और सामाजिकता के संदर्भ में ही उस पर विचार किया जाना चाहिए ।"[106] क्षण-शृंखला से विलग क्षण का कोई महत्त्व नहीं है । उसकी महत्ता तब तक है, जब तक वह शृंखला की इकाई है । चाहे सामान्य क्यों न हो । जब कोई क्षण काव्य में अभिव्यक्ति पाने योग्य बनता है, तब वह इतना 'अकिंचन' और 'सामान्य' भी कहां रह जाता है—"सौन्दर्यानुभूति का क्षण वास्तविक जीवन का ही एक अंग है ।"[107] यदि कविता

एक शब्द से बड़ी है, तो उसे पूरा करते-करते आप न जाने कितने क्षण संवेदनों से गुजर जाते हैं और जो कुछ लिखते हैं वह सबका सब संवेदन भी नहीं होता और भी तमाम बातें उसमें शामिल होती हैं। इसीलिए मुक्तिबोध मानते हैं कि "वास्तविक कला-कर्म में, वास्तविक सृजन-प्रक्रिया में, हृदय का द्रवण और सौन्दर्यानुभूति अनिवार्यत: और निरन्तर रहती है, यह मान्यता निराधार है··· वह कम या अधिक हो सकती है और टूट भी सकती है, या क्षणमात्र के लिए ही क्यों न हो, उसका अभाव भी हो सकता है।"[108] और यह अनुभव बालकों से लेकर वृद्धों तक में होते हैं, मजदूर से लेकर सम्पन्न तक में होते हैं। "सामाजिक जीवन में व्याप्त मूल्यों से सामाजिक स्थिति के अनुकूल व्यक्ति जीवन दृष्टि का निर्माण कर लेता है। यही जीवन-दृष्टि अन्तर अथवा बाह्य उत्प्रेरक तत्त्वों द्वारा उद्गत उसकी संवेदनाओं को उद्देश्य समन्वित करती है। संवेदना के आग्रह से एक निश्चित दिशा में प्रवाहित तत्समान सारे जीवनानुभवों की मनोमय अनुभूति वस्तुत: जीवन का ही पुनर्रचित रूपाकार होती है: उसके मूल तत्त्व, वास्तविक जीवन के अनुभूत तथ्यों में से ही; अर्थात् हृदय में संचित जीवनानुभवों में से इस प्रकार उद्गत होते हैं, मानो वे अपने जिये जाने वाले जीवन की सारभूत विशेषताएं हैं।"[109] इन्हीं कलात्मक अनुभवों को हम सौन्दर्यानुभव कहते हैं और यह अनुभव केवल कवि को नहीं मनुष्यमात्र को हो सकते हैं।

"आत्मबद्ध दशा का परिहार सौन्दर्यानुभूति का अनिवार्य लक्षण है।"[110] यहां 'अपने से परे' हो जाने की प्रक्रिया को स्पष्ट करना उत्तम रहेगा। यहां 'अपने से परे' होने का मतलब है स्वयं अलग, आत्मीय, सहचर, राजनीति, समाज के लिए सोचना, व्यक्ति मुक्ति की अपेक्षा सामूहिक मुक्ति के लिए सतत् प्रयत्न। अत: मुक्तिबोध के शब्दों में—"सौन्दर्यानुभूति उच्च स्तर पर, अधिक उदात्त स्तर पर जीवनानुभूति का ही एक रूप है, जीवनानुभवों का ही वह एक कल्पनोद्भासित पुनर अनुभव है।"[111] और वह "पुंजों के सहारे जीवन ज्ञान का विकास करता हुआ और ज्ञान के-सहारे बाहरी तत्त्वों के साथ स्वयं को द्वन्द्व रूप में या सामंजस्य रूप में अथवा इन दो स्थितियों से संगत-असंगत सम्मिलित रूप में स्थापित करने, बाह्य की काट-छांट कर उसे अपने अनुकूल बनाने या स्वयं की काट-छांट कर अपने को उसके अनुसार बनाने का प्रयत्न करता है।"[112]

जीवन के त्रिभुज की आधार रेखा हमारी मानव चेतना है। "मानव चेतना वस्तुत: मानव-सम्बन्धों से निर्मित तथा उससे उद्गत चेतना है।"[113] ये मानव सम्बन्ध समाज के विकास के साथ परिवर्तित होते रहते हैं और समाज की विशेष स्थितियों के अनुसार मानव की विश्वदृष्टि बन जाती है और साहित्य-कला आदि की सृष्टि होती है। उपर्युक्त दो भुजाओं के बिना मानव-चेतना अर्थात् आधार रेखा अपना स्वरूप और आकार स्थापित नहीं कर पाती। आत्म-

चेतस् से विश्व-चेतस् होने पर ही चेतना के अस्तित्व का निर्धारण संभव है। "मानव चेतना के तत्त्व बाह्य जीवन-जगत् का आभ्यन्तरीकृत रूप है। उसकी प्रक्रियाएं प्राणिशास्त्रीय आधार पर स्थित होते हुए मूलतः मनोवैज्ञानिक हैं।"[114] बाह्य जीवन में होने वाले अनुभवों से हमारा अन्तर्जीवन विकसित होकर चेतना के आधार को पुष्ट करता है। "हमारा अन्तर्जीवन और उसका क्रम, अपने बाह्य परिवेश और परिस्थिति से अवायविक सम्बन्ध रखता है, और दोनों अन्तर और बाह्य-अंगांगिक भाव से एकीभूत होकर हमारा जीवन बनाते हैं।"[115] अर्थात् मुक्तिबोध जीवन को त्रिकोणात्मक तथा उसे एक-दूसरे से सम्बद्ध बताते हुए मानव जीवन को ऐतिहासिक समाजशास्त्रीय विकास प्रक्रिया के रूप में देखते हैं और उसका मनोवैज्ञानिक विश्लेषण करते हैं। उनके अनुसार ऐतिहासिक सामाजिक सत्ता ही उसकी चेतना का निर्माण करती है।

मुक्तिबोध का यह त्रिभुज का सिद्धान्त—"जीवन बाह्यीकरण का आभ्यंतरीकृत रूप है।"[116] इस सिद्धान्त पर आधारित है। मुक्तिबोध के पहले के कवि इस सिद्धान्त से अपरिचित थे। उस समय जीवन की व्याख्या आभ्यंतरीकरण और वैयक्तिककरण तक ही सीमित थी। दो दशक के बाद वर्तमान समय में यह त्रिभुज का सिद्धान्त समकालीन कवियों के लिए आधार-भूमि की तरह महत्त्व रखता है, क्योंकि आज की कविता भी द्वन्द्व रूप में या सामंजस्य रूप में उपस्थित होती है। जैसा कि आज का कवि विद्रोही है तो स्थितियां सुन्न करने जैसी हैं। समय की पेचीदगियों ने तथा सामाजिक राजनीतिक परिस्थितियों ने आज की कविता को आम-आदमी की जमीन पर लाकर खड़ा कर दिया है। ऐसी परिस्थितियों में मुक्तिबोध का त्रिभुज का सिद्धान्त जीवन को समझने की समझ प्रदान करता है। काव्य की रचना म इसकी अवहेलना नहीं की जा सकती।

रचना-प्रक्रिया को मुक्तिबोध एक खोज और ग्रहण के रूप में स्वीकार करते हैं। अभिव्यक्ति के दौरान रचनाकार अज्ञात वास्तविकता की खोज करता है। वास्तविकता की खोज के लिए वह आत्म-संघर्ष करता है। उनके अनुसार आत्मशांति को भंग करके ही कोई कलाकार या कवि रह सकता है। इसे वह एक उदाहरण द्वारा स्पष्ट करते हैं—"वीरान मैदान, अंधेरी रात, खोया हुआ रास्ता, हाथ में एक पीली मद्धिम लालटेन। यह लालटेन समूचे पथ को पहले से उद्घाटित करने मे असमर्थ है। केवल थोड़ी-सी जगह पर ही उसका प्रकाश है। जैसे-जैसे वह पग बढ़ाता जायेगा, थोड़ा-थोड़ा-सा उद्घाटन होता जायेगा। चलने वाला पहले से नहीं जानता क्या उद्घाटित होगा। उसे अपनी पीली मद्धिम लालटेन का ही सहारा है। इस पथ पर चलने का अर्थ ही इस पथ का उद्घाटन होना है और वह भी धीरे-धीरे क्रमशः। वह यह भी नहीं बता सकता कि रास्ता किस ओर घूमेगा या उसे किन घटनाओं या वास्तविकताओं का सामना करना

पड़ेगा। कवि के लिए, इस पथ पर आगे बढ़ते जाने का काम महत्त्वपूर्ण है। वह उसका साहस है, वह उसकी खोज है।"[117] "रचना प्रक्रिया एक स्वायत्त प्रक्रिया है।"[118] वह बेहद लगन और उमंग के सहारे चलती है। रचना प्रक्रिया के पूर्व जो मनोमय भूमि तैयार होती है, उसी को मुक्तिबोध ने रचना-प्रक्रिया कहा है। 'कला के तीन क्षण' रचना-प्रक्रिया के तीन स्तर हैं—"पहला क्षण जीवन के तीव्र अनुभव का क्षण, दूसरा इस अनुभव का अपने कसकते-दुखते हुए मूलों से पृथक् हो जाना और एक फैंटेसी का रूप धारण कर लेना⋯तीसरा अन्तिम क्षण है—उस फैंटेसी के शब्दबद्ध होने की प्रक्रिया का आरम्भ और उसकी परिपूर्णावस्था तक गतिमानता।"[119]

"सृजन-प्रक्रिया के अन्तर्गत विशिष्ट को सामान्य बनाने की प्रक्रिया तभी से शुरू हो जाती है, जब कला का प्रथम क्षण आरम्भ होता है। कवि या कलाकार के सामने जो मनोमय तत्त्व उद्घाटित हो चुका है, उसे समरूपानुभवों से मिलाते हुए वह मनोमय तत्त्व जब जीवन मूल्यों से, जीवन-दृष्टि से अपना संगम कर लेता है तो वह सामान्य हो उठता है।"[120] सृजन का यह स्तर आत्म-विस्तार होने में सम्पन्न हो जाता है। रचनाकार के मन में कुछ तत्त्व आत्मबद्ध स्थिति में मौजूद रहते हैं। वह आत्मबद्ध तत्त्व के सामान्य होने के क्षण में जीवन मूल्यों और जीवन दृष्टियों से समन्वित होने के बाद उन संवेदना पुंजों से उठा हुआ, तटस्थ महसूस करता है। तब उसे लगता है उसका विशिष्ट अब विशिष्ट रहा ही नहीं, वह बहुत मार्मिक प्रकाश फैला रहा है।

उनके शब्दों में—"अन्तर में व्याप्त ये जीवन मूल्य और जीवन-दृष्टियां बाह्य जीवन जगत् का ही मनोवैज्ञानिक रूप है।"[121] कला के प्रथम क्षण को मुक्तिबोध ने 'उद्घाटन का क्षण' कहा है। आत्मसात् बाहरी अनुभव जब मानसिक दृष्टि के सम्मुख उपस्थित होते हैं तो उनमें रूप आ जाता है और यहीं से कल्पना का कार्य शुरू हो जाता है, अर्थात् कवि का दर्शक मन जिन तत्त्वों को देख रहा था उसमें डूबने लगता है साथ ही बोध-पक्ष के कारण तटस्थ भी हो जाता है। "एक ओर, रस-प्रवाह या भाव-प्रवाह अन्य सम स्वभावी और समरूप अनुभवों को उस तत्त्व में मिलाता हुआ चलता है, तो दूसरी ओर हृदय में संचित मूल्यों की भी एक धारा उस मनोमय मूल-तत्त्व में मिलने लगती है। कल्पना शक्ति उद्दीप्त होकर, संवेदना से आलुप्त उस मूल तत्त्व को अनुभवों और जीवन मूल्यों से संश्लेषित करते हुए, एक सुश्लिष्ट जीवन बिम्ब माला उपस्थित कर देती है।"[122] यह कला का दूसरा क्षण है जिसमें मूल भाव कवि की अपनी जीवन-दृष्टि से समन्वित हो जाता है और संवेदनात्मक तत्त्वों का अभिप्राय किसी मार्मिक जीवन महत्त्व से न्यस्त हो जाता है। इसे निर्वैयक्तिकता तथा अतिकल्पना का क्षण भी कहा जा सकता है।

कला का तीसरा क्षण वह है—जिसमें विचार समन्वित भाव रूपात्मक अभिव्यक्ति के लिए छटपटाने लगता है। इसमें ज्ञानयुक्त कल्पना शब्दबद्ध होने लगती है। अत: इसे अभिव्यक्ति का क्षण ही कहा जा सकता है। मुक्तिबोध के अनुसार—"अभिव्यक्ति के साधन सामाजिक हैं, उसके शब्द संयोग भाव-परम्परा और ज्ञान-परम्परा से आपूर्ण हैं। अतएव, हमें अपने हृदगत तत्त्वों को उनके मौलिक रूप-रंग और भाव-गाम्भीर्य में स्थापित और प्रकट करने के लिए नए शब्द-संयोग बनाने या लाने पड़ते हैं। शास्त्रीय शब्दावली में कहें तो, हमें नवीन वक्रोक्तियों और भंगिमाओं का सहारा लेना पड़ता है। साथ ही कल्पना-शक्ति भी नव-नवीन रूप-बिम्बों का विधान करती है, कि जिससे मनस्तत्त्व अपने मौलिक रूप-रंग में प्रकट हो सके।"[123] उक्त उद्धरण से स्पष्ट है कि मुक्तिबोध काव्य के शिल्प के लिए नवीन शब्द निर्माण, नव नवीन रूप बिम्बों के विधान और नवीन वक्रोक्तियों और भंगिमाओं की आवश्यकता पर बहुत अधिक बल देते हैं। मुक्तिबोध काव्य में शिल्प को उतना ही महत्त्व देते हैं, जितना कि मूलभाव अथवा विषय-वस्तु को। अभिव्यक्ति के संघर्ष को वह दीर्घ मानते हैं, क्योंकि अभिव्यक्ति के स्तर तक आते-आते मनोमय तत्त्व बदलने लगते हैं। भाषा सामाजिक सम्पदा होने के कारण संघर्ष के दौरान मनोमय तत्त्व को घटा-बढ़ा देती है और नए तत्त्व-रूप मिला देती है। इस प्रकार भावों का संपादन-संशोधन होता चलता है और साथ ही अभिव्यक्ति का संघर्ष भी भाषा को बदल देता है। कलाकार स्वयं अपनी भाषा का निर्माण करता है। अभिव्यक्ति का संघर्ष समाप्त होते ही कला का तीसरा क्षण भी समाप्त हो जाता है। कलाकृति सामने आ जाती है।

'नई कविता के आत्म संघर्ष' में वस्तु और रूप के प्रश्न पर उन्होंने कहा है "संवेदनशील कवि-हृदय को उसके आस-पास की वास्तविकता के मार्मिक पक्ष चुनौती देते हैं। यह चुनौती दो प्रकार की होती है—एक तत्त्व सम्बन्धी और दूसरी रूप सम्बन्धी।"[124]···वैविध्यपूर्ण, स्पन्दनशील, आस-पास फैले हुए मानव जगत् के मार्मिक पक्षों के वेदनात्मक चित्रण के लिए अभिव्यक्ति सम्पदा चाहिए। केवल आत्यन्तिक तीव्र संवेदनाघातपूर्ण मानसिक प्रतिक्रिया करने वाली नहीं, उसे अधिक लचीली, सूक्ष्म और सम्पन्न बनाना होगा, जिससे कि वह एक ओर कवि हृदय की अत्यन्त सूक्ष्म संवेदनाएं मूर्तिमान कर सकें, तो दूसरी ओर वास्तविक जीवन-जगत् की लहर-लहर को हृदयंगम कर उसे समुचित वाणी दे सके।"[125] उनके इन विचारों से तो लगता है जहां तक मुक्तिबोध शिल्प के सम्बन्ध में 'कोशिश करो कोशिश करो' के हिमायती हैं। उनके काव्य में कहीं शिथिलता आई है तो वह बावजूद, कोशिशों के हुआ है। इस कारण नहीं कि वे

शिल्प के हिमायती नहीं थे, या अपने विचारों में अस्पष्ट थे या शिल्प की महत्ता से अपरिचित थे।

"आज प्रश्न काव्य प्रतिभा का उतना नहीं है, जितना कि अभ्यास का है। आज के कवि की रचनाएं प्राय: कवित्वहीन इसलिए हैं कि वह कवि-कर्म के प्रति सचेत नहीं हैं। वह सतत् साधना नहीं करता, काव्य-भाषा निर्माणोन्मुख नहीं होती, अपने लक्ष्य के प्रति उसमें अटूट विश्वास और हार्दिक स्नेह उत्पन्न नहीं होगा, तब तक रचनाएं सुन्दर और सरस नहीं बन सकेंगी।"[126]

जिस कवि के विचार शिल्प के लिए इतने स्पष्ट हों उसके सम्बन्ध में शिवकुमार मिश्र कहते हैं—"जिस व्यक्ति का मानस इतने गहरे द्वन्द्वों से आक्रान्त हो, स्वाभाविक है कि वह कला और शिल्प के प्रति अधिक सचेष्ट नहीं रहता। मुक्तिबोध के लिए यही सत्य है—अप्रस्तुत योजना यदा-कदा हुई है, छन्द उखड़ा हुआ और टूटा हुआ दिखाई पड़ता है।"[127]

शिल्प और भाषा के सम्बन्ध में भी मुक्तिबोध की मान्यताएं रूढ़िबद्ध नहीं हैं। मुक्तिबोध ने भाववादी शिल्प के साथ यथार्थवादी शिल्प की मान्यता का भी निरूपण किया है जबकि रूढ़िवादी चिन्तन के अनुसार यथार्थवादी काव्य शिल्प को नकारा गया था। इसी प्रकार, भाषा के सम्बन्ध में 'संवेदना' के अनुसरण का आग्रह मुक्तिबोध की महत्त्वपूर्ण देन है। जब भावानुसारी भाषा एक निरर्थक, निर्जीव नारा मात्र बनती जा रही हो, उस समय नए सिरे से 'शब्द सचेतनता' और 'संवेदनानुसारी भाषा' के आग्रह पर बल देना मुक्तिबोध के चिन्तन का उल्लेखनीय पक्ष है। सृजनशीलता की सच्ची पहचान भी यही होती है जैसा कि साही ने कहा है—"सृजनशीलता आसान रास्ता छोड़कर नए रास्ते तैयार करती है।"[128] जो शब्दों को परिपाटीग्रस्त-अभिव्यक्ति और बाजारू-अभिव्यक्ति इन दोनों खतरों से बचाकर जीवित-अभिव्यक्ति बनाती है। वहीं केदारनाथसिंह कहते हैं—"मुक्तिबोध की भाषा की आधुनिकता पर अपेक्षाकृत कम ध्यान दिया गया है।"[129] इस सम्बन्ध में हम डॉ० नामवरसिंह के इस विचार से सहमत हैं—"निराला के ही समान मुक्तिबोध की प्रारंभिक रचनाएं ऊबड़-खाबड़ भाषा में मिलती हैं। किन्तु इस अटपटेपन के बीच ही निराला जी 'राम की शक्तिपूजा' और 'तुलसीदास' जैसी रचनाएं लिखते हैं और मुक्तिबोध 'चम्बल की घाटी में', 'अंधेरे में'। इसमें शास्त्रीय भाषा की चमक, लालित्य आदि के गुण न हों किन्तु उसमें वह प्राणशक्ति असंदिग्ध है जो सृजनशीलता की अनिवार्य शर्त है।"[130] भाषा की इस प्राणशक्ति का सम्बन्ध भाषा के नाटकीय प्रयोग से है और कहना न होगा कि प्राणवान काव्य-भाषा उनके प्राणवान कथ्य की प्रतिध्वनि है। स्पष्ट है कि मुक्तिबोध के काव्य में कथ्य और रूप आपस में इस तरह सम्बद्ध हैं कि उनको अलग नहीं किया जा सकता, एक सजग कलाकार की तरह वह दोनों

पक्षों के बारे में लगातार सजग रहे हैं।

अभिव्यक्ति के सन्दर्भ में फैण्टेसी उनकी महत्त्वपूर्ण देन है। फैण्टेसी का कार्य कला के दूसरे क्षण से प्रारम्भ हो जाता है। "फैण्टेसी में मन की निगूढ़ वृत्तियों का, अनुभूत जीवन-समस्याओं का, इच्छित विश्वासों और इच्छित जीवन-स्थितियों का प्रक्षेप होता है।"[131] फैण्टेसी के अन्तर्गत कल्पना का मूल कार्य मन के भीतरी तत्त्वों को विभिन्न रंगों में समस्त सौन्दर्य के साथ उद्घाटित करने का होता है। मन के वे भीतरी तत्त्व, अन्तर और बाह्य की परस्पर क्रिया-प्रतिक्रिया द्वारा निर्मित, सम्पादित, संशोधित होने वाले वे जीवन-सत्य हैं जो आन्तरिक संवेदनाओं और बाहरी तथ्यों को परस्पर समन्वित और एकीभूत करके अपना रूप-स्वरूप विकसित करते हैं। अर्थात् फैण्टेसी में स्वानुभूत जीवन-समस्या का दार्शनिक निदान प्रस्तुत किया जाता है।

"फैण्टेसी आधुनिक जीवन-तथ्यों तथा सोचे हुए निष्कर्षों को चित्रात्मक पद्धति द्वारा उपस्थित करती है। दूसरी बात यह है कि फैण्टेसी उन तथ्यों तथा निष्कर्षों की विद्यमानता को अपने काल तथा स्थान से हटाकर और इस प्रकार उनको दूरी प्रदान कर न केवल उन्हें आकर्षक बना रही है, वरन् उस आकर्षण के द्वारा आधुनिक जीवन में उनसे सम्बन्धित तथ्यों की तीव्र सप्रश्नता को मिटा भी रही है।"[132]

"फैण्टेसी द्वारा जिये और भोगे गये जीवन की वास्तविकताओं को, बौद्धिक निष्कर्षों को, अर्थात् जीवन-ज्ञान को, वास्तविक जीवन चित्र में उपस्थित कल्पना के रंगों में प्रस्तुत किया जाता है।"[133] इसके द्वारा लेखक वास्तविकता के प्रदीर्घ चित्रण से बच जाता है और सार रूप में जीवन की पुनर्रचना करता है।

फैण्टेसी में किन्हीं बातों को दबाकर किन्हीं को प्रकट किया जाता है। दबायी गयी बातें अधिक महत्त्वपूर्ण होती हैं, प्रकट की गई बातों से। और प्रकट की गई बातों में आवेग और आग्रह अनावश्यक है या आवेग और आग्रह करने वाली प्रतिक्रियाओं के उद्गम घटना या परिस्थिति में न होकर और कहीं उपस्थित है। प्रतिक्रियाएं कथा या पात्र या चरित्र के संदर्भ से उपस्थित हुई हैं किन्तु यह संदर्भ क्षीण होता है और भावों का आलोड़न-विलोड़न अधिक रहता है। कलाकार की संचित अनुभूतियां, स्वयं का जीवन, स्वयं का इतिहास महत्त्वपूर्ण होता है। फैण्टेसी में कलाकार का व्यक्तित्व प्राथमिक है। इसमें इच्छित विश्वासों का सन्निवेश हो जाता है और व्यक्तित्व की कुछ मूलभूत कमजोरियों की भी मनोवैज्ञानिक पूर्ति हो जाती है। फैण्टेसी को लेखक ने आत्म-भाव परक शैली कहा है जिसमें वह स्वानुभव वास्तविक जीवन के तथ्य, प्रतीक एवं बिम्बों के माध्यम से व्यक्त करता है। फैण्टेसी लेखक के आभ्यन्तर भाव-उत्सों को मुक्त कर देती है। इस कारण कथावस्तु, पात्र आदि गौण होकर लेखक की भाव-दृष्टि प्रमुख हो

जाती है। फैण्टेसी के अंतर्गत चरित्र, घटनाएं लेखक के संवेदनात्मक उद्देश्यों द्वारा उपस्थित और परिचालित दिखायी देते हैं, ऐसे संवेदनात्मक उद्देश्य जो रचनाकार के जीवन के अभिन्न अंग हों। फैण्टेसी द्वारा लेखक का आत्म प्रकट होता है। "फैण्टेसी एक झीना परदा है जिसमें जीवन के तथ्य झांक-झांक उठते हैं। फैण्टेसी का ताना-बाना कल्पना बिम्बों में प्रकट होने वाली विविध क्रियाओं-प्रतिक्रियाओं से बना होता है। तथ्यों का उद्घाटन अधिक गौण होता है, लेकिन तथ्यों के लिए की गई क्रिया-प्रतिक्रियाएं प्रदान होती है।"[134] "फैण्टेसी में विभाव-पक्ष के कल्पना-बिम्ब प्रतीकात्मक होकर अपनी मूल भूमि से इतने दूर हो जाते हैं कि वे विभाव-पक्ष का भूगोल और इतिहास छोड़कर, उसका दिक्काल त्यागकर अपना स्वतन्त्र भूगोल, इतिहास और एक स्वतन्त्र दिक्काल बना लेते हैं।"[135]

मुक्तिबोध 'कामायनी : एक पुनर्विचार' में फैण्टेसी की कमजोरी पर भी ध्यान दिलाते हैं। फैण्टेसी का प्रयोग कुछ विशेष असुविधाएं भी उत्पन्न करता है जिनमें से एक यह है कि फैण्टेसी में कभी-कभी जीवन-तथ्य इस प्रकार प्रस्तुत होते हैं कि पहचानना भी मुश्किल होता है। यहां तक कि कभी-कभी उनका क्रम भी पहचानना मुश्किल होता है। प्रतीकात्मक रूप से प्रस्तुत होने के कारण वास्तविकता या जीवन तथ्य, अधिकतर अनुमान से ही पहचाने जा सकते हैं।

मुक्तिबोध ने फैण्टेसी के प्रश्न को काव्य सृजन-प्रक्रिया के बुनियादी महत्त्व के प्रश्न के रूप में उठाया है और उसका गहन चिन्तन और विवेचन किया है। इतना ही नहीं वे फैण्टेसी के आधार पर कामायनी की व्याख्या भी करते हैं। वे कामायनी की कथा को फैण्टेसी मानते हैं। 'कामायनी : एक पुनर्विचार' उनकी व्यावहारिक समीक्षा का महत्त्वपूर्ण उदाहरण है। मार्क्सवादी प्रभाव होने के कारण चरित्रों की व्याख्या अपने ढंग से करते हैं। संवेदना, ज्ञान, विचार, जीवन, समीक्षा को मुक्तिबोध के काव्य में विभाजित रूप में नहीं देखा जा सकता है। मुक्तिबोध समीक्षाओं में जीवन और कविताओं की समस्याओं से जूझ रहे थे। उनके इस संघर्ष को दो स्तरों पर जाना जा सकता है—रचना स्तर पर और विचार स्तर पर। उनकी समीक्षाओं में उनका सम्पूर्ण, द्वन्द्वपूर्ण व्यक्तित्व 'इन्वॉल्वड' है। उनकी समीक्षाएं मूल रूप में एक ऐसे कवि की समीक्षा है जिसने अपने व्यक्तित्व में बाह्य यथार्थ की आभ्यंतरीकरण-प्रक्रिया को घटित होते देखा है। अपनी काव्य-जीवन की यात्रा में हुए चिन्तन से ही उनकी समीक्षा अनुप्रेरित है। यही कारण है कि उनमें सौन्दर्य-शास्त्रीय सिद्धान्तों के विवेचन-विश्लेषण से अधिक जीवनानुभूतियों की प्रखर मीमांसा और व्याख्या है।

सन्दर्भ

1. गजानन माधव मुक्तिबोध, सं० लक्ष्मणदत्त गौतम पृ० 10
2. मुक्तिबोध रचनावली भाग-5, मुक्तिबोध पृ० 425
3. वही
4. गजानन माधव मुक्तिबोध, सं० लक्ष्मणदत्त गौतम पृ० 2
5. वही
6. मुक्तिबोध रचनावली भाग-6, पृ० 221
7. मुक्तिबोध रचनावली भाग-6/आत्म वक्तव्य, पृ० 269
8. मुक्तिबोध की मृत्यु के बाद लिखी गयी प्रभाकर माचवे प्रथम पंक्ति राष्ट्रवाणी (फरवरी, 1965), पृ० 318
9. लक्षित मुक्तिबोध, सं० मोतीलाल वर्मा (साक्षात्कार—शरत्चन्द्र मुक्तिबोध), पृ० 88
10. पत्र वीरेन्द्रकुमार जैन को/मुक्तिबोध रचनावली भाग-6 पृ० 325-26
11. वही, पृ० 328
12. नेमिचन्द जैन को पत्र/मुक्तिबोध रचनावली भाग-6 पृ० 325
13. गजानन माधव मुक्तिबोध, सं० लक्ष्मणदत्त गौतम पृ० 14
14. ज्ञानोदय (सितम्बर, 1964) : भाऊ समर्थ पृ० 45
15. त्रिलोचन जी से बातचीत के दौरान यह जानकारी दी
16. नेमिचन्द जैन को पत्र/मुक्तिबोध रचनावली भाग-6 पृ० 311
17. वही, पृ० 309
18. गजानन माधव मुक्तिबोध, सं० लक्ष्मणदत्त गौतम (साक्षात्कार : भाऊ समर्थ, पृ० 45
19. वही, पृ० 9
20. नेमिचन्द जैन को पत्र/मुक्तिबोध रचनावली भाग-6, पृ० 224
21. वही, पृ० 222
22. गजानन माधव मुक्तिबोध, सं० लक्ष्मणदत्त गौतम (साक्षात्कार—क० प० सारथि), पृ० 58
23. आलोचना (जुलाई-सितम्बर, 1968) : हरिशंकर परसाई, पृ० 53
24 मुक्तिबोध के चिन्तन तथा काव्य का मूल्यांकन (अप्रकाशित) चन्द्रकान्त देवताले, पृ० 8
25. वही, पृ० 9
26. लक्षित मुक्तिबोध, सं० मोतीलाल वर्मा (साक्षात्कार : शरत्चन्द्र मुक्तिबोध), पृ० 10

27. लक्षित मुक्तिबोध, मोतीलाल वर्मा, (साक्षात्कार : शरत्चन्द्र मुक्तिबध) पृ० 77
28. वही, पृ० 87-88
29. नेमिचन्द जैन को पत्र/मुक्तिबोध रचनावली भाग-6, पृ० 315
30. आलोचना (जुलाई-सितम्बर, 1968), हरिशंकर परसाई, पृ० 54
31. गजानक माधव मुक्तिबोध, सं० लक्ष्मणदत्त गौतम : क०प० सारथि, पृ० 61
32. साप्ताहिक हिन्दुस्तान (अक्टूबर, 1964) : प्रभाकर माचवे, पृ० 3
33. मुक्तिबोध के चिन्तन और काव्य का मूल्यांकन (अप्रकाशित)—चन्द्रकान्त देवताले, पृ० 13
34. गजानन माधव मुक्तिबोध, सं० लक्ष्मणदत्त गौतम, पृ० 13
35. वही, पृ० 16
36. गजानन माधव मुक्तिबोध, सं० लक्ष्मणदत्त गौतम (साक्षात्कार : भगवंत-शरण जौहरी), पृ० 20
37. वही, (साक्षात्कार : नारायण विष्णु जोशी), पृ० 30
38. पत्र नेमिचन्द जैन को/मुक्तिबोध रचनावली भाग-6, पृ० 223
39. लक्षित मुक्तिबोध, सं० मोतीलाल वर्मा, पृ० 33
40. मुक्तिबोध रचनावली भाग-6, पृ० 225
41. वही, पृ० 311
42. गजानन माधव मुक्तिबोध, सं० लक्ष्मणदत्त गौतम (साक्षात्कार—जीवन-लाल शर्मा 'विद्रोही'), पृ० 37
43. मुक्तिबोध का गद्य साहित्य, डॉ० मोतीराम वर्मा, पृ० 35
44. मुक्तिबोध रचनावली भाग-6, पृ० 26
45. वही, भाग-5, पृ० 35
46. गजानन माधव मुक्तिबोध, सं० लक्ष्मणदत्त गौतम, पृ० 52
47. मुक्तिबोध रचनावली भाग-4 पृ० 198
48. वही, पृ० 200-1
49. आवेग, पृ० 7
50. मुक्तिबोध रचनावली भाग-5/आत्म वक्तव्य, पृ० 270
51. वही, पृ० 270
52. मुक्तिबोध रचनावली भाग-5, पृ० 230
53. गजानन माधव मुक्तिबोध, सं० लक्ष्मणदत्त गौतम (साक्षात्कार—शरत्-चन्द्र मुक्तिबोध), पृ० 13
54. मुक्तिबोव के चिन्तन एवं काव्य का मूल्यांकन (अप्रकाशित)—चन्द्रकान्त देवताले, पृ० 132

55. मुक्तिबोध के चिंतन एवं काव्य का मूल्यांकन (अप्रकाशित), चन्द्रकान्त देवताले, पृ० 183
56. मुक्तिबोध रचनावली भाग-5, पृ० 153
57. नया हिन्दी काव्य, शिवप्रसाद सिंह, पृ० 47
58. मुक्तिबोध रचनावली भाग-5, पृ० 52
59. वही, पृ० 251
60. गजानन माधव मुक्तिबोध, सं० लक्ष्मणदत्त गौतम पृ० 152
61. मुक्तिबोध रचनावली भाग-5, पृ० 255
62. वही, पृ० 196
63. वही
64. मुक्तिबोध के काव्य का पुनर्मूल्यांकन, डॉ० सम्पत ठाकुर, पृ० 123
65. मुक्तिबोध रचनावली भाग-6, पृ० 378
66. वही, भाग-3/भूत का उपचार
67. वही, भाग-4, पृ० 217
68. मुक्तिबोध के काव्य का पुनर्मूल्यांकन, डा० सम्पत ठाकुर, पृ० 35
69. 'चांद का मुंह टेढ़ा है' की भूमिका, शमशेरबहादुरसिंह, पृ० 8
70. कविता के नये प्रतिमान, डा० नामवरसिंह, पृ० 77
71. मुक्तिबोध के चिन्तन तथा काव्य का मूल्यांकन (अप्रकाशित), चन्द्रकान्त देवताले, पृ० 131
72. आवेग, पृ० 9
73. लुडविग फारूख/एंजिल्स/अध्याय-2, पृ० 63
74. मुक्तिबोध रचनावली भाग-2/एक अरूप शून्य के प्रति, पृ० 125
75. वही, एक अन्तकंथा
76. वही, भाग-5, पृ० 166
77. वही, पृ० 198
78. वही, पृ० 25
79. वही, पृ० 27
80. वही, पृ० 52
81. गजानन माधव मुक्तिबोध, सं० लक्ष्मणदत्त गौतम, पृ० 205
82. एक साहित्यिक की डायरी, मुक्तिबोध, पृ० 20
83. मुक्तिबोध रचनावली भाग-6, पृ० 298
84. वही, पृ० 24
85. वही, पृ० 66
86. वही, भाग-4, पृ० 173

87. मुक्तिबोध रचनावली भाग-4, पृ० 215
88. वही, पृ० 169
89. वही, भाग-5, पृ० 333
90. द स्ट्रगल आफ द माडर्न, स्टीफन स्पेंडर, पृ० 113-120
91. मुक्तिबोध रचनावली भाग-5, पृ० 316
92. कामायनी एक पुर्नविचार, पृ० 1
93. वही, पृ० 3
94. वही, पृ० 4
95. मुक्तिबोध रचनावली भाग-5, पृ० 52
96. वही, भाग-4, पृ० 217
97. वही, भाग-5, पृ० 151
98. रियलिज्म इन आर्ट/मार्क्स एण्ड एंजेलिज्स, पृ० 26
99. मुक्तिबोध रचनावली भाग-4, पृ० 215
100. वही, भाग-5 पृ० 92
101. वही, पृ० 135
102. वही, पृ० 235
103. वही, पृ० 150
104. वही, पृ० 166
105. वही, पृ० 178
106. समकालीन कविता की भूमिका/विशम्भरनाथ उपाध्याय एवं मंजुल उपाध्याय, पृ० 97
107. मुक्तिबोध रचनावली भाग-5, पृ० 196
108. वही, पृ० 163
109. वही, पृ०162
110. वही
111. वही, पृ० 161
112. वही, पृ० 167
113. वही, भाग-3 पृ० 26
114. वही, पृ० 26
115. वही, भाग-4 पृ० 215
116. वही, पृ० 215
117. वही, भाग-5, पृ० 213
118. वही, पृ० 213
119. वही, पृ० 92

120. मुक्तिबोध रचनावली भाग-5, पृ० 338
121. वही, पृ० 116
122. वही, पृ० 212
123. वही, पृ० 339
124. वही, पृ० 145
125. वही, पृ० 335
126. वही, पृ० 126
127. गजानन माधव मुक्तिबोध, सं० लक्ष्मणदत्त गौतम (साक्षात्कार—शिवकुमार मिश्र), पृ० 130
128. वही,
129. कविता के नये प्रतिमान/डा० नामवरसिंह, पृ० 77-78
130. वही
131. मुक्तिबोध रचनावली भाग-4, पृ० 216
132. वही, पृ० 218
133. वही, पृ० 220
134. वही
135. वही, पृ० 218

अध्याय : 4

अज्ञेय की कविताओं की कथ्य चेतना और शिल्प का समकालीन कविता पर प्रभाव

"हां भाई,
वह राह
मुझे मिली थी
कुहरे में जैसी दी मुझे दिखाई
मैंने नापी धीर, अधीर, सहज, डगमग
द्रुत, धीरे............
आज जहां हूं, वही वहां तक लाई।"

—अज्ञेय

अज्ञेय अपने युग के जागरूक और संवेदनशील कवि हैं। उनकी प्रथम कविता सन् 1927 में प्रकाशित हुई और सन् 1987 तक उनकी काव्य-यात्रा अबाध गति से चलती रही। लगभग छः दशकों की इस लम्बी कालावधि में वे निरन्तर राहों के अन्वेषी रहे हैं। उनकी प्रारम्भिक कविताएं निश्चित ही परम्परा से प्रभावित थीं किन्तु कोई भी अच्छा कवि परम्परा से ही सीखता है और परम्परा को ही नया संस्कार देता है। अज्ञेय ने भी तार-सप्तक से हिन्दी कविता को नया संस्कार दिया, जिसका आरंभ में विरोध भी हुआ, लेकिन कवियों के एक छोटे वर्ग ने इसका स्वागत भी किया, उन्होंने समझा कि परम्परागत भाषा बदलती हुई वर्तमान स्थितियों को व्यक्त करने में असमर्थ है और काव्य में प्रयोगों की सृष्टि होने लगी। जिसे प्रयोगवाद के नाम से अभिहित किया गया। अज्ञेय प्रयोगवाद की इसी विचारधारा का प्रतिनिधित्व करते हैं।

अज्ञेय ने इस कालावधि में बारह काव्य-संग्रह की रचना की और वे सभी काव्य-संग्रह प्रकाशित हो चुके हैं। 'भग्नदूत', 'चिन्ता', 'इत्यलम्', 'बावराअहेरी', 'इन्द्रधनु रौंदे हुए ये', 'अरी ओ करुणा प्रभामय', 'आंगन के पार द्वार', 'कितनी नावों में कितनी बार', 'सुनहरे शैवाल', 'क्योंकि मैं उसे जानता हूं', 'सागर-मुद्रा' 'पहले मैं सन्नाटा बुनता हूं', ऐसा कोई घर आपने देखा है'।

डॉ० विद्यानिवास मिश्र ने अज्ञेय की इस दीर्घ काव्य-यात्रा को चार सोपानों में विभक्त किया है—"पहला है विद्रोह और हताशा का, दूसरा है अपने भीतर शक्ति संचय का, तीसरा है बिना किसी आशा के आत्मदान में सार्थकता पाने का और चौथा है मानवीय दायित्व-बोध के साथ-साथ भारतीय अस्मिता की पहचान का। पहले चरण की रचनाएं हैं—चिन्ता, इत्यलम् और दूसरे चरण में आती हैं—हरी घास पर क्षण भर, बावराअहेरी और इन्द्रधनु रौंदे हुए ये, तीसरे में—अरी ओ करुणा प्रभामय, आंगन के पार द्वार और चौथे में—क्योंकि मैं उसे जानता हूं और महावृक्ष के नीचे की कविताएं हैं।"[1] इस प्रकार के अनेक विभाजन समीक्षकों ने किये हैं। अज्ञेय ने स्वयं अपनी सम्पूर्ण कविताओं का विभाजन सदानीरा भाग-1 और सदानीरा भाग-2 में किया है। सदानीरा के दोनों भागों का प्रकाशन सन् 1980 में हुआ है। हम 'सदानीरा' में किये गये विभाजन को उचित ही समझते हैं क्योंकि इसमें कविताएं रचना-क्रम में लिखी गई हैं जोकि

लेखक की मनःस्थिति को स्पष्ट करती है। सदानीरा भाग-1 में सन् 1929 से सन् 1956 तक की कविताएं संकलित हैं। इस कालावधि की कविताओं को भी तीन खण्डों में विभाजित किया गया है—

खण्ड 1—चिन्ता (विश्वप्रिया और एकायन)
खण्ड 2—कविताएं 1929-1945
खण्ड 3—कविताएं 1946-1956

सदानीरा भाग-2 में सन् 1957 से सन् 1980 तक की कविताओं का संकलन है। सदानीरा भाग-2 में भी कविताओं को तीन खण्डों में विभाजित किया है—

खण्ड 4—कविताएं सन् 1957 से सन् 1964
खण्ड 5—कविताए सन् 1965 से सन् 1972
खण्ड 6—कविताएं सन् 1973 से सन् 1980

सन् 1980 के बाद की कविताएं 'ऐसा कोई घर आपने देखा है' कविता संग्रह में प्रकाशित है।

सदानीरा भाग-1 में चिन्ता में प्रकाशित कविताओं को अर्थात् दोनों खंड विश्वप्रिया और एकायन को एक साथ ही रखा गया है और भग्नदूत की कविताओं को बाद में। अगर भग्नदूत और चिन्ता की कविताओं को एक साथ रखा जाता तो चिन्ता की कविताओं का कथा-सूत्र विश्रृंखलित हो जाता। इस संदर्भ में उन्होंने सदानीरा की भूमिका में लिखा है—"'चिंता' कविताओं की ऐसी शृंखला थी जिसमें एक कथा भी निहित थी जिसे इसलिये लगभग खण्डकाव्य माना जा सकता है। यदि भग्नदूत, विश्वप्रिया और एकायन की कविताओं को एक साथ नहीं रखा जाता तो खण्डकाव्य का कथा-सूत्र बिलकुल विश्रृंखलित हो जाता। काफी विमर्श के पश्चात् इस परिणाम पर पहुंचा कि चिन्ता के निहित कथा-सूत्रों को विश्रृंखलित नहीं करना चाहिए और इसलिए इन कविताओं को कड़े कालक्रम के अनुसार नहीं रखा गया है।"[2]

'चिन्ता' काव्य-संग्रह का प्रकाशन सन् 1941 में हुआ था और इसका रचनाकाल सन् 1932-36 है। चिन्ता के पहले संस्करण की भूमिका में कवि ने लिखा था—"चिन्ता अगर एक प्रयोग है तो टेकनीक का प्रयोग नहीं है। मानव के प्रेम के आन्तरिक इतिहास की इस अनगढ़ कहानी की रचना में टेकनीक की दिशा में कोई असाधारण कृतित्व कभी भी मेरा लक्ष्य नहीं रहा है···मेरा उद्दिष्ट यही रहा है कि क्षेत्र विशेष में मानव के अन्तर्भावों का यथासंभव स्वाभाविक और निराडम्बर प्रतिचित्रण कर दिया···।"[3] अज्ञेय जब अपने साहित्य में प्रेम को अभिव्यक्ति दे रहे थे, हिन्दी साहित्य में वह समय प्रगतिवाद का था। महत्त्वपूर्ण बात यह है कि इस काव्य-संग्रह में अज्ञेय प्रगतिवाद की इस विचारधारा से प्रभावित नहीं दिखते हैं। चिन्ता के दो खण्ड हैं—विश्वप्रिया और एकायन। प्रथम

खण्ड में पुरुष का दृष्टिकोण है और दूसरे खण्ड में स्त्री का। इस प्रकार चिन्ता में मानवीय प्रेम के उद्‌भव, उत्थान, विकास, अन्तर्द्वन्द्व, ह्रास, अन्तर्मंथन, पुनरुत्थान आदि का आन्तरिक इतिहास है।

विश्वप्रिया में 101 रचनाओं में 57 कविताएं हैं और 44 कविताएं गद्य में हैं। एकायन में 34 कविताओं में 25 गद्य कविताएं हैं। कविताओं में विशेष रूप से गीत रचनाएं हैं। जिसमें छायावादी गीत रचनाओं का प्रभाव है और गद्य कविताएं अज्ञेय की प्रयोगोन्मुखी वृत्ति की ही द्योतक है। यह गद्य कविताए रवीन्द्रनाथ ठाकुर की 'गीतांजलि' के अंग्रेजी अनुवाद का ही परिणाम है। जिसके संदर्भ में उन्होंने 'चिन्ता' संग्रह की भूमिका में लिखा है—"जैसे प्रेमजीवन के प्रसंग गद्य-पद्यमय होते हैं वैसे ही यह कहानी गद्य-पद्यमय है।"[4] इस संग्रह में कवि टी० एस० इलियट के निर्वैयक्तिकता के सिद्धान्त से भी प्रभावित है।

अत: निष्कर्ष के रूप में कहा जा सकता है कि इस संग्रह की कविताओं पर छायावाद और रवीन्द्र के काव्य का ही अधिक प्रभाव है। प्रसाद की तरह अज्ञेय ने भी स्त्री-पुरुषों के मनोभावों का चित्रण किया है। पुरुष के रूप में अह की चेतना का विकसित रूप दिखाई देता है।

भग्नदूत की कविताएं यद्यपि 'चिन्ता' काव्य-संग्रह के पहले की हैं और इनका रचनाकाल भी सन् 1929 से सन् 1933 तक का है। बाद में इस संग्रह की रचनाएं इत्यलम् संग्रह में समाविष्ट की गईं और उसकी भूमिका में अज्ञेय ने लिखा कि जो रचनाएं इस चुनाव में नहीं आयीं, उनका अस्तित्व नहीं है ऐसा मान लिया जाय।"[5] इन सभी कविताओं को अज्ञेय ने सदानीरा में सन् 1929 से सन् 1945 तक की कविताओं के अन्तर्गत रखा है। ये कविताएं अज्ञेय की प्रारंभिक कविताएं हैं। इसलिये इसमें भी परम्परा का प्रभाव ही अधिक है। कवि ने अपने भावों की अभिव्यक्ति भी परम्परागत भाषा में ही की है और परम्परागत कथ्य से भी उन्हें विरोध नहीं था। प्रकृति-चित्रण, उसका मानवीकरण, दुःख-वेदना की अभिव्यक्ति भी भाव-प्रधान ही हुई है। 'दृष्टि पथ से जाते हो जब' में रवीन्द्रनाथ ठाकुर का प्रभाव स्पष्ट है। इसे अज्ञेय ने स्वयं तो कहा है कि—"उसकी वस्तु पर रवीन्द्रनाथ ठाकुर की छाप पड़ी थी या नहीं कुछ नहीं कह सकता।"[6] लेकिन रवीन्द्रनाथ ठाकुर के 'तुम' की तरह अज्ञेय ने भी एक तुम का निर्माण किया है।

प्राकृतिक और छायावादी भावुकता ही इस दौर की कविताओं में देखी जा सकती है। 'शिशिर की राका निशा' कविता की कुछ पंक्तियां द्रष्टव्य हैं—

> "दूर वह सब शान्ति, वह सित भव्यता, वह शून्य के अवलेप
> का प्रस्तार—/इधर केवल झलमलाते चेतहर दुर्धर कुहासे की
> हलाहल-स्निग्ध मुट्ठी में/सिहरते-से, पंगु, नग्न, बच्चे,
> दईमारे पड़े।"[7]

भग्नदूत की अधिकांश कविताओं का मुख्य विषय प्रणय ही रहा है। दृष्टि-पथ से तुम जाते हो जब, असीम प्रणय की तृष्णा, कहो कैसे मन को समझा लूं, तेरा प्रस्थान, विफले विश्व क्षेत्र में खो जा ऐसी ही कविताएं हैं। लेकिन 1942-43 के समय ही उनकी कविताएं राष्ट्रीय भावों को व्यक्त करने लगी थीं। प्रगतिवादी विचारधारा का भी प्रभाव इस दौर की रचनाओं में देखा जा सकता है। इस प्रकार की कविताओं को इत्यलम् के 'बंदी का स्वप्न' शीर्षक में संकलित किया गया है। 'घृणा का गान' कविता में किशोर वय प्रगतिवादियों की तरह पूंजीपतियों और शोषकों को ललकारा गया है—

"तुम जो बड़े-बड़े गद्दों पर ऊंची दूकानों में,
उन्हें कोसते हो जो भूखे भरते हैं खानों में,
तुम, जो रक्त चूस ठठरी को देते हो जलदान
सुनो, तुम्हें ललकार हूं, सुनो घृणा के गान।"[8]

'बद्ध' कविता में भी विद्रोह का स्वर सुनाई पड़ता है—

"मेरा साहस ही परिभव में है मेरा प्रतिद्वन्द्वी
किस ललकार भरे स्वर में कहता है बन्दी ! बन्दी !"[9]

'रक्तस्नात', 'वह मेरा साकी' और 'अखण्ड-ज्योति' भी इसी भाव की कविताएं हैं। व्यक्तिवादी रहस्यवाद जो कि छायावाद की ही प्रमुख प्रवृत्ति थी, अज्ञेय की कविताओं में दृष्टिगत होती है। जिसमें वे उस असीम शक्ति से सम्बद्ध होने की बात कहते हैं, जो उनके भीतर है—

"शक्ति असीम है,
मैं भी शक्ति का एक अणु हूं
मैं भी असीम हूं।
एक असीम बूंद।"[10]

'अन्तिम आलोक', 'तन्द्रा में अनुभूति', 'अतीत की पुकार', 'मैं तुम्हारे ध्यान में हूं', 'प्राप्ति', 'ताजमहल की छाया में' इत्यादि कविताओं में विगत प्रेम की स्मृति का भाव है, जिसे प्रकृति के दृश्यों के माध्यम से व्यक्त किया है। 'अंतिम आलोक' में चमकते शृंग को देखकर कवि को पुरानी स्मृतियां घेर लेती हैं।

"तेरी आंखों में जीवन
ऐसा ही चमक उठा था
तेरा अंतिम आंसु कण।"[11]

सन् 1929 से सन् 1945 तक के इस दौर में हमें अज्ञेय के विकसित काव्य के बीज भी दिखाई देते हैं। सन् 1943 में ही तार-सप्तक का प्रकाशन हो गया था, जिसमें अज्ञेय प्रयोगवादी और प्रगतिवादी दोनों ही रूपों में दिखाई देते हैं। लेकिन प्रगतिवादी रचनाओं के बारे में हम यही कह सकते हैं कि वह उस समय की परिवेशगत स्थितियों का ही प्रभाव था। कविता के इस दौर में उन्होंने प्रकृति को अत्यधिक स्थान दिया और प्रेम को ही अपनी कविताओं का मुख्य कथ्य बनाया। प्रकृति के माध्यम से व्यक्ति के आभ्यन्तरिक यथार्थ का ही चित्रण हुआ है। 'आशीः' (वसंत का एक दिन) की आरम्भिक पंक्तियां द्रष्टव्य हैं—

"फूल कचनार के
प्रतीक मेरे प्यार के
प्रार्थना-सी अर्धस्फुट कांपती रहे कली
पंक्तियों का सम्पुट, निवेदिता ज्यों अंजली।
आए फिर दिन मनुहार के, दुलार के
फूल कचनार के।"[12]

× × ×

"नांघ कर मानस का शून्य तम
निस्त्रत हुआ है द्युत
तेरे प्रति मेरे कृत बोध का प्रकाश।"[13]

अतः निष्कर्ष के तौर पर हम इन कविताओं को प्रारम्भिक कविताएं ही कहेंगे, क्योंकि प्रारम्भिक कविताओं में स्वच्छंदतावादी कवियों का प्रभाव स्पष्ट परिलक्षित होता है। लेकिन इसी दौर की कविताओं में अग्रिम विकास के बीज भी दिखाई देते हैं। 'इत्यलम्' की कविताओं में कवि ने इस परम्परा को तोड़ने का प्रयास किया है, जिसे हम 1949 से 1956 की कविताओं में देख सकते हैं। हिन्दी साहित्य में यह समय प्रयोगकाल का ही है।

अज्ञेय के काव्य-विकास के तीसरे दौर में सन् 1949 से सन् 1956 तक की कविताएं संकलित हैं। इनका प्रकाशन पहले 'हरी घास पर क्षण भर', 'बावरा अहेरी', 'इन्द्रधनु रौंदे हुए ये' और 'अरी ओ करुणा प्रभामय' में हो चुका था। यह काल नयी कविता के विकास का समय है। 'हरी घास पर क्षण भर' की कविताओं में आत्मान्वेषण, प्रयणानुभूति और प्रकृतिपरक रचनाएं हैं। वहीं प्रकृति को भी व्यापक परिवेश से जोड़ा गया है। नगर जीवन की जटिल मनःस्थिति को अभिव्यक्त किया है। नये उपमान, प्रतीक, उपयुक्त करने की बात कही गयी है जो स्वाभाविक भी है। अज्ञेय के सामने मुख्य समस्या भाषा की थी जबकि प्रगति-

बाद की कविताएं नारों में बदल गयी थी। अनुभवों की भाषा लाने का प्रथम प्रयास अज्ञेय के ही द्वारा सम्भव हुआ। अज्ञेय ने परिवेश व परिस्थितियों को ध्यान में रखते हुये प्रतीकों की रचना की। इस दौर की प्रारंभिक कविताओं में प्रेम के माध्यम से व्यक्ति-विकास की धारणा को पुष्ट किया है। भीतरी प्रकृति और बाहरी प्रकृति दोनों को ही उनकी कविताओं में देखा जा सकता है। 'बावरा अहेरी' की रचनाएं विशेष तौर से प्रकृतिपरक रचनाएं हैं। 'इन्द्रधनु रौंदे हुए ये' संग्रह की कविताओं में आत्मान्वेषण की प्रधानता है। काव्य-चिन्तन भी उनकी कविताओं का विषय रहा है।

अत: निष्कर्ष के तौर पर कहा जा सकता है कि इस दौर की कविताओं में वे अस्तित्व के साथ ही जीवन की व्यापकता से जुड़े हैं। उनकी अनुभूति का क्षेत्र-विस्तार भी हुआ है। इन्हीं कविताओं में अग्रिम कविताओं के बीज भी हैं। 'वर्षान्त' कविता में उनकी उस जिज्ञासा को देखा जा सकता है जो बाद में 'आंगन के पार द्वार' के रूप में सामने आयी—

"लो : मुट्ठी भर रेत उठाओ :
ठीक कह रहा हूं मैं, हंसी नहीं है,
उसे उंगलियों में से बह जाने दो : बस
यों।
इस यों में ही हैं सब जिज्ञासाओं के उत्तर।"13/1

× × ×

"फिर भी
जिज्ञासा का उत्तर अन्तर नहीं है।
जीवन कौतूहल है अदम्य जीवन की आशा
नहीं छोड़ सकती अन्वेषण।"13/2

और हम देखते हैं कि वे इस अन्वेषण की ओर ही आगे की यात्रा में प्रवृत्त होते हैं।

सन् 1957 से सन् 1964 तक की कविताओं का यह दौर उनके काव्य-विकास का चौथा चरण है। इन कविताओं का प्रकाशन 'अरी ओ करुणा प्रभामय', 'आंगन के पार द्वार', 'कितनी नावों में कितनी बार' संग्रहों में हो चुका था। इस दौर की पहले की कविताओं में जो आत्मान्वेषण था वह आत्मनिवेदन में परिवर्तित हो गया। उनके इस रहस्यवाद के सूत्र भी हमें उनकी प्रारम्भिक कविताओं में भी उपलब्ध होते हैं। उन्होंने 'रहस्यवाद' कविता में लिखा है कि उनका रहस्यवाद ईश्वर की ओर उन्मुख नहीं है वह आत्मा के सत्य की ओर

उन्मुख है। त्रिशंकु में उन्होंने कल्पना की है कि "चेतना के संस्कार द्वारा हमारे चेतन और अवचेतन मतों के अवरोध मिट जायेंगे।···तब इस अन्तर्विरोध की हालत में स्थायित्व लाने के लिए गुरुतर कार्य में लगी हुई शक्तियों, चेतन और अवचेतन के संघर्ष का दमन करने में व्यय होने वाली आत्मिक शक्ति का अजस्र भण्डार, इस कार्य में मुक्त होकर पुनः रचनात्मक कार्य के लिए उपलब्ध होगा। हम यह ज्ञान प्राप्त करेंगे कि जीवन मात्र एक अखण्ड इकाई है, जिसके साथ हमारा चेतन सम्बन्ध भी उतना ही गहरा होगा जितना कि बिना जाने हमारे अवचेतन का सम्बन्ध रहा है।"[14] जीवन की इस अखण्ड इकाई के साथ तादात्म्य के द्वारा चेतन अनुभूति अज्ञेय के रहस्यवाद की भूमिका है। 'अरी ओ करुणा प्रभामय' की कविताओं में इस रहस्यवाद को देखा जा सकता है।

'आंगन के पार द्वार' में चेतन आत्मा विराटता से तादात्म्य की अवस्था में पहुंच गई है। 'आंगन के पार द्वार' को भी तीन खण्डों में विभाजित किया गया है—1. अन्तःसलिला, 2. चक्रान्त शिलाखण्ड, 3. असाध्य वीणा। 'अन्तःसलिला' खण्ड में अज्ञेय का जीवन-दर्शन अभिव्यक्ति का विषय रहा है। 'चक्रान्त शिलाखंड' में काल की अवधारणा और शाश्वत जीवन के सम्बन्ध में चिंतन को आधार बनाकर 27 कविताएं लिखी गई हैं। तृतीय खण्ड में 'असाध्य वीणा' उनकी सर्वाधिक लम्बी कविता है जिसमें एक चीनी कथा के माध्यम से रहस्यवाद का निरूपण किया गया है।

'कितनी नावों में कितनी बार' में भी इसी जीवन-दर्शन का विस्तार है। इस दौर में इस संग्रह की कुछ कविताएं भी संकलित हैं।

अतः निष्कर्ष के तौर पर कहा जा सकता है कि इस दौर की कविताओं में अज्ञेय की जीवन दृष्टि भी अभिव्यक्त हुई। उनकी काल की अवधारणा उपनिषदों से तुलनीय है। उन्हें पाश्चात्य सिद्धान्तों के आधार पर ही आधुनिक नहीं किया जा सकता, उसमें मौलिकता भी है। वे परम्परा से भी गहराई से सम्बद्ध है। नव्य रहस्यवाद उनकी आधुनिकता को प्रत्यक्ष कराता है वहीं काल की अवधारणा, मौन की अनुभूति आदि काव्य सिद्धान्त भारतीय दर्शन से ही प्रभावित है।

सन् 1965 से सन् 1972 की कविताओं का यह दौर उनके काव्य विकास का पांचवां चरण है। इन कविताओं का प्रकाशन पहले 'कितनी नावों में कितनी बार', 'सागर मुद्रा', 'क्योंकि मैं उसे जानता हूं', पहले मैं सन्नाटा बुनता हूं आदि संग्रहों में हो चुका था।

हिन्दी साहित्य के क्षेत्र में यह समय बहुत उथल-पुथल का है। सन् 1964 में मुक्तिबोध की मृत्यु हो गई। इसके साथ ही 'चांद का मुंह टेढ़ा है' का प्रकाशन भी इसी समय हुआ, जिसने समकालीन कवियों को प्रभावित किया और एक बार फिर प्रगतिवाद की धारा प्रवाहमान हो गई। अज्ञेय इस समय भी रहस्यवादी

कविताओं की रचना कर रहे थे। इसका एक कारण यह भी है कि वे कविता को राजनीति से पृथक् मानते हैं। 'ओ निस्संग ममेतर' इस संकलग की महत्त्वपूर्ण और लम्बी कविता है जिसे ग्यारह भागों में विभक्त किया गया है। पूरी कविता में आत्मा-परमात्मा के विरह-मिलनकांक्षा के साथ-साथ प्रेयसी की सार्वभौम स्वीकृति और प्रभाच्छवि की रहस्यात्मक अभिव्यक्ति हुई है। उनकी कविताओं में व्यष्टि की अनुभूति समष्टि से एकात्म कर लेती है और वैयक्तिकता को नया आयाम देती है। डॉ० विद्यानिवास मिश्र ने कहा है कि—"वे विरोध बस्तुत: संघर्ष और असंघर्ष देखते हैं, 'मैं' और 'हम' में नहीं, 'मैं' और 'हम' की एकता और अनेकता में देखते हैं। अज्ञेय की दृष्टि में व्यष्टि का अभिमान विश्वजन की अर्चना में बाधक नहीं साधक है।"[15] फिर भी हम जानते हैं कि इस दौर की कविताओं पर अनेक आरोप लगाए गए और काफी विरोध भी हुआ जिसके बारे में उन्होंने कहा है—

"हां भाई
वह राह
मुझे मिली थी
कुहरे में जैसी दी मुझे दिखाई
मैंने नापी, धीर, अधीर, सहज, डगमग, द्रुत, धीरे···
आज जहां हूं, वही वहां तक लायी।"[15/1]

इस दौर की कविताओं में प्रकृति उन्हें रहस्यमय दिखाई देती है। एक कौतूहल, जिज्ञासा उनकी कविताओं में सतत् विद्यमान है। 'सागर-मुद्रा' संग्रह में वे लहर को विस्मय से देखते हैं—

"ओ सागर/ओ मेरी धमनियों की आग/मेरे लहू के
स्पन्दित राज-रोग/सागर/ओ महाकाल/ओ जीवन
दिग्विहीन आगम/प्रत्यागम निरायाम/द्वारहीन।
निर्गमन/सागर ओ जीवनलय, ओ स्पन्द !···ओ
सदा सुने जाते मौन/ओ कभी न सुने गये विराट्
विस्फोट नि.शेष···/लहर पर लहर पर लहर पर···।"[15/2]

× × ×

"सागर/पर पक्षी ऊपर ही ऊपर उड़ जाते हैं,/सागर/पर मछलियां नीचे ही नीचे तैरती हैं, नावें, जहाज/पर वे सतह को चीरते हुए चले जाते हैं/वह भी घाट से घाट तक।/सागर/देश और देश और देश, लहराता देश, काल और काल

और काल, उमड़ता काल : ।[16] कहां है तुम्हारी पहचान, सागर कहां ? ।"[17] वे शाश्वत काल में समस्त संसार को विलीन होते हुए देखते हैं। 'पहले सन्नाटा बुनता हूं' काव्य-संग्रह में भी इसी प्रकार की रहस्यात्मक अभिव्यक्ति है ।[18]

अत: निष्कर्ष के तौर पर कहा जा सकता है कि इस दौर की कविताओं में प्रकृति के माध्यम से रहस्यात्मक अभिव्यक्ति हुई है। व्यक्तित्व की खोज का प्रश्न भी निरन्तर बना रहा है। काल और जीवन के सम्बन्ध में वे अपने विचारों को दर्शन के रूप में कल्पना के माध्यम से अभिव्यक्त करते हैं। अत: कहा जा सकता है कि इस दौर की कविताओं का कथ्य भी आत्मान्वेषण, रहस्यात्मकता, प्रकृति चित्रण आदि ही रहा है। काव्य-विषयक चिन्तन भी इस दौर की कविताओं में हुआ है।

सन् 1975 से सन् 1980 तक की कविताओं का यह दौर उनके विकास का छठा दौर है। जिसमें 'पहले सन्नाटा बुनता हूं', 'महावृक्ष के नीचे' और 'नदी बांक पर छाया' काव्य-संग्रहों की कविताएं संकलित हैं। प्रारम्भ की कविताओं में जो अहं का स्वर सुनाई देता था, वह अन्तिम दौर तक आते-आते कम हो जाता है। इन कविताओं में अज्ञेय ने समकालीन जीवन के दैनिक अनुभवों को भी अभिव्यक्ति प्रदान की है। शासकों पर व्यंग्य करते हुए वे 'जियो मेरे' कविता में कहते हैं कि—

"जियो, मेरे आजाद देश की शानदार इमारतों
जिनकी साहिबी टोपनुमा छतों पर गौरव ध्वज तिरंगा फहराता है
लेकिन जिनके शौचालयों में व्यवस्था नहीं है
कि निवृत होकर हाथ धो सकें।
(पुरखे हाथ धोते थे न ? आजादी से ही हाथ धो लेंगे, तो कैसा)"[19]

हम देखते हैं कि उनकी बाद की कविताओं में भी भीड़ से कोई आत्मघाती भय नहीं है।

"लोग थे ठट्ठ के ठट्ठ लेते हिलोर
और उनके बीच उनसे घिरा मैं विभोर उनके बीच
उनके बीच।"[20]

'ऐसा कोई घर आपने देखा है' यह उनका अंतिम कविता संग्रह है, जिसमें सन् 1980 से सन् 1985 तक की कविताएं संकलित हैं। ये कविताएं सम-कालीन कविता से अधिक निकटता रखती हैं।

अज्ञेय विविध संवेदनाओं के कवि हैं। इसलिए उनकी कविताओं का कथ्य

विविध अनुभवों से जुड़ा हुआ है। उनकी कविताओं में प्रेम, प्रकृति, रहस्य, समाज, आत्मान्वेषण आदि भावों की एक साथ प्रस्तुति देख सकते हैं। अज्ञेय किसी वाद या विचारधारा से बंधे हुए कवि नहीं हैं। इसलिए उनके कथ्य में व्यापक भावों व परिवेश का समन्वय है। प्रकृति और प्रेम उनकी कविताओं के मुख्य विषय हैं। व्यक्ति के आन्तरिक मनोभावों की अभिव्यक्ति सर्वाधिक मात्रा में मिलती है। शम्भूनाथ चतुर्वेदी ने कहा है कि—"रीतिकालीन मांसलता, छायावादी ऐन्द्रिकता और डी० एच० लारेंस के प्रभाव स्वरूप, नर-नारी की संघर्ष चेतना का स्वरूप भी अज्ञेय की कविताओं में देखा जा सकता है।"[21] भग्नदूत की कविताओं में भी प्रेम का उदात्तीकृत स्वरूप है। 'चिन्ता' कविता संग्रह में भी प्रेम की सशक्त अभिव्यक्ति हुई है—

"घिर गया नभ, उमड़ आये मेघ काले
भूमि के कंपित उरोजों पर झुका सा !"[22]

× × ×

"प्यार है अभिशप्त;
तुम कहां हो नारी ?"[23]

'भग्नदूत' में प्रेमी की यह आकांक्षा 'चिन्ता' के पुरुष की कामना बन जाती है और वह प्रसाद के मनु की तरह उस पर अधिकार करना चाहता है। नारी अपने में सिमटी रहना चाहती है और यहीं स्त्री-पुरुष का संघर्ष बन जाता है।

"कोषवत् सिमटी रहे यह चाहती नारी
खोल देने, लूटने का पुरुष अधिकारी।"[24]

अज्ञेय की प्रारम्भिक कविताओं में प्रणय की अति भावुक किशोर मन की उदात्तता छायावादी भावभूमि से ही समानता व्यक्त करती है। 'रहस्य' और 'असीम प्रणय की तृष्णा', 'कहो, कैसे मन को समझा लूं' इत्यादि कविताओं में व्यक्त प्रेम रहस्यवादी भूमि पर ही फलित हुआ है।

"प्राण, तुम्हारी पद-रज फूली
मुझको कंचन हुई तुम्हारे चंचल चरणों की यह धूलि"[25]

× × ×

"आयी थीं तो जाना भी था—
फिर भी आओगी दुख किसका ?
एक बार दृष्टि-करों से पदचिह्नों की रेखा छूती"[26]

किंतु 'हरी घास पर क्षण भर' काव्य-संग्रह में प्रकाशित कविताओं में अज्ञेय की दृष्टि पूर्ववर्तियों से भिन्न हो जाती है। इसमें कवि ने छायावादी भावुकता को त्यागकर भौतिकता को स्वीकार किया है। बढ़ती हुई भीड़ में वे प्रेम के संदर्भ में भी क्षण के महत्त्व को स्वीकार करते हैं। यह शुद्ध प्रेम कविता नहीं है, क्योंकि मानसिक तनाव के होते शुद्ध प्रेम संभव नहीं है। इसलिए वह कहता है—"चाहे बोलो,/चाहे धीरे-धीरे बोलो/स्वगत गुनगुनाओ/चाहे चुप रह जाओ/हो प्रकृतिस्थ: तनो मत/कटी-छंटी उस बाढ़ सरीखी—/नमो, खुल खिलो, सहज मिलो।/अन्तःस्मित, अन्तःसंयत/हरी घास सी।"[27] या फिर कल्पना के सहारे विगत प्रेम की स्मृतियों को याद करना चाहता है, लेकिन यह स्मृतिलीन आनन्द-भाव नहीं है।

"धीरे-धीरे/धुंधले में चेहरे की रेखाएं मिट जायें/केवल नेत्र जगें :/
उतनी ही धीरे/हरी घास की पत्ती-पत्ती भी मिट जावें/
लिपट झाड़ियां भी धुल जावें/क्षिति-रेखा के मसृण ध्वान्त में :/
केवल बना रहे विस्तार/हमारा बोध/मुक्ति का/सीमाहीन
खुलेपन का ही।"[28]

अत: प्रेम अज्ञेय की कविता का मुख्य विषय है। प्रारम्भिक रचनाओं में स्वछंदतावादी कवियों का प्रभाव उनके कथ्य पर दिखाई पड़ता है लेकिन आजादी के बाद ही प्रेम सम्बन्धी कविता में अनेक भावों का सम्मिलन हुआ है और जटिल मनःस्थिति को अभिव्यक्ति मिली है।

अज्ञेय की रोमेन्टिक चेतना का दूसरा स्वरूप भी उनकी कविताओं में उपलब्ध होता है, जिसे रहस्यवाद मान लिया गया है। किन्तु अज्ञेय की रहस्यात्मक प्रवृत्ति साधनात्मक धरातल पर नहीं है बल्कि स्वयं अपनी आत्मा के सत्य की ओर अधिक उन्मुख है। इसे अज्ञेय की रोमेन्टिक चेतना का आत्मकेन्द्रित रूप भी कहा जा सकता है।

अज्ञेय के काव्य में नव्य रहस्यवाद के तत्त्व दिखाई देते हैं। उनकी रहस्यवृत्ति जीवन से पलायन करने की प्रेरणा नहीं देती। बाहरी उथल-पुथल और निराशा ने ही कवि को अन्तर्मुखी बना दिया है। अज्ञेय के काव्य में मनुष्य जीवन और उसके विविध व्यापार के प्रति उपेक्षा भाव नहीं है, वैज्ञानिक विकास के प्रति

उदासीनता नहीं है और न ही प्रकृति को आत्मसात् करने के लिए ईश्वरीय संकेत की आवश्यकता है, न उस पर परमसत्ता के विराट् बिम्ब या प्रतीक का आरोप करना आवश्यक है। 'उन्मत्त' कविता में वे कहते हैं—

> "सूंघ ली है सांस भरकर/गंध मैंने इस निरन्तर/खुले
> जाते क्षितिज के उल्लास की/खो गया हूं नदी तट
> की लहरती बिछतन जिसे सौ बार/धो-धो कर गई
> है अंजली बातास की/पी गया हूं अधिक कुछ मैं/
> स्निग्ध सहलाती हुई-सी/धूप यह हेमंत की।"[29]
>
> × × ×
>
> "मैं एक प्रवाह में हूं—/लेकिन मेरा रहस्यवाद ईश्वर
> की ओर उन्मुख नहीं है/मैं उस असीम शक्ति से सम्बन्ध
> जोड़ना चाहता हूं/जो मेरे भीतर है।"[30]

'आंगन के पार द्वार' में अज्ञेय के रहस्यवाद का विकसित रूप दिखाई देता है और वे आत्मान्वेषण की ओर उन्मुख होते हैं कि द्वैत का भाव ही नहीं रहता। 'चिड़ियों ने ही कहा' कविता में पहेली के ढंग से आत्मबोध और उसके रूपान्तर का चित्रण है—

> "तब जाने कब/चिड़िया ने ही कहा/कि चिड़िया/
> चिड़िया ने ही देखा/वह चिड़िया थी। /चिड़िया/
> चिड़िया नहीं रही है तब से/मैं भी नहीं रहा मैं।/
> कवि हूं/कहना सब सुनना है, स्वर केवल सन्नाटा।"[31]

काल को अज्ञेय अन्तहीन चक्र मानते हैं जो खत्म होता हुआ दिखाई देता है किन्तु कभी भी खत्म नहीं होता, वह अनन्त है उसके द्वार कभी बन्द नहीं होते। काल का मानव सापेक्ष विभाजन होता है जिसे हम अतीत, वर्तमान और अनागत कहते हैं। अज्ञेय ने दोनों ही तरह से काल पर विचार किया है। 'चक्रान्त शिला-खण्ड' में वे कहते हैं—

> "उस बीहड़/काली एक शिला पर बैठा दत्तचित्त/वह
> काक चोंच से लिखता ही जाता है अविश्राम/पल-छिन,
> दिन-युग, भय-त्रास व्याधि, ज्वर/जरा-मृत्यु/बनने-
> मिटने के कल्प, मिलन-बिछुड़न/गति-निगति-बिलय के/
> अन्तहीन-चक्रान्त।"[32]
>
> × × ×

"तुम/मेरी एक निजी घड़ी/जिसे मैं ओक भर-भर/
समय पूरता हूं/और वह बालू होकर रीत जाता है/
जिस बालू को मैं फिर बटोरता हूं।"[33]

काल का यही चिन्तन हमें 'वर्षान्त' और 'पहले सन्नाटा बुनता हूं' कविताओं में भी दिखाई देता है।

मानव सापेक्ष विभाजित काल के बारे में भी अज्ञेय बराबर सजग रहे हैं और इस चिन्तन में वे वर्तमान काल को ही अधिक महत्त्व देते हैं। 'सागर-मुद्रा' में उन्होंने समकालीन काल की स्थिति पर भी विचार किया है। उनके अनुसार उस अतीत और भविष्य का कोई महत्त्व नहीं जिसका सम्बन्ध वर्तमान से नहीं। 'काल स्थिति-1' व 'काल स्थिति-2' में उन्होंने कहा है कि—

"स्मृतिहीन, अपेक्षाहीन वर्तमान/ऐसा वर्तमान क्या
वर्तमान है—वही क्या ?"[34]

× × ×

"लेकिन हम जिनकी अपेक्षाएं/अतीत पर केन्द्रित हो गई
है/और भविष्य ही जिनकी मुख्य स्मृति हो गयी है/
क्योंकि हम न जाने कब से भविष्य में जी रहे हैं/हमारा
क्या/क्या इसलिए हमारा वर्तमान/वही नहीं है जो
नहीं है ?"[35]

अतः अज्ञेय काव्य में समय की आवाज को निरन्तर सुनते हैं। वे काल को शाश्वत मानते हैं। अज्ञेय अपने काव्य में प्रारम्भ से ही व्यक्ति-स्वतंत्रता के पक्षधर रहे हैं। इसलिए उनकी कविताओं में व्यक्ति चेतना का स्वर ही प्रमुख है। कथ्य और शिल्प दोनों ही दृष्टियों से उनकी काव्य यात्रा निरन्तर विकास की काव्य-यात्रा है। उनकी प्रारम्भिक दौर की कविताओं में वह निस्सत्व दिखाई देता है। 'भग्नदूत' खण्ड की कविता 'दीपावली का एक दीप' में बुझता दीपक कहता है—

"दीपक हूं मस्तक पर मेरे/अग्निशिखा है नाच रही—/
यही सोचा-समझा था शायद/आदर मेरा करें भी।"[36]

'भग्नदूत' की ही दूसरी कविता 'नहीं तेरे चरणों में' कवि का आहत अभिमान का एक करुण रूप दिखाई पड़ता है—

"तोड़ मरोड़ फूल अपने मैं/पथ में बिखराऊंगा/
पैरों से फिर कुचल उन्हें, मैं पलट चला जाऊंगा।"[37]

× × ×

"शायद आखें भर आये—/आंचल से मुख ढंक लूंगा,/
आंखों में उर में क्या है, यह तुम्हें न दिखने दूंगा।"[38]

अज्ञेय अपने व्यक्तित्व को पूर्णता तक पहुंचाने के लिए प्रतिबद्ध हैं। इसलिए वे किसी भी संघर्ष के प्रखर से प्रखर झोंके को सह जाने में सक्षम हैं। उनके इसी विराट संकल्प को इन पंक्तियों में देख सकते हैं—

"मेरे आह्वान से अगर प्रेत जागते हैं/मेरे सगो, मेरे भाइयों
तो तुम चौंकते क्यों हो?/मुझे दोष क्यों देते हो?/
वे तुम्हारे ही तो प्रेत हैं।/तुमसे किसने कहा था, मेरे
भाइयों कि तुम अधूरे और अतृप्त मर जाओ?/मैं तुम्हारे
साथ जिया हूं/यातनाएं सही हैं/किन्तु तुम्हारे साथ मैं
मरा हुआ नहीं हूं/क्योंकि तुमने तुम्हारा शेष कष्ट भोगने
के लिए मुझे चुना है/मैं अपने ही नहीं, तुम्हारे सलीब का
वाहक हूं।"[39]

अज्ञेय की कविता में आत्मान्वेषण के धरातल पर दो व्यक्तियों के बीच एक संवाद-सा दिखाई देता है। एक सामान्य व्यक्ति का और दूसरा उनके आदर्श कवि व्यक्तित्व का, जिसकी खोज उनके मन में निरन्तर चलती रहती है। 'कितनी शान्ति' कविता में आत्म-संवाद और कवि व्यक्तित्व की खोज द्रष्टव्य है—

"तुम्हें मैंने आह! संख्यातीत रूपों में किया है याद
सदा प्राणों में कहीं सुनता रहा हू तुम्हारा संवाद
बिना पूछे, सिद्धि कब? इस इष्ट से होगा कहां साक्षात्?
कौन सी यह प्रातः, जिसमें खिल उठेगी विलन्त सूनी शिशिर
भीगी रात।"[40]

अज्ञेय किसी विचारधारा में बंधे नहीं हैं। वे कविता को उपयोगी नहीं मानते। उन्होंने लिखा है कि—"मैंने कविता का उपयोग करना नहीं चाहा, क्योंकि मैंने नहीं माना कि मेरे उपयोग करना चाहने से वह उपयोगी हो सकती है। मैं मानता हूं, वह जब उपयोगी होती है जब मैं स्वयं उपयोगी हूं, उसमें जीवन

की पूर्णता तब है जब मैंने पूर्ण जीवन के प्रति स्वयं को समर्पित किया है। दुहाई देने से ही कविता नहीं लिखी जाती और प्यार के बदले भूख का दुखड़ा और भी कम प्रीतिकर हो जाती है।"[41] अतः अज्ञेय व्यक्ति-स्वातंत्र्य पर ही अधिक बल देते हैं, क्योंकि वे मानते हैं कि व्यक्ति की स्वतंत्रता ही महान समाज की रचना करती है। समाज से अज्ञेय का विरोध नहीं है। अज्ञेय ने बार-बार समाज के प्रति अपने दायित्व को स्वीकार किया है, किन्तु अपने अस्तित्व को नकार कर नहीं। अज्ञेय की बाद की कविताओं के बीज 'इत्यलम्' संग्रह में दिखाई देते हैं। उन्होंने लिखा है—

"दूर दूर दूर·········मैं वहां हूं

× × ×

यह जो मिट्टी गोड़ता है
कोदई खाता है और गेहूं खिलाता है
उसकी मैं साधना हूं
यह जो मिट्टी फोड़ता है
मड़िया में रहता है और महलों को बनाता है
उसकी मैं आस्था हूं
....

पंडित, श्रमरत मानव
अविजित, दुर्जय मानव
कमकर, श्रमकर, शिल्पी स्रष्टा
उसकी मैं कथा हूं।"[42]

यह कविता केवल संघर्षरत व्यक्तियों की सूची नहीं है बल्कि संघर्षरत व्यक्तियों की तस्वीर है। ऐसा ही संघर्ष हमें असाध्यवीणा में भी दिखाई देता है। हम देखते हैं कि अन्तिम दौर की कविताओं में उनका व्यक्तित्व सागर के समक्ष स्वयं से कहता है—

"तुम—तुम सागर क्यों नहीं हो ?
मेरी आंखों में ज्यों प्रश्न उभर आया,
अपनी फहरती लटों के बीच से वह
पलकें उठाये हुए
उसे न नकारती हुई पर अपने उत्तर से

मानों मुझे फिर से ललकारती हुई
अपने में सिमटती हुई बोली—
देखो न सागर बड़ा है, चौड़ा है
जहां तक दीठ जाती है, फैला है
मुझे घेरता है, घसा है, सहता है, धारता है, भरता है,
लहरों से सहलाता है, इतराता है, झुमाता है, झुलाता है,
और फिर निर्बन्ध मुक्त करता है—
मुक्त, मुक्त, मुक्त करता है ।"[43]

हम देखते हैं कि प्रारम्भ से ही अज्ञेय की कविताओं में व्यष्टि और समष्टि का द्वन्द्व सक्रिय रहा है। अज्ञेय के लिए व्यक्ति वह दीप है, जो अकेला होते हुए भी स्नेह और गर्व से भरा हुआ है और अपनी सार्थकता स्वयं को पंक्ति के लिए, दान दे देने में मानता है।

"वह दीप अकेला स्नेह भरा/है गर्व भरा मदमाता पर/
इसको पंक्ति को दे दो ।"[44]

प्रेयसी के रंग-रूप पर लिखने वाला कवि कविता के अन्तिम दौर में औरत के इस संघर्ष को भी पहचानता है ।

"मैंने कहा—कुछ बना रही हो/या जाने दो, न सही/
बना नहीं रही—/क्या कर रही हो ?/वह बोली :
देख तो रहे हो/छीलती हूं/नमक छिड़कती हूं/मसलती हूं/
निचोड़ती हूं/कोड़ती हूं/कसती हूं/फोड़ती हूं/फेंटती हूं/
महीन विनारती हूं/मसालों में संवारती हूं/देगची में पलटती
हूं/बनता जो है—यही सही है—/अपने आप बनता है/पर
जो कर रही हूं—/एक भारी पेंदें/मगर छोटे मुंह की/देगची
में सब कुछ झोंक रही हूं ।"[45]

इस उद्धरण से स्पष्ट होता है कि वे घर परिवार के दैनिक अनुभव से भी जुड़े हैं। उनका कथ्य परिवेश की व्यापकता के साथ ही विस्तार पाता है । नगर-जीवन से लेकर लोक-जीवन तक उनकी कविताओं का कथ्य फैला है।

अत: निष्कर्ष के रूप में कह सकते हैं कि उन्होंने सामाजिक दायित्व स्वीकार तो किया है किन्तु अस्तित्व के बिना नहीं । कविता उनके लिए आन्तरिक नैतिकता का प्रश्न नहीं है। इसलिए उन्हें समाज का प्रतिवादी नहीं कहा जा सकता है।

अज्ञेय की कविताओं में लोक-जीवन व लोक-कथाओं को भी स्थान मिला है। देशी शब्दों के माध्यम से वे लोक-जीवन के दृश्य उपस्थित करते हैं—

"भैंस पर सवार/चार-पांच बच्चे/उतरे जमीन पर/
एक हुआ कोइरी/एक भुईहार/एक ठाकुर/
एक कायथ/पांचवां चमार/"[46]

× × ×

"ओ पिया पानी बरसा/घास हरी पुल सानी/
मानिक के झूमर-सी/झूमी मधु-मालती/झर पड़
जीते पीत अमलतस चातकी की वेतना विरानी।"[47]

× × ×

"विनम्र हरियाली से ढके/पर भीतर ठेठ कठेठे खड़े हो।"[48]

प्रकृति अज्ञेय के कथ्य की आधार स्तम्भ रही है। प्रकृति को कभी माध्यम के रूप में और कभी उसका इतिवृत्तात्मक चित्रण अज्ञेय के कथ्य की विशेषता है—

"पति सेवारत सांझ/उचकता देख पराया चांद/
ललाकर ओट हो गयी।"[49]

× × ×

"जी होता है मैं सहसा गा उठूं/उमगते/स्वर जो कभी नहीं भीतर
से फूटे/कभी नहीं जो मैंने/कहीं किसी ने गाये।"[50]

पहले उद्धरण में पूनम की सांझ का चित्र खींचा गया है और दूसरे उद्धरण में प्रकृति के प्रतीकों द्वारा कवि की मनःस्थिति का चित्रण है।

काव्य विषयक चिन्तन भी अज्ञेय की कविताओं का मुख्य विषय रहा है। उनकी प्रारम्भिक कविताओं में जो प्रगतिशील तत्त्व दिखाई दिये थे वे लेखकीय चिता में परिवर्तित हो गये और कविताओं में भी काव्य-सिद्धान्तों को, कवियों को, सृजन प्रक्रिया को व्यक्त किया है। 'हमने पौधे से कहा' कविता में पौधे को सच्चे कवि का प्रतीक मानकर अज्ञेय ने उस कवि के प्रति व्यंग्य किया है जो मिट्टी की ओर नहीं देखता। अज्ञेय के अनुसार कवि को जीवन में गहरे जाकर पौधे की सड़ना, गलना और रस संचित करना है। ऐसा ही कवि अच्छा काव्य दे सकता है।

अज्ञेय ने काव्य की अनुभूति के स्वरूप पर गहराई से चिन्तन किया है।

उनकी दृष्टि में सातत्ययुक्त प्रवाह काव्यानुभूति का सही रूप नहीं है। इस तरह की कविताओं में भावों का अतिरिक्त आवेग आने का खतरा रहता है। इसलिए उन्होंने कहा है—

> "एक क्षण भर और : /लम्बे सर्जना के क्षण कभी भी हो नहीं
> सकते/बूंद स्वाती की भले हो, बेधती है मर्म सीपी का उसी
> निर्मम से/ब्रज जिससे फोड़ता चट्टान को/भले ही फिर व्यथा
> के तम में बरस पर बरस बीतें/एक मुक्ता-रूप को पकतें।"[51]

भाषा के सन्दर्भ में अज्ञेय ने सम्प्रेषण को बहुत महत्त्व दिया है। वे उस सम्प्रेषण को महत्त्व देते हैं जिससे मानवीय पहचान बनती है। उनकी यह धारणा 'भाषा : पहचान' कविता में द्रष्टव्य है—

> "हम सभी भिखारी हैं/भाषा की शक्ति/यह नहीं कि
> उसके सहारे सम्प्रेषण होता है/शक्ति इसमें है कि उसके
> सहारे/पहचान का वह सम्बन्ध बनता है जिसमें/
> सम्प्रेषण सार्थक होता है।"[52]

× × ×

> "बड़े काम की चीज है भाषा : /उसके सहारे/ एक से दूसरे
> तक/जानकारी पहुंचायी जा सकती है/वह सामाजिक
> उपकरण है।"[53]

मौन की अनुभूति, क्षण का आग्रह आदि सभी विषयों को अज्ञेय ने कविता में अभिव्यक्त किया है। कवि-कर्म अज्ञेय के लिए सरल प्रक्रिया नहीं है, वह आन्तरिक अनुशासन, आन्तरिक नैतिकता का प्रश्न है, बाहरी टिप्पणियों का नहीं।

अज्ञेय ने अपने काव्य में शिल्प और भाषा को अत्यधिक महत्त्व दिया है। अभिव्यक्ति के प्रति अत्यधिक आग्रह ही उन्हें कलावादियों के अत्यधिक निकट ले आता है। उन्होंने हिन्दी साहित्य को नये प्रतिमान दिये। अज्ञेय ने साहित्य में नवीन प्रतीक, बिम्ब, भाषा आदि का निर्माण किया।

भाषा मानवीय भावनाओं की सुनाई पड़ने वाली अभिव्यक्ति है। मानवीय अभिव्यक्ति का सम्बन्ध यथार्थ और अयथार्थ दोनों से होता है। अज्ञेय भाषा में श्रवणप्रिय छन्द को महत्त्व नहीं देते और न ही काव्य रचना को। वे भाषा में अर्थवत्ता को महत्त्व देते हैं। अज्ञेय की काव्य भाषा पर परम्परागत प्रभाव ही दृष्टिगोचर होता है। द्विवेदीयुगीन इतिवृत्तात्मक और छायावादी भाषा का प्रभाव उनकी प्रारम्भिक रचनाओं में देखा जा सकता है। लेकिन अज्ञेय भाषा के संबंध

में भी शंकित रहे हैं। उन्होंने गतिशील और प्रभावशील भाषा को ही आर्ष भाषा कहा है। उनके ही शब्दों में—"इसमें गुंजाइश है कि कवि संस्कार ग्रहण करता हुआ और शब्द के संस्कार बदलता चले और भाषा की रूढ़ि से मुक्त होता चले। हर अच्छा कवि यही करता है। यही भाषा का आर्ष प्रयोग है। यहां भाषा की रूढ़ि टूट गई है पर शब्द का संस्कार समृद्ध हो गया है।"[54] अज्ञेय ने ऐसी ही काव्य-भाषा का निर्माण किया है।

अज्ञेय ने बचपन से कई भाषाओं का अध्ययन किया था। इसलिए सभी भाषाओं का मिश्रित प्रभाव अज्ञेय के काव्य में दिखाई देता है। उन्होंने 'भवन्ति' में स्वयं कहा है कि—"हिन्दी अनिवार्यता एक विकासमान भाषा है। एस्पेरान्तो की भांति एक गढ़ी हुई चीज, एक निर्मित नहीं है।"[55] इसलिए अज्ञेय की काव्य भाषा शब्दों की खोज है।

> "मुझे तीन दो शब्द / कि मैं कविता कह पाऊं / एक शब्द
> वह / जिससे कह सकूं / किन्तु दर्द मेरे से जो छोटा पड़ता
> हो / और तीसरा : खरा धातु / पर जिसको पाकर पूछूं/
> क्या न बिना इसके भी काम चलेगा ? / और मौन रह
> जाऊं / मुझे तीन दो शब्द कि मैं कविता कह पाऊं।"[56]

भाषा मानवीय आविष्कार है। जितना अर्थ हम उसमें भरने का प्रयत्न करते हैं उतना ही अर्थ होता है। अतः एक समय के वे प्रतिष्ठित अर्थ इस समय के सन्दर्भों को व्यक्त करने में असमर्थ भी हो सकते हैं। उनमें अर्थ परिवर्तन की सम्भावना बनी रहती है। इसी कारण अज्ञेय को पुराने उपमा-प्रतीक मैले जान पड़ते हैं।

भाषा की समस्या को अज्ञेय कवि-कर्म की मुख्य समस्या मानते हैं। इस सन्दर्भ में उन्होंने ऐतिहासिक दृष्टि से भी विचार किया है और अपने युग की कमियों को जानकर ही नई भाषा का निर्माण किया है। भाषा सम्पदा को बढ़ाने के लिए उन्होंने लोक-जीवन की भाषा को भी अपनाया।

अज्ञेय भाषा में सम्प्रेषण को महत्त्व देते हैं। उन्होंने लिखा कि व्यक्ति का जो अनुभूत है उसे कैसे समष्टि तक पहुंचाया जाय, यही पहली समस्या है। समकालीन कवियों का अज्ञेय के काव्य से प्रभावित होने का एक कारण यह भी था उसमें सम्प्रेषण को महत्त्व प्राप्त था और मुक्तिबोध की भाषा जनता तक संप्रेषित होने में असमर्थ थी। कुंवरनारायण, रघुवीर सहाय, धर्मवीर भारती, नरेश मेहता उनके भाषा संस्कार से ही अधिक प्रभावित नजर आते हैं।

अज्ञेय ने शिल्प के सम्बन्ध में प्रयोग को ही अत्यधिक महत्त्व दिया है।

नवीनता का यह आग्रह ही उन्हें विभिन्न प्रभावों को ग्रहण करने के लिए बाध्य करता है। क्योंकि उसे वे नवीनता का मोह न मानकर युगानुरूप परिवर्तन की स्वस्थ चेष्टा के रूप में स्वीकार करते हैं। अज्ञेय वादों से परे हैं। वे किसी वाद में बंधे हुए नहीं हैं। अज्ञेय की इस विशेषता ने भी समकालीन कवियों को पर्याप्त प्रभावित किया। समकालीन कवि भी पश्चिमी आधुनिकता बोध से प्रभावित हुए।

अज्ञेय पर संस्कृत भाषा का भी पर्याप्त प्रभाव पड़ा है। उन्होंने कहीं-कहीं संस्कृत की कहावतों तक का यथावत् प्रयोग किया है। कहीं-कहीं संस्कृत के तत्सम शब्दों का प्रयोग हुआ है। इसका एक कारण यह भी है कि प्रारम्भ से ही उन्होंने संस्कृत भाषा की शिक्षा प्राप्त की थी। संस्कृत की कहावतों का प्रयोग तो शीर्षक तक में हुआ है—

'तं तु देशं न पश्यामि'
'ध्रुपदः शं'
'अहं राष्ट्री संगमनी जनानाम्'
'ओ निस्संग ममेतर'
'रोपयित्री'
'ब्राह्म मुहूर्तः स्वस्तिवाचन'

अज्ञेय की वयस्क कविता में भाषा की प्रौढ़ता दिखाई देती है। लोककथा-लोकभाषा का भी प्रभाव देखा जा सकता है—

"बांगर में / राजा जी का बाग है / चारों ओर दीवार है /
जिसमें एक द्वार है / बीच बाग में कुआं है / बहुत-बहुत गहरा।"[57]

× × ×

"जाट रे जाट / तेरे सिर पर खाट / पूरजातन्तर की।"[58]

इसमें बांगर, जाट, बाग, कुआं आदि लोकभाषा के शब्द हैं। बोलियों की शब्दावली का प्रयोग भी अज्ञेय के काव्य में द्रष्टव्य है—

"खड़े रहो ढिग / गहो हाथ / पाहुन मन-भाने।"[59]

× × ×

"आचमन करते हैं / डांगर बसाते हैं।"[60]

× × ×

"खादर की नदी नहीं / किसी की बपौती की / पुरवे के हर झरवे की / गंगा हो अपनी कठौती की।"[61]

ऊपर के तीनों उद्धरण में ढिग, डांगर, कठौती, पुरवे, झरवे आदि भी लोकभाषा के शब्द हैं जो परिवेश को सामने उपस्थित कर देते हैं।

अज्ञेय का काव्य भी अनेक कवियों के काव्य से प्रभावित हुआ। पाश्चात्य साहित्य का अध्ययन करने के कारण अंग्रेजी शब्दावली उनकी काव्य-भाषा में प्रयुक्त हुई है। रेल, पार्क, बेंच, पोर्च, मोटर, थियेटर आदि अनेक शब्द हैं।

निष्कर्ष के रूप में कह सकते हैं कि अज्ञेय की काव्य-भाषा मानवीय संवेदना को व्यक्त करने में समर्थ है। संप्रेषण की समस्या को ध्यान में रखने से जनता तक संप्रेषित होने में सक्षम है। वह विभिन्न प्रभावों से प्रभावित होते हुए भी अपनी मौलिक पहचान रखती है।[62]

अज्ञेय के बिम्ब-विधान में विविधता है। उसके बारे में किसी भी दृष्टिकोण से विचार करते समय हमें इस बात का ध्यान रखना चाहिए कि यह युग हिन्दी साहित्य में उथल-पुथल का युग है। अज्ञेय ने छायावादी युग में सृजन प्रारम्भ किया, इसलिए प्रारम्भिक रचनाओं पर छायावादी बिम्बों का ही प्रभाव है। अज्ञेय के बिम्बों में प्रकृति का आधिक्य है। मुक्तिबोध के काव्य में प्रकृति रहस्यात्मक ढंग से प्रकट होती है वहीं अज्ञेय के काव्य में प्रकृति मन के भावों को व्यक्त करने के माध्यम के रूप में उपस्थित होती है। अज्ञेय के काव्य में प्रकृति को भिन्न-भिन्न रूपों में प्रस्तुत किया है। कभी प्रकृति के इतिवृत्तात्मक चित्रण के रूप में, तो कभी यौन-बिम्बों की रचना के लिए, काव्य-चिन्तन को स्पष्ट करने के लिए, आध्यात्मिक दर्शन के लिए और कभी लोक-जीवन को अभिव्यक्त करने के लिए। अज्ञेय ने छायावादी सौन्दर्यबोध को भी प्रकृति के माध्यम से ध्वस्त किया है। मुक्तिबोध के काव्य में जहां अंधेरे को प्रमुखता है तो अज्ञेय के काव्य में मौन और सन्नाटे के स्वर को। दृश्य के रूप में प्रकृति का बिम्बात्मक चित्रण अज्ञेय की शिल्पगत विशेषता है। इसमें प्रकृति दृश्य के रूप में सामने आती है—

"तालों के जाल / घने, कहीं लदे-छदे / कहीं ठूंठ तने /
केलों के कुंज बने, सीसम की मेड़ बंधे।"[63]

× × ×

"सूप-सूप भर / धूप कनक यह सूने नभ में गयी बिखर /
चौंधया बीन रहा है / उसे एक कुरर।"[64]

सूर्य, चन्द्र, तारे, आकाश, बादल, सागर, नदी, पर्वत, पगडण्डी, सांझ, रात-

दिन, उषःकाल, सभी महत्त्वपूर्ण ऋतुएं—शरद, वसन्त, वर्षा, ग्रीष्म आदि। पशु-पक्षी, पेड़-पौधे अज्ञेय के काव्य में प्रकृति के बिम्बों के रूप में आये हैं। प्रेम, विरह विदा, दर्द, उदात्तता इत्यादि विविध भावों के चित्र प्रकृति के परिवेश में चित्रित किए गये हैं।

"जब दिनकर की ज्योत्स्ना से सहसा आलोकित
अभिसारिका उषा के मुख पर पुलकित ब्रीड़ा की लाली आती है।"[65]

यह परम्परागत बिम्ब है। वहीं 'कितनी नावों में कितनी बार' में उषःकाल का यह चित्र छायावादी मानसिकता से कुछ भिन्न है। यद्यपि यह कहना कठिन है कि कवि प्रेयसी को देखकर सौन्दर्य से संवेदित होता है या किसी रहस्यमय व्यक्तित्व को।

"भोर : चोरी से नहीं, अनजाने, अचानक, / मैंने तुम्हें मरने पर
देखा / आह : ऐसे धुलते हैं तार सोने के / ऐसे मंजता है कुन्द
नीर / ऐसे, मानो ओस के प्रभामंडल से घिरा हुआ / पार की
धूप में चमक उठता है / सवेरे का फूल।"[66]

तन्द्रा में अनुभूति, चेहरा उदास, कतकी निशि, सागर किनारे जाता हूं सोने, वहां रात, कतकी पूनों आदि कविताओं में प्रकृति का मानवीकरण किया गया है।

"धूप-मां की हंसी के प्रतिबिम्ब-सी शिशु बदन पर हुई भाषित
नये चीड़ों से कंटीली पार की गिरि शृंखला पर।[67]

× × ×

"पति सेवारत सांझ/उचकता देख पराया चांद/
ललाकर ओट हो गयी/सांझ की बेला में भीगी हुई मनःस्थिति।"[68]

× × ×

"झींगुरों की लोरियां / सुला गई थीं गांव को / झोंपड़े हिंडोलों
सी झुला रही हैं / धीमे-धीमे अली कपाली डोरियां।',[69]

रोमेंटिक मनस्थितियों का अंकन करने के लिए भी अज्ञेय ने दृश्य-बिम्बों की सृष्टि की है। आन्तरिक भावों की प्रवाहमानता के लिए भी वे वस्तु-बिम्ब का निर्माण करते हैं। पेड़-पौधों से सम्बन्धित बिम्ब अज्ञेय में अधिक हैं। उनके काव्य में बाजरा, गेहूं, सरसों, चीड़, महुआ, बबूल, शिरीष, जूही, कचनार, कमल, कुमुद

हरसिंगार, चम्पा, घास, दूब आदि के बिम्ब भी हैं।

पक्षियों में चिड़िया के बिम्ब का प्रयोग अज्ञेय ने कई बार किया है, अन्य पक्षियों में हारिल, मोर, जलपंछी, सारस, टिट्टिभि, कठफोड़वा, फूलसुंघनी, सतभैये और हंस का नाम लिया जा सकता है। पशुओं में अज्ञेय ने मृग, घोड़े, हाथी का बिम्बात्मक प्रयोग किया है। मछली व सांप भी उनकी कविता में बिम्ब के रूप में आये हैं।

"हरी बिछली घास / ढोलती कलगी छरहरी बाजरे की।"[70]

× × ×

"पौधे, लता ढोलती, फूल, झरे पत्ते, तितली भुनगे,
फुनगी पर पूंछ उठाकर इतराती छोटी-सी चिड़िया।"[71]

× × ×

"उड़ चल, हारिल, लिये हाथ में यही अकेला ओछा तिनका/
उषा जाग उठी प्राची में—कैसी बाट, भरोसा किनका।"[72]

उक्त उद्धरणों में हारिल, बाजरे की कलगी आदि नवीनतम बिम्बों का निर्माण अज्ञेय ने किया है। 'सांप' कविता में उन्होंने सांप के माध्यम से सभ्य समाज पर व्यंग्य किया है—

"सांप ! तुम सभ्य तो हुए नहीं
नगर में बसना भी तुम्हें नहीं आया।
एक बात पूछूं— (उत्तर दोगे ?)
तब कैसे सीखा डंसना—विष कहां पाया ?"[73]

'वर्षान्त' कविता में प्रकृति ही उनकी दार्शनिक भावना को व्यक्त करती है—

"इस यों में ही है सब जिज्ञासाओं के उत्तर
फिर भी / जिज्ञासा का उत्तर अन्त नहीं है
जीवन का कौतूहल है अदम्य : जीवन की आशा
छोड़ नहीं सकती अन्वेषण।"[74]

× × ×

"लो : मुट्ठी भर रेत उठाओ :
ठीक कह रहा हूं, मैं हंसी नहीं है,
उसे उंगलियों में से बह जाने दो : बस
"यों ।"[75]

अज्ञेय ने अपने काव्य में यौन-बिम्बों का भी प्रयोग किया है—

"सो रहा है झोंप अंधियाला / नदी की जांघ पर।"[76]

इसी प्रकार 'हरी घास पर क्षण भर' में भी इसी प्रकार के बिम्बों का प्रयोग है। 'असाध्य वीणा' में तो अज्ञेय ने बिम्बों की शृंखला का प्रयोग किया है। इस प्रकार बिम्ब-सृजन द्वारा ही भाव-संप्रेषण किया है।

"इसको
वह भरी तिजोरी में सोने की खनक।"[77]
"उसे बहुली में बहुत दिनों के बाद अन्न की सोंधी गन्ध।"[78]
"किसी एक नयी वधू की सहमी-सी पायल ध्वनि।"[79]
"किसी दूसरे शिशु की किलकारी
एक किसी को जाल-फंसी मछली की तड़पन।"[80]

अज्ञेय ने बिम्बों का सृजन किया है और प्रभाव भी ग्रहण किये हैं लेकिन उन्हें बिंबवादी नहीं कहा जा सकता। उन्होंने बिंब के माध्यम से व्यक्ति के भीतरी और बाहरी दोनों परिवेश को चित्रित किया है।

प्रतीक वह अनुभूति संकेत है जो भावाभिव्यक्ति को गहराई प्रदान करता है और अर्थ को उसकी तह से संप्रेषित करता है। अज्ञेय कविता में प्रतीकवादियों की तरह पलायन नहीं है लेकिन रोमेंटिक कविता की भांति विद्रोह का स्वर है। नवीन भाषा, बिंब, प्रतीक की खोज उन्होंने हमेशा की है, ऐसा करते हुए उन्होंने परंपरा की उपेक्षा नहीं की है। इन प्रतीकों ने भी जीवन को परिभाषित किया है। 'नाव' उनकी कविता में जीवन की प्रतीक बराबर बनी रही। 'दीपक' आशावाद का प्रतीक है। खद्योत लघु प्रेमी का प्रतीक है और 'तिमिर' निराशा का। अज्ञेय ने आधुनिकता के नाम पर परम्परा को अस्वीकार नहीं किया। परम्परा यदि अभिव्यक्ति में बाधक है तो वे उसे अस्वीकार कर देते हैं और यदि सहायक है तो स्वीकार कर लेते हैं। रूढ़ि में बंधना अज्ञेय को पसन्द नहीं, परन्तु स्वस्थ परम्परा को वे नकारना नहीं चाहते—

"खोल दो नाव / जिधर बहती है / बहने दो।"[81]

× × ×

"जीवन के बीहड़ में दीपक एक जला जाना।"[82]

× × ×

"आज चला खद्योत मांगने बाड़व-उर का दाह।"[83]

× × ×

"तिमिर में दामिनी दमक गई।"[84]

'अहेरी' अज्ञेय का प्रिय प्रतीक है। अज्ञेय ने फिट्जराल्ड से प्रभावित होकर 'अहेरी' प्रतीक का प्रयोग किया है। फिट्जराल्ड ने 'रुबाइयत' ओफ उमर खय्याम में सूर्य के पूर्व 'अहेरी' शब्द का प्रयोग किया है। अहेरी, खंडहर, अनी तीन प्रतीकों के माध्यम से उन्होंने प्रकृति चित्रण किया है। अहेरी सूर्य का प्रतीक है, खंडहर उनके अन्तस् का प्रतीक है, अनी किरणों का प्रतीक है। यहां सूर्य-किरणों से अन्तरात्मा के अन्धकार को बेधने की बात कही गई है।

"बावरा अहेरी रे/···लो, मैं खोल देता हूं कपाट सारे
मेरे इस खंडहर की शिरा-शिरा छेद दे/आलोक अनी से
अपनी।"[85]

रोमेंटिक प्रसंग में भी अज्ञेय ने 'अहेरी' प्रतीक का प्रयोग किया है—

"कई बार आकर्णतान धनु/लक्ष्य साधकर/तीर छोड़ता हूं
मैं/प्रत्यंचा को/देता हूं टंकार अनमना/मेरे हाथ कुछ
नहीं आता, दूर कहीं पर/हाय! मर्म में कोई बिंध
जाता है।"[86]

इसमें धनु और प्रत्यंचा नेत्र संकेत के प्रतीक हैं। अज्ञेय की हर कविता में प्रतीकों का प्रयोग नवीन अर्थ में ही अधिक होता है। समाज के महत्त्व को स्वीकारते हुए भी अज्ञेय व्यक्तित्व की गरिमा को सुरक्षित रखते हैं और इसीलिए उन्होंने वैयक्तिक प्रतीकों के माध्यम से अपनी विचारधारा को अभिव्यक्त किया है।

"हम नदी के द्वीप हैं
हम नहीं कहते कि हमको छोड़कर स्त्रोतस्विनी बह जाए
वह हमें आकार देती है
हमारे कोण, गलियां अन्तरीप, उभार सैकत कूल,
सब गोलाइयां उसकी गढ़ी हैं।
मां है वह, इसी से हम बने हैं
किन्तु हम हैं द्वीप
हम धारा नहीं हैं
स्थिर समर्पण है हमारा
हम सदा से द्वीप हैं स्त्रोतस्विनी के।
किन्तु हम बहते नहीं हैं क्योंकि बहना रेत होना है
हम बहेंगे तो रहेंगे ही नहीं
पैर उखड़ेंगे, प्लवन होगा, ढहेंगे, सहेंगे, बह जाएंगे।"

इसमें नदी समष्टि का प्रतीक है और द्वीप व्यष्टि का। अज्ञेय समाज के प्रति अपने दायित्व को स्वीकार करते हैं। 'दीप और पंक्ति' के प्रतीक द्वारा अज्ञेय ने अपने इस दृष्टिकोण को अभिव्यक्त किया है—

"यह दीप अकेला, स्नेह भरा
है गर्व भरा मदमाता पर
इसको भी पंक्ति को दे दो।"[87]

'मछली' का भी अज्ञेय ने अनेक अर्थों में प्रयोग किया है। मछली को कवि ने कभी सत्य का, व्यक्ति का, अस्तित्व का, जीवन का प्रतीक स्वीकार किया है। 'सोन मछली' एक छोटी-सी कविता में इसकी ही अभिव्यक्ति है—

"हम निहारते रूप
कांच के पीछे हांफ रही है मछली
रूप-तृषा भी
(और कांच के पीछे) है जिजीविषा।"

जीवन छाया में भी उन्होंने इस प्रतीक को इस अर्थ में व्यक्त किया है—

"पुल पर झुका खड़ा है देख रहा हूं
अपनी परछाइं

सोते के निर्मल जल पर
तट पर : भीतर
नीचे पथरीले रेतीले थल पर :
अरे, उस ये पल-पल
भेद-भेद जाती है
कितनी उज्ज्वल
रंगारंग मछलियां ।"[88]

'रंगारंग मछलियां' जीवन की उन सच्चाइयों एवं सत्यों का प्रतीक हैं, जो मनुष्य को कभी-कभी 'भेद' जाती है। लेकिन यह 'भिदना' तभी सम्भव है जब सोते का जल निर्मल हो, मन शान्त हो, जिनमें मन के पथरीले, रेतीले भू-भाग स्पष्ट दीखते हों। ऐसी स्थिति में शान्त जल में पहले तो अपनी परछाइं दीख पड़ती है—हमारा व्यक्तित्व, हमारी दृष्टि में जो है। पुल जीवन के क्षणों का प्रतीक है। 'आंगन के पार द्वार' में व 'बना दे चितेरे' में भी यह समग्र व्यक्तित्व का ही प्रतीक है।

'कितनी नावों में कितनी बार' भी एक प्रतीकात्मक कविता है। 'होने का सागर' में सागर और मछली के प्रतीक हैं। आत्मनेपद में अज्ञेय ने स्वयं कहा है कि····"जीवन वास्तव में निरीह होने की क्रिया का नैसर्गिक व्यापारों के अनुक्रम का नाम नहीं है, जीवन के होने के बोध का नाम है। यानी 'कुछ है' नहीं 'मैं हूं' का बोध ही जीवन है।"[89]

"हमारा ज्ञान जहां तक जाता है
जो अर्थ हमें बतलाता (कि सहलाता) है
वह सागर में नहीं
हमारी मछली में है
जिसे सभी दिशा में
सागर घेर रहा है।"[90]

अज्ञेय ने व्यंग्य करने के लिए भी प्रतीकों का सहारा लिया है। 'रेंक' कविता में तथा सांप कविता में इन्हीं प्रतीकों के माध्यम से ही व्यंग्यात्मक अभिव्यक्ति हुई। जिसमें गधा आत्मप्रेमी लोगों का तथा सांप मनुष्य की शहरी असभ्यता का प्रतीक है। 'सागर' विशाल जीवन का प्रतीक है और नदी, ताल, कुआं उसके आंशिक अनुभूति-क्षणों के प्रतीक हैं। जीवन के कुछ क्षणों को ही भोगा जा सकता है, यह अज्ञेय की मान्यता है।

"निर्विकार मरू तक को सींचा है
तो क्या ? नदी, नाले, ताल, कुएं से पानी उलीचा है
तो क्या ? उड़ा हूं, दौड़ा हूं, तेरा हूं, पारंगत हूं
इसी अहंकार के मारे
अन्धकार में सागर किनारे
ठिठक गया : नत हूं
बल नहीं गया।
इसलिए जो और रहा, वह
कहा नहीं गया।"[91]

चक्रान्त-शिला' को अज्ञेय ने काल के रूप में प्रयुक्त किया है। समय को पहचाना है। इस प्रकार वे अभिप्रेत अर्थ-सृष्टि के लिए ही प्रतीकों का प्रयोग करते हैं।

निष्कर्षतः हम कह सकते हैं कि अज्ञेय प्रतीकवादी कवि नहीं बल्कि प्रतीक-धर्मी कवि हैं। उन्होंने विशेष वाद के जुड़ने के लिए प्रतीकों की सृष्टि नहीं की। अनुभूति के दबावों में ही उन्हें प्रतीकों के अन्वेषण के लिए भटकाया है। उन्होंने सही लिखा है कि—

"यह बीच ऊपर मन रहा टटोल
प्रतीकों की परिभाषा
आत्मा में जो अपने ही से
खुलती रहती है।"[92]

अज्ञेय ने वैयक्तिक प्रतीकों का प्रयोग ही अधिक किया है। उनके प्रतीकों की यह विशेषता है कि वह अर्थों की लड़ियां हमारे सामने खोल देती है। अज्ञेय शब्द या निहित वाक्य में कल्पना को प्रतीकात्मकता प्रदान कर देते हैं परन्तु इससे भी अधिक पूरे प्रसंग को, कथांश को, घटनाओं को भी प्रतीकात्मक रूप प्रदान करते हैं। 'रश्मिबाण', 'खिड़की एकाएक खुली', 'रोपयित्री' आदिकविताओं में इस विशेषता को देखा जा सकता है।

अज्ञेय प्रयोगवाद व नयी कविता के कवि माने जाते हैं। उन्होंने प्रचलित काव्य-प्रवृत्तियों से नयी कविता को पृथक दिशा में ले जाने का प्रयत्न किया। छायावादी भावुकता और प्रगतिवादी इकहरी मानसिकता से अलग उन्होंने प्रयोग को महत्त्व दिया। अज्ञेय साहित्य के क्षेत्र में नये प्रतिमान लेकर आए। जिसके कारण उनका विरोध भी हुआ और एक कवि-वर्ग ने उनका स्वागत भी

किया। तार-सप्तक का प्रकाशन हिन्दी के क्षेत्र में ऐतिहासिक घटना है। उसे आधुनिक बोध का प्रथम प्रस्फुटन भी कहा जाये तो गलत नहीं होगा। आजादी के बाद पूरा परिवेश प्रगति की होड़ में लगा हुआ था और वह पूरी तरह पिछली चीजों को ध्वस्त करना चाहता था। इसी कारण नई कविता के अन्य कवि भी अज्ञेय के आधुनिक भावबोध से प्रभावित हुए। धर्मवीर भारती, गिरिजाकुमार माथुर, जगदीश गुप्त, विजयनारायण देव साही, श्रीराम वर्मा, लक्ष्मीकान्त वर्मा, नन्दकिशोर आचार्य, स्नेहमयी चौधरी, राजेन्द्र किशोर आदि कवि स्पष्टत: अज्ञेय की कलावादी रोमेन्टिक धारा के निकट हैं, जबकि श्रीकान्त वर्मा व अशोक वाजपेयी जैसे कवियों के अवचेतन में भी यही धारा बहती है।

अज्ञेय से ही प्रभावित होने का एक कारण यह भी है कि 'तार-सप्तक' के कवियों में से श्री गजानन माधव मुक्तिबोध की कविताएं उस समय जनता तक सम्प्रेषित होने में असमर्थ थीं और बाकी कवियों का काव्य एक विलक्षण प्रकार के अन्तर्विरोधों से ग्रस्त होने के कारण संवेद्य नहीं बन सका।"[93] 'तार-सप्तक' के बाद जितने सप्तकों का प्रकाशन हुआ उसमें अधिकांशत: प्रयोगवादी थे जो मार्क्सवादी विचारधारा को नहीं मानते थे और व्यक्ति की स्वतंत्रता पर ही अधिक बल देते थे।

अज्ञेय व्यक्तिवादी रोमानी सौन्दर्यबोध के कवि हैं। आरम्भ में अज्ञेय ने जिस अहम् के विलयन की बात कही थी, उसी अहं का विसर्जन हमें उनकी बाद की कविताओं में देखा जा सकता है। साहित्य कालगत स्थितियों का परिणाम होता है। रचना अपने परिवेश से प्रभावित होती है। औद्योगिक सभ्यता के प्रभाव को तो छायावादी कवियों ने भी अनुभव किया था पर छायावादियों का सहज विश्वास और भारतीय आध्यात्मिक परम्परा के प्रति उसकी दृढ़ सम्बद्धता के कारण उस पर यह दबाव इतना प्रभावशाली सिद्ध न हो सका। प्रयोगवादी कवियों के साथ यह स्थिति इतनी सहज नहीं थी। नगर-जीवन का अगाध अतिक्रमण उसकी संवेदनशीलता को घेरता था। इसलिए नई कविता के कवि आत्म-केन्द्रित दिशा की ओर मुड़ गए और उन्हें तार-सप्तक के प्रकाशन के पश्चात् अज्ञेय के काव्य-बिम्ब, भाषा, प्रतीक आदि प्रयोगों ने समकालीन कवियों को प्रभावित किया। डॉ० जगदीश गुप्त लिखते हैं—"नया कवि किसी विषय पर कविता नहीं लिखता, उसका अनुभव ही उसकी कविता का विषय होता है।"[94]

गिरिजाकुमार माथुर अज्ञेय की कथ्य चेतना से प्रभावित हैं। वे किसी वाद से स्वयं को सम्बद्ध नहीं मानते और इसी अर्थ में व्यक्ति-स्वातंत्र्य को महत्त्व देते हैं। वे मुख्यत: प्रणयानुभूति के कवि हैं। प्रणयानुभूति, स्त्री-साहचर्य की कामना, विगत प्रणय की स्मृति आदि स्थितियों को उनकी कविताओं में देखा जा सकता

है, जिसमें विगत प्रेम की अनुभूतियों को प्रकृति के माध्यम से अभिव्यक्त किया गया है—

> "गीत की आखिरी मीठी लकीर सी/प्यार भी
> डूबेगा गोरी सी बाहों में/ओठों में, आंखों में/
> फूलों में डूबे ज्यों/फूल की रेशमी-रेशमी छाहें/
> आज हैं—केसर रंग रंगे वन।"[95]

उनकी कविताओं में रोमानी भावनाओं की प्रधानता है। वहीं प्रगतिवादी मानव-संघर्ष भी उनकी कविताओं में है। 'मानव-संघर्ष' में भी अहं का स्वर ही प्रमुख है।

> "मेरी मानवता पर रक्खा गिरी सा सत्ता का सिंहासन
> मेरी आस्था पर बैठा है विषधर सा सामंती शासन
> मेरी छाती पर रखा हुआ साम्राज्यवाद का रक्त कलश।"[96]

धर्मवीर भारती भी अपने व्यक्तित्व के प्रति आस्थावान हैं और अज्ञेय की तरह वे भी आन्तरिक अन्वेषण को कविता का प्रमुख उद्देश्य मानते हैं। कल्पनाओं और स्वप्नों को छिन्न-भिन्न होते देख या मानवीय संवेदनाओं को लुप्त होते देख उनका मन भी निराशा में डूब जाता है। इसलिए दृश्य काव्य 'अन्धा युग' में धर्मवीर भारती ने युग के समस्त अन्धकार के बीच आन्तरिक अनासक्त भाव की आस्था को व्यक्त किया है—

> "चलता तो हमको ही होगा/चलने में ही इन टूटों और अधूरों
> का शायद होगा कुछ नया गठन/आश्रय देंगे हमको अपने/जर्जर
> पर अपराजेय चरण।"[97]

महानगरों की बढ़ती हुई भीड़ में वह स्वयं को अकेला अनुभव करता है। यह अस्तित्ववादी अकेलापन अधिकतर नई कविता के कवियों में विद्यमान है इसीलिए इनकी कविता का लक्ष्य भी व्यक्तित्व की खोज और अहं की स्वीकृति रहा है। पिछले युगों में निरन्तर मानवीय अस्तित्व का विघटन हुआ है। इसलिए प्रत्येक कवि में अस्तितत्व की चिन्ता दिखाई देती है। लेकिन अज्ञेय का अकेलापन अस्तित्ववादी अकेलापन है। नरेश मेहता की कविताओं में भी अहं का स्वर सुनाई देता है—

"किन्तु हमारे मन का/संशय, दर्प, विद्रोह वही है/कैसे तुम
सब झुकते/ओ मेरी गति/कैसे सब झुक पायें।"[98]

'दूसरा-सप्तक' में संकलित भारती की कविताएं पूरी तरह व्यक्तिवादी हैं। 'गुनाह का गीत' और 'गुनाह का दूसरा गीत' नामक कविताएं प्रेम की कुण्ठित भावना की अभिव्यक्ति हैं।

"इन फिरोजी होंठों पर बरबाद/मेरी जिन्दगी-/
तुम्हारे स्पर्श की बादल-धुली कचनार नरमाई/
तुम्हारे वक्ष की जादूभरी मदहोश गरमाई/
तुम्हारी चितवनों में नरगिसों की पात शरमाई/
सिखाने को कहा मुझसे प्रणय के देवताओं ने/
तुम्हें आदिम गुनाहों का अजब-सा इन्द्रधनुषी स्वाद/
मेरी जिन्दगी बरबाद।"[99]

तार-सप्तक के बाद तीनों सप्तकों के कवियों में अज्ञेय का प्रभाव देखा जा सकता है। नन्दकिशोर आचार्य कहते हैं—"कविता जानने की नहीं होने की प्रक्रिया है बल्कि एक प्रकार से 'होकर' जानने की प्रक्रिया है।"[100]

"नहीं, कविता रचना नहीं
सुबूत है
कि मैंने अपने को रचा है
मैं ही तो हो गया हूं शब्द।"[101]

वे भी अपने काव्य में व्यक्तिवादी स्वर को महत्त्व देते हैं और कविता को अर्थ विस्तार का प्रयत्न मानते हैं।

चौथे तार-सप्तक के ही कवि राजेन्द्र किशोर भी अज्ञेय की विचारधारा के ही निकट हैं। वे कहते हैं—"कवि की मृत्यु का कारण पाठक का अभाव नहीं है। कवि के सन्दर्भ में उस अद्वितीयता का अभाव है जो कवि की उपलब्धि भी होती है और उपलब्धि का विषय भी।"[102]

"आद्योपान्त जब—
जिन चिड़ियों ने सबेरा किया था,
जिन कंठों ने बार-बार पुकार करायी थी

अनवरत अंतहीन यात्राएं···
···वे कहां हैं।"[103]

इस प्रकार लगातार चार-सप्तकों का नेतृत्व करने के कारण भी अज्ञेय नयी-कविता के केन्द्र में रहे।

अज्ञेय ने काव्य को सबसे पहले शब्द कहा है और वे मानते हैं कि सबसे अन्त में भी एक वही शब्द बचता है। छायावादी युग की स्वप्नों वाली भाषा आधुनिक युग के परिवेश को व्यक्त करने में असमर्थ हुई तो अज्ञेय ने सबसे पहले भाषा की ओर समकालीन कवियों का ध्यान आकर्षित किया और नवीन बिम्ब, प्रतीकों का अन्वेषण किया। उन्होंने नई कविता को व्यापक आयाम दिया।

अज्ञेय का समकालीन कविता पर प्रभाव अनेक रूपों में दिखाई देता है। विरोधी प्रभाव के रूप में भी अंकित किया जा सकता है, जैसे—श्रीकान्त वर्मा जो पक्षधरता और राजनैतिक विचारधारा के विरोधी हैं, अज्ञेय के नव्य-रहस्यवाद के भी विरोधी हैं। वे आधुनिकता और व्यक्ति के स्तर को अज्ञेय के मुहावरे के विरोधी मुहावरे में ढालते हैं। उदयन वाजपेयी ने लिखा है—"अस्सी के बाद आये कवियों की कविताओं में जो फर्क आया, और वह बेहद महत्त्वपूर्ण फर्क है। मुझे लगता है वह इन कवियों का 'शब्द' और 'समय' के प्रति दायित्वपूर्ण और आलोचनात्मक रुख है।"[104] ये कवि भी विचारधारा और इतिहास पर प्रश्नचिह्न लगाते हैं। वे मानते हैं कि सृजनात्मकता आलोचनात्मक विवेक से प्राप्त की जा सकती है। अतः यहां प्रतिबद्धता नहीं आलोचनात्मक विवेक का कविता में हस्त-क्षेप है। अज्ञेय की तरह ये कवि भी विवेक-स्वातंत्र्य को ही कविता में महत्त्व देते हैं और शब्द की सत्ता स्वीकार करते हैं किन्तु कला को जीवन या जीवन को कला अनुचर बनाकर नहीं देखते।

अशोक वाजपेयी की कविताओं में रोमांसवाद तो है, पर अज्ञेय की अबूझता की जगह एक सतर्क और पैनी प्रत्यक्षता है। उनके कविता-संसार में मानवीय उपस्थिति है। मां, बच्चा, सड़क, घर, परिवार आदि सभी मौजूद हैं किन्तु कविताओं में वे भी व्यक्ति के विवेक-स्वातंत्र्य पर बल देते हैं। अज्ञेय के विरोधी होते हुए भी इन कवियों के अवचेतन में यह धारा निरन्तर विद्यमान है।

"जब मेरी बांहों में
तेरा अक्लान्त लावण्य खिल आयेगा
एक मरणान्तक शोर होगा चारों ओर।"[105]

अज्ञेय ग्रंथि के रूप में भी अज्ञेय का प्रभाव देखा जा सकता है, जिसके शिकार

श्रीकान्त वर्मा और अशोक वाजपेयी जैसे अन्य कवि भी हैं। कुछ अंशों में यह मुक्तिबोध जैसे कवि में भी दिखाई पड़ता है, जिसके कारण मुक्तिबोध नए कवियों का विचित्र प्रकार से वर्ग-विभाजन करने लगते हैं।

अज्ञेय का प्रभाव विभिन्न स्तरों पर दिखाई पड़ता है तो यह आकस्मिक नहीं है क्योंकि अज्ञेय पर चार सप्तकों के माध्यम से पीढ़ियों के अग्रज रहे हैं और नई कविता उनके कृतित्व से प्रभावित और समृद्ध हुई है किन्तु मोहभंग के पश्चात् अज्ञेय की यह धारा कविता के केन्द्र से हटती दिखाई देती है पर समाप्त नहीं होती। समकालीन कविता में भी वह अवचेतन के रूप में विद्यमान रहती है। कविता में इस धारा का अन्त नहीं होगा क्योंकि सृजन का सरलीकृत विभाजन नहीं हो सकता। पाब्लो नेरूदा ने भी कहा है—"सावधान ! सृजन के सेब को दो भागों में विभाजित नहीं किया जा सकता। ऐसा करते हुए हम अपने ही दिल के दो टुकड़े कर देंगे और मर जायेंगे। सावधान ! हमें कवि से ये मांग तो करना चाहिए कि वह सड़क पर अपना स्थान ग्रहण करें और जनता के संघर्ष में हिस्सा ले, लेकिन साथ-ही-साथ जीवन के अंधेरे और उजाले में भी उसकी अपनी भूमिका होती है।"[106]

अतः कविता पर अज्ञेय का प्रभाव कभी समाप्त नहीं होता। समकालीन कविता के विकास में भी अज्ञेय की ऐतिहासिक भूमिका है।

सन्दर्भ

1. आज के लोकप्रिय कवि : अज्ञेय, डॉ० विद्यानिवास मिश्र, पृ० 15
2. सदानीरा भाग-1 अज्ञेय, पृ० 8
3. चिता, अज्ञेय, पृ० 3
4. वही, पृ० 4
5. आत्मनेपद, अज्ञेय, पृ० 22
6. सदानीरा भाग-1 अज्ञेय, पृ० 179
7. वही, पृ० 145
8. वही, पृ० 141
9. वही, पृ० 166
10. वही, पृ० 144
11. वही, पृ० 191
12. वही

13/1. सदानीरा, भाग-1, अज्ञेय, पृ० 255
13/2. वही
14. त्रिशंकु, अज्ञेय, पृ० 77
15. आज के लोकप्रिय कवि : अज्ञेय, डॉ० विद्यानिवास मिश्र, पृ० 15
16. सदानीरा भाग-1, पृ० 176
17/1. सदानीरा भाग-2 अज्ञेय, पृ० 266
17/2. वही, पृ० 266
18. वही, पृ० 262
19. वही, पृ० 322
20. वही, पृ० 332
21. अज्ञेय का काव्य—एक पुनर्मूल्यांकन, शम्भूनाथ चतुर्वेदी, पृ० 47
22. सदानीरा भाग-1, अज्ञेय, पृ० 176
23. वही, पृ० 37
24. वही, पृ० 147
25. वही
26. वही, पृ० 235
27. वही, पृ० 237
28. सदानीरा भाग-2, अज्ञेय, पृ० 63
29. सदानीरा भाग-1, अज्ञेय, पृ० 166
30. सदानीरा-भाग-2, अज्ञेय, पृ० 71
31. वही, पृ० 93
32. वही, पृ० 249
33. वही, पृ० 286
34. वही, पृ० 287
35. वही, पृ० 131
36. सदानीरा भाग-1 अज्ञेय, पृ० 132
37. वही
38. वही
39. वही, पृ० 211
40. आत्मनेपद, अज्ञेय, पृ० 49
41. सदानीरा भाग-1, अज्ञेय, पृ० 270
42. सदानीरा भाग-2, अज्ञेय, पृ० 254
43. सदानीरा भाग-1, अज्ञेय, पृ०370
44. सदानीरा भाग-2, अज्ञेय, पृ० 261

45. सदानीरा, भाग-2, अज्ञेय, पृ० 355
46. सदानीरा भाग-1, अज्ञेय, पृ० 199
47. सदानीरा भाग-2, अज्ञेय, पृ० 73
48. सदानीरा भाग-1, अज्ञेय, पृ० 27
49. वही, पृ० 35
50. वही, पृ० 305
51. सदानीरा भाग-2 अज्ञेय, पृ० 374
52. वही
53. वही, पृ० 17
54. भवन्ती, अज्ञेय, पृ० 14
55. सदानीरा भाग-2, पृ० 225
56. वही, पृ० 59
57. वही, पृ० 60
58. वही
59. वही
60. वही, पृ० 61
61. सदानीरा भाग-1, अज्ञेय, पृ० 353
62. वही, पृ० 45
63. वही, पृ० 177
64. सदानीरा भाग-2, अज्ञेय, पृ० 235
65. सदानीरा भाग-1, अज्ञेय, पृ० 83
66. वही, पृ० 27
67. वही
68. वही, पृ० 235
69. वही
70. वही, पृ० 161
71. वही, पृ० 261
72. वही, पृ० 255
73. वही
74. वही, पृ० 230
75. सदानीरा भाग-2 अज्ञेय, 116
76. वही
77. वही
78. वही

79. सदानीरा भाग-1 अज्ञेय, पृ० 245
80. वही, पृ० 19
81. वही, पृ० 20
82. वही, पृ० 23
83. सदानीरा भाग-2 अज्ञेय, पृ० 254
84. सदानीरा भाग-1 अज्ञेय, पृ० 154
85. वही, पृ० 241
86. वही, पृ० 261
87. सदानीरा भाग-2 अज्ञेय, पृ० 23
88. वही, पृ० 62
89. आत्मनेपद—अज्ञेय, पृ० 119
90. सदानीरा भाग-1 अज्ञेय, पृ० 119
91. वही, पृ० 263
92. वही, पृ० 26
93. तार-सप्तक (सं० अज्ञेय) नेमिचन्द जैन का वक्तव्य, पृ० 25
94. नयी कविता : स्वरूप और समस्याएं—डॉ० जगदीश गुप्त, पृ० 294
95. तार-सप्तक (सं० अज्ञेय/गिरिजाकुमार माथुर)
96. वही
97. अन्धा युग—डॉ० धर्मवीर भारती
98. संशय की एक रात—नरेश मेहता
99. दूसरा तार-सप्तक (सं० अज्ञेय)
100. चौथा-सप्तक (सं० अज्ञेय), पृ० 138
101. चौथा-सप्तक (सं० अज्ञेय), पृ० 158
102. चौथा-सप्तक (सं० अज्ञेय), पृ० 270
103. वही
104. पूर्वग्रह (सं० अशोक वाजपेयी)/उदयन वाजपेयी का लेख, पृ० 22
105. सहर अब भी संभावना है—अशोक वाजपेयी, पृ० 68
106. वसुधा (सं० हरिशंकर परसाई)/नेरूदा के आत्मकथांश से उद्धृत, पृ० 39

अध्याय : 5

मुक्तिबोध के कथ्य और शिल्प-चेतना का समकालीन कविता पर प्रभाव

"कविता क्या है/कोई पहनावा है ?/
कुर्ता पाजामा है ?/ना, भई ना/
कविता/शब्दों की अदालत में/
मुजरिम के कठघरे में खड़े बेकसूर आदमी का
हलफ़नामा है/क्या वह व्यक्तित्व बनाने की/
खाने कमाने की चीज है ?/
ना, भई ना/कविता
भाषा में/आदमी होने की तमीज है।"

—धूमिल

मुक्तिबोध का काव्य-संसार सन् 1937 से सन् 1964 तक की कालावधि में फैला हुआ है। उनके रचना-संसार में यह कालावधि अपने व्यतीत और आगत के स्वप्नों सहित मौजूद है। उनकी रचनाओं में उनका समय ही नहीं जीवन भी अभिव्यक्त हुआ है।

कोई भी रचनाकार, अपनी पहली रचना आत्माभिव्यक्ति के लिए लिखता है। मुक्तिबोध ने भी सृजन की शुरुआत इसी प्रकार की होगी और इसीलिए आरम्भ में उन्हें कविता के प्रचलित रूप में कोई विरोध नहीं था। उनके मन में जीवन को समझने की जो निरन्तर बैचेनी रहा करती थी, उसने उन्हें मार्क्सवादी चेतना से सम्बद्ध किया। मार्क्सवादी चेतना से सम्बद्ध उनकी कविताओं में जीवन के प्रति गहरी प्रतिबद्धता दिखाई देती है। मार्क्सवाद उनके लिए कोई सिद्धान्त नहीं है वह उनके आत्मसंघर्ष की आवाज है और इसीलिए उनकी भाषा जीवनानुभवों को अभिव्यक्त करने में सक्षम होती है। इस प्रकार इस काल में उनके सृजनात्मक व्यक्तित्व का निरन्तर विकास होता रहा है।

किसी भी रचनाकार का मूल्यांकन दो-चार रचनाओं के आधार पर नहीं किया जा सकता। मुक्तिबोध के सम्बन्ध में यह महत्त्वपूर्ण बात है कि उनका कोई भी काव्य-संग्रह उनके जीवनकाल में प्रकाशित नहीं हुआ था। उनके जीवनकाल में उनके दो छोटे-छोटे समीक्षा ग्रन्थ (नई कविता का आत्मसंघर्ष तथा अन्य निबन्ध तथा कामायनी और पुनर्विचार) ही प्रकाशित हुए थे और तार-सप्तक में कुछ कविताएं प्रकाशित हुई थीं, जिसके कारण उनके बारे में कई प्रकार की गलत भ्रान्तियां बन गईं और उस समय उनकी कविता की आवाज भी दब गई।

मुक्तिबोध का प्रथम काव्य-संग्रह 'चांद का मुंह टेढ़ा है' सन् 1964 में प्रकाशित हुआ था। मुक्तिबोध तब अचेतावस्था में थे। श्रीकान्त वर्मा ने इस संग्रह की भूमिका में लिखा है—"मुक्तिबोध, जो कविताओं को अपनी जिन्दगी से भी अधिक सहेजते थे, इस समय अपना संग्रह देख सकने में असमर्थ हैं, बेहोश हैं;···यह विश्वास करते हैं वे पूरी तरह निरोग होंगे और अपनी कविताओं का पहला संकलन देख सकने में समर्थ होंगे।"[1] लेकिन वे अपनी कविताओं का संकलन देख नहीं पाये। इन कविताओं का चयन भी स्वयं मुक्तिबोध का न होकर स्वयं सम्पादक का है, सिवाय दो कविताओं के जिन्हें वे एक के बाद एक

शामिल करना चाहते थे। 'चम्बल की घाटी' और 'अंधेरे में' कविताओं के लिए ऐसा मशविरा उन्होंने संपादक को दिया था।

'चांद का मुंह टेढ़ा है' काव्य-संग्रह में लम्बी कविताएं हैं और कुछ छोटी कविताएं भी हैं। इनकी कविताएं लम्बी होने के कारण और दुरूह होने की वजह से कुछ पत्रिकाओं में ही प्रकाशित हो सकी थीं। 'भूल-गलती', 'पता नहीं', 'मुझे कदम-कदम पर', 'मुझे नहीं मालूम', 'मेरे लोग' और 'मैं तुम लोगों से दूर हूं' 'कल जो हमने चर्चा की थी', 'एक अरूप शून्य के प्रति', 'नक्षत्र खण्ड' छोटी रचनाएं कही जा सकती हैं और 'ब्रह्मराक्षस', 'डूबता चांद कब डूबेगा', 'मुझे याद आते हैं' 'चकमक की चिन्गारियां', 'एक अन्तर्कथा', 'एक स्वप्न कथा', 'इस चौड़े ऊंचे टीले पर', 'चम्बल की घाटी' और 'अंधेरे में' लम्बी कविताएं हैं। इन कविताओं में उन्होंने जीवन की जटिलता को समग्रता से पकड़ने की कोशिश की है। इस संग्रह की पहली छोटी कविता 'भूल गलती', 'कल्पना' पत्रिका में अप्रैल 1964 को प्रकाशित हुई थी। जो 73 पंक्तियों की है, जिसमें पूंजीवादी षड्यन्त्रों का खुलासा एक स्वप्न कथा के अन्तर्गत होता है। इस संग्रह की दूसरी कविता 'पता नहीं' कल्पना में ही अप्रैल 1962 में प्रकाशित हुई जो कि पांच भागों में लिखी गई। तीसरी कविता 'ब्रह्मराक्षस' 'कवि' पत्रिका में अप्रैल 1957 में प्रकाशित है जो दो खण्डों में विभाजित लम्बी कविता है। 'दिमागी गुहा का ओरांग-ऊटांग' 1951 के बाद 'आनन्दवन' में प्रकाशित हुई यह 89 पंक्तियों की तीन पृष्ठ की कविता है। 'लकड़ी का रावण' इस संग्रह में पहली बार संकलित है, यह कविता पांच पृष्ठ व 144 पंक्तियों की हैं। संग्रह की छठी कविता 'चांद का मुंह टेढ़ा है' विविधा में 1957 में प्रकाशित हुई, यह पन्द्रह पृष्ठ की व 303 पंक्तियों की लम्बी कविता है। 'डूबता चांद कब डूबेगा' के बारे में नेमिचन्द जैन ने कहा है—"इस कविता का अंश 'संकेत' में 1956 में प्रकाशित हुआ। यही परिवर्तित अंश इसी शीर्षक से 'चांद का मुंह टेढ़ा है' में स्वतन्त्र कविता के रूप में संकलित हुआ, जो अतिरिक्त अंश कवि ने 'डूबता चांद कब डूबेगा' के अन्तर्गत जोड़ा। उसे मुक्तिबोध रचनावली में 337 पृष्ठ में जोड़ा गया है।"[2] यह कविता इस संग्रह में 298 पंक्तियों की है। 'एक भूतपूर्व विद्रोही का आत्मकथन' आधुनिक कविताएं 1959 में प्रकाशित है; यह 7 पृष्ठ की 222 पंक्तियों की लम्बी कविता है।

'मुझे पुकारती हुई पुकार' प्रतीक पत्रिका के जुलाई-अगस्त के अंक में 1947 में प्रकाशित हुई, यह कविता 112 पंक्तियों की है। 'मुझे कदम-कदम पर' लहर पत्रिका में दिसम्बर के अंक में 1961 में 'चौराहे' शीर्षक से प्रकाशित है, यह दो पृष्ठ व 60 पंक्तियों की कविता है। 'मुझे याद आते हैं' कविता इस संग्रह में पहली बार संकलित हुई। 'मुझे नहीं मालूम' कल्पना में जुलाई 1960 में प्रकाशित है तथा यह पांच पृष्ठ की लम्बी कविता है, इसमें 142 पंक्तियां हैं।

'मेरे लोग' अप्रकाशित कविता है, जो चार पृष्ठ तथा 129 पंक्तियों की है। 'मेरे सहचर मित्र' भी अप्रकाशित है इसमें 338 पंक्तियां हैं। 'मैं तुम लोगों से दूर हूं' 38 पंक्तियों की अप्रकाशित कविता है। 'कल जो हमने चर्चा की थी' यह कविता 'हंस' के 1957 के अक्टूबर अंक में स्वतन्त्र रूप से प्रकाशित हो चुकी थी, यह कविता 142 पंक्तियों की है। 'एक अन्तर्कथा' का प्रकाशन 'कृति' पत्रिका में नवम्बर 1959 में हो गया था, यह 212 पंक्तियों की लम्बी कविता है। 'एक अरूप शून्य के प्रति' कल्पना पत्रिका में मई 1960 में प्रकाशित हुई, इसमें 112 पंक्तियां हैं। 'ओ काव्यात्मन फणिधर' उनकी लम्बी कविताओं में से एक है जो ग्यारह पृष्ठों में है तथा उसका प्रकाशन 'कृति' पत्रिका में नवम्बर-दिसम्बर 1960 में हुआ, इसमें 291 पंक्तियां हैं। 'नक्षत्र खण्ड' का प्रकाशन 'वसुधा' पत्रिका में 126 पंक्तियों में है। 'चकमक की चिनगारियां' 20 पृष्ठों की तथा 425 पंक्तियों की अप्रकाशित कविता है। 'शून्य' 34 पंक्तियों की अप्रकाशित छोटी कविता है। 'जब प्रश्नचिह्न बौखला उठे' अप्रकाशित 390 पंक्तियों की लम्बी कविता है। 'एक स्वप्न कथा' कल्पना पत्रिका में जून 1962 में प्रकाशित 431 पंक्तियों की कविता है। 'अन्तःकरण का आयतन' आनन्दवन पत्रिका में प्रकाशित बाईस पृष्ठों की 346 पंक्तियों की कविता है। 'इस चौड़े-ऊंचे टीले पर' पन्द्रह पृष्ठों की 509 पंक्तियों की अप्रकाशित लम्बी कविता है। 'चम्बल की घाटी में' कल्पना के अगस्त अंक में 1964 में प्रकाशित 105 पंक्तियों की कविता है। 'अंधेरे में'—कल्पना में 1964 में 'आशंका के द्वीप अंधेरे में' शीर्षक से प्रकाशित कविता है। इस कविता में आठ खण्ड, 71 बन्द, 41 पृष्ठ और 1291 पंक्तियां हैं। यह उनकी सबसे लम्बी और महत्त्वपूर्ण रचना है।

इस संग्रह की अधिकतर कविताएं उनके जीवन के अन्तिम दस वर्षों की हैं, जिस समय वे जीवन के अत्यधिक यातनादायक समय को गुजार रहे थे, और यही वह समय था जब उनकी पुस्तक 'भारत इतिहास और संस्कृति' पर प्रतिबंध लगा दिया गया था। उन्हीं कठिन अनुभवों को मुक्तिबोध ने अपनी कविताओं में व्यापक आकार दिया।

'भूरी-भूरी खाक धूल' मुक्तिबोध का दूसरा काव्य-संग्रह है जिसका प्रकाशन उनके पहले काव्य प्रकाशन के ठीक पन्द्रह वर्ष पश्चात् (सन् 1980) में हुआ, और इन पन्द्रह वर्षों में मुक्तिबोध हिन्दी-जगत के काव्य नायक बन गए। जब उनका पहला काव्य-संग्रह प्रकाशित हुआ था तब सोचा भी नहीं जा सकता था कि मरणोत्तर उनका प्रभाव इतना दूरगामी तथा स्थायी होगा। अशोक वाजपेयी के अनुसार—"आज पिछले पन्द्रह वर्षों को मुक्तिबोध युग का नाम दिया जा सकता है।"[3] स्वयं मुक्तिबोध ने भी कहा था—"थोड़ा ठहरो दोस्त, 1980 आने दो।"[4] और 1980 तक आते-आते मुक्तिबोध समकालीन कविता के केन्द्रीय कवि के रूप

में प्रतिष्ठित हो गये।

इस संग्रह की सार्थकता इसमें है कि इसने मुक्तिबोध के बारे में बनी गलत भ्रान्तियों को ध्वस्त कर दिया है। इस संग्रह की कविताएं मुक्तिबोध के काव्य संसार की परतें भी हमारे सामने खोलती हैं। इन कविताओं में अपने समय की भयावहता तथा दहशत के खौफनाक वातावरण के साथ-साथ माता, पिता, मित्र आदि की स्मृतियां भी हैं। इनमें अमानवीय स्थितियों का विरोध और कुछ करने की संकल्पता का स्वप्न दोनों ही अभिव्यक्त हुए हैं। अशोक वाजपेयी के अनुसार—"जटिलता और ऊहापोह की परतों के नीचे मुक्तिबोध की सरल मानवीयता और गरमजोशी है। जिसे इस दूसरे संग्रह की कविताएं शायद अधिक सहजता से उजागर करने में समर्थ हैं।"[5] इस संग्रह में 47 कविताएं संगृहीत हैं जिनमें कुछ प्रकाशित और अधिकांशतः अप्रकाशित कविताएं हैं।

सन् 1980 में ही नेमिचन्द जैन के संपादन में मुक्तिबोध रचनावली के छः भागों का प्रकाशन हुआ। जिसमें भाग 1 और भाग 2 में उनकी अधूरी और पूरी दोनों तरह की कविताएं संकलित हैं। भाग 3 में उनकी कहानियों का संकलन है। भाग 4 में 'एक साहित्यिक की डायरी' के अंशों को प्रकाशित किया गया है। भाग 5 में उनके समीक्षा लेखों का संकलन तथा भाग 6 में उनके लेखों और परतों का संकलन किया गया है। भाग 1 और 2 में अधूरी कबिताओं का संकलन भी उन्हें समझने में मददगार साबित होता है। अभी भी बहुत कुछ हमारे सामने नहीं आ पाया है।

मुक्तिबोध के काव्य-कृतित्व पर यदि समग्र रूप से देखा जाए तो उसका महाकाव्यात्मक चरित्र हमें दिखाई देता है उनकी कल्पना की उदात्तता और विराटता, अनुभव की सघनता, विचारों की सम्पन्नता और आत्म संघर्ष निरन्तरता ऐसे तत्त्व हैं जो उनके काव्य प्रयत्न के अंग रहे हैं।

मुक्तिबोध के समस्त काव्य-सृजन को श्री नेमिचन्द जैन ने जिस विकास क्रम में प्रस्तुत किया है वह उचित ही है। वह मुक्तिबोध की रचनाओं की विशेषता को ठीक ढंग से रेखांकित करता है। रचनावली के प्रथम भाग में मुक्तिबोध की कविताओं को तीन खण्डों में विभाजित किया गया है—

1. प्रारम्भिक रचनाएं — सन् 1935 से सन् 1939
2. कविताएं — सन् 1940 से सन् 1948
3. कविताएं — सन् 1949 से सन् 1956

रचनावली के दूसरे भाग में सन् 1957 से सन् 1964 तक की कविताएं संकलित हैं।

सन् 1935 से सन् 1939 के दौर की कविताओं को प्रारम्भिक रचनाएं नाम उचित ही दिया गया है, क्योंकि इस समय की कविताओं को काव्याभ्यास की कविता कहा जा सकता है। इन कविताओं में परम्परा का प्रभाव तथा छायावादी रोमांटिकता भी दिखाई देती है। नेमिचन्द जैन ने ठीक ही कहा है—"एक तरह से यह कहा जा सकता है कि मुक्तिबोध का कवि के रूप में तैयारी का काल है, जिसमें वे अपना निजी मुहावरा तलाश रहे थे, बना रहे थे और मांज रहे थे।···मुक्तिबोध की इस दौर की कविताओं पर माखनलाल चतुर्वेदी की शैली और संवेदना की छाप दिखाई देती है।"[6] स्वयं मुक्तिबोध ने भी लिखा है—"रमाशंकर शुक्ल 'हृदय' की कविताएं जो माखनलाल चतुर्वेदी के स्कूल से निकली हुई शाखा थीं—मुझे प्रभावित करती रहीं। जिनकी विशेषता थी—बात को सीधा न रखकर उसे केवल सूचित करना, तर्क यह था कि उससे वह अधिक प्रखर होकर सामने आती है।"[7] मुक्तिबोध की आरम्भिक कविताओं का विश्लेषण करने पर हमें उन पर माखनलाल चतुर्वेदी का प्रभाव अधिक दिखाई देता है। इस छायावादी अन्तर्मुखता को मुक्तिबोध ने रूप की प्रचलित परम्परा में ही अभिव्यक्त किया है। अतः हम यह कह सकते हैं कि मुक्तिबोध की आरम्भिक रचनाएं परम्परा से ही अधिक प्रभावित रही हैं।

मुक्तिबोध ने तार-सप्तक के वक्तव्य में अपनी इन कविताओं के सन्दर्भ में कहा हैं कि—"मेरी वे कविताएं अपना पथ ढूंढ़ने वाले बेचैन मन की अभिव्यक्ति हैं। उनका सत्य और मूल्य उसी जीवन-स्थिति में छिपा हुआ है।"[8] उनकी कविताओं में पहले वर्णनात्मकता अधिक थी, फिर कुण्ठावाद, निराशा और फिर मराठी उपन्यासों से प्रभावित होकर ही वे मार्क्सवाद तक आते हैं।

मुक्तिबोध ने जब लेखन के क्षेत्र में प्रवेश किया, तब हिन्दी के क्षेत्र में वह समय प्रगतिवाद का था। प्रगतिवादी दृष्टिकोण के साथ-साथ यथार्थवादी दृष्टिकोण भी बदलने लगा। वैचारिक आदर्श के रूप में समाजवादी विचारधारा पर बहसें होने लगी थीं। तब 1935 और 1939 की कविताओं में अधिकतर श्रृंगार भावनाओं की ही अभिव्यक्ति हुई है, किन्तु यह श्रृंगारिकता छायावादी मांसलता से अलग है। इसमें कवि की निराशा और वेदना स्वयं की भाषा में व्यक्त न होकर छायावादी भाषा में व्यक्त हुई है। चन्द्रकान्त देवताले का यह कहना सही है कि "यह एक ऐसे कवि की रचना है जिसके मन में अपनी स्थिति से जुड़ी तकलीफ है। लेकिन इस तकलीफ को वह बच्चन जैसी सहज शैली में कहना नहीं चाहता"[9] मुक्तिबोध यदि सीधी सहज शैली में कुछ कहना नहीं चाहते तो यह उनके स्वभाव की विशेषता है। आरम्भ में रमाशंकर शुक्ल 'हृदय' की कविताओं से वह प्रभावित ही इसलिए हुए थे कि वह बात को सीधे-सीधे व्यक्त नहीं करतीं और इसलिए ही उन्होंने पूर्ववर्ती भाषा को ही अपनी अभिव्यक्ति का माध्यम

चुना था।

उनकी आरम्भिक दौर की कविताओं को देखकर यह नहीं कहा जा सकता है कि उनका काव्य इतना महत्त्वपूर्ण साबित होगा और वे इतने महत्त्वपूर्ण कवि के रूप में प्रतिष्ठित होंगे। यह तो कहना ही होगा कि उस समय में भी उनका काव्य उनके समकालीन कवियों से भिन्न था। उस समय भी वे कविताओं में जीवन को समझने का और अपनी भाषा खोजने का प्रयत्न कर रहे थे। यही कारण है कि उनकी बाद की कविताओं में जीवन के प्रति प्रतिबद्धता और अधिक गहराई से दिखाई देती है। उन्होंने स्वयं लिखा है—"आत्मग्रस्तता के बावजूद शायद उनको साथ लिये-लिये मेरा आत्म-संवेदन समाज के व्यापकतर छोर छूने लगा और कविता का कलेवर दीर्घ होता गया।"[10] जीवन के प्रति यह संलग्नता ही उन्हें आत्म-सत्य को वस्तु-सत्य में रूपांतरण के लिए विवश करती है। मुक्तिबोध की आरम्भिक कविताओं में यह वस्तु-सत्य ही अनुपस्थित है परन्तु यह भी नहीं कहा जा सकता कि है ही नहीं। उनकी कविताएं श्रृंगार प्रधान होते हुए श्रृंगार प्रधान नहीं हैं। वे अपने अनुभवों को सामाजिक सन्दर्भ में रखकर ही जांचते-परखते हैं। यही कारण है कि वे केवल साहित्यिक आलोचक ही नहीं बल्कि युग की समस्याओं के आलोचक भी हो सके हैं। इस सन्दर्भ में उनकी 'दुःख-सुख' कविता का कुछ अंश द्रष्टव्य है—

"दुःख में ही सुख कर लो यारो,
दिल में पत्थर भर लो यारो।
जलती रहे चिता सूने में
हम उसको समझेंगे होली
जो हमको कमजोर बनाये
ऐसे सुख को मारो गोली
आंखों से चुपचाप सरकने
वाले आंसू पत्थर के हैं,
हम मजबूत, हमीं ने इनसे
सुख की सोना-चांदी तोली।"[11]

इस उद्धरण से स्पष्ट है कि मुक्तिबोध की प्रारम्भिक दौर की कविताएं छायावाद की अनुकरण मात्र नहीं थीं, उन्हें उस समय भी मानव भविष्य के प्रति गहरी आस्था थी। विकसित मुक्तिबोध के बीज हमें उनकी इन्हीं कविताओं में मिलते हैं। 'जीवन-यात्रा', 'मरण-रमणी' आदि कविताओं में भी हम उसके अंकुर देख सकते हैं।

अतः मुक्तिबोध की प्रारम्भिक कविताओं के बारे में यही कहा जा सकता है कि वह युग-जीवन की समस्याओं से बेखबर नहीं थी। उनकी कविता अपनी जमीन से जुड़कर ही आधुनिक हुई है। सबसे महत्त्वपूर्ण बात यह है कि प्रगतिवाद के समय में लिखी जाकर भी उस पर प्रगतिवादी सामाजिक चेतना का प्रभाव नहीं दिखाई पड़ता है। इससे यह तथ्य सामने आता है कि मुक्तिबोध वादों से परे होकर निजी तौर पर जीवन की परख कर रहे थे, इसलिए व्यक्तिमन की सामाजिक चेतना इन कविताओं में देखी जा सकती है।

मुक्तिबोध की दूसरे दौर की कविताओं में सन् 1940 से 1948 तक की कविताओं का संकलन है। इन कविताओं में आत्मग्रस्तता की अनुभूतियां नहीं हैं बल्कि प्रचलित काव्य रूढ़ियों को तोड़ने और नया मुहावरा तलाशने की ललक दिखायी पड़ती है। मुक्तिबोध ने इस दौर में छन्द के बन्धन को तोड़ा है और छायावादी संस्कारों में निहित आत्मवेदना से भी वे मुक्त होते दिखाई देते हैं। इसी दौर का उनका काव्य प्रकृति से मानवीय रिश्ता बनाता है अपने अनुभव की दुनिया में झांकते हुए वह यह अनुभव करते हैं कविता को बाहरी अनुभवों की दुनिया से पृथक् करना सम्भव नहीं है और ना ही उचित है। इस दौर की कविताओं के विश्लेषण से ज्ञात होता है कि युग की प्रमुख व प्रचलित काव्यधारा प्रगतिवाद का प्रभाव उनके मन पर गहरा पड़ गया था। यह सही है कि "अपने अनेक समकालीन कवियों की तुलना में मुक्तिबोध विलम्ब से प्रगतिवादी दल में शामिल हुए। सन् 1936 से 1942 तक वह अधिकतर छायावादी कविताएं लिख रहे थे।"[12] किन्तु अन्य प्रगतिवादी कवियों की तरह उनका काव्य-बोध इकहरा नहीं था।

"अपने सत्य की गोद में न बन्द हो।
कई ऐसे सत्य हैं (और, वे अनन्त हैं)
जिन्दगी के पहलू
जो हैं, जो बनते हैं, बढ़ते ही रहे हैं
उनके असंख्य रूप छन्द हैं अनगिन
चित्र हैं भिन्न-भिन्न।
काल के सिन्धु-शैल कूल पर खड़े हुए
एक विश्व पुरुष ने,
दुनिया के साथी ने एक जगह कहा है—
जीवन अनन्त है
प्रतिपल सृजनशील उसका अनन्त वक्ष
अनन्त सम्पन्न है।"[13]

इस उद्धरण से स्पष्ट होता है कि मुक्तिबोध आरम्भ से ही उस आधुनिकतावाद से दूर थे जो रचनाकार को व्यक्तिवादी घेरे में बन्द कर देता हो। मुक्तिबोध की सृजन-प्रक्रिया में कल्पना सक्रिय रहती है किन्तु यह कल्पना अनुभूति का ब्योरा प्रस्तुत करने वाली कल्पना नहीं है बल्कि वह अनुभूति की पुनर्भिव्यक्ति है।

निष्कर्ष के तौर पर कहा जा सकता है कि इस दौर की कविताओं में वे निज चेतस् को विश्व चेतस् में रूपान्तरित करने की कोशिश कर रहे थे। मुक्तिबोध इन कविताओं में परम्परा की अलंकारिता को तोड़ते हुए नजर आते हैं। छायावादी काव्य भाषा के संस्कार इन कविताओं में भी बराबर मौजूद हैं जबकि हिंदी साहित्य में यह युग प्रयोगवादी काव्य का युग था। तार-सप्तक का प्रकाशन भी हो चुका था, अन्य महत्त्वपूर्ण कवियों के साथ उनकी कविताएं भी शामिल थीं। "1946 में जब अज्ञेय ने 'प्रतीक' पत्रिका का प्रकाशन आरम्भ किया था, तब मुक्तिबोध की प्रसिद्ध कविता 'मुझे पुकारती हुई पुकार' उसकी पावस संख्या में प्रकाशित हुई। प्रयोगवाद जब तक काव्यधारा के रूप में प्रतिष्ठित हुआ, तब मुक्तिबोध ने उससे स्वयं को सम्बद्ध किया। इस प्रकार प्रगतिवाद से प्रयोगवाद तक संक्रमण करने में मुक्तिबोध को चार वर्ष लगे और यही चार वर्ष हैं जब वह प्रगतिशील लेखक संघ के सक्रिय सदस्य थे और मार्क्सवाद के नजदीक आये थे।"[14] प्रयोगवादी युग में कविताएं लिखते हुए भी मुक्तिबोध की कविताएं प्रयोगवादी काव्य से साम्य नहीं रखतीं, फिर भी मुक्तिबोध ने स्वयं को प्रगतिवादी / प्रयोगवादी / नई कविता का कवि माना है। मुक्तिबोध अपनी किसी भी स्थिति से बंधकर नहीं चल पाते। उन्होंने स्वयं लिखा है—"मेरी हर विकास स्थिति में मुझे घोर असन्तोष रहा है और है। मानसिक द्वंद्व मेरे व्यक्तित्व में बद्धमूल है।"[15] इसी मानसिक संघर्ष और बेचैनी के रहते वे तराशी हुई भाषा में कविता को किस तरह अभिव्यक्त कर पाते। यही कारण है कि उन्होंने इस दौर में ऐसी कविताएं लिखीं जिसमें यथार्थ से मुठभेड़ अपेक्षाकृत स्थूल वर्णनात्मकता के साथ सम्भव हुई है।

मुक्तिबोध की कविताओं के विकास के तीसरे दौर में सन् 1949 से 1956 तक की कविताओं का संकलन है। इस दौर की कविताओं में निम्न वर्ग की समस्याओं और विडम्बनाओं की यथार्थवादी दुनिया है। इस दुनिया में प्रवेश करते हुए वे दैनिक जीवनानुभवों की हलचलों को प्रकृति से सम्बद्ध कर देते हैं। जिसमें प्रकृति भी दहशत भरी है—

"दीखता पहाड़...
स्याह,
अपने मस्तिष्क के पीछे अकेले में
गहरे अकेले में
न कह सके जाने वाले अनुभवों के ढेर का
भयंकर विशालाकार प्रतिरूप
दीखता पहाड़...
स्याह ।"[16]

मुक्तिबोध की इस दौर की कविताओं में वर्ग-बोध स्पष्ट दिखाई देता है । वर्ग-बोध की अपेक्षा वर्ग-संघर्ष कहा जाय तो उपयुक्त होगा, क्योंकि इसमें निम्न वर्ग की त्रासद दुनिया ही चित्रित नहीं है बल्कि पूंजीवादी और सामंतवादी शक्तियों के लिए आक्रोश व्यक्त हुआ है ।

"सज्जनों के सांस्कृतिक आकारों को देखकर
निहार उस क्रोध को
जो मात्र एकांत में ही
शोषक के अत्याचारी जाल पर गरजता है
निहार वह आलोचना नपुंसक
जो आत्मा को बेच
आत्म-विरोध सिरजती है
पंख कटे पक्षियों को लंगूरों की हालत को देखकर
सत्य का गला घोंट चलती हुई पद-लिप्सु
कीर्ति लोलुप कलम की जहालत देखकर
देख जन-शत्रुओं के छुपे या कि उजागर
दलाल या कि स्वार्थवादी लोगों की स्याह रूह
देख अन्धे शासन के घनघोर चक्रव्यूह
बस चढ़ता हुआ खून तेरी आंखों में उतरता हुआ
अरे, कुछ पुतलियों से बनता है
रुधिर की तारिका ।"[17]

मुक्तिबोध के सृजन विकास का यह दौर हिन्दी में नई कविता का समय था । "1954 में जब इलाहाबाद से नई कविता का प्रकाशन प्रारम्भ हुआ और नई कविता का आन्दोलन शुरू हुआ तब मुक्तिबोध ने अन्य अनेक नये कवियों की

तरह प्रयोगवाद शब्द छोड़ दिया और नई कविता से स्वयं को सम्बद्ध किया।"[18] "मुक्तिबोध प्रायः प्रयोगवाद और नई कविता को कई बार पृथक् नहीं करते"[19] फिर भी वे नई कविता की उन प्रवृत्तियों का स्पष्ट विरोध करते हैं जो पश्चिम से हमारे साहित्य में आ रही थीं। इसी कारण उन्होंने नई कविता को भी दो वर्गों में बांट दिया। यह विभाजन उनके मानसिक संघर्ष की ओर संकेत भी करता है।

डॉ० रामविलास शर्मा ने इस सन्दर्भ में लिखा है—"मुक्तिबोध के मानसिक संघर्ष का एक कारण मार्क्सवाद के प्रति उनका गहरा आकर्षण तथा उसे पूरी तरह स्वीकार न कर पाने की विवशता थी।"[20] दूसरी तरफ उन्होंने यह भी लिखा है कि—"मुक्तिबोध के लिए मार्क्सवाद एक ऐसी विचारधारा न था जिसे वह आसानी से स्वीकार कर लेते और असुविधा होने पर फेंक देते। उनके लिए वह जीवन-मरण का प्रश्न था।"[21] उनके इस उद्धरण से साफ जाहिर है कि डॉ० रामविलास शर्मा मुक्तिबोध के आत्म संघर्ष को साफ-साफ समझ रहे थे। मुक्तिबोध ने यदि नई कविता से स्वयं को सम्बद्ध किया तो उसका यह अर्थ नहीं है कि वे मार्क्सवादी विरोधी शक्तियों का समर्थन कर रहे थे। वे प्रगतिवाद की कमियों को भी समझ रहे थे व सभी वादों से हटकर मानव विरोधी शक्तियों का विरोध कर रहे थे।

उन्होंने स्वयं लिखा है—"शिक्षित मध्यवर्ग में भी उसकी जोरदार लहरें पैदा हुई। साहित्यिक लोग भी उस प्रवाह में बहे और खूब बहे। भ्रष्टाचार, अवसरवाद और स्वार्थपरकता की पार्श्वभूमि में, नई कविता के क्षेत्र में पुराने प्रगतिवाद पर जोरदार हमले किये गये और कुछ सिद्धांतों की एक रूपरेखा तैयार की गई। ये सिद्धांत और उनके हमले, वस्तुतः उस शीत-युद्ध के अंग थे जिसकी प्रेरणा लन्दन और वाशिंगटन से ली गई थी। पश्चिम की परिपक्व मानववादी परम्परा से प्रेरणा न ग्रहण करके उन नये व्याख्याताओं ने उसकी अत्यन्त प्रतिक्रियावादी साहित्यिक विचारधारा को अपनाया और फैलाया। नई कविता के नये सिद्धांतों में शीत युद्ध की छाप है।"[22] "नई कविता के बुर्ज से प्रगतिवाद पर गोलन्दाजी की गई थी।"[23] उनके इन उद्धरणों से यह बात साफ है कि वे प्रगतिवाद की खिलाफत से क्षुब्ध थे और इसीलिए उनमें आत्मसंघर्ष की स्थिति बनी रहती थी।

निष्कर्ष के रूप में इस समय की कविताओं के बारे में यह कहा जा सकता है कि इन कविताओं में आगामी दौर की कविताओं के संकेत मिलते हैं, जो मुक्तिबोध को महत्त्वपूर्ण कवि के रूप में स्थापित करती हैं। कविता के इस दौर में उनका कई वादों से द्वंद्वात्मक रिश्ता रहा, जिसके बीच उन्होंने अपने अनुभवों को व्यापक रूप में प्रस्तुत किया।

आगे की कविताओं के विश्लेषण से पहले हम नेमिचन्द जैन का यह उद्धरण देना आवश्यक समझते हैं। नेमिचन्द जैन ने इसे दौर की कविताओं के बारे में लिखा है कि—"1949 में नागपुर आने के साथ उन कविताओं का दौर शुरू हुआ जो बाद में उनके एकदम निजी और विशिष्ट स्तर की पहचान बन गयी। अपने नागपुर काल में उन्होंने सबसे ज्यादा लिखा और यहीं कविता के प्रति उनका यह रुझान स्पष्ट और गहरा हो गया जिसके कारण लम्बी-लम्बी कविताएं अधिकाधिक लिखी गयीं।"[24] और "उनकी अनेक कविताएं जो दूसरे खण्ड में 1960 से 1962 के बीच रचनाकाल के अन्तर्गत रखी गई हैं, मूलतः नागपुर में ही 1953 और 1957 के बीच लिखी गई थीं। किन्तु उनमें लगातार बड़े-बड़े या साधारण परिवर्तन संशोधन भी होते रहे और उनको अन्तिम रूप 1960 के बाद ही दिया गया।"[25] अतः जो कविताएं 1960 व 1962 के रचनाकाल के अन्तर्गत रखी गयी हैं उनमें परिवर्तन भले ही होते रहे हों लेकिन उनकी मूल संवेदना तो सन् 1953 और 1957 के समय की है। इसीलिए उन्हें 1953 और 1957 के अन्तराल में रखना ही उचित था।

मुक्तिबोध के अन्तिम दौर की कविताओं में 1958 से 1964 तक की कविताएं संकलित हैं, सन् 1960 के बाद ही उन्हें अधिक अवकाश और कविताओं को मांजने का अधिक अवसर मिला और साथ ही यही उनके जीवन में तीव्र आर्थिक और सामाजिक संघर्ष का काल था। कवि के इस आन्तरिक तथा बाह्य संघर्ष व उसकी सृजनात्मक ऊर्जा के सम्बन्ध को हम उनकी इस दौर की कविताओं के विश्लेषण से जान सकते हैं।

इस समय की कविताओं में मुक्तिबोध ने बहुत से परिवर्तन और संशोधन किये। वे जीवन की समग्रता को कविता में आत्मसात् कर लेना चाहते थे। समग्रता को रच सकने की बेचैनी उनके अनेक प्रारूपों के मूल में है। चन्द्रकान्त देवताले ने इस दौर की कविताओं के सन्दर्भ में ठीक ही लिखा है—"वे अपने वयस्क चरण की कविताओं में इस समग्रता को आत्मसात् करने के लिए मुक्तिबोध कविता के चिकने इलाके से बाहर गद्य के ऊबड़-खाबड़ पथ पर लहू-लुहान होकर दौड़ते हैं। लेकिन इस दौड़ में वे अपनी कविता को खोना नहीं चाहते। गद्य की सुविचारित सोद्देश्यता को कविता में लाने के लिए जिस अन्तः-संघर्ष की आवश्यकता पड़ती है, मुक्तिबोध उसी अन्तःसंघर्ष के लिए अपनी पूरी रचना-यात्रा सम्पन्न करते हैं।"[26] इस अन्तःसंघर्ष को हम उनकी इस दौर की कविताओं में और अधिक व्यग्रता के रूप में देखते हैं। इन कविताओं में शोषितों और उत्पीड़ितों के प्रति गहरी आन्तरिक सहानुभूति प्रकट हुई है, समकालीन जीवन के अन्तर्विरोधों, तनाव, आतंक, भय तथा चिन्ता के वातावरण को भी इन कविताओं में चित्रित किया गया है। 'अंधेरे में' उनकी महत्त्वपूर्ण और सुप्रसिद्ध

रचना है जिसमें एक मध्यवर्गीय व्यक्ति के माध्यम से, उस वर्ग के तनाव, देश में राजनैतिक आतंक व इस युग की बर्बरता का समग्र चित्र उकेरा गया है।

मुक्तिबोध की कविताओं के विकास-क्रम को देखते हुए यह कहना पड़ेगा कि उनकी कविताओं की विकास-यात्रा क्रमश: उनके विचारों की काव्य-यात्रा है। आरम्भ में वे छायावादी व्यक्ति चेतना के कवि थे और फिर तार-सप्तक की कविताओं में उनमें मार्क्सवाद की किशोर-सुलभ आस्था ही सक्रिय है। जैसे-जैसे मुक्तिबोध में दैनिक जीवनानुभवों की आभ्यन्तरीकरण की प्रक्रिया सक्रिय हुई और उसे वे मार्क्सवादी दर्शन द्वारा आत्मसात् करने लगे। मार्क्सवाद उनकी कविताओं का आधार हो गया जिसके द्वारा मुक्तिबोध ने वर्तमान ह्रास सभ्यता के बीच आधुनिक मनुष्यों की समस्याओं का अन्वेषण किया है।

मुक्तिबोध अपने काव्य में कथ्य को ही अधिक महत्त्व देते हैं। मुक्तिबोध ने स्वयं कहा है कि—"मैं उन लोगों का समर्थक नहीं हूं जो सफाई (अभिव्यक्ति) का शिल्प-सौन्दर्य के नाम पर कण्टेण्ट (काव्य-कथ्य) की बलि देते हों।"[27] मुक्तिबोध शोषितों उत्पीड़ितों के भाष्यकार थे। उनकी कविताओं में ऐसे लोगों की गर्म-सांसों की धुकधुकी सुनाई देती है जो किसी बर्बर शक्ति के आतंक से दब जाती है, उन्होंने अपनी पैनी दृष्टि से इन्हीं आवाजों को तीखी धार दी है। उन्होंने अपने काव्य में निम्न-मध्यवर्ग की यथार्थ स्थितियों का चित्रण ही नहीं किया है बल्कि पूंजीवादी साजिशों को अंधेरे में पहचानने की कोशिश भी की है। उनकी कविताएं सामाजिक विषमता के दुष्चक्र और दु:स्वप्न के बीच मनुष्य की संघर्ष-स्थिति को दर्शाती है। उनकी कविताएं कल्पना लोक के वायवीय घेरे में चक्कर नहीं लगाती, जीवन के यथार्थ सत्यों की खोज करती है।

मुक्तिबोध को विचारों की शक्ति मार्क्सवाद से प्राप्त हुई थी। उनकी कविताओं में मार्क्सवाद सिद्धान्त की तरह अकस्मात् नहीं आया था। वह उनके अनुभवों में घुलमिल कर धीरे-धीरे विकसित हुआ। यह हम उनके काव्य के विकास क्रम में जान चुके हैं।

मुक्तिबोध की कविताओं में कथ्य न तो व्यक्तिवादी कलाकर्म की तरह आता है और न ही प्रगतिवादी नारों की तरह। वे अपने आसपास के सामाजिक जीवन को ही अपनी कविता का मूल केन्द्र-बिन्दु बनाते हैं। मुक्तिबोध ने जीवन की मौलिक समस्याएं जिसने हमारे जीवन को खोखला कर दिया है, जड़ से जानने की कोशिश की है।

सामयिक घटनाओं पर उन्होंने विशेष ध्यान नहीं दिया लेकिन रोजमर्रा के संसार में पिसते हुए आदमी की त्रासदी को उनकी कविताओं में देखा जा सकता है। उन्होंने जिस प्रकार के वातावरण को अपनी कविताओं के कथ्य में रचा है वह उनका देखा हुआ, अनुभव किया हुआ संसार है। नागपुर की एम्प्रेस मिल के

मजदूरों का सन् 53 का संघर्ष और दमन। 'चांद का मुंह टेढ़ा है' में इस घटना की ओर संकेत और विवरण प्रस्तुत किया गया है। मिल की चिमनियां, कर्फ्यू, हड़ताली पोस्टर, आन्दोलनकर्ताओं के मुखबिर, सभाएं, मोर्चे, मीटिंगें आदि सभी इस कविता में हैं और इनके आधार पर कवि का कथ्य व्यक्त है।

> "सुबह होगी कब और/मुश्किल होगी दूर कब ?/समय का
> कण कण/गगन की कालिमा से बूंद-बूंद चू रहा/तड़ित
> उजाला बन।"[28]

'अंधेरे में' कविता में भी इस प्रकार के संकेत मौजूद हैं, प्रोफेशन वाला यह दृश्य जिसमें बैंडदल के साथ संगीनधारी फौज भी शामिल है। आश्चर्य की बात यह है कि इनमें लेखकगण, कविगण, नेतागण, आलोचक सभी शामिल हैं और नगर का कुख्यात हत्यारा डोमाजी उस्ताद भी उनमें शामिल है। इसे कवि ने देख लिया है। इसकी उसे और सजा मिलेगी।

> "मारो गोली/दागो स्याले को एकदम/दुनिया की
> नजरों से हटकर छिपे तरीके से हम जा रहे थे कि आधी रात
> अंधेरे में उसने देख लिया हमको/व जान गया वह सब/मार
> डालो, उसको खत्म करो एकदम।"[29]

उन्होंने पूंजीवादी षड्यन्त्रों को खुली आंखों से देखा है—

> "गहन मृतात्माएं इसी नगर की/हर रात जुलूस में चलतीं/
> परन्तु दिन में/बैठती हैं मिलकर करती हुई षड्यन्त्र/विभिन्न
> दफ्तरों, कार्यालयों, केन्द्रों में घरों में।"[30]

तथाकथित आन्दोलनों, कर्त्ताओं और मुखौटेबाजी कवि-नेताओं पर इतना बड़ा व्यंग्य 'अंधेरे में' के अलावा नहीं देखने में आता है।

मुक्तिबोध का काव्य यथार्थ का पुनर्जीवन है इसीलिए उनकी कविताओं में अंधियारा, संवलायी चांदनी, जेल की सलाखों का दहशतपूर्ण वातावरण उनका देखा हुआ था। उज्जैन में वे सेन्ट्रल कोतवाली की दूसरी मंजिल पर रहते थे। वहीं उन्होंने इस वातावरण को देखा भी था, जिसे उन्होंने अपनी कविता के मूल कथ्य से जोड़ दिया। 'भूल गलती' कविता में भी कुछ इस प्रकार का दृश्य है। यह कविता उनके वर्गबोध की सक्षम अभिव्यक्ति है—

"भूल-गलती/आज बैठी है जिरह बख्तर पहनकर तख्त पर
दिल के/चमकते हैं खड़े हथियार उसके दूर तक/आंखें
चिलकती हैं नुकीले तेज पत्थर सी/खड़ी हैं सिर झुकाये/
सब कतारें/बेजुबां सलाम में/अनगिनत खम्भों व मेहराबों-थमे/
दरबारे आम में।"[31]

और अन्त में आगत भविष्य का स्वप्न कवि देखने लगता है।

मुक्तिबोध की कविताओं का कथ्य लगभग सभी कविताओं में एक जैसा ही है, इसलिए हर कविता अधूरी रह जाती है और अगली कविता की शुरुआत भी अचानक तरीके से होती है। अशोक चक्रधर ने कहा है—"उनकी कविताओं का आदि अन्त नहीं रहता है।"[32] युगबोध तो मुक्तिबोध की अधिकांश कविताओं में दिखाई देता है। 'हर चीज अपनी' में यह सपाटबयानी में भी गहरा प्रभाव छोड़ता है।

"भीड़ भड़क्का है / संभलो, अटैचों संभालकर रखो / जमाना
उचक्का है / इसलिए दिमाग के भीतर एक दिमाग में, जहरीली
आग है / अकेले में दांत पीसता हुआ झाग है।"[33]

शमशेर बहादुरसिंह ने मुक्तिबोध की कविताओं के बारे में कहा है—"मुक्तिबोध की कविता अद्भुत संकेतों भरी, कभी कानों में चुपचाप राज की बातें कहती चलती हैं। हमारी बातें हमीं को सुनाती हैं और हम एकदम चकित होकर देखते हैं, और पहले से और भी अधिक पहचानने लगते हैं।"[34] इस उद्धरण से स्पष्ट होता है कि उनकी कविताओं में मानवीय लगाव है। वे आदमी को होने वाले षड्यन्त्रों के बारे में सतर्क करती हैं, यथार्थ का खुलासा करती हैं।

मुक्तिबोध की कविताओं का संसार शोषित व उत्पीड़ित जनों का संसार है। उनकी कविताओं के बारे में यह कहा जाता है कि उनकी सभी कविताओं का कथ्य एक-सा है, यह ठीक भी है लेकिन उन्होंने निम्न-मध्यवर्ग के संघर्ष को जीवन के हर कोण से देखा है। मुक्तिबोध ने कथ्य को व्यापक परिवेश दिया। उनके लिए कठिनाई विषयों के न होने की नहीं है, बल्कि विषयों का ठीक चुनाव नहीं कर पाने की है।

"नवीन-नवीन रूप-दृश्य वाले सौ-सौ विषय
रोज मिलते हैं
और मैं सोच रहा कि

जीवन में आज के
लेखक की कठिनाई यह नहीं कि
कमी है विषयों की
वरन् आधिक्य उनका ही
उसको सताता है
और वह ठीक चुनाव कर नहीं पाता है।"[35]

मुक्तिबोध की कविताओं में सताई गई औरतें हैं। भाड़-भाड़ कपड़े धोती, अग्निकाष्ठ बीनती माएं हैं। गिरस्तिन मौन मां बहनें हैं। पिता, माता, मित्र की स्मृतियां हैं जो उन्हें जीवन के व्यापक परिवेश से जोड़ती हैं। 'एक भूतपूर्व विद्रोही का आत्मकथन' में शोषित नारी का चित्र इस प्रकार है—

"खूबसूरत कमरों में कई बार/हमारी आंखों के सामने/
हमारे विद्रोह के बावजूद / बलात्कार किये गये/नक्षीदार
कक्षों में/भोले निर्व्याज नयन हिरनी से मासूम चेहरे/निर्दोश
तन-बदन/दैत्यों की बांहों के शिकंजों में इतने अधिक जकड़े
गये/कि जकड़े ही जाने के/सिकुड़ते हुए घेरे में वे तन मन/
दबते-पिघलते हुए एक भाप बन गये।"[36]

शोषित शिशुओं के बारे में भी उनकी चिन्ता इसी प्रकार व्यक्त हुई है—

"गहरे कराहते गर्भों से/मृत बालक ये कितने जन्मे/
बीमार समाजों के घर में।"[37]

× × ×

"शोषण के वीर्य-बीज से अब जन्मे दुर्दम दो सिर चार पैर वाले
राक्षस बालक।
विद्रूप सभ्यताओं के लोभी संचालक
मानव की आत्मा से सहसा कुछ दानव और निकल आए।"[38]

मुक्तिबोध के कथ्य की महत्त्वपूर्ण विशेषता उनका आत्माभियोगी स्वर है। मुक्तिबोध स्वयं को भी षड्यन्त्रकारी साजिश में शामिल मानते हैं और उन्हें मध्य वर्ग के प्रति भी ग्लानि उत्पन्न हो जाती है।

"मुझको है भयानक ग्लानि/निज के श्वेत वस्त्रों पर/स्वयं की
शील-भिक्षा सत्य दीक्षा के/विरोधी अस्त्र-शस्त्रों पर/कि
नगर के सुसंस्कृत सौम्य चेहरों से/उचटता मन/उतारूं
आवरण/यह साफ दूधिया कुर्ता व चूने की सफेदी में चिलकते-
से, सभी कपड़े निकालूंगा।"[39]

और वहीं इस प्रकार के आत्मबेधी प्रश्न कुछ न कर पाने की बेचैनी की ओर संकेत करते हैं —

"ओ मेरे आदर्शवादी मन/ओ मेरे सिद्धांतवादी मन/अब
तक क्या किया/जीवन क्या जिया ?/उदम्भरि बन अनात्म
बन गये/भूतों की शादी में कनात से तन गए/किसी व्यभिचारी
के बन गये बिस्तर/दुःख के तागों को तमगों सा पहना/
अपने ही ख्यालों में दिन-रात रहना/असंग बुद्धि व अकेले में
सहना/जिन्दगी निष्क्रिय बन गयी तलघर।"[40]

× × ×

"जितना भी किया गया
उससे ज्यादा कर सकते थे
मर सकते थे।"[41]

मुक्तिबोध यथार्थ में जीते हुए भी मनुष्य में विश्वास को खोते नहीं हैं। वे सामाजिक मुक्ति का स्वप्न दखते हैं। उनकी रचना प्रक्रिया में अधिकतर आधा खंड दुनिया के यथार्थ को उजागर करने में और आधा खंड सामाजिक मुक्ति, जन संगठन की शक्ति और जन-संघर्ष की सफलता को देखता है। 'भूल-गलती' कविता का कुछ अंश द्रष्टव्य है—

"हमारी हार का बदला चुकाने आएगा
संकल्पधर्मी चेतना का रक्तप्लावित स्वर,
हमारे ही हृदय का गुप्त स्वर्णाक्षर
प्रकट होकर विकट हो जायेगा।"[42]

× × ×

जिन्दगी के दलदल कीचड़ में धंसकर
वक्ष तक पानी में फंसकर

मैं वह कमल तोड़ लाया हूं—
भीतर से इसीलिए, गीला हूं
पंक से आवृत,
स्वयं से घनीभूत
मुझे तेरी बिल्कुल जरूरत नहीं है।"[43]

अतः मुक्तिबोध की कविताओं का संसार निम्न मध्यवर्गीय जनों का संसार है। वे अपनी कविता में जीवन के सभी सत्यों को आत्मसात कर लेना चाहते थे यही कारण है कि उनकी कविताएं लम्बी हैं और कहीं से भी उसका प्रारम्भ हो जाता है।

"फिर उमग कर जन्म लेना चाहता हूं।"[44]

उनकी कविताओं में मानवीय विरोधी शक्तियों का विरोध और जनशक्ति में आस्था एक साथ प्रकट होती है जो उन्हें महान कवि बनाती है। और वह विशेष नारे की तरह नहीं स्वयं अनुभूत होकर कविता के भीतर आती है। मुक्ति बोध की समस्त कविताओं के कथ्य में, उनके जीवन के सभी अनुभवों को देखा जा सकता है।

मुक्तिबोध के काव्य का कथ्य और रूप आपस में इस तरह घुल-मिल जाते कि उन्हें विछिन्न नहीं किया जा सकता। मुक्तिबोध की कविताओं में कथ्य ही रूप का आकार ग्रहण करता है। मुक्तिबोध ने अपने भीतरी और बाहरी संघर्ष को अभिव्यक्त करने के लिए जिस शिल्प का आविष्कार किया वह अत्यन्त महत्त्व पूर्ण है। महत्त्वपूर्ण इसलिए है कि वह प्रचलित परम्परा तत्त्वों को अपनाकर भी उससे भिन्न तथा अनुकरणीय था। "परम्परागत रूपों को अपनाते हुए भी वे आधुनिक हैं और आधुनिकों की दृष्टि में उनका रूपाकार आधुनिक होते हुए भी पारंपरिक अधिक है।"[45]

मुक्तिबोध ने अपने काव्य में कथ्य को अधिक महत्त्व दिया है पर इसका अर्थ यह नहीं कि उन्होंने शिल्प को नकार दिया है या वे शिल्प की महत्ता को नहीं पहचानते थे। उन्होंने तार-सप्तक के द्वितीय संस्करण में कहा भी है---"आज मेरे जैसे कवि के सामने मुख्य प्रश्न यह नहीं है कि शिल्प का विकास किस प्रकार किया जाये, बस यह है कि जीवन तथा हृदय पर नित्य 'आघात-प्रत्याघात' करने वाले कारणों को किस प्रकार रूपबद्ध किया जाए। वास्तविकता तो यह है कि आज के जमाने में मेरे लिए मुख्य प्रश्न कंटेंट की कमी और शिल्प के आधिक्य का नहीं, वरन् कंटेंट के अतिरेक और शिल्प की अपर्याप्तता का है, इसीलिए मेरी मुख्य समस्या यह है कि कंटेंट के वैविध्य को किस प्रकार समेटा जाए, समृद्ध किया जाए।"[46] इसलिए उनकी प्रत्येक कविता एक महान दस्तावेज की तरह होती है। मुक्तिबोध ने बहुत दीर्घाकार कविताओं की रचना की है जिसमें तमाम

घटनाएं, स्थितियां, दृश्य और स्वप्न समा गये हैं। मध्यमवर्गीय त्रासदी, युगीन परिवेश और आगामी स्वप्नों को अभिव्यक्त करने के लिए मुक्तिबोध ने जिस कला पैटर्न का निर्माण किया वह अपने आप में अद्भुत है। अद्भुत इसलिए है कि अपने समय के प्रचलित लगभग सभी कला-पैटर्नों (फैंटेसी, प्रतीक-बिम्ब वर्णन, आत्म-कथन, विश्लेषण) को अपनाते हुए भी वह उससे भिन्न है और भाषा में व्यंजना के स्थान पर लक्षणा का ही अधिक उपयोग किया गया है।

मुक्तिबोध का रचना-शिल्प प्रमुखतः फैंटेसी पर आधारित है। किन्तु मुक्तिबोध के लिए फैंटेसी दैनिक जीवन में प्राप्त होने वाले अनुभवों से उत्पन्न हुई है इसलिए उन्होंने इसे अनुभव की कन्या भी कहा है। उनके ही शब्दों में—फैंटेसी एक झीना परदा है जिसमें जीवन के तथ्य झांक-झांक उठते हैं। फैंटेसी का ताना-बाना कल्पना-बिम्बों में प्रकट होने वाली विविध क्रिया प्रतिक्रियाओं से ही बना होता है।"[47]

हम जानते हैं कि कविता का सम्बन्ध कल्पना से होता है और कल्पना शक्ति स्मृति-बिबों से प्राप्त होती है। स्मृति बिबों की अपनी स्वतंत्रता स्वायत्तता होती है। लेकिन फैंटेसी केवल कल्पना नहीं वरन् एक निश्चित भौतिक आधार रखती है और जहां से वह जन्म लेती है वहीं प्रभाव भी डालती है। फैंटेसी में कल्पना के साथ वास्तविक दुनिया अन्तर्विरोधों और विचारों का तीव्र दोहन होता है। काडवेल ने ठीक ही लिखा है—"कविता मनुष्य की मूल प्रवृत्तियों और अनुभवों का परिणाम होती है।"[48] यह तनाव कवि को फैंटेसी की एक ऐसी काल्पनिक दुनिया बनाने के लिए विवश करता है जो वास्तविक दुनिया से सीधा व सक्रिय सम्बन्ध रखती है। फैंटेसी कई रूपों में सक्रिय होती है। उनमें स्वप्न भी एक रूप है, स्वप्न में वास्तविक परिवेश स्मृति बिम्बों और स्मृति चित्रों से रूपायित होता है किन्तु इन स्मृति बिम्बों और चित्रों को यथार्थ रहित नहीं मान सकते। निष्कर्षतः फैंटेसी मूलतः यथार्थोन्मुखी होती है। यह जिस संरचना प्रक्रिया से गुजरती है उसमें यह अपने बनने की स्वयंगत संरचना क्रिया के स्वरूप व शिल्प को प्रभावित करती है।

मुक्तिबोध की कविताओं में भी स्वप्न कथाएं यथार्थोन्मुखी हैं। उनकी कविताएं यथार्थ को पर्त दर पर्त खोलती जाती हैं। उन्होंने 'कामायनी एक पुनर्मूल्यांकन' में कहा भी है—"फैंटेसी का अपना एक ढांचा है किन्तु वह जीवन तथ्यों से अनुस्यूत होता है। इस प्रकार फैंटेसी में मन की निगूढ़ वृत्तियों का, अनुभूत जीवन समस्याओं का समावेश होता है। इच्छित जीवन स्थितियों व विश्वासों का प्रक्षेप होता है।"[49] मुक्तिबोध की कविताएं एक साथ ही यथार्थ और स्वप्न की कविताएं हैं। इस प्रकार उनकी कविताओं में युग-बोध और यथार्थ दोनों का समन्वय होता है।

अशोक चक्रधर के शब्दों में, उनके काव्य में फैंटेसी का स्वरूप इस प्रकार का होता है—"पहले वे कविता में फैंटेसी के माध्यम से वातावरण का निर्माण करते हैं, वस्तुस्थिति को रूपायित करते हैं यहां बिम्बों की बहुलता एवं वर्णनाधिक्य होता है। तदनन्तर कविता में एक कर्ता उभरता है, कर्ता कवितागत वस्तु यथार्थ से परिचय कराता है। कवितागत वस्तु यथार्थ और कर्ता पक्ष में प्रतिक्रियाएं होती हैं और एक कथ्य सामने आने लगता है। प्रतीक और प्रतीकाभासों से कविता के अर्थ खुलने लगते हैं। यहां पर कविता की स्थितियों पर कवि द्वारा बाहर से दिये गये वक्तव्य दिखाई देते हैं एवं फैंटेसी का वही क्रम आरम्भ होने लगता है। कथ्य जहां पूरा होने लगता है, कविता समाप्त हो जाती है।"[50]

मुक्तिबोध की कविताओं में फैंटेसी किसी एक रूप में कार्य नहीं करती, उसमें कई विविधताएं हैं वह कभी वर्णन के रूप में, कभी वक्तव्य, कभी आत्मकथन तो कभी विश्लेषण के रूप में प्रकट होती है। रहस्यमय ढंग से स्थितियों को प्रकट करना मुक्तिबोध का स्वभाव है।

"शहर के उस ओर खण्डहर की तरफ / परित्यक्त सूनी
बावड़ी/के भीतरी ठंडे अंधेरे में/बसी गहराइयां जल की/
डूबीं अनेकों। उस पुराने घिरे पानी में···/
समझ में आ न सकता हो/कि जैसे बात का आधार/
लेकिन बात गहरी हो।"[51]

× × ×

"स्वप्न के भीतर एक स्वप्न / विचारधारा के भीतर और
एक अन्य सघन विचारधारा प्रच्छन्न !! / कथ्य के भीतर
एक अनुरोधी / विरुद्ध विपरीत / नेपथ्य संगीत !!"[52]

इन दोनों ही उद्धरणों में मुक्तिबोध वातावरण का निर्माण करते हैं। यह दोनों ही उद्धरण कविता के प्रारंभ के अंश हैं, जिसको रहस्यमय वातावरण जिज्ञासा और कौतुहल की सृष्टि करता है, इसमें फैंटेसी प्रक्रिया वर्णन से शुरू होती है। निम्न उद्धरणों से हम उनके फैंटेसी के वैविध्य को जान सकते हैं—

"मेरे मित्र सहचर/जिन्दगी के फूटे घुटनों से बहती/
रक्ताधार का जिक्र न कर/क्यों चढ़ा स्वयं के कन्धों
पर/यों बड़ा किया जन को छूने,[मुझको तुमने/
अपने से बड़ा किया क्यों कर।"[53]

× × ×

"दु:ख तुम्हें भी है/दु:ख मुझे भी/हम एक ढहे हुए
मकान के नीचे/दबे हैं।"[54]

× × ×

"अन्त:करण का आयतन संक्षिप्त है / आत्मीयता के
योग्य / मैं सचमुच नहीं…"[55]

× + +

"मैं तुम लोगों से इतना दूर हूं / तुम्हारी प्रेरणा से मेरी
प्रेरणा इतनी भिन्न है / कि जो तुम्हारे लिए विष है,
मेरे लिए अन्न।"[56]

पहले व चौथे उद्धरण में फैंटेसी आत्मकथन से शुरू होती है और दूसरे में वह सम्बोधन से शुरू होती है व तीसरे उद्धरण में वह वक्तव्य से प्रारम्भ होती है।

मुक्तिबोध फैंटेसी की शुरुआत चाहे किसी भी ढंग से करते हों लेकिन वस्तु यथार्थ के प्रति उनकी दृष्टि सजग है। समकालीन यथार्थ को उजागर करने के लिए ही वे फैंटेसी के विविध तरीकों का इस्तेमाल करते हैं।

बहुत से आलोचक यह आरोप लगाते हैं कि मुक्तिबोध ने फैंटेसी के शिल्प को ही क्यों अपनाया? डॉ० नामवरसिंह ने भी यह प्रश्न उठाया है कि कवि इन चमत्कारों के जरिये हासिल क्या करता है? स्वयं उन्होंने इसका उत्तर नहीं दिया है। शिल्प के सम्बन्ध में कुछ ऐसा ही प्रश्न चन्द्रकान्त देवताले ने भी उठाया है—"एक ऐसी कविता जो मुक्तिबोध के कृतित्व में अलग से पहचानी जा सकती है। स्वाधीनता के बाद भारतीय जीवन अपनी सारी विडम्बनाओं और अन्तर्विरोध के साथ यहां मौजूद है। हम इसी बात को प्रमुख रूप से उठाना चाहते हैं। हर चीज अपनी, कायरता और साहस के बीच, शब्दों का अर्थ जब, भाग गयी जीप, इसी बैलगाड़ी में, सूरज का वंशधर, भूरी-भूरी खाक धूल, अनेक कविताएं हैं जो मुक्तिबोध की महत्त्वपूर्ण फैंटेसीपरक रचनाओं के आस-पास की है तो फैंटेसी से ही मोह क्यों?"[57]

इन प्रश्नों का जवाब हम सबसे पहले उनके बुनियादी स्वभाव से पाते हैं। मुक्तिबोध रमाशंकर शुक्ल 'हृदय' की कविताओं से प्रभावित ही इसलिए हुए थे कि वह बात को सीध-सीधे नहीं रखती थी। और दूसरा कारण यह भी था कि वे जानते थे कि प्रगतिवाद के कमजोर पड़ने के कारण उसमें कलात्मकता की कमी है।

यह तो हम जानते हैं कि मुक्तिबोध ने चमत्कार की सृष्टि न तो काव्य में आनन्द के लिए की है और न ही वे भारतीय काव्यशास्त्रीय आचार्यों की भांति चमत्कार को काव्य की आत्मा मानते हैं। अपनी कविताओं में इच्छित स्वप्नों को अभिव्यक्त करने के लिए या युगीन यथार्थ को उसकी विराटता या समग्रता से चित्रित करने के लिए ही वे बहुत दूर की चीजें भी अनायास, अकस्मात् मानो आदि कहकर लाते हैं और इस तरह वह युगीन यथार्थ का चित्रण और अधिक प्रखर और विराट रूप में कर पाते हैं। यही कारण है कि फैंटेसी का चित्रण करते हुए लेखक पात्रों, चरित्रों और उनके कार्यों के बारे में अनेकानेक ऐसी बातें कह जाता है कि जो बातें पात्र और चरित्र के भीतर उद्गत नहीं होतीं।

मुक्तिबोध फैण्टेसी की सुविधाएं दोनों ही जानते थे, उन्होने स्वयं ही कहा है—"जिये और भोगे हुए जीवन की वास्तविकताओं के बौद्धिक अथवा सारभूत निष्कर्षों को अर्थात् जीवन ज्ञान को कल्पना के रंगों में प्रस्तुत किया जा सकता है और दूसरे लेखक वास्तविकता के प्रदीर्घ चित्रण से बच जाता है।"[58] अशोक चक्रधर के शब्दों में—"मुक्तिबोध के लिए फैण्टेसी की कलात्मक सार्थकता है। कविता में यथार्थ की असमापनीयता, संश्लिष्टता, विसंगति, अन्तर्जगत् और बाह्य-जगत् सबको एक साथ समेटने के लिए आवश्यक है कि कवि फैंटेसी का आसरा ले।"[59] मुक्तिबोध के समक्ष कठिनाई यह नहीं है विषय की कमी है। उन्हें पग-पग पर चौराहे, सौ-सौ राहें, और नवीन दृश्य वाले सौ-सौ विषय रोज मिलते हैं, वे एक पैर रखते हैं और सौ राहें फूटती और वे सब पर से गुजरना चाहते हैं और इसलिए ही वे अपनी परम्परा के साथ रखते हुए भी आधुनिक हो जाते हैं। बिम्ब केवल शब्द-चित्र नहीं बल्कि वह सृजन प्रक्रिया का ऐसा अंग है जो कथ्य को गहराई प्रदान करता है। मुक्तिबोध की कविताओं में कल्पना लगातार सक्रिय रहती है, और यह कल्पना ही बिम्बों और प्रतीकों का सृजन करती है। एजरा पाउण्ड ने बिम्ब को बौद्धिकता और भावात्मकता की सम्पृक्ति और सामंजस्य माना है। बिम्ब शब्दबद्ध होकर भी कोरा शब्द नहीं है और न ही वह अलंकार ही है बल्कि शब्द, अर्थ, विचार, स्मृति और संवेदनाओं से गहरी सम्पृक्ति बिम्ब द्वारा ही होती है।

प्रसिद्ध रूसी लेखक और विचारक बेलिंस्की ने कला की परिभाषा इस प्रकार दी है—"कला बिबात्मक चिन्तन के माध्यम से सत्य का तात्कालिक निरीक्षण है।"[60] मुक्तिबोध का बिम्ब-संयोजन इसी परिभाषा के अन्तर्गत आता है। मुक्तिबोध की कविता का माध्यम ही बिम्ब है। उनकी कविताओं की बिम्ब योजना के सम्बन्ध में दूधनाथसिंह ने लिखा है—"मुक्तिबोध की बिम्ब योजना पृथक् प्रकार की है। वे शब्द-बिम्बों का लयात्मक प्रयोग तो करते हैं, इसके अलावा वे पूरे वर्णन को एक समग्र बिम्ब बना लेते हैं। इन दोनों तरीकों का अद्भुत समाहार मुक्ति-

बोध में मिलता है। उनके यहां एक पूरा स्टेन्जा एक बिम्ब है।"[61] इस प्रकार मुक्तिबोध बिम्बों के द्वारा पूरे दृश्य का निर्माण कर लेते हैं। उनकी बिम्ब प्रक्रिया गतिशील है। चन्द्रकान्त देवताले के शब्दों में—"उनकी बिम्बों की गतिशीलता में कई गांठदार बिम्ब हैं, जो झटके से शब्द की चमक खोलते हैं।"[62] ब्रह्मराक्षस कविता में एक पूरा स्टेन्जा ही एक बिम्ब है, जो वातावरण को निर्मित करता है और प्रत्येक पंक्ति वस्तु तथा प्रकृति के आकृतिमूलक रूप को प्रस्तुत करती है। बावड़ी, टगर, औटुम्बर आदि शब्दों में भी बिम्ब का भाव-बोध छिपा हुआ है। इस प्रकार बिम्ब संगठन उनकी कविताओं में अक्सर मिल जाता है। 'अंधरे में' इस कविता की सबसे बड़ी विशेषता यह है कि यहां बिम्ब विधान इतना फैला हुआ है कि उसमें अर्थ की निहति एक बिम्ब में न होकर बिम्ब शृंखलाओं में है। मुक्तिबोध की कविताओं को देखकर लगता है कि यह एक कविता है। "लगता है जैसे मुक्तिबोध की सारी कविताएं एक विराट काव्य के अलग-अलग खण्ड हैं, जिनमें कुछ प्रतीक व चरित्र लौट आते हैं। प्रतीक ही नहीं बिम्ब भी लौट आते हैं।"[63]

उनकी 'भूल-गलती' कविता में व्यक्ति बिम्ब 'कैदी ईमान' को इस तरह बिम्बित किया गया है—

> "सामने/बेचैन घावों की अजब तिरछी लकीरों से कटा
> चेहरा/कि जिस पर कांप/दिल की भाप उठती है…/
> पहने हथकड़ी वह एक ऊंचा कद/समूचे जिस्म पर लत्तर/
> झलकते लाल लम्बे दाग बहते खून के/यह कैद कर लाया गया
> ईमान…/सुलतानी निगाहों में निगाहें डालता/
> बेखौफ नीली बिजलियों को फेंकता/खामोश !!"[64]

शोषण के घावों से क्षत्-विक्षत्, आंखों से बगावती बिजलियों की लपटें, हाथों में रूढ़ि, रिवाजों की हथकड़ियां यह ईमानदार विद्रोही की छवि स्वयं मुक्तिबोध की है।

मुक्तिबोध के काव्य में दृश्य बिम्बों की अधिकता है पर उसमें व्यक्ति का सामाजिक संघर्ष और अन्तर्द्वन्द्व भी मुखर है। इसके पीछे शैशव की स्मृतियां हैं। उज्जैन में बावड़ी, क्षिप्रा के तट, बट, औटुम्बर, भैरव, सीढ़ियां आदि ऐसे ही बिम्ब आदिम संवेदनों से सम्पृक्त हैं। ये दोनों ही बाहर व भीतर के संघर्षों को स्पष्ट करते हैं।

"भीतर जो शून्य है/उसका एक जबड़ा है/जबड़े में मांस
में काट खाने के दांत हैं/उनको खा जायेंगे/तुमको खा
जायेंगे/भीतर का आदतन क्रोधी अभाव वह/हमारा
स्वभाव है/जबड़े की भीतरी अंधेरी खाई में/खून का
तालाब है/ऐसा वह शून्य है/एकदम काला है, बर्बर
है, नग्न हैं/विहीन है. न्यून है, अपने में मग्न है।"[65]

आदिम विवेकहीन, भीतर के भय, आदिम हिंसा और स्वार्थी प्रवृत्तियों को मुक्तिबोध ब्रह्मराक्षस, औरांगऊटांग, भैरों के मिथकीय बिम्बों से और भरी अंधेरी बावड़ी, बरगद के घने जटा-जाल आदि प्रतीक बिम्बों को रूपायित करते हैं।

"बावड़ी को घेर डालें खूब उलझी हैं/खड़े हैं मौन
औदुम्बर/लटकते घुग्घुओं के घोंसले परित्यक्त भूरे गोल।"[66]

दिमागी गुहा के औरांगऊटांग में भी इसी प्रकार की बिम्बमाला उपस्थित होती है। आधुनिक मनुष्य और उनकी गांठदार विडम्बनाओं को खोजने के लिए मुक्तिबोध ने मिथक और पौराणिक बिम्बों की दृश्यमय, संकेतमय और रहस्यमय आयोजना की है। प्रकृति के विभिन्न बिम्बों का प्रयोग मुक्तिबोध के काव्य में सौन्दर्य की प्रतिष्ठा के लिए नहीं मानवीय जीवन के संत्रास और यथार्थ को उजागर करने के लिए किया गया है।

"हंसते हुए चेहरों की आभाएं दुर्दान्त/जिन्दगी का
हंसता हुआ चांद बन जाती है/कि जिसकी परछाईं
में/मन की रातरानी महक उठती है अकस्मात्।"[67]

मुक्तिबोध के काव्य जगत् में औद्योगिक सभ्यता और विज्ञान जगत् का विस्तार भी है।

"अकस्मात् खड़के खिड़की-दरवाजे/कुछ शब्द उड़े, धड़के
क्षण भर/फिर जो उठे !!/रासायनिक गन्ध लहरों
की अभ्रक/सलवटों भरा/सूनेपन का चेहरा चिन्तित
हो उठा।"[68]

मुक्तिबोध का बिम्ब ससार विविधतापूर्ण है। यह उनके व्यापक अनुभवो का सहज परिणाम है उनकी सामाजिक चेतना और मानवीय चिन्ता का द्योतक है।

विभिन्न मानव वर्गों और समूहों से सम्बन्धित बिम्ब मुक्तिबोध के काव्य में यत्र-तत्र बिखरे हैं। सामन्ती जीवन, अपराध जगत्, सैनिक जीवन, आधुनिक नागरिक जीवन, पारिवारिक जीवन के अनेक बिम्ब मुक्तिबोध की कविताओं में मौजूद हैं। चक्की, ढिबरी, पतंग, सांकल, आंगन, बिस्तर, तेल, शीशा, धागा, रदा, बसूला, कारीगर, लुहार, हलवाई, चोर, मजिस्ट्रेट, थानेदार आदि के यह बिम्ब दृश्य हैं। वस्तु, व्यक्ति, भाव, प्रभाव के साथ ही मिश्रित बिम्बों का भी प्रयोग किया है। मुक्तिबोध वस्तुवादी हैं और कथ्य पर जोर देते हैं इसीलिए वे यथार्थ की विराटता और सम्बन्ध सत्रता को समेटते हैं।

मुक्तिबोध की कविता में शब्दों की विशिष्ट दुनिया है जिसका निर्माण उन्होंने स्वयं कथ्य के अनुसार किया था। मुक्तिबोध के काव्य में प्रतीकों का प्रयोग प्रचुर मात्रा में किया गया है। प्रगतिशील कवि होने के नाते मुक्तिबोध प्राचीन संस्कृति की शोषणकारी प्रवृत्तियों के विरुद्ध हैं और इसी शोषणकारी प्रवृत्तियों को स्पष्ट करने के लिए मुक्तिबोध ने अनेक इतिहास, पुराण मान्य प्रतीकों का प्रयोग किया है।

"...आंखें फाड़े मैंने देखा मन के मन में/जाने कितने
कारावासी वसुदेव/स्वयं अपने कर में, शिशु आत्मज ले/
बरसाती रातों में निकले/वैसे रहे अंधेरे जगल में/विक्षुब्ध
पूर में यमुना के/अति दूर अरे उस नन्दग्राम की ओर चले/
जाने किसके डर से स्थानांतरित कर रहे थे/जीवन आत्मज
सत्यों को/किस महाकंस से भय खाकर गहरा-गहरा।"[69]

वसुदेव शोषित का, महाकंस शोषक का और शिशु आत्म (कृष्ण) सत्य का। सत्य के निष्कासन की परम्परा प्राचीन समय से रही है। यही कवि का अभिप्राय है। पौराणिक प्रतीक के रूप में तत्कालीन सामाजिक परिस्थितियों का ही चित्रण हुआ है—

"आयु में यद्यपि मैं प्रौढ़
बुद्धि से बालक हूं
मैं एकलव्य जिसने निरखा—
ज्ञान के बन्द दरवाजे की दरार से ही
भीतर का महा मनोमंथनशाली मनोज्ञ
प्राणाकर्षक प्रकाश देखा है।"[70]

'बरगद' मुक्तिबोध में प्रिय प्रतीकों में से एक है। इसका प्रयोग उन्होंने कभी जीवन के रूप में, तो कभी परम्परा के रूप में, तो कहीं स्नेह के अर्थ के रूप में किया है। स्नेह के रूप में बरगद के प्रतीक को इस उद्धरण में देखिए—

> "चिलचिला रहे फासले/तेज दुपहर भूरी/सब ओर गरम
> धार-सा रेंगता चला/काल बांका तिरछा/पर तुम्हारे
> हाथ में जब भी मित्र का हाथ/फैलेगी बरगद छांह वहीं।"[71]

और कहीं बरगद कर्फ्यू से आतंकित शहर बन जाता है—

> "इन्हीं हलचलों के कारण तो सहसा/बरगद में पले हुए
> पंखों की डरी हुई चौंकी हुई/अजीब-सी गन्दी-सी
> फड़फड़···।"[72]

निराशा के प्रतीक के रूप में 'बरगद' का चित्रण इस प्रकार है—

> "बीहड़ के अंधकार में भी/जब नहीं कुछ सूझ पड़ता है/जब
> अंधियारा समेट बरगद/तम की पहाड़ियों से दिखते।"[73]

विषादमय जीवन के प्रतीक के रूप में 'बरगद' का प्रयोग किया गया है। कष्टमय जीवन के लिए कैक्टस और सुखी जीवन के लिए 'तुलसी' का प्रयोग मुक्तिबोध ने किया है। यंत्र प्रतीकों के लिए कवि ने यांत्रिक जीवन को चुना है।

> "इस दिल भरे रिवाल्वर में बेचैनी जोर मारती है, इसमें
> क्या शक/क्यों ताकतवर मशीन के/पिस्टन की-सी दिल
> की धक्-धक्/उद्दाम वेग से चला रही/ये लौह चक्र/
> मन प्राण बुद्धि के विक्षोभी/यह स्याह स्टीम-रोलर जीवन
> का/सुख-दुःख की कंकर मिट्टी यक-सा करके/है एक
> रास्ता बना रहा युग के मन का/मेरे मन का।"[74]

भौगोलिक व ऐतिहासिक प्रतीक भी स्पष्ट दिखाई देते हैं। पृथ्वी का पूरा भूगोल उनकी कविताओं में मानव जीवन की समस्याओं को कहता है।

> "मेरी आंखों में धूमकेतु नाचे/उल्काओं की पंक्तियां
> काव्य बन गयी, घोषणा बनी।"[75]

इन प्रतीकों का प्रयोग संघर्ष और क्रान्ति के लिए किया गया है।

"...उसकी मेधा की ज्वालाएं ऐसी फैलीं/उस घास
भरे जंगल-पहाड़ बंजर में/यों दावाग्नि लगी/मानो
बूढ़ी दुनिया के सिर पर आग लगी/सिर जलता है
कन्धे जलते।"[76]

'काव्यात्मन् फणिधर' एक पूरी कविता का नायक बना हुआ है। यहां तक कि मुक्तिबोध की कविताओं के शीर्षक भी प्रतीकबद्ध हैं। 'ब्रह्मराक्षस' का ही उन्होंने अलग-अलग रूपों में प्रयोग किया है। 'नक्षत्र खण्ड' चकमक की चिंगारियां, अरुण कमल आदि कवि के आशावादी स्वप्नों के प्रतीक हैं। 'चम्बल की घाटी' शोषित और आतंकित देशकाल का प्रतीक है।

निष्कर्ष के तौर पर हम कह सकते हैं कि मुक्तिबोध के प्रतीकों की दुनिया कई अर्थों में फैली हुई है। वे प्रतीक शैली के कवि हैं यह कहना तो ठीक नहीं होगा, फिर भी उनकी कविता प्रतीकों की बहुआयामी दुनिया प्रस्तुत करती है। भाषा के सम्बन्ध में मुक्तिबोध का मत इतिया एहरेह बुर्ग से अधिक निकटता रखता है। वे भी 'जन भाषा की अपेक्षा' भावानुकूल शब्द-शैली के पक्ष में हैं। वे कहते हैं—"भावानुरूप सम्वेदनानुसारी शब्द क्रम शैली की रचना कवि के लिए आसान काम नहीं है। महत्त्वपूर्ण बात यह है कि यथोचित् अभिव्यक्ति के विकास के दौरान में, अर्थात् ध्वनि-बिम्बवती शब्द-क्रम शैली के विकास के दौरान में कवि अपने भाव-स्वभाव से घनिष्ठ रूप से परिचित हो जाता है। वह शब्दों में वास करने वाले अर्थ बिम्बों व ध्वनियों की तुलना अपने भाव-दृश्यों से करने लगता है और इस नेत्रमयी तुलना में वह और सचेत हो जाता है कि वह किस प्रकार के चित्रों तथा ध्वनियों का कौन-सा प्रभाव उत्पन्न करना चाहता है। संवेदनानुसारी शब्द चेतना का विकास कवि के लिए महत्त्वपूर्ण है।"[77]

मुक्तिबोध की कविताओं के शिल्प की सबसे बड़ी विशेषता है परस्पर भाव चित्रों का धूप-छांही मेल जिसे आचार्य शुक्ल ने 'विरुद्धों का सामजस्य' कहा है। उनकी कविताओं में सर्वत्र अंधेरा, भय, त्रासदी नहीं है। भविष्य के स्वप्न, सूरजमुखी के गुच्छे आदि भी हैं। केवल पिशाच आकृति के विराट पुरुष ही नहीं, मित्र सहचर भी हैं। भय ही नहीं मानवीय करुणा भी है, आस्था भी है। मुक्तिबोध की काव्य-भाषा पर अनगढ़ता का आरोप लगाया गया है, इस बारे में हम इतना ही कहना चाहते हैं कि जीवन की समग्रता को वे जिस शब्द-सम्पदा द्वारा अभिव्यक्त कर लेते हैं वह क्या असमर्थ भाषा होगी।

वस्तुतः मुक्तिबोध की अभिव्यक्ति की अर्थवत्ता फुटकर शब्द-प्रयोगों से नहीं

आंकी जा सकती और न ही दो-चार बिम्बों से नापी जा सकती है। मुक्तिबोध की कविताओं में व्यञ्जना के स्थान पर लक्षणा का प्राधान्य है। मुक्तिबोध के काव्य में कथ्य के अनुसार अनेक अंग्रेजी शब्द और उर्दू शब्द भी आ गए हैं। कहीं-कहीं तो अंग्रेजी के पूरे-पूरे वाक्य देखने को मिल जाते हैं :

"स्क्रीनिंग करो मिस्टर गुप्ता
क्रास इक्जामिन हिम थारोली"[78]

पोस्टर, कर्फ्यू, पेण्टर, रेफ्रीजरेटर, बिटैमिन, रेडियोग्राम, थियोरम, मैगजीन, प्रोसेशन, मीटिंग, ट्रंककॉल आदि अनेक अंग्रेजी भाषा के शब्द हैं। इसी प्रकार प्रचलित उर्दू नामों का कोशीय अनुवाद करने की प्रवृत्ति कवि में नहीं है। वह ज्यों-का-त्यों उन्हें ग्रहण कर लेता है।

"आवरा मछुओं सी शोहदों-सी चांदनी"[79]

कुछ बहु-प्रयुक्त उर्दू शब्द हैं—कतार, खुदगर्ज, बख्तरबन्द, खुदमुख्तार, बेबुनियाद, मनसबदार, शायद, शमा, फानूस, अफवाह, कफन, सदमा, स्याहपोश, गिरफ्तार आदि। इन शब्दों के प्रयोग होने पर भी उनकी भाषा में छायावादी संस्कार अन्तिम समय तक मौजूद है। मुक्तिबोध ने अनेक स्थलों पर स्वयं के शब्दों का निर्माण भी किया है जैसे—कुहरीला (चेहरा), कोणगामी (किरणें), मुन्सिपल (कचरा), अजगरी (मेहराब), ऐयारी (रोशनी) आदि।

यह तो कहना ही होगा कि मुक्तिबोध के काव्य की सबसे बड़ी विशेषता यह है कि उसमें युग की नई चेतना नितांत मौलिक भाषा में अभिव्यक्त हुई है। डॉ० नामवरसिंह ने उनकी अंतिम कविता 'अंधेरे में' के लिए कहा है कि, "यह उनकी अन्तिम रचना ही नहीं है बल्कि नई कविता की चरम उपलब्धि भी है।"[80]

मुक्तिबोध की कविताएं कालबद्ध होते हुए भी काल-सापेक्ष कविताएं हैं। वे समय और स्थान के विस्तृत फलक पर यात्रा करती हैं। इसलिए उसकी प्रासंगिकता लम्बे समय तक खत्म नहीं होती। मुक्तिबोध ने वादों से ऊपर उठकर सही माने में समकालीन कविता को नई दिशा प्रदान की। शमशेरबहादुर-सिंह ने 'चांद का मुंह टेढ़ा है' की भूमिका में लिखा है—"मुक्तिबोध ने छायावाद की सीमाएं लांघकर, प्रगतिवाद से मार्क्सी-दर्शन ले, प्रयोगवाद से अधिकांश हथियार संभाल और उसकी स्वतन्त्रता महसूस कर, स्वतंत्र कवि के रूप में सब वादों और पार्टियों से ऊपर उठकर निराला की खुली मानवतावादी परम्परा को आगे बढ़ाया।"[81] वे किसी वाद के कवि नहीं हैं। उन्होंने समकालीन कविता के नये प्रतिमान स्थापित किए। नए सौन्दर्यशास्त्र का निर्माण किया और मानव

मुक्ति के लिए नए रचनापथ की तलाश की। डॉ० हुकुमचन्द राजपाल तो मुक्तिबोध को समकालीन कविता का महत्त्वपूर्ण पहला पड़ाव स्वीकार करते हैं—"हालांकि मुक्तिबोध का लेखन प्रयोगवादी काव्यधारा से काफी पहले का रहा है, पर समकालीन बोध की पहचान का श्रेय इसी कवि को है—उसे भले ही समीक्षक, इतिहासकार, प्रयोगवाद व नई कविता तक ही सीमित मानें, सही अर्थों में मुक्तिबोध ने इस कविता को नई दिशा प्रदान की। इसलिए 'समकालीन कविता' का यह कवि पड़ाव है—शेष कवि किसी-न-किसी रूप में इस कवि से प्रभावित हुए हैं।"[82] यह तो निर्विवाद है कि मुक्तिबोध ने सबसे पहले कविता के कथ्य को सामाजिक जन-जीवन से प्रतिबद्ध किया और शिल्प के स्तर पर कथ्य से ही, किन्तु उनका कथ्य फैण्टेसी की जटिल रचना प्रक्रिया से गुजर कर जन-जन तक सम्प्रेषित नहीं हो पाया और यहीं समकालीन कविता उनसे पृथक् हो जाती है। लेकिन यह कथ्य की मूल संवेदना से पृथक् नहीं है।

आठवें दशक में पुनः प्रतिबद्ध कविता का केन्द्र में आना हमारे समय की दिलचस्प ही नहीं विचारोत्तेजक वास्तविकता भी है। सन् '60 की असंगतियों के आने के पश्चात् एक कवि वर्ग मुक्तिबोध की कविताओं से प्रभावित होने लगा। इस समय की युग-पीढ़ी के रचनाकारों में बदलाव के चिह्न नजर आने लगे थे। प्रतिबद्धता का अर्थ पक्षधरता से लगाया गया और रचना की सोद्देश्यता पर बल दिया गया, जैसा कि मुक्तिबोध ने 'साहित्य के प्रयोजन' में लिखा था—"रचना मात्र मनोरंजन के लिए नहीं मानव को अधिक मानवीय बनाने के लिए है"[83] बदले हुए प्रतिमानों के बीच रचनाकार ने अपने दायित्वों का भी अनुभव किया और उसने स्वयं को व्यापक स्तर पर जोड़ दिया। वह अन्याय के विरोध में स्वयं को अकेला न पाकर शोषित वर्ग के प्रतिनिधि के रूप में देखने लगा। कविता में आक्रोश अब केवल मूक दर्शक में नहीं बल्कि सक्रिय हस्तक्षेप के रूप में बदल गया और यहीं से कविता की रचना संवेदना दो भागों में विभक्त हो गई व मुक्तिबोध समकालीन कविता के काव्य नायक बन गए।

मुक्तिबोध के कथ्य में साथीपन का भाव है, जो समाज में सामूहिक शक्ति को उत्पन्न करता है। उनकी कविताओं में स्याह प्रश्नों के बीच जूझते हुए आदमी के संघर्ष की सच्ची तस्वीर है। उसकी भयावहता में चोट खाई संवेदना है। केवल इतना ही नहीं उनकी कविताएं अन्याय के विरोध में खड़ी होती हैं और अंधेरे में होने वाले षड्यन्त्रों को खुली आंखों से देखती हैं। शमशेरबहादुर सिंह ने ठीक ही लिखा है—"मुक्तिबोध के काव्य में मस्तिष्कहीन भावुकता ही नहीं, विचारों का दीर्घ दोहन भी है।"[84] और सबसे महत्त्वपूर्ण बात थी—उनका आत्म संघर्ष, अपने आपसे निजी मुठभेड़, जिसको उन्होंने किस तरह व्यापक रूप दिया, इसे हम उनकी कविताओं में ही देख सकते हैं।

मुक्तिबोध ने आज की समस्याओं के उद्‌गम और वर्तमान समय में जो भ्रष्टाचार और अवसरवाद की बाढ़ थी, उसको बहुत पहले पहचान लिया था। उन्होंने समकालीन कविता को विरासत के रूप में जो चीज दी वह बहुत महत्त्वपूर्ण है। अपने समय की पहचान और समय के भीतर ही कविता को तलाशना उनकी कबिताओं की विशेषता है। समकालीन कविता में भी अपने समय की पहचान है। उसके सपने भी मुक्तिबोध की तरह ही जन-जीवन को सुखी देखने के हैं। डॉ० विशम्भरनाथ उपाध्याय लिखते हैं—"समकालीनों ने मुक्तिबोध की रीति, नीति पकड़ी, अज्ञेय अब जीवंत यथार्थ के नहीं, सनातन धरातलों के संवाहक होकर रह गए। समकालीन कवियों ने उनका मार्ग छोड़ दिया, इसका कारण यह है कि श्रीमंत लोग और उनकी जमातें बहुसंख्यक व्यक्तियों की गरदन पर सवार हैं।"[85] आज स्वार्थों की राजनीति संस्थाओं में ही नहीं व्यक्ति की चहारदीवारी के भीतर प्रवेश कर गई है। मानवीय प्रेम की पवित्र सूक्तियां नष्ट हो गई हैं। समकालीन कविता इन सभी स्थितियों के विरोध में प्रश्न चिह्न खड़े करती है—

"वह कौन-सी चीज है
बाहर की देह से दूर
हवा और सौर-मण्डल की
आदमी से बाहर पर दीवारों के अहाते में घुसी हुई घर की
देह पर मौजूद तमाम निशानात में
और आदमी के भीतर की सभी मंजिलों और सभी खानों में
पांव की बिवाइयों से लेकर
आमाशय और मस्तिष्क के परतों के भीतर तक
सोचने-समझने की खिड़की और आत्मा के सभी तहखानों में
न्यायाधीशों के शब्द और बजट के दस्तावेजों से लेकर
थाली की रोटी और तन को ढंकते कपड़ों के बीच
वे कौन-सी चीजें हैं
जो आदमी को आदमी नहीं रहने देती
वे कौन-सी चीजें हैं और किनके पास
और क्यों सिर्फ उन्हीं के पास
जो आदमी को उसकी जड़ों से काटकर
कुछ और बना देता है।"[86]

लोगों के जीवन में जटिलताएं आ गई हैं जिसके कई खतरनाक परिणाम सामने

आए हैं। समृद्धों के समृद्धतर होते चले जाने और दरिद्र के दरिद्रतर होने की व्यावहारिक सच्चाई अब ज्यादा दिन तक छुपी नहीं रह सकती, उसे सब अपनी खुली आंखों से देखते हैं। ऐसे वातावरण में जब कई प्रश्नों ने व्यक्ति के जीवन को घेरा है, आदमी का कल्पना की दुनिया में प्रवेश करना कठिन हो गया है। प्रसिद्ध विचारक तारिकअली ने हमारे समय के वर्तमान को इस तरह से स्पष्ट किया है—"बहुत-से ऐसे अनुतप्त आदर्शवादी हैं, जिनका मोहभंग हो चुका है। ये लोग जब ऐसे लोगों से टकराते हैं जो गंदी राजनीति पर सवार हैं, जिनकी आवाज ऊंची है और जिनके पास समर्थकों का एक दल है और 'सब चलता है' का दर्शन है, तब ये आदर्शवादी पिटकर एक किनारे फेंक दिए जाते हैं। इन आदर्शवादियों का दम घुटता है क्योंकि इन्हें अपने चारों ओर भ्रष्टाचार दिखाई देता है, न केवल पैसे का बल्कि हर प्रकार की क्षमता का दुरुपयोग मसलन, रेलवे क्रासिंग का वह गेटकीपर जो अपना व्यक्तिगत कर वसूलता है, अस्पताल का स्टोरकीपर जो अपने दोस्तों को कीमती दवाएं बांटता है, या म्युनिसिपल इन्स्पेक्टर जो दुकानदारों को ऊपरी आमदनी का स्रोत समझता है या कलकत्ता का वह पुलिस वाला जो हर मंगलवार को पांच रुपया प्रति लारी और दो रुपया प्रति टैक्सी वसूलता है और न मिलने पर ड्राइवर का चालान कर देता है।"[87] इन सब परिस्थितियों के बीच मुक्तिबोध जैसे संघर्षरत व्यक्तित्व की चीख सुनाई पड़ना स्वाभाविक था।

समकालीन कविता में संघर्ष करते आदमी की शक्ल है। उसका कथ्य व्यापक स्तर पर मानवीयता से जुड़ता है, उसमें घरेलूपन है। वह परिवार से कटी हुई कविता नहीं है, उसमें जीवन का सही यथार्थ है। वह आदमी को पहचानने के लिए जीवन की जड़ों तक जाती है और उसका तटस्थ दृष्टि से सही-सही मूल्यांकन करती है, जांच-पड़ताल करती है और बेकसूर शोषित, उत्पीड़ित आदमी के चित्र प्रस्तुत करती है और इतना ही नहीं षड्यन्त्रकारी साजिशों की बर्बरता और नृशंस अत्याचार के विरुद्ध खड़ी होती है। धूमिल की 'मोचीराम', कुमारेन्द्र सिंह की 'भंगी कालोनी', 'गोबरधन', 'एक सूरज मां के लिए', लीलाधर जगूड़ी की 'बलदेव खटिक', चन्द्रकान्त देवताले की 'भूखण्ड तप रहा है' आदि अनेक कविताओं में निम्न वर्ग और निम्न-मध्यवर्ग के शोषित, विवश एवं संवेदनशील व्यक्तियों को काव्यनायक बनाया गया है और इनके माध्यम से युग के यथार्थ का चित्रण किया है। इस प्रकार समकालीन कविता भी आम आदमी का संसार ही कविता में रचती है।

> "मैं समुद्र से बहुत दूर/आदमियों के उस भूखण्ड पर जिंदा
> हूं/जहां लोगों ने समुद्र का चिंघाड़ना नहीं जाना/

समुद्र के फेन में दांत की तरह टूटते हुए घर/बहते ढोर-ढंगर
और स्त्री-पुरुषों की देहों का/हाहाकार किसी से नहीं
देखा/पत्थरों को तोड़ते हुए आदमी/और कोयला बीनती
हुई औरतों/और नंगे पैर ठिठुरते हुए बच्चे/मुझे इस पठार
पर/अपने मौजूदा मुकद्दर के खिलाफ/हर रोज कुछ
दे रहे हैं।"[88]

× × ×

"शब्द किस तरह/कविता बनते हैं, इसे देखो/अक्षरों
के बीच गिरे हुए आदमी को पढ़ो/क्या तुमने सुना है
कि यह लोहे की आवाज है या मिट्टी में गिरे हुए खून
का रंग/लोहे का स्वाद लोहार से मत पूछो/उस घोड़े
से पूछो/जिसके मुंह में लगाम है।"[89]

मुक्तिबोध की तरह यह कवि भी जानते हैं कि मुक्ति के रास्ते अकेले में नहीं मिलते, समकालीन कविता के कवि उदय प्रकाश अपनी कविता में कहते हैं—

"ये अकेले का सफर नहीं है
जीवनदास
तुम अपनी साइकिल के
अकेले-अनोखे सवार नहीं हो
जीवनदास !"[90]

समकालीन कवि भी जनशक्ति में अटूट आस्था रखता है। वह जानता है कि खामोशी ही षड्यन्त्र को सफल बनाती है—

"खामोशी में छेद करना जरूरी है/इसलिए मैं अंधेरे में
जाती हुई/पिन को फुरसत नहीं दे सकता।"[91]

× × ×

"धुएं के घोड़ों पर काबू पाने के लिए समुद्र को बोलना ही पड़ेगा।"[92] और इसलिए ही वह जनशक्ति को ललकारता है—

"उठो अपनी हड्डियों को बजाना शुरू कर दो/
भूखण्ड तप कर भट्टी बन गया है"[93]

समकालीन कविता वस्तुतः मानवीय अन्तर्सम्बन्धों, चीजों और समूची व्यवस्था के संवेदनहीन हो जाने की त्रासदी है और यह व्यवस्था मनुष्य को ईंधन की तरह इस्तेमाल कर रही है। समकालीन कविता इसी व्यवस्था का विरोध करती है।

भाषा की जटिलता, दुर्बोधता, अनगढ़ता और खुरदुरेपन के होते हुए भी मुक्तिबोध की भाषा समकालीन कविता की शिल्प-चेतना को भी प्रभावित करती है क्योंकि सातवें दशक में रचनाकार के भौतिक परिवेश में जिस प्रकार की तनावपूर्ण परिस्थितियां थीं, भाषा के आभिजात्य को अधिक दूर तक ढोना कठिन था। प्रत्येक रचनाकार भाषा का निर्माण भी समय के भीतर ही करता है।

सातवें दशक में नई कविता के जिन कवियों के स्वरों में बदलाव आया अर्थात् रघुवीरसहाय, केदारनाथसिंह, श्रीकान्त वर्मा आदि की अभिव्यक्ति में जो नई भंगिमाएं आयीं वे अज्ञेय के काव्यशास्त्र के निकट नहीं, मुक्तिबोध के निकट जान पड़ती हैं, लेकिन दूसरी यह बात दिलचस्प लगती है कि इन सभी कवियों की मुक्तिबोध से समता मात्र वस्तु-जगत् को लेकर उनकी बेचैनी और छटपटाहट के साथ ही है। मुक्तिबोध की आवेगमय 'ऊबड़-खाबड़' भाषा ने कवि को ठीक उसी तरह प्रभावित नहीं किया, किन्तु मुक्तिबोध ने शिल्प के सम्बन्ध में जो ज्ञानात्मक संवेदन वाली बात कही थी और अपनी शब्द-सम्पदा को दैनिक जीवन के ठोस सन्दर्भों से गूंथ दिया था। समकालीन कविता उसी अर्थ में मुक्तिबोध के शिल्प से प्रभावित है।

समकालीन कविता की भाषा आम आदमी के संसार को अभिव्यक्त करती है। इसमें विचारों को अपने परिवेश की छोटी-बड़ी गतिविधियों और घटनाओं से तथा इस परिवेश में संघर्ष करते औसत दर्जे के मनुष्य की इन गतिविधियों से बनने वाले सम्बन्धों को चरितार्थ किया गया है। अधिकतर कवियों में ऐसी संवेदना-दृष्टि है जो अपने परिवेश से एक घनिष्ठ और जीवनदायी सम्बन्ध बनाती हुई मूल उत्सों तक जाती है। इसे हम समकालीन कविताओं की भाषा-सम्पदा में देख सकते हैं। जीवन के अनेक बिंब, प्रतीक, प्रतिध्वनियां इस कविता में आए हैं। अशोक वाजपेयी कहते हैं कि—"यह नई वस्तुपरकता है। उसमें अतिरंजना और नाटकीयता का अभाव है और कल्पनाशील साहस अन्तर्निहित है—दुनिया का अपना, अपनी स्थिति का वस्तुपरक बखान करने का साहस। इसी को दूसरे शब्दों में कहा जा सकता है कि जहां पिछले दशक की कविता का भाषाई अनुभव 'महसूस करने' और 'सोचने' के अतिवादी खानों में बंटा हुआ था। लेकिन आठवें दशक में दोनों तत्त्व मानवीय ऊष्मा में घुल-मिल गए हैं।"[94]

अतः आठवें दशक की भाषा में बनने वाला अनुभव, जिये गए जीवन की साधारणता, सादगी और सहजता को अपने केन्द्र में रखता है। इसलिए सम-

कालीन कवि की भाषा में विडम्बना का जो स्वरूप देखने को मिलता है वह ऊपर से सामान्य दिखता है लेकिन वह अनुभव के इकहरेपन से उठकर जीवन की जटिल द्वन्द्वात्मकता में जाता है। प्रभात कुमार त्रिपाठी के शब्दों में—"यह हमारे बहुत करीब की चीजों को हमारे मन में खिलाये रखने वाली कविता है।" और इसीलिए अशोक वाजपेयी ने कहा है कि उसमें हाहाकारी नाटकीयता नहीं है।[95]

मुक्तिबोध ने सृजन प्रक्रिया में जिस ज्ञानात्मक संवेदन की बात कही है वह कविता में निरी भावमूलक आत्मपरक संवेदना का विरोध करती है और समकालीन कविता भी नयी कविता के भावमूलक और आत्मपरक स्वर की प्रतिक्रिया स्वरूप आयी है। इसलिए इसकी संरचना अपनी प्रकृति में मुक्तिबोध के काव्य-बोध के अधिक निकट जान पड़ती है। समकालीन कविता में जिस सपाटबयानी को महत्त्व मिला, उसमें भी अपने समय को देखने के नाटकीय अनुभव पर बल दिया गया है। अनुभव का यह नाटकीय विधान जो मूलतः ज्ञानात्मक संवेदन पर आधारित है।

लम्बी कविता में अनुभव के नाटकीय रूप के लिए सृजनात्मक तनाव का होना आवश्यक है। मुक्तिबोध के शब्दों में, " 'आत्मशांति' को भंग करके ही कविता का निर्माण किया जा सकता है।"[96] उसमें जीवन के विविध प्रसंग, संदर्भ और संकेत निकलते हैं। नरेन्द्रमोहन के अनुसार—"अनुभव और विचार के लगातार दबाव से या किसी विधायक बिम्ब या रूपक की लगातार केन्द्रीय स्थिति से ही सृजनात्मक तनाव निष्पन्न होता है। इसके बिना लम्बी कविता की कल्पना नहीं की जा सकती।"[97] 'मुक्ति प्रसंग' में राजकमल चौधरी ने वैयक्तिक जीवन के तनाव को सामाजिक अनुभव के परिप्रेक्ष्य में रखकर बाह्य यथार्थ को आन्तरिक स्तर पर संकेन्द्रित किया गया है। इस कविता में वैयक्तिक और सामाजिक स्थितियां परस्पर एक-दूसरे में सन्नद्ध कर अनुभव का ऐसा संसार रचा गया है कि इन दोनों को पृथक् नहीं किया जा सकता। इस कविता में भिन्न-भिन्न प्रसंगों को 'उग्रतारा' के माध्यम से जोड़ा गया है। नामवरसिंह ने इसकी संरचना को "वर्तुलाकार मानते हुए इसे एक लम्बे प्रगीत की आत्म-निष्ठ छाया के समान माना है।"[98] इसी प्रकार धूमिल की लम्बी कविता 'पटकथा' में मूल्यहीनता बढ़ते हुए भ्रष्टाचार के निरर्थकता बोध से उत्पन्न तनाव को सृजनात्मकता का केन्द्रीय आधार बनाया गया है। लीलाधर जगूड़ी ने भी अपनी लम्बी कविता 'इस व्यवस्था में' वर्तमान राजनीतिक-सामाजिक व्यवस्था का अनावरण किया है। यह कविता भी अलग-अलग दृश्य बिम्बों की सृष्टि करती है। विश्वम्भरनाथ उपाध्याय ने इसकी रचना प्रक्रिया के सम्बन्ध में कहा है—"पाठक जगूड़ी की कविता में कहीं से भी कोई टुकड़ा उठा सकता है और वह टुकड़ा अपने में स्वतंत्र और पूर्ण लगेगा।"[99]

इस भूखण्ड पर समय की सूक्ष्म हरकतों को व्यक्त करने की कोशिश चन्द्रकान्त देवताले ने 'भूखण्ड तप रहा है' में की है। उन्होंने नायक त्रिभुवन के द्वारा समस्त परिवेश के भीतर जीते हुए आम आदमी की बेचैन मन:स्थिति को अद्भुत आन्तरिक लय दी है। केदारनाथसिंह ने उनकी इस कविता के बारे में कहा है कि—"यह कविता अपने प्रतीक नायक त्रिभुवन के इर्द-गिर्द वर्तुल गति से घूमती नहीं, बल्कि वह अपने संवेदनात्मक तर्क से आगे बढ़ती है—कई बार त्रिभुवन के लिये-दिये और कई बार उसे हाशिये पर छोड़ती हुई, यही इस कविता की बनावट की विशेषता है। जिसके चलते पूरी कविता अपने संदर्भों में सिर्फ एक व्यक्ति का आत्म कथ्य न होकर, अपने पूरे समय का आत्म कथ्य होने का साक्ष्य प्रस्तुत करती है।"[100] फैंटेसी के माध्यम में अपने परिवेश की विसंगतियों और विडम्बनाओं को मूर्त करने वाली महत्त्वपूर्ण कविता 'लुकमानअली' है। यह एक लम्बी कविता एक के बाद दूसरा संदर्भ लेकर आती है। विशम्भरनाथ उपाध्याय ने इसे 'लपेट शैली' कहा है। उनके अनुसार—"विद्रूप और विरूपीकरण में भावुकता नहीं आनी चाहिए; यह इस पद्धति का रहस्य है। इसलिए इस कबिता में कहीं भी भावुकता नहीं है। यह कविता ऐसे बेढब और अप्रत्याशित प्रयोगों पर आधारित है जहां न क्रम की चिन्ता है, न पारम्परिक शब्द विन्यासों की, न विचार प्रक्रिया को क्रमबद्ध रूप से पेश करने की। कवि इस प्रकार की कविता द्वारा व्यवस्था-ध्वंस के लिए पाठक को तैयार करता है।"[101] निस्संदेह 'लुकमानअली' में युग यथार्थ को फैण्टेसी के माध्यम से व्यक्त किया गया है। चन्द्रकान्त देवताले ने भी अपनी कविताओं में फैंण्टेसी का प्रयोग किया है। फैण्टेसी शिल्प से प्रभावित उनका पहला कविता संग्रह 'दीवार पर खून से' है। उनकी 'मृत्यु' कविता में मुक्तिबोध के प्रभाव को स्पष्ट देखा जा सकता है।

इस प्रकार फैण्टेसी के शिल्प में समकालीन कवियों को प्रभावित किया, लेकिन आज कविता इसके प्रभाव से मुक्त होती जा रही है और शब्दों में अनुभव की गहराई को व्यक्त करती है। समकालीन कविता के भाषा शिल्प में व्यवस्था विरोध में, शोषितों के विरोध में व्यंग्यों की भरमार है। कवि की चेतना परिवेश के साथ द्वंद्व रूप में सम्बद्ध होती है। इसलिए चेतना में पैदा हुए विडम्वना-बोध को व्यक्त करने के लिए भाषा में वक्रता आ जाती है। समकालीन कविता में व्यंग्य के अनेक स्वर हैं—क्रोध से लेकर करुणा तक। रघुवीर सहाय की भाषा में जो व्यंग्य मिलता है उसमें करुणा का भाव ही अधिक है।

"सेना का नाम सुन देश-प्रेम के मारे/मेजें बजाते हैं/
सभासद भद्-भद्-भद कोई नहीं हो सकती/राष्ट्र
की/संसद एक मंदिर है जहां किसी को द्रोही कहा नहीं/

जा सकता/दूध पिये मुंह पोछे आ बैठे जीवनदानी गोंद/
—दानी सदस्य तोंद सम्मुख घर/बोले कविता में देशप्रेम
लाना/आइस्क्रीम प्रेम लाना है।"[102]

कविता में व्यंग्य-दृष्टि ही कवि को भावुक होने से बचाती है और भयावहता को सम्मुख रखती है। श्रीकान्त वर्मा ने व्यंग्य में जिस सिनिसिज्म को प्रमुखता दी है वह सौमित्रमोहन और जगूड़ी तक ही सीमित रहा। आठवें दशक के कवियों ने भी सामाजिक विसंगतियों को उभारने के लिए व्यंग्य-शैली का प्रयोग किया है।

अत: निष्कर्ष के तौर पर यही कहा जा सकता है कि समकालीन कविता के कवियों को मुक्तिबोध के शिल्प ने उसी तरह प्रभावित नहीं किया जिस तरह उनके कथ्य ने। मुक्तिबोध के शिल्प का निर्धारण उस अनवरत बेचैनी द्वारा हुआ है जो उनके कथ्य का मूलाधार रही। पर यह बेचैनी कोरी भावुकता का परिणाम न होकर ज्ञानात्मक संवेदन से पुष्ट थी।

समकालीन कविता और कवियों पर मुक्तिबोध के ज्ञानात्मक संवेदन का गहरा असर हुआ। इसका प्रभाव रचनाकारों की जीवन-दृष्टि के परिष्कार में सहायक तो हुआ ही, कई कवियों के कथ्य और कुछ कवियों की भाषा पर भी पड़ा। फैन्टेसी के शिल्प को भी कई कवियों ने अपनी रचना-प्रक्रिया का हिस्सा बनाया, पर मुक्तिबोध की तरह नहीं, क्योंकि मुक्तिबोध लैण्डस्केप का इस्तेमाल करते हैं। नये कवियों ने अपने ढंग से इसका प्रयोग किया है जैसा कि सौमित्र-मोहन की 'लुकमानअली' और चन्द्रकान्त देवताले की 'भूखण्ड तप रहा है' लम्बी कविताओं के संदर्भ में इस अन्तर को देखा जा सकता है।

महत्त्वपूर्ण तथ्य यह है कि मुक्तिबोध की कविता ही नहीं उनके जीवन और विचारों ने भी साठोत्तरी और विशेष रूप से आठवें दशक की पीढ़ी को बेहद गहरे और आत्मीय ढंग से प्रभावित किया है जिसका सबसे बड़ा परिणाम इस रूप में हुआ कि निजी और कौटुम्बिक अनुभूतियों का दायरा बढ़ा। निजता के साथ उसमें सामाजिकता का ताप घुल-मिल गया। आत्मा के सामाजिक अन्त:करण में संस्कारित होने जैसी प्रक्रिया घटित हुई। इस सबका श्रेय मुक्तिबोध को भी जाता ही है।

संदर्भ

1. 'चांद का मुंह टेढ़ा है' की भूमिका—श्रीकान्त वर्मा, पृ० 8

2. मुक्तिबोध रचनावली भाग-2, मुक्तिबोध, पृ० 330
3. भूरी-भूरी खाक धूल, मुक्तिबोध, पृ० 1
4. गजानन माधव मुक्तिबोध, सं० लक्ष्मणदत्त गौतम, पृ० 15
5. भूरी-भूरी खाक धूल—मुक्तिबोध, पृ० 2
6. मुक्तिबोध रचनावली भाग-1, मुक्तिबोध, पृ० 15
7. मुक्तिबोध रचनावली भाग-5, मुक्तिबोध, पृ० 24
8. तारसप्तक (दूसरा संस्करण)/मुक्तिबोध का वक्तव्य
9. मुक्तिबोध के चिन्तन और काव्य का मूल्यांकन, (अप्रकाशित) —डॉ० चन्द्रकान्त देवताले, पृ० 83
10. तारसप्तक (दूसरा संस्करण)/मुक्तिबोध का वक्तव्य
11. मुक्तिबोध रचनावली भाग-1, मुक्तिबोध, पृ० 57
12. नयी कविता और अस्तित्ववाद, डॉ० रामविलास शर्मा, पृ० 153
13. मुक्तिबोध रचनावली भाग-1, मुक्तिबोध, पृ० 183
14. नयी कविता और अस्तित्ववाद, डॉ० रामविलास शर्मा, पृ० 153
15. वही
16. मुक्तिबोध रचनावली भाग-1 मुक्तिबोध, पृ० 210
17. वही, पृ० 285
18. नयी कविता और अस्तित्ववाद, डॉ० रामविलास शर्मा, पृ० 154
19. मुक्तिबोध रचनावली भाग-5, मुक्तिबोध, पृ० 126
20. नयी कविता और अस्तित्ववाद, डॉ० रामविलास शर्मा, पृ० 154
21. वही,
22. मुक्तिबोध रचनावली भाग-5, मुक्तिबोध, पृ० 203-4
23. वही, पृ० 331
24. मुक्तिबोध रचनावली भाग-3 मुक्तिबोध, पृ० 16
25. मुक्तिबोध का चिन्तन एवं काव्य का मूल्यांकन (अप्रकाशित)—डॉ० चन्द्रकान्त देवताले, पृ० 177
26. वही
27. एक साहित्यिक की डायरी, मुक्तिबोध, पृ० 108
28. मुक्तिबोध रचनावली भाग-2 मुक्तिबोध, पृ० 312
29. वही, पृ० 360
30. वही, पृ० 367
31. वही, पृ० 427
32. मुक्तिबोध की काव्य-प्रक्रिया, डॉ० अशोक चक्रधर, पृ० 89
33. मुक्तिबोध रचनावली भाग-2, मुक्तिबोध, पृ० 248

34. चांद का मुंह टेढ़ा है, मुक्तिबोध, पृ० 2
35. मुक्तिबोध रचनावली, भाग-2, मुक्तिबोध, पृ० 190
36. वही, पृ० 149
37. वही, पृ० 150
38. वही, पृ० 153
39. वही, पृ० 241
40. वही, पृ० 363
41. वही, पृ० 423
42. वही, पृ० 429
43. वही, पृ० 206
44. वही, पृ० 264
45. मुक्तिबोध का चिन्तन तथा काव्य का मूल्यांकन, डॉ० चन्द्रकान्त देवताले, पृ० 285
46. तारसप्तक का द्वितीय संस्करण/मुक्तिबोध का वक्तव्य
47. मुक्तिबोध रचनावली भाग-4 मुक्तिबोध, पृ० 218
48. इल्यूजन एण्ड रिएलिटी—काडवेल, पृ० 399
49. मुक्तिबोध रचनावली भाग-4, मुक्तिबोध, पृ० 226
50. मुक्तिबोध की काव्य-प्रक्रिया, डॉ० अशोक चक्रधर, पृ० 93
51. मुक्तिबोध रचनावली भाग-2, मुक्तिबोध, पृ० 344
52. वही, पृ० 179
53. वही, पृ० 267
54. वही, पृ० 146
55. वही, पृ० 159
56. वही, पृ० 239
57. मुक्तिबोध का चिन्तन तथा काव्य का मूल्यांकन, डा० चन्द्रकान्त देवताले, पृ० 139
58. मुक्तिबोध रचनावली भाग-4, मुक्तिबोध, पृ० 226
59. मुक्तिबोध की काव्य-प्रक्रिया—डॉ० अशोक चक्रधर, पृ० 89
60. वही
61. आत्महन्ता आस्था : निराला—दूधनाथसिंह, पृ० 155-56
62. मुक्तिबोध का चिंतन तथा काव्य का मूल्यांकन—डॉ० चन्द्रकान्त देवताले, पृ० 306
63. मुक्तिबोध रचनावली भाग-2, मुक्तिबोध, फ्लैप पर
64. वही, पृ० 428

65. चांद का मुंह टेढ़ा है, मुक्तिबोध, पृ० 166
66. मुक्तिबोध रचनावली भाग-2 मुक्तिबोध, पृ० 344
67. भूरी-भूरी खाक धूल, मुक्तिबोध, पृ० 191
68. वही, पृ० 54
69. चांद का मुंह टेढ़ा है—मुक्तिबोध, पृ० 30
70. मुक्तिबोध रचनावली भाग-2—मुक्तिबोध, पृ० 271
71. भूरी-भूरी खाक धूल, मुक्तिबोध, पृ० 50
72. वही, पृ० 30-31
73. चांद का मुंह टेढ़ा है, मुक्तिबोध, पृ० 53
74. वही, पृ० 56
75. मुक्तिबोध रचनावली भाग-2, मुक्तिबोध, पृ० 72
76. वही, पृ० 143
77. वही, भाग-5, पृ० 212
78. वही, भाग-2, पृ० 377
79. वही, पृ० 304
80. कविता के नये प्रतिमान, मुक्तिबोध, पृ० 76
81. चांद का मुंह टेढ़ा है, मुक्तिबोध, पृ० 24
82. समकालीन कविता के आन्दोलन, डा० संजय जैन, पृ० 7
83. मुक्तिबोध रचनावली भाग-5, मुक्तिबोध, पृ० 19
84. चांद का मुंह टेढ़ा है, मुक्तिबोध, पृ० 22
85. समकालीन कविता की भूमिका, डॉ० विशम्भरनाथ उपाध्याय, पृ० 5
86. भूखण्ड तप रहा है, डॉ० चन्द्रकान्त देवताले, पृ० 48
87. समकालीन कविता की भूमिका, डॉ० विशम्भरनाथ उपाध्याय, पृ० 19
88. लकड़बग्घा हंस रहा है, डॉ० चन्द्रकान्त देवताले, पृ० 30
89. कल सुनना मुझे, धूमिल, पृ० 15
90. सुना कारीगर, उदय प्रकाश, पृ० 15
91. दीवारों पर खून से, डॉ० चन्द्रकान्त देवताले
92. भूखण्ड तप रहा है, डॉ० चन्द्रकान्त देवताले, पृ० 46-47
93. पूर्वग्रह, पृ० 8
94. फिलहाल, अशोक वाजपेयी, पृ० 67
95. आलोचना, पृ० 125
96. मुक्तिबोध रचनावली भाग-5, मुक्तिबोध

97. कविता की वैचारिक भूमिका, डॉ० नरेन्द्रमोहन, पृ० 47
98. कविता के नये प्रतिमान, डॉ० नामवरसिंह, पृ० 78
99. समकालीन कविता की भूमिका, डॉ० विशम्भरनाथ उपाध्याय, पृ० 55
100. 'भूखण्ड तप रहा है' फ्लैप पर टिप्पणी, केदारनाथसिंह
101. समकालीन कविता की भूमिका, डॉ० विशम्भरनाथ उपाध्याय, पृ० 54
102. आत्महत्या के विरुद्ध, रघुवीर सहाय

अध्याय : 6

समकालीन कविता के सन्दर्भ में अज्ञेय विरुद्ध मुक्तिबोध—बहस का आधार, चरित्र एवं प्रभाव

"इस वक्त सच्चाई को जानना
विरोध में खड़ा होना है
और यहीं से······
कविता पर बहस शुरू होती है।"

—धूमिल

समकालीन हिन्दी कविता का संसार, पिछले चार दशकों से अनेक काव्यात्मक आन्दोलनों से स्पन्दित रहा है। अब जब आन्दोलनों का ज्वार थम चुका है, तो स्पष्टत: अज्ञेय और मुक्तिबोध दो सीमांतों की तरह दिखाई देते हैं, जिनके प्रस्थान बिन्दु भिन्न-भिन्न हैं।

प्रयोगवाद और नई कविता के प्रवर्तक होने के कारण ही नहीं, बल्कि आधुनिकता के संदर्भ में भी अज्ञेय नवलेखन के केन्द्र में रहे। किन्तु सन् 1964 में मुक्तिबोध की मृत्यु और 'चांद का मुंह टेढ़ा है' के प्रकाशन के पश्चात्, मुक्तिबोध समकालीन कविता के केन्द्रीय रचनाकार के रूप में प्रतिष्ठित हो जाते हैं। तभी से अज्ञेय विरुद्ध मुक्तिबोध बहस, तेजी से प्रारम्भ हुई। इन बहसों में अज्ञेय को छोटा और मुक्तिबोध को बड़ा कवि सिद्ध करने के प्रयास में अतिकथनों का भी सहारा लिया गया है और कई बार तानाशाहीपूर्ण निर्णय भी दिए गए, जो कि साहित्य के परिप्रेक्ष्य में उचित नहीं है। इसे तो समीक्षा का दुर्भाग्यपूर्ण रवैया ही कहा जाएगा कि किसी भी कवि को बिना काव्यात्मक आधार के अमान्य घोषित कर दिया जाए।

दरअसल आधुनिकतावाद, जिसे अज्ञेय प्रयोगवाद में लाये थे, वह पश्चिम के संकुचित व्यक्तिवाद से प्रभावित था और जिसे हमारे यहां के कवियों ने स्वीकार भी कर लिया था। उस समय भी कवियों का एक दल हमेशा इसका विरोध करता रहा। और इसी व्यक्तिवाद से भिन्न वातावरण में आते ही कला व साहित्य की दृष्टि, प्रयोजनीयता व प्रतिमान भी बदल गए। इन बदले हुए प्रतिमानों के बीच मुक्तिबोध के विचार और काव्य की सार्थकता तीव्रता के साथ उजागर हुई। देश की राजनीतिक, सामाजिक और आर्थिक परिस्थिति में ही नहीं, प्रजातंत्र और आजादी के अर्थ भी बदल गए। ऐसे समय पूंजीवादी व्यवस्था के आधार पर खड़े जनतंत्र के विरुद्ध विद्रोह स्वाभाविक था। ऐसे अनुभवों के बीच अन्याय और शोषण के विरुद्ध, सामाजिक विषमता से मुक्ति की कामना करने वाले और साम्यवाद में आस्था रखने वाले, रचनाकारों और रचनाओं का केन्द्र में आना परिस्थिति-जन्य ही था।

अज्ञेय को मुक्तिबोध की चिंतनधारा का विरोध करने की कभी प्रत्यक्ष आवश्यकता प्रतीत नहीं हुई, किन्तु मुक्तिबोध ने अज्ञेय की मानसिकता से प्रभावित नई कविता की काव्य-प्रवृत्तियों का स्पष्ट विरोध किया है। मुक्तिबोध

ने नई कविता के कवियों को भी दो वर्गों में विभक्त कर देखा। उनके अनुसार— "हिन्दी में इन दिनों दो प्रकार के वर्ग काम कर रहे हैं। एक उच्च-मध्यवर्गीय जन, दूसरे निम्न-मध्यवर्गीय जन, इन दोनों के बीच की खाई लगातार चौड़ी होती जा रही है। विश्व का जो आभ्यन्तरीकरण ये दो वर्ग करते आ रहे हैं उसमें बड़ा भेद दृष्टिगत हो रहा है। इन दोनों श्रेणियों की भावनाएं एक-दूसरे से जुदा हो गई हैं। दोनों के सामने दुनिया, दो अलग संवेदनात्मक रूपों में प्रस्तुत हो रही है।"[1] मुक्तिबोध के इस उद्धरण से यह तथ्य सामने आता है कि उन्होने उस समय की विभक्त धाराओं को पहचान कर अपना रास्ता चुना था और वे निम्न-मध्यवर्गीय जनों के जीवन से सम्बद्ध हो गए। इसी प्रतिबद्धता ने उनके आत्म-संघर्ष को आत्म विस्तार दिया। इसी कारण समकालीन कवियों को उनमें अपने समय की ही नहीं, भविष्य की भी आवाजें सुनाई देती हैं। जबकि अज्ञेय का रास्ता शुद्ध कविता का और जीवन के समानान्तर निर्मित होता है।

दोनों कवियों की मानसिकताएं अलग-अलग हैं, जिसका प्रमुख कारण उनकी काव्य-संवेदना में गहरा फर्क है, उनकी पृष्ठभूमि और प्रेरणा भी भिन्न है। सन् 1933-40 के समय अज्ञेय रोमण्टिकता के दायरे से निकलकर बौद्धिकता का आग्रह करते दिखाई देते हैं। उस समय हिन्दी का समग्र साहित्यिक परिवेश मार्क्स और फ्रायड की विचारधारा से प्रभावित था। अज्ञेय और मुक्तिबोध इन्हीं दो भिन्न विचारधाराओं का प्रतिनिधित्व करते हैं। अज्ञेय मनोवैज्ञानिक व्यक्तिवादी विचारधारा से प्रभावित रहे और मुक्तिबोध मार्क्स के द्वन्द्वात्मक भौतिकवाद से।

अज्ञेय और मुक्तिबोध साहित्य में विचारधारा को अत्यन्त आवश्यक समझते हैं, लेकिन अज्ञेय विचारधारा में विवेक स्वातंत्र्य को महत्त्व देते हैं, वे बदलती हुई भूमिकाओं के कवि हैं और इसीलिए उनके काव्य में विविधता है। जबकि मुक्तिबोध मार्क्सवाद की विचारधारा से प्रतिबद्ध थे। इतना ही नहीं मार्क्सवाद से उन्हें लिखने की नई दृष्टि प्राप्त हुई थी। वे मार्क्सवाद का स्वीकार न केवल भावना के स्तर पर और न ही शुष्क बौद्धिकता से ही कर सके, जैसा कि उस समय के अन्य कवियों ने किया था। वे मार्क्सवाद की व्याख्या आस-पास की चीजों को देखकर अनुभूत वास्तविकताओं के आधार पर करते हैं। गंगाप्रसाद 'विमल' ने ठीक ही कहा है—"सुमन, शील और अली सरदार जाफरी ने यथार्थ-ग्राही दर्शन को कोरा नारा बना दिया है। नागार्जुन ने उसे ठोस राजनीतिक सवाल बना दिया है। त्रिलोचन ने स्वतंत्रता के बाद सक्रिय दर्शन से अलग हटकर सनातनी प्रश्नों से मार्क्सवाद को उलझाना चाहा। मुक्तिबोध ने मार्क्सवाद विचारधारा के इस एकांगी निष्कर्ष को, अपने चिंतन से सुलझाने की कोशिश की।"[2] कुछ समीक्षकों ने मार्क्सवाद के अर्थ को सीमित कर दिया है। वे समझते

हैं, मार्क्सवाद केवल उतना ही है जितना मार्क्स ने लिखा है। "मार्क्सवाद अन्तिम सत्य का प्रवचन नहीं है, वह बदलती हुई दुनिया को देखने की दृष्टि है।"[3] आठवें दशक में पुनः प्रतिबद्ध कवियों का एकत्रित होना इसका प्रमाण प्रस्तुत करता है। मुक्तिबोध की तरह वे भी यह समझते हैं कि मुक्ति के रास्ते अकेले नहीं मिलते। मुक्तिबोध की यह प्रतिबद्धता शोषित वर्ग के लिए है लेकिन अज्ञेय, वर्गीय चेतना का विरोध करते हैं और सामाजिक प्रतिबद्धता को सीमित अर्थों में स्वीकार करते हैं। उनके अनुसार—"मैं अब साहित्यकार हूं तब सम्प्रेषण का तो मैंने व्रत ले लिया है। यह मेरा उत्तरदायित्व है कि मैं दूसरों तक पहुंचूं, दूसरे तक मूल्य-बोध पहुचाऊं। जिनके बारे में मेरा सहज विवेक मुझे आश्वस्त करता है कि ये मूल्य उस पूरे समाज के जीवन को गहरा, समर्थ और अर्थवान बना सकते हैं। इन मूल्यों के सम्प्रेषण का, उनकी चेतना को जगाने का, मेरा अक्षुण्ण अधिकार और अपरिहार्य कर्त्तव्य ही मेरी सामाजिक प्रतिबद्धता है। यह प्रतिबद्धता किसी वर्ग, दल, समूह अथवा प्रतिष्ठान के हित अथवा सत्ता से निरपेक्ष है।"[4] अज्ञेय समाज की समस्याओं को व्यक्तिवादी नजरिये से देखते हैं। वे कविता में राजनीति का विरोध करते हैं। अज्ञेय जब सम्प्रेषण की इतनी अधिक चर्चा सामाजिक प्रतिबद्धता को सिद्ध करने के प्रयास में करते हैं, वह ठीक भी है किन्तु व्यापक दृष्टिकोण से सोचा जाए तो समाज के अन्तर्गत केवल पाठक समाज ही नहीं आता, सामान्य आदमी की जड़ें, इतिहास, समस्याएं और समग्र जीवन होता है। यही वह दुनिया थी जिसके भीतर मुक्तिबोध विचरण करते थे और इसी दुनिया के बीच यदि हम मुक्तिबोध को केन्द्रीय कवि के रूप में पाने लगते हैं, तो आकस्मिक नहीं है।

इस बात को फिर एक बार दोहराना आवश्यक है कि हमारा उद्देश्य किसी भी कवि को कमतर आंकना नहीं है। हम तो प्रचलित बहसों से अलग मुक्तिबोध और अज्ञेय की विचारधाराओं को उस समय की परिस्थिति में रखकर देखना चाहते हैं और फिर बदलावों के बीच मुक्तिबोध की प्रासंगिकता के कारणों को भी जानना चाहते हैं।

अज्ञेय, जब कविता में सेंसर्स लगाते हैं वहीं उनका काव्य-संसार छोटा होने लगता है और यहीं मुक्तिबोध सीमित दायरे से निकलकर व्यापक दुनिया मे प्रवेश करते हैं, उनके अनुसार—"मनुष्य जीवन का कोई अंग ऐसा नहीं है जो साहित्याभिव्यक्ति के अनुपयुक्त हो"[5] इसलिए राजनीति का साहित्य से कोई विरोध वे नहीं मानते हैं। राजनीति के सम्बन्ध में उनका कहना है—"जनता की राजनीति और जनता के साहित्य का स्रोत एक ही है और वह है—आज का यथार्थ। आज का यथार्थ कोई रहस्यवादी धारणा नहीं है, जिसे समझने के लिए इड़ा, पिंगला, सुषुम्ना नाड़ियों को तीव्र करना जरूरी हो, यदि हमारी काव्य प्रेरणा वस्तुतः

जनजीवन से उद्भूत हुई हो तो जनजीवन की वर्तमान परिस्थितियों और कष्टों के कारण भी हमारी अनुभूति क्षेत्र का अंग ही होगा। राजनीति और साहित्य मात्र अभिव्यक्ति में भिन्न हैं, उनका मूल एक ही है। आज का यथार्थ यानी जनजीवन का यथार्थ, उसके तथ्य अभिप्रेत और उसके संघर्ष।"[6] यही पक्ष अज्ञेय के काव्य से दूर चला गया। अज्ञेय जब साहित्यि के क्षेत्र में बौद्धिक आग्रह पर बल दे रहे थे, उस समय छायावाद युग में भी यथार्थ की आवश्यकता पर जोर था, जिसे अज्ञेय द्वारा अनदेखा कर दिया गया। अज्ञेय ने 'आधुनिक हिन्दी कविता' शीर्षक निबन्ध में 1938 के समय पंत और निराला को सौन्दर्यवादी कहा और इतना ही नहीं निराला के बारे में अज्ञेय ने लिखा है कि—"साहित्यिक शक्ति के रूप में निराला मर चुके हैं"[7] अज्ञेय की इस टिप्पणी का उस समय काफी विरोध भी हुआ था। समकालीन कविता के बीज वस्तुत: निराला की ही कविता में मिलने लगते हैं। निराला जब एक आदर्श शक्ति के रूप में उभर रहे थे, तब अज्ञेय इस प्रकार की टिप्पणी कर रहे थे। उस समय मुक्तिबोध एकान्त सृजन में जीवन की परख कर रहे थे।

साहित्यिक जगत् में इस प्रकार के प्रश्न उठते रहे हैं कि मुक्तिबोध मार्क्सवादी थे, अथवा नहीं। या वे भिन्न पथ की तलाश में संलग्न थे। अपने निबन्ध में जब मनमोहनकृष्ण बोहरा यह कहते हैं कि मुक्तिबोध प्रचलित अर्थ में मार्क्सवादी कवि नहीं बनना चाहते थे और बने भी नहीं, तो इस बात से सब सहमत हैं कि मुक्तिबोध का मार्क्सवाद से जुड़ना, मार्क्सवादी सिद्धान्तों को केवल उल्था भर करना नहीं है, उन्होंने मार्क्सवाद को भारतीय जीवन के अनुभवों के आधार पर ग्रहण किया था। और उनकी कविताओं में जीवन का यथार्थ सीधे-सीधे प्रकट नहीं होता था। जैसे नागार्जुन, त्रिलोचन आदि कवियों की रचनाओं में प्रकट होता है। उनकी कविताओं में यथार्थ फैंटेसी में बद्ध होकर और प्रभावशाली रूप में सामने आता है। दूसरी बात जब वे यह कहते हैं कि "उनकी कविता प्रगतिवादी ढांचे को स्वीकार न कर सकी"[8] तो वे यहां भी ठीक कहते हैं क्योंकि उन्होंने नई कविता और प्रगतिवाद दोनों की सीमाओं का अतिक्रमण किया। लेकिन जब वे यह कहते हैं कि "यह कहना ज्यादा सही होगा कि प्रगतिवादी आलोचना के विरुद्ध खड्ग-हस्त होकर ही वे आलोचना में आये थे"[9] गलत प्रतीत होता है। प्रगतिवाद के प्रतिमानों, वामपन्थी विचारधारा से मुक्तिबोध का कोई विरोध नहीं था। वे उसकी कमजोरियों पर ध्यान दिलाकर उसे दूर करना चाहते थे, और यही बात नई कविता के लिए भी थी।

जब मुक्तिबोध 'नई कविता के आत्म संघर्ष' की बात कहते हैं तो उनका तात्पर्य नई कविता की असंगतियों के विरुद्ध आत्मीय संघर्ष ही है। मुक्तिबोध का विरोध नई कविता की आत्मकेन्द्रित और व्यक्तिवादी विचारधारा के प्रति ही

रहा है क्योंकि यह विचारधारा उन सब मामलों में चुप रहती थी जो समाज के पक्ष में राजनीतिक हितों से टकराती थी। मुक्तिबोध मानव जीवन की सम्पूर्ण समस्याओं को अभिव्यक्ति देना चाहते थे। प्रगतिवादियों से भी मुक्तिबोध को यही शिकायत रही है कि "प्रगतिवादी कवियों ने मनुष्य जीवन का केवल राजनीतिक पक्ष उठाया, उसने सम्पूर्ण मनुष्य को अपने काव्य का विषय नहीं बनाया।"[10] मुक्तिबोध ने नई कविता और प्रगतिवाद दोनों से अलग रचनाकार की स्वतंत्रता की हैसियत से अलग रास्ता अपनाया, जो व्यक्ति और समाज को एक सही दिशा देता था। उनकी काव्य वस्तु राजनीतिक भावबोध से सम्पन्न होकर भी विशाल जीवन में पाये जाने वाले भयानक संघर्ष से सम्बद्ध थी। मुक्तिबोध साहित्य में एक पक्षीय अतिरेकों के विरोधी रहे हैं—"जो लोग साहित्य का ऐतिहासिक विहंगावलोकन अथवा समाज-शास्त्रीय निरीक्षण कर चुकने में ही अपनी इति-कर्तव्यता समझ लेते हैं वे एकपक्षीय अतिरेक करते हैं। आवश्यकता तो इस बात की है कि आलोचना में ऐतिहासिक, समाजशास्त्रीय तथा मनोवैज्ञानिक-सौन्दर्यात्मक विवेचना की एकात्मकता रहे।"[11] मुक्तिबोध की काव्य धारणाएं त्रिभुज के सिद्धान्त पर आधारित हैं जिसकी एक भुजा बाह्य जगत्, दूसरी भुजा आन्तरिक जीवन और तीसरी भुजा आधार चेतना है। इस प्रकार आन्तरिक जीवन और बाह्य जगत् का सामंजस्य और द्वन्द्व ही उनके लिए कविता है। समकालीन कविता भी अपने समय के साथ सामंजस्य अथवा द्वन्द्व की कविता है, इसका तनाव भी द्वन्द्वात्मक तनाव है। "समकालीन कविता अपने समय के मुख्य अन्तर्विरोधों और द्वन्द्वों की कविता है। उसमें प्राथमिकताओं के ज्ञान की शक्ति है और इन प्राथमिकताओं को अपने जीवनानुभवों से पहचान कर उनके लिए लड़ने का संकल्प है।"[12] अन्याय के विरुद्ध लड़ने का संकल्प और जीवनानुभवों को पहचानने की दृष्टि समकालीन कवियों को मुक्तिबोध से विरासत में प्राप्त हुई है, इस बात से इन्कार नहीं किया जा सकता।

अज्ञेय अपने काव्य में आन्तरिक जीवन को ही महत्त्व देते हैं, उनके लिए निजता से मुक्ति जरूरी नहीं है। वे इसी निजता को कलाभिव्यक्ति देकर भी सुरक्षित रखते हैं। निर्मल वर्मा ने सही ही लिखा है—"अज्ञेय अहं के आलोक-मण्डित दायरे से बाहर नहीं देखते—समाज की शायद ही कोई जीवन्त समस्या हो—राजनीति का दूषण, भाषा और शब्द की मर्यादा, काल का रहस्य, आधुनिक संस्कृति के अन्तर्द्वंद्व—अनेक विषयों पर मर्मभेदी दृष्टि डाली है। इसके बावजूद उनकी इन पुस्तकों को पढ़ते हुए बराबर खीज की किरकिरी चुभती है। क्या है इस खीज का कारण? अज्ञेय अन्ततः सब कुछ कहने के बाद उस हद पर आकर रुक जाते हैं जहां से कलाकार का चिन्तन शुरू होता है।"[13] हम जानते हैं कि अज्ञेय ने भी समाज की समस्याओं पर विचार किया है किन्तु काव्य में तो इसका

प्रयोग बहुत कम हुआ है और जो हुआ वह अधिक प्रभावशाली नहीं हुआ। वे इस बात के प्रति हमेशा सतर्क रहते हैं कि वे स्वयं से बाहर न आ जायें। भीड़ के प्रति अस्तित्व अकेलापन उन्हें समाज से अलग कर देता है।

मुक्तिबोध निजी सत्य को सामान्य सत्य में रूपान्तरित करने के लिए निरन्तर संघर्ष करते हैं। दोनों कवियों की मानसिकता का प्रभाव उनकी कविताओं के ढांचे में देखा जा सकता है। मुक्तिबोध आत्मग्रस्तता के कटघरे से और मानवीय अधिकारों के बारे में सदैव सतर्क रहे हैं। कविता को जीवन से जोड़ने की यही आकांक्षा ही उन्हें समकालीन कविता का महत्त्वपूर्ण कवि बनाती है। इसीलिए केदारनाथ सिंह ने स्पष्टतः यह स्वीकार किया कि—"अपने अन्य समकालीन कवियों की परिधि से मुक्तिबोध का काव्य यदि कुछ अलग दिखाई पड़ता है तो इसीलिए कि उन्होंने सृजन के स्तर पर कला के संघर्ष को अस्तित्व के संघर्ष से एकाकार कर लिया था। आज का नया रचनाकार उनके काव्य के इस पक्ष को नई काव्यात्मक मान्यताओं के अधिक अनुकूल पाता है। नये कवियों के बीच मुक्तिबोध की बढ़ती हुई लोकप्रियता का एक कारण शायद यह भी है।"[14]

अज्ञेय ने लिखा है—मैं अकेलापन चुनता नहीं हूं, स्वीकार करता हूं। लेकिन मुक्तिबोध की निःसंग स्थिति में भी चलता-फिरता साथ है। उनका अकेलापन निराशा को लिए हुए नहीं है।

अज्ञेय सौन्दर्यानुभूति को जीवन से अलग मानते हैं। उनके अनुसार जीवन की भुजा और सौन्दर्य की भुजा समानान्तर चलती है, और कहीं भी नहीं मिलती। इसी प्रकार की सौन्दर्यानुभूति को मुक्तिबोध ने जड़ीभूत सौन्दर्याभिरुचि कहा है, जो व्यक्ति को सीमित दायरे में बांध देती है। इसी सौन्दर्याभिरुचि का विरोध करते हुए वे कहते हैं—"नये महोदयों का यह सौन्दर्यवाद, कलाकार की क्षणजीवी सौन्दर्यानुभूति के छोटे से मानसिक बिन्दु में ही उसे समेटकर, बांधकर रखना चाहता है, ताकि वह अपने समस्त व्यक्तित्व और समस्त अन्तर्जीवन की प्राणधाराओं को भूमिगत करके, केवल ऊपरी सतह पर उछाले गए बिन्दुओं में अपने आपको तृप्त मान ले और शेष को भूल जाए, या उस शेप को महत्त्व न दे। संक्षेप में यह एक प्रकार का क्षणवाद है।"[15] मुक्तिबोध इस क्षणवाद का विरोध करते हैं। वे सौन्दर्य को वास्तविक जीवन की समग्रता से स्वीकार करते हैं। उन्होंने अपनी पैनी सामाजिक दृष्टि से यह देख लिया था कि "यह सौन्दर्याभिरुचि एक विशेष वर्ग की है। विशेष वर्ग ने विशेष परिस्थिति में ही सौन्दर्याभिरुचि को अंगीकार किया है। इस अभिरुचि के अन्तर्गत सेन्सर काफी सक्रिय है। उस मध्यवर्गीय सौन्दर्याभिरुचि के अधीन हो निम्न-मध्यवर्गीय कवि-जन जाने-अनजाने, उस फ्रेम के कारण सेंसर लगाते रहते हैं।"[16] मुक्तिबोध इस प्रकार की

सौन्दर्याभिरुचि के कारणों का ऐतिहासिक विश्लेषण भी करते हैं। जीवन से काटने वाले अनुभवों के खतरों को मुक्तिबोध अच्छी तरह जानते थे। उन्होंने लिखा है—"स्वाधीनता प्राप्ति के उपरान्त भारत में एक ओर अवसरवाद की बाढ़ आई। शिक्षित मध्यम वर्ग में भी उसकी जोरदार लहरें पैदा हुईं। साहित्यिक लोग भी उसके प्रवाह में बहे और खूब बहे। इस भ्रष्टाचार, अवसर-वाद, स्वार्थपरता की पार्श्वभूमि में नई कविता के क्षेत्र में पुराने प्रगतिवाद पर जोरदार हमले किए और कुछ सिद्धान्तों की एक रूपरेखा तैयार की गई। ये सिद्धान्त और उनके हमले वस्तुतः उस शीत युद्ध के अंग थे जिसकी प्रेरणा लंदन और वाशिंगटन से ली गई थी। पश्चिम की परिपक्व मानववादी परम्परा से साहित्यिक प्रेरणा ले करके उन नए व्याख्याताओं ने अवन्त प्रतिक्रियावादी साहित्यिक विचारधारा को अपनाया और फैलाया।"[17] मुक्तिबोध इस तरह के प्रतिक्रियावाद का हमेशा विरोध करते रहे। वे साम्यवाद विरोधी 'शीत-युद्ध' की पाश्चात्य विचारधारा के दूषित सांस्कृतिक प्रभाव से परिचित थे।

नई कविता में आधुनिकता का आन्दोलन एक क्रान्तिकारी विचारधारा लेकर आया था, लेकिन इस आधुनिकता का सम्बन्ध आधुनिकवाद से अधिक था। अब प्रश्न यह उठता है कि क्या अज्ञेय उस समय के यथार्थ से परिचित नहीं थे? आधुनिक युग की जटिलताओं को उन्होंने नहीं समझा था? तो इसके उत्तर में हम देखते हैं कि अज्ञेय ने आधुनिक युग की जटिलताओं को समझा था, लेकिन उनका मुख्य उद्देश्य कल्पना सत्य के स्थान पर, व्यक्ति सत्य को प्रतिष्ठापित करना था और प्रगतिवादी वामपन्थी विचारधारा के विरुद्ध होने के कारण उनकी व्यक्तिवादी धारणा पाश्चात्य वादों की प्रवृत्तियों पर आधारित हो गई। इसी कारण आधुनिकता की सर्वाधिक चर्चा करते हुए भी, उनकी आधुनिकता नारों में बदल गई। अज्ञेय के अनुसार—"आधुनिकता संस्कारवान् होने की प्रक्रिया का नाम है।"[18] कलात्मक परिष्कार और तराश की प्रवृत्ति ही, अज्ञेय को उन सामाजिक अनुभवों से अलग कर देती है, जिन्हें रचनाकार जीवन में अनुभव करता है।

अज्ञेय जब आधुनिकता की बात करते हैं तो वे अपने अतीत को खण्डहर के रूप में देखते हैं। तकनीक और रूप की दृष्टि से आधुनिकता और प्रयोग पर बल देते हैं। व्यक्ति चेतना को केन्द्र में रखकर, वे आधुनिक भाव-बोध के सिद्धान्त की स्थापना करते हैं जबकि मुक्तिबोध आधुनिक भाव-बोध को वर्ग-संघर्ष की दृष्टि से खते हैं। मुक्तिबोध ने भी समय के बदलाव को स्वीकार किया है। लेकिन इस पर कि वह जनता के हित में है। मुक्तिबोध जब अपने को आधुनिकतावादी ्ते हैं तब वे समकालीन परिवेश में मानव की सत्ता को विस्तृत नहीं करते हैं। क्तिबोध आधुनिकता को लेकर नई वैज्ञानिक दृष्टि के हिमायती थे। उस

आधुनिकतावाद के जो पाश्चात्य प्रभावों से आए वादों का परिणाम था। इसका आशय यह नहीं है कि अज्ञेय की आधुनिकता की धारणा व्यर्थ थी और उसने साहित्य को सिवाय खोखले शब्दों के कुछ नहीं दिया, बल्कि अज्ञेय ने तो हिन्दी साहित्य को इसी आधुनिकता की धारणा से एक नया मोड़ दिया।

आधुनिकता के सन्दर्भ में मुक्तिबोध ने भी कई अतिरंजित वक्तव्य भी दिये हैं। वे आधुनिकता को भी वर्गीय सघर्ष में विभाजित कर देखते हैं—"मैं अपनी खुद की जिन्दगी और दोस्तों के तजुर्बे से बता सकता हूं कि अन्याय के खिलाफ आवाज बुलंद करना ही आधुनिक भाव-बोध के अन्तर्गत है।"[19] और "इस आधुनिकतावाद में उन उत्पीड़नकारी शक्तियों का बोध शामिल नहीं है जिन्हें हम शोषक कहते हैं।"[20] अतः मुक्तिबोध वांछित उद्देश्यों की दृष्टि से अपनी ही बात कहते दिखाई देते हैं। इसका कारण यह भी है कि वे अन्याय के विरुद्ध सही मायने में संघर्ष कर रहे थे, इसके लिए उन्होंने सभी काव्य प्रवृत्तियों से डटकर मुकाबला किया। इसीलिए उनकी आधुनिकता की धारणा में फैशनपरक अनुकरण नहीं दिखाई देता व उनकी दृष्टि से अपने समय के दबाव ओझल नहीं रह पाते।

अतः हम निष्कर्ष के रूप में कह सकते हैं कि अज्ञेय के आधुनिकतावाद ने हिन्दी काव्य को नया मोड़ दिया और कवियों को भी खूब प्रभावित किया। किंतु पश्चिमी व्यक्तिवादी धारणा के कारण और लोक जीवन से अलग होने के कारण उनका संसार छोटा हो गया और केन्द्र से भी हटता गया। मुक्तिबोध की आधुनिकता सामान्य आदमी के मनोलोक और जीवन समस्याओं से जुड़ने के कारण नई परम्परा गढ़ने की सामर्थ्य रखती है।

व्यक्ति-स्वातंत्र्य भी नई कविता की विशेष प्रवृत्ति रही है। अज्ञेय और मुक्तिबोध दोनों के लिए व्यक्ति-स्वातंत्र्य के अर्थ अलग-अलग रहे हैं। अज्ञेय की व्यक्ति-स्वातंत्र्य की धारणा पश्चिम के सिद्धान्तों पर आधारित है। उनके अनुसार—"कोई दार्शनिक या तार्किक पद्धति समाज या राष्ट्र की स्वतंत्रता को एक चरम मूल्य के रूप में प्रतिष्ठित नहीं कर सकती, अगर वह व्यक्ति स्वातंत्र्य के अपहरण का अनुमोदन करती है।"[21] मानवीय आवश्यकताओं के बारे में अज्ञेय का व्यक्ति-स्वातंत्र्य चुप रहता है। और मुक्तिबोध पश्चिम के व्यक्ति-स्वातंत्र्य और गरीब देश के व्यक्ति-स्वातंत्र्य में हमेशा फर्क करते हैं। उन्होंने लिखा भी है—"स्पष्ट है कि मुनाफाखोरों और उत्पीड़कों के व्यक्ति-स्वातंत्र्य के लक्ष्य और जनता के व्यक्ति-स्वातंत्र्य के लक्ष्य में अन्तर है। जी नहीं, केवल अन्तर नहीं, विरोध भाव है। केवल विरोध भाव नहीं विपरीत दिशाएं भी हैं।"[22] मुक्तिबोध के अनुसार व्यक्ति-स्वातंत्र्य का प्रश्न जनता के जीवन से, उसकी मानवोचित आकांक्षाओं से, सीधे-सीधे सम्बन्धित है। अज्ञेय की व्यक्ति-स्वातंत्र्य की अवधारणा जीवन की प्राथमिक आवश्यकताओं के प्रति बेखबर है। परिवेश और

अपने लोगों के प्रति उनकी यह चिंता ही उन्हें बड़ा कवि बनाती है और परवर्ती पीढ़ी से जोड देती है। अज्ञेय में भीड़ के प्रति भय की स्थिति बराबर बनी रहती है जबकि मुक्तिबोध भीड़ को हमेशा एक शक्ति के रूप में स्वीकार करते हैं। भीड़ से उन्हें कोई आत्मघाती भय नहीं है और इसीलिए वे लघुमानवतावाद के सिद्धांत का विरोध करते हैं। क्योंकि यह धारणा व्यक्ति को समाज से निरपेक्ष मानती है—"हम लघुमानव हैं, जनसाधारण नहीं, क्योंकि आदर्शों ने हमें दगा दिया है, छल-प्रवंचना की है और इसीलिए हम लघुप्रयत्नों द्वारा उन्नति और विकास करते हैं। जनता भीड़ है उसकी कोई आत्मा नहीं होती, उसे जिधर हांको हंक जाती है। चेतन व्यक्ति तो आत्मतन्त्री है। इसीलिए उसका कर्त्तव्य है कि वह भीड़ का हिस्सा न बने।"[23] मुक्तिबोध इस स्थापना को राजनीतिक प्रचार के रूप में देखते हैं। वे कहते हैं कि—"लेखक को जनता से अलग करने की स्थिति में ही पश्चिमी जगत् की मुंडेरों पर से बहती आने वाली हवाओं में से अच्छा ऑक्सीजन निकालकर दिया जा सकता था।"[24] आज समकालीन कविता में इस प्रवृत्ति का लोप हो चुका है। लेकिन उस समय तो सारा साहित्यिक परिवेश इन्हीं सिद्धान्तों से परिचालित था। लक्ष्मीकांत वर्मा और विजयनारायण देव साही ने भी लघुमानववाद की प्रतिष्ठा की। उनके अनुसार लघुमानव की प्रतिष्ठा इसीलिए आवश्यक थी कि "इतिहास के सुपरमैन या जनसत्ता के अधिनायक अथवा देवदूत या मसीहा ने अपनी समस्त महानता को लघुमानव की बलि देकर ही अपनाया है।···ईश्वर आरूढ़ तर्क, इतिहास की भक्तिवादी या साम्यवादी परिणति तथा सुपरमैन ने यह लघुमानव क्रमशः पापों के पुंज, वर्ग चेतना का प्रतीक तथा कृत्रिम रुग्ण और जघन्यता के प्रतिनिधि के रूप में अभिव्यक्त हुआ है।"[25] साही कहते हैं—"उसका भाव-बोध किसी पूर्वनिर्धारित नियति या चमत्कार से प्रभावित नहीं होता।"[26]

कलाकार रचना-प्रक्रिया के आत्म-संघर्ष में आत्माभिव्यक्ति करता है। केवल आत्माभिव्यक्ति ही नहीं करता खोज भी करता है। अज्ञेय इस खोज को आत्मान्वेषण और व्यक्तित्व की खोज का नाम देते हैं जबकि मुक्तिबोध रचना-प्रक्रिया को सिर्फ खोज ही नहीं ग्रहण के रूप में स्वीकार करते हैं। रचना-प्रक्रिया के आत्म-संघर्ष में रचनाकार अज्ञात वास्तविकता की खोज करता है। इसे उन्होंने एक उपमा चित्र द्वारा भी स्पष्ट किया है। "वीरान मैदान, अंधेरी रात, खोया हुआ रास्ता, हाथ में एक पीली मद्धिम लालटेन। यह लालटेन समूचे पथ को पहले से उद्घाटित करने में असमर्थ है। केवल थोड़ी-सी जगह पर ही उसका प्रकाश है। ज्यों-ज्यों वह पग बढ़ाता जायेगा, थोड़ा-थोड़ा उद्घाटन होता जायेगा। चलने वाला पहले से नहीं जानता कि क्या उद्घाटित होगा? उसे अपनी पीली मद्धिम लालटेन का ही सहारा है। इस पथ पर चलने का अर्थ ही पथ

का उद्घाटन होना है और वह भी धीरे-धीरे क्रमशः। वह यह नहीं कह सकता कि वह किस ओर घूमेगा ? या उसे किन घटनाओं या वास्तविकताओं का सामना करना पड़ेगा ? कवि के लिए, इस पथ पर आगे बढ़ते जाने का ही काम महत्त्व-पूर्ण है। यह उसका साहस है।...इस रास्ते पर बढ़ने के लिए उसे निःसन्देह आत्म-संघर्ष करना पड़ता है। केवल एक लालटेन के सहारे चलना है।"[27] हमें यहां यह ध्यान में रखना चाहिए कि जिसे मुक्तिबोध ने लालटेन कहा है वह रचनाकार के आन्तरिक उद्देश्यों की लौ है, जिसके प्रकाश में वह अज्ञात वास्त-विकता की खोज करता है। इलियट के अनुसार भी "कवि अज्ञात वास्तविकता की खोज करता है। अतः कविता को पहले से बनाई हुई किसी रूपरेखा में नहीं पाया जा सकता।"[28] ये दोनों दृष्टिकोण आपस में साम्य भी रखते हैं और वैषम्य भी। साम्य इसलिए कि दोनों के अनुसार कवि अपने आत्म-संघर्ष में अज्ञात वास्तविकता की खोज करता है और वैषम्य इसलिए है कि उनके आन्तरिक उद्देश्य भिन्न हैं। मुक्तिबोध ने लिखा है—"काव्य की रचना प्रक्रिया के अन्तर्गत तत्त्व, बुद्धि, भावना, कल्पना इत्यादि एक होते हुए भी, प्रभाव, संगठन और आन्तरिक उद्देश्यों की भिन्नता के कारण रचना प्रक्रिया बदल जाती है।"[29] हमें यह बात अज्ञेय, इलियट और मुक्तिबोध के संदर्भ में भी ध्यान रखना चाहिए। मुक्तिबोध की दृष्टि में रचना प्रक्रिया वह है जिसमें कवि की मनोमय भूमि तैयार होती है जबकि इलियट और अज्ञेय कविता के पहले की नियोजना को अस्वीकार करते हैं। इसलिए दोनों ही आत्म-संघर्ष का रास्ता अपनाते हुए भिन्न प्रकार की खोज करते हैं। मुक्तिबोध के लिए यह वास्तविकता सामाजिक संघर्ष में खोजा गया मानव सत्य होगा और इलियट व अज्ञेय के लिए अद्वितीय रहस्यवादी, विशिष्ट सत्य होगा।

मुक्तिबोध काव्य के कथ्य और रूप को अलग नहीं मानते और यह भी नहीं कि उन्होंने शिल्प को कम कर आंका हो, वे शिल्प के सम्बन्ध में भी कोशिश करो, कोशिश करो के हिमायती हैं, जबकि अज्ञेय कहते हैं—"कविता कविता से निकलती है।"[30.1] आत्माभिव्यक्ति द्वारा रचनाकार रूप की रचना करता है। कविता के मूल्य को उसके रूप से अलग नहीं किया जा सकता है। अज्ञेय और मुक्तिबोध की काव्य-भाषा का अन्तर उनकी काव्य की मूल संवेदना का ही परिणाम है। अज्ञेय की कविता में भाषा की तराश है जबकि मुक्तिबोध की भाषा में छील-छाल है। भाषा का तनाव उनके यहां उस केन्द्रीय जीवन-दृष्टि का तनाव है जो बाह्य में अपनी वैयक्तिकता को सुरक्षित रखते हुए समर्पित हो जाने में है। अन्याय के प्रति मुक्तिबोध में तीखा विद्रोह दिखाई पड़ता है और अज्ञेय में यह विद्रोह मर्यादित दिखाई पड़ता है। और कहीं-कहीं तो उनका विद्रोह, विद्रोह ही नहीं जान पड़ता है। निर्मल वर्मा लिखते हैं कि—अज्ञेय के काव्य में अर्जित

किये हुए सत्य तो मिलते हैं लेकिन सत्य को तलाशने की अन्तर्पीड़ा, पिपासा, सन्देह, मन को दुखाती मैल, मैल जो भीतर के सूरज को बार-बार छिपा लेती है। इन झूठों का कातर सत्य, उस सत्य को मथने वाला क्रूर आत्मवेधी विश्लेषण के अभाव में उनकी पीड़ा भी एक निजी थाती, एक भोग की वस्तु बनकर रह जाती है। जिस यातना और अकेलेपन की चर्चा अज्ञेय करते हैं, वह आगे बढ़कर हमसे साझा करके हमें उत्प्रेरित नहीं करती, आत्मा की टीस बनकर टिपटिपाती नहीं, झकझोरती नहीं, सिर्फ अज्ञेय की अर्जित मूल्यवान प्रेशस अनुभूति बनकर रह जाती है।"[30.2] अज्ञेय की भाषा इसीलिए अप्रासंगिक हो गई क्योंकि समकालीन कवि उसमें तराश को पाते हुए भी शब्द की उस विशेषता का अभाव पाते हैं जिसके अर्थ कालबद्ध नहीं होते, बल्कि युग के संदर्भों के साथ और भी चमक उठते हैं।

फिर भी हम देखते हैं कि मुक्तिबोध की भाषा ऐसी नहीं है कि वह जन-भाषा के रूप में सम्प्रेषित हो सके। फैंटेसी शिल्प पद्धति अपनाकर भी और अधिकांश कविताओं में अपनी संस्कृत-गर्भित शब्दावली के बावजूद वे युवा कवियों के सन्दर्भ कैसे बन जाते हैं? और वहीं प्रयोगवाद और नई कविता के प्रवर्तक अज्ञेय कैसे पीछे छूट जाते हैं? उसका कारण यह है कि कविता में भाव चेतना के अनुरूप ही भाषा की आवश्यकता पड़ती है। मुक्तिबोध संवेदना के अनुरूप ही भाषा का निर्माण करते हैं। कहा जाए कि कथ्य के साथ-साथ ही भाषा का निर्माण होता है। अशोक चक्रधर के शब्दों में—"भाषा निर्माण का अर्थ अपरिचित शब्दों को गढ़ना नहीं, बल्कि दी गई भाषा के अंगभूत पुराने शब्दों को नये अर्थ प्रदान करना होता है। क्योंकि सम्प्रेषण की धारणा उसके मूल में बनी है।"[31] मुक्तिबोध ने सम्प्रेषण की समस्या पर भी कुछ नहीं कहा है और उनका उस समय बहुत सीमित दायरा या क्षेत्र था, जिसमें बैठकर वे अपनी कविता सुनाते थे। इसका एक कारण उनकी लम्बी कविताओं का होना भी है, जो उनकी स्वयं की विवशता भी रही है।

डॉ० इन्द्रनाथ मदान ने इन दोनों कवियों की भाषा में अन्तर बताते हुए सही ही लिखा है—"एक आत्मा को पहचानने में व्यस्त है तो दूसरी उसको बदलने में संलग्न है। एक पूरी लगती है तो दूसरी अधूरी। एक उपलब्धि का आभास देती है तो दूसरी खोज का, एक में कविता की रचना है तो दूसरी में मानव की रचना, कविता की रचना-प्रक्रिया से जुड़ी हुई है। अज्ञेय को जिस तरह की समस्या छायावाद से मुक्ति पाने की है, उसी तरह मुक्तिबोध को अज्ञेय की कुलीन भाषा से निजात पाने की। काव्य संवेदना तथा भाषा के स्तर पर मुक्तिबोध को प्रायः लम्बी कविताओं की राह पर चलना पड़ता है ताकि वह वास्तव की जटिलता और जटिलता के वास्तव को पकड़ सके और अज्ञेय को

प्राय: छोटी कविताओं की राह पर चलना पड़ता है ताकि वे मौन के क्षण और क्षण की अनुभूति को कविता में उतार सकें।"[32]

अब प्रश्न यह उठता है कि मुक्तिबोध की कविता समकालीन कवियों के लिए प्रेरणास्पद होते हुए भी अनुकरणीय रही है, तो क्या सचमुच उनकी काव्य-भाषा की जटिलता, दुर्बोधता, ऊबड़-खाबड़पन ही उनके कथ्य तक न पहुंचने का परिणाम है ? और यदि है तो भी उन्हें जनकवि कहा जा सकता है ? यह बात सही है कि उनकी कविता सामान्य पाठक-वर्ग के समझ में नहीं आती, इसलिए मुक्तिबोध जनवादी कवि नहीं कहे जा सकते हैं, उनके ही शब्दों में—" 'जनता का साहित्य' का अर्थ जनता को तुरन्त ही समझ में आने वाले साहित्य से नहीं है। अगर ऐसा होता तो किस्सा तोता-मैना और नौटंकी ही साहित्य के प्रधान रूप होते। साहित्य के अन्दर सांस्कृतिक भाव होते हैं।"[33] जनता के साहित्य से मुक्तिबोध का तात्पर्य ऐसे साहित्य से है जो जनता के जीवन-मूल्यों को, जनता के जीवन आदर्शों को मुक्ति-पथ पर अग्रसर करता हो। इसके अन्तर्गत केवल एक प्रकार का साहित्य नहीं, सभी प्रकार का साहित्य आता है।

दूसरा महत्त्वपूर्ण प्रश्न यह है कि मुक्तिबोध की रचनाओं के सभी उपकरण—शब्द, बिम्ब, प्रतीक एक से क्यों हैं और जिस कण्डीशन में साहित्यिक रिफ्लेक्सेज से बचने का मुक्तिबोध ने आग्रह किया है, क्या वे उससे बच पाते हैं ? इसका कारण यह है कि उनकी सारी काव्य-यात्रा का मार्ग निम्न-मध्यवर्गीय जीवन ही है। उसी के सुख-दु:ख, आशा, निराशा उनकी कविता में जगह बनाये हुए हैं। इससे कथ्य के क्षेत्रफल की एक रेखा स्वत: खिंच जाती है और सारे सवालों का जवाब देती है।

मुक्तिबोध की कविता 'कल होने वाली घटनाओं' के पहचान की कविता है। आज के किसी भी तनाव और अन्तर्विरोध को व्यक्त करते समय, सृजनशील काव्य-भाषा झेंपती नहीं, विचार को संवेदना में पचाकर जहां जो दिखता है उसे अपने कोण से चुनती है। यह कोण जिंदगी को व्यक्त करते समय दुनिया का एक ढांचा लेकर चलता है। यह ढांचा ही कृतिकार द्वारा देखी गयी दुनिया है। इस ढांचे को बनाने में ही उसकी भाषा का योगदान रहता है और यहीं मुक्तिबोध की काव्य-भाषा अज्ञेय की काव्य-भाषा से आगे निकल जाती है और दुर्बोध होते हुए भी प्रासंगिक बन जाती है।

रचनाकार के व्यक्तित्व को उसके कृतित्व से पृथक् करके नहीं देखा जा सकता। दोनों के काव्य को देखकर उनके व्यक्तित्व की पहचान मिल जाती है। अज्ञेय के संस्कारों ने उन्हें अद्वितीयता, विशिष्टता और वैयक्तिकता की तरफ मोड़ दिया। इसके विरुद्ध मुक्तिबोध उस वर्ग से आये जहां अकेला व्यक्ति अपने निजी, वैयक्तिक दर्शन में ऐसा सत्य नहीं ढूंढ सकता था। वह अपनी चरमराती विपत्तियों

में टूट सकता था या अपने वर्ग को छोड़ अपनी आत्मा को झुठलाकर उच्च वर्ग की जिंदगी जी सकता था। मुक्तिबोध इन दोनों आत्मघाती रास्तों के बीच ऐसा विकल्प ढूंढ़ना चाहते थे, जहां वे अपने वर्ग के प्रति वफादार रहकर भी अपनी अन्तरात्मा के सत्य को सुरक्षित रख सकें, और इसी रास्ते की तलाश उन्होंने मार्क्सवाद में की।

मुक्तिबोध का युवा पीढ़ी से रिश्ता भी उन्हें समकालीन युवा कवियों के निकट ला देता है। अपने से कम उम्र के रचनाकारों के प्रति उनकी संवेदनशीलता और स्नेह उनके पत्रों में और 'एक साहित्यिक की डायरी' में व्यक्त हुआ है। विनोदकुमार शुक्ल, आग्नेय, श्रीकान्त वर्मा, अशोक वाजपेयी, जितेन्द्र कुमार, सतीश चौबे आदि के प्रति उनकी स्नेहमयी संभावना इस बात को सिद्ध करती है। इसका आशय यह कदापि नहीं है कि वे आसपास लोगों की भीड़ देखना चाहते थे। श्रीकान्त वर्मा के शब्दों में—"वे समान धर्मा कवियों से गुट की नहीं जाति की, विश्व की कल्पना करते थे।"[34]

"और अब नये-नये मेरे मित्रगण / मेरे पीछे आये हुए युवा
बाल जन / धरित्री के धन / खोजता हूं उनमें ही /
छटपटाती हुई मेरी छांह / क्या वहां मेरा कोई रूपक
उपमान छिपी हुई गहरी पहचान / समशीला, समधर्मा
कहीं कोई है।"[35]

अज्ञेय का रुख अपनी परवर्ती पीढ़ी के लिए बहुत कटु रहा है। उन्होंने अपनी परवर्ती पीढ़ी के लिए इस प्रकार की धारणा व्यक्त की है जो यहां द्रष्टव्य है—

"आ तू आ / हां हां / मेरे पैरों की छाप-छाप पर रखता
पैर मिटाता उसे / मुझे मुंह पर गाली देता / आ तू आ /
तू जो भी कह, आक्रोश नहीं मुझको / ···आ तू आ /
हां आ / मेरे पैरों की छाप पर रखता / जयी, युग नेता,
पथ प्रदर्शक / आ तू आ / ओ मेरे गतानुगामी।"[36]

युवा और परवर्ती पीढ़ी के इस रुख के प्रति उस समय तत्काल प्रतिक्रियाएं की गयीं। राजेन्द्र किशोर, अनिलकुमार आदि ने कविताओं के द्वारा और जगदीश गुप्त ने अपने लेख में अज्ञेय की इस भावना का विरोध भी किया। कई लेखकों ने गद्य और पद्य में इसका उत्तर भी दिया। अशोक वाजपेयी ने 'बूढ़ा गिद्ध पंख क्यों फैलाये' शीर्षक लेख में इसका विरोध किया। समकालीन विद्रोही कवियों के

प्रति कविता में भी अज्ञेय की इसी तरह की भावना प्रकट हुई है—

> "चलो ठीक है कि आजादी के बीस बरस से / तुम्हें कुछ
> नहीं मिला/उन्नीस नंगे शब्द/अठारह लचर आन्दोलन/
> सत्रह फटीचर कवि/ओ मेरे मसीहा/हाय मेरे मसीहा।"[37]

अज्ञेय के वातावरण और उन पर पड़े प्रभावों का प्रतिफलन कलाकार के अहंकार के रूप में व्यक्त हुआ है, जबकि मुक्तिबोध तो हमेशा अपने लोगों से दूर रहने की भावना और कुछ न कर पाने की व्यवस्था से ग्रस्त रहे।

> "ओ मेरे आदर्शवादी मन/ओ मेरे सिद्धान्तवादी मन/अब
> तक क्या किया/जीवन क्या जिया/जितना किया उससे
> ज्यादा कर सकते थे/मर सकते थे।"[38]

मुक्तिबोध की आत्मीयता ही उन्हें आत्म-विस्तार करने में सहायक होती है। स्वयं अज्ञेय ने मुक्तिबोध के इस पक्ष के सम्बन्ध में कहा है कि—"मुक्तिबोध आत्मान्वेषण के कवि थे, पर यह आत्मान्वेषण अपनी किसी विशिष्टता की खोज नहीं था, यह अपने उस रूप की खोज था जो कवि को पूरे समाज से, मानव मात्र से मिला दे।"[39] मनुष्य और रचनाकार के रूप में उनका यह संघर्ष ही उनमें वैशिष्ट्य पैदा करता है कि वे निराशा का चित्रण करते हुए भी आशावादी रास्ता आविष्कृत करते हैं, भविष्य का स्वप्न भी दिखाते हैं।

मुक्तिबोध की महत्ता केवल साहित्यिक बदलावों से ही नहीं, ऐतिहासिक बदलावों से भी स्थापित होती है। तारसप्तक का प्रकाशन जब हुआ तो उसमें चार प्रगतिवादी कवि थे और दो प्रयोगवादी कवि थे। प्रथम तार-सप्तक में यह वक्तव्य दिया गया कि वह व्यापक काव्य सत्य की खोज करना चाहते हैं और दूसरे तार-सप्तक तक आते-आते उनका व्यापक सत्य आत्म सत्य में केन्द्रित हो गया, जिससे प्रगतिवादी कवियों का एक दल आपत्ति करता रहा है। शमशेर-बहादुरसिंह ने कहा है कि—"नई कविता का कवि आत्म सत्य की बात करता है यह तो ठीक है लेकिन प्रश्न यह उठता है कि वह इस आत्म सत्य की खोज किन मूलों में करता है।"[40] इस जिज्ञासा को जो नयी कविता की प्रवृत्तियों में ढूंढ़ रहे थे, उन्हें इसका उत्तर मुक्तिबोध की काव्य रचनाओं में मिला और यहीं से नयी कविता के दो प्रस्थान बिन्दु हो गये।

अतः हम कह सकते हैं कि अज्ञेय और मुक्तिबोध को विरुद्ध रखकर जो बहस प्रारम्भ हुई थी उसका एक कारण साहित्यिक पोलेमिक्स था, और इस कारण

जो अज्ञेय पर प्रहार किये गये वे न केवल गैर साहित्यिक थे बल्कि कई जगह पर तो अशोभनीय भी हो गये थे। दूसरी तरफ यह बदलाव समकालीन कविता के चरित्र में आये बदलावों के कारण था। यह बदलाव आधुनिकतावाद से मुक्ति और अपनी धरती, अपने लोगों से जुड़ने की सहज कामना का परिणाम था। इस बदलाव को मुक्तिबोध की कविता ने पुष्ट आधार प्रदान किया। इसीलिए अज्ञेय मुख्य जीवन-प्रवाह से अलग होते गये और मुक्तिबोध की केन्द्रीय कवि के रूप में प्रतिष्ठा हो सकी।

सन्दर्भ

1. मुक्तिबोध रचनावली भाग-5, पृ॰ 215
2. गजानन माधव मुक्तिबोध का काव्य संसार, गंगाप्रसाद विमल, पृ॰ 84
3. मुक्तिबोध का काव्य और चिन्तन, चन्द्रकान्त देवताले, पृ॰ 78
4. धार और किनारे, अज्ञेय, पृ॰ 146
5. मुक्तिबोध रचनावली भाग-5, पृ॰ 342
6. नये साहित्य का सौन्दर्य शास्त्र/मुक्तिबोध, पृ॰ 35
7. विश्वभारती—क्वार्टली की पत्रिका 1938 में प्रकाशित
8. पूर्वग्रह (1985) पृ॰, 76
9. वही, पृ॰ 77
10. मुक्तिबोध रचनावली भाग-5, पृ॰ 136
11. वही, पृ॰ 89
12. समकालीन कविता की भूमिका, सं॰ विशम्भरनाथ उपाध्याय, पृ॰ 3
13. कला का जोखिम, निर्मल वर्मा, पृ॰ 80
14. कविता के नये प्रतिमान, डॉ॰ नामवरसिंह, पृ॰ 115
15. मुक्तिबोध रचनावली भाग-5, पृ॰ 165
16. वही, पृ॰ 342
17. वही, पृ॰ 36
18. आत्मनेपद, अज्ञेय, पृ॰ 29
19. मुक्तिबोध रचनावली भाग-5, पृ॰ 192
20. वही, पृ॰ 333
21. आत्मपरक, पृ॰ 142

22. मुक्तिबोध रचनावली भाग-5, पृ० 175
23. वही, पृ० 177
24. वही, पृ० 126
25. नयी कविता के प्रतिमान, लक्ष्मीकान्त वर्मा, पृ० 161-62
26. उद्धृत—नई कविता के सात अध्याय, देवेश ठाकुर, पृ० 201
27. मुक्तिबोध रचनावली भाग-5, पृ० 213
28. दस्तावेज, सं० विश्वनाथ प्रसाद तिवारी, पृ० 15
29. मुक्तिबोध रचनावली भाग-5, पृ० 209
30.1. दस्तावेज, सं० विश्वनाथ प्रसाद तिवारी, पृ० [illegible]
30.2. कला का जोखिम, निर्मल वर्मा, पृ० 80
31. मुक्तिबोध की काव्य प्रक्रिया/डॉ० अशोक चक्रधर, पृ० 159
32. गजानन माधव मुक्तिबोध, सं० लक्ष्मणदत्त गौतम, पृ० 133
33. मुक्तिबोध रचनावली भाग-5, पृ० 59
34. ज्ञानोदय (1965), श्रीकान्त वर्मा, पृ० 14
35. मुक्तिबोध रचनावली भाग-2, एक आत्म वक्तव्य, पृ० 432
36. अरी ओ करुणा प्रभामय, अज्ञेय, पृ० 4-5
37. क्योंकि मैं उसे जानता हूं, अज्ञेय, पृ० 12
38. मुक्तिबोध रचनावली भाग-2 'अंधेरे में'
39. तार-सप्तक की भूमिका में
40. आलोचना 1952 जनवरी में प्रकाशित लेख में

अध्याय : 7

समकालीन कविता की दो काव्यधाराएं : प्रतिबद्ध कविता का विकास

"...जबड़े जो आदमी के मांस में
गड़ा देते हैं दांत
यदि उन पर चोट होती है कविता
तो मैं कविता का अहसानमंद हूं।"

—चन्द्रकान्त देवताले

प्रतिबद्धता का प्रश्न निश्चित ही रचनाकार के आन्तरिक दायित्व से जुड़ा होता है। रचनाकार जनता के पास विशिष्ट बनकर नहीं जाता बल्कि आम आदमी की तरह समाज से जीवनानुभवों को ग्रहण करता है। फर्क इतना ही है कि वह उसे अभिव्यक्त भी करता है और उन जीवनानुभवों को आकार देने के लिए भाषा की खोज भी परिवेश के भीतर ही करता है। अपने ऐतिहासिक समय और परिप्रेक्ष्य में ही वह अपनी पक्षधरता का निर्धारण कर लेता है और रचनाधर्मिता के माध्यम से यथास्थिति में हस्तक्षेप करता है।

प्रतिबद्धता किसी भी विचार-दर्शन, दल तथा सम्प्रदाय से हो सकती है। किन्तु साहित्य में प्रतिबद्धता मार्क्सवादी विचारधारा से सम्बद्धता का पर्याय हो चुकी है। कमिटमेंट, इंगेज्ड राइटिंग इसके पर्याय हैं। प्रतिबद्ध रचनाकार वैचारिक प्रक्रिया से वस्तुस्थितियों का निरन्तर विश्लेषण करते हुए जिस जीवन-दृष्टि को विकसित करता है। उसकी स्पष्ट दिशा होती है।

आर्थिक व सामाजिक दबावों के कारण ही मनुष्य बदलते हुए मूल्यों के लिए आवाज उठाता है और रचनाकार भी इसी समाज की एक इकाई है। वह जानता है कि आर्थिक, सामाजिक, सांस्कृतिक साधनों पर नियन्त्रण करने के कारण शोषक व उत्पीड़क वर्ग की स्थिति मजबूत होती है। इसलिए इस संकट के विरुद्ध वह जनशक्ति के पक्ष में प्रतिबद्ध होता है।

मुक्तिबोध ने कहा है कि—"अपनी बिकी हुई मेहनत, बेसहारा जिंदगी की आकांक्षाएं, सामाजिक उलझनों से होने वाले मानसिक तनाव, स्थिति-परिस्थिति की क्रिया-प्रतिक्रियात्मक संवेदनाएं आदि को अपने में सम्मिलित करने वाला विचार-वेदना मंडल जब लोक-मुक्ति की नई क्रान्तिकारी विचारधारा से और सशक्त और संवेदनामय हो जाता है, तब जिस साहित्य का आविर्भाव होता है उसमें महान मनुष्य सत्य होता है।"[1] यहां हम नई क्रान्तिकारी विचारधारा का विश्लेषण आवश्यक समझते हैं। हिन्दी में आधुनिक चेतना का प्रभाव सन् 1920 के आसपास स्पष्टत: दृष्टिगोचर होने लगा था। सन् 1917 में रूस की राज्य-क्रान्ति हुई जिसका प्रभाव हमारे साहित्य पर भी पड़ा। प्रारम्भ में यह प्रभाव समाज सुधार आदि रूप में दिखाई पड़ता है। किन्तु बाद में मार्क्सवादी विचारधारा एक नई वैज्ञानिक दृष्टि के रूप में प्राप्त हुई जो कि द्वन्द्वात्मक भौतिकवाद

से सम्बद्ध है। मार्क्सवाद के अनुसार—"अपने जीवन के सामाजिक उत्पादन में मनुष्य ऐसे निश्चित सम्बन्धों से बंधते हैं जो अपरिहार्य एवं उनकी इच्छा से स्वतन्त्र होते हैं। उत्पादन के ये सम्बन्ध उत्पादन की भौतिक शक्तियों के विकास की एक निश्चित मंजिल के अनुरूप होते हैं। इन उत्पादन सम्बन्धों का पूर्ण समाहार ही समाज का आर्थिक ढांचा है—वह असली बुनियाद है जिस पर कानून और राजनीति का ऊपरी ढांचा खड़ा हो जाता है और जिसके अनुकूल ही सामाजिक चेतना के निश्चित रूप खड़े होते हैं। भौतिक जीवन की उत्पादन पद्धति जीवन की आय, सामाजिक, राजनीतिक और बौद्धिक प्रक्रिया को निर्धारित करती है। मनुष्यों की चेतना उनके अस्तित्व को निर्धारित नहीं करती बल्कि उनका सामाजिक अस्तित्व भी उनकी चेतना को निर्धारित करता है। अपने विकास की एक खास मंजिल पर पहुंचकर समाज की भौतिक उत्पादन शक्ति तत्कालीन उत्पादन संबंधों से या उसी चीज से कानूनी शब्दावली में कहा जा सकता है, उन शक्ति संबंधों से टकराती है, जिसके अन्तर्गत वे उस समय तक काम करती होती है: ये संबंध उत्पादन शक्तियों के विकास के अनुरूप न रहकर उनके लिए बेड़ियां बन जाते हैं, तब सामाजिक क्रांति का एक युग होता है।"[2]

मार्क्सवादी सौन्दर्यशास्त्र की प्रमुख मान्यता यह भी है कि कोई व्यक्ति किसी-न-किसी एक पक्ष में होता है। लेनिन ने कहा है कि—"कोई भी जीवित व्यक्ति ऐसा नहीं है कि जो इन दोनों पक्षों में से किसी एक पक्ष में न हो।"[3] अप्रतिबद्ध रचनाकार गोर्की ने भी लिखा है कि—"यथार्थ सदैव आदर्श का भौतिक स्वरूप होता है और जब हम यथार्थ को बदलते हैं क्योंकि उपलब्ध आदर्शों से सन्तुष्ट नहीं होते हैं तब आदर्श सभी वर्गों और स्थितियों, घटनाओं से भिन्न हो जाते हैं। आदर्श—सुन्दर जीवन के लिए किए जाने वाले संघर्ष को कहते हैं।"[4] और यह संघर्ष हर युग में चलता रहता है।

हमारे साहित्य में भी प्रतिबद्धता की धारणा समय-समय पर सामने आती रही। प्रतिबद्धता के आविर्भाव को समय के अनुसार बांधा नहीं जा सकता, उसे यदि हम बदलती हुई घटनाओं और स्थितियों के परिप्रेक्ष्य में देखें तो जानेंगे कि मध्ययुग में हमें इसके बीज दिखाई देते हैं। मध्ययुग में भी वह सब प्रारम्भ हो चुका था जिसे हम पूंजीवादी अत्याचारों के नाम से जानते हैं। मध्ययुग में भी धर्म के नाम पर, कभी जाति-सम्प्रदाय के नाम पर मनुष्य का शोषण होता रहा, फलस्वरूप प्रगतिशील चेतना का प्रारम्भ कबीर के रूप में, छायावादीयुग में निराला के रूप में हुआ। पहले प्रगतिशील चेतना का सम्बन्ध जनसंघर्ष से ही था जो बाद में मार्क्सवादी विचारधारा से सम्बद्ध माना जाने लगा और प्रतिबद्धता के रूप में विकसित हुआ। किन्तु एक प्रभुता-सम्पन्न वर्ग हमेशा से ही मनुष्य की भावनाओं को अपने हित में इस्तेमाल करना चाहता है और एक ऐसा सांस्कृतिक

नियन्त्रण तैयार करता है कि व्यक्ति की चेतना तथा संवेदना उसी चिन्तन के अधीन रहे। इसी कारण ऐतिहासिक विकास में हमेशा से ही दो विरोधी वर्गों के दृष्टिकोणों का सामना होता रहा है, जिसमें एक समाज के भीतर उसकी समस्याओं, संघर्षों को केन्द्र में रखता है और दूसरा व्यक्तिगत चिन्तन के आधार पर साहित्य की सृष्टि करता है। तब साहित्यकार की प्रतिबद्धता इसमें है कि वह सामाजिक विकास की प्रक्रिया में ही अपना योगदान दें।

यह तो हम जान चुके हैं कि नयी कविता के दोनों कवि अज्ञेय और मुक्तिबोध दो विपरीत विचारधाराओं का प्रतिनिधित्व करते हैं। तार-सप्तक के प्रकाशन के पश्चात् अज्ञेय की विचारधारा ने समकालीन कवियों को प्रभावित किया और सातवें दशक के उत्तरार्द्ध के कवियों को मुक्तिबोध ने। यहीं से समकालीन कविता दो भागों में विभक्त हो जाती है। और इसीलिए यदि पिछले तीन-चार दशकों की हिन्दी कविता के विकास को देखा जाए तो हम पायेंगे कि उसमें दो समानान्तर प्रवृत्तियां एक-साथ सक्रिय रही हैं—एक वह जो पश्चिमी आधुनिक कविता की प्रकृति को अंगीकार करते हुए धीरे-धीरे अपने रूपाकार में ज्यादा नागरिक और अपनी प्रकृति में ज्यादा सार्वभौम होती गई है और दूसरी वह जो हर कीमत पर अपने खास भारतीय मिजाज को बनाए रखने के लिए ठोस व जन भाषा से जुड़ी रही है। इन्हीं समानान्तर प्रवृत्तियों के परिप्रेक्ष्य में ऐतिहासिक बदलावों के कारण एक प्रभाव कम और दूसरी यानी मुक्तिबोध प्रभावित प्रतिबद्ध धारा का विकास होता जाता है।

सन् साठ के बाद की सामाजिक राजनीतिक स्थितियां ऐसी हो गईं कि एक रचनाकार के लिए रचना करना एक महिमामंडित कर्म न होकर अस्तित्व बनाये रखने की अन्य आवश्यकताओं की तरह हो गया। समकालीन परिस्थितियों का इतना सीधा दबाव रचना-प्रक्रिया पर पड़ा कि वस्तु-जगत् की समसामयिक घटनाओं और रचना-कर्म के बीच सीधा रिश्ता बनने लगा। रचनाकार को पूर्ववर्ती सौन्दर्य-दृष्टि के प्रतिमान झूठे लगने लगे। औद्योगिक सभ्यता और तकनीकी संसार में मनुष्य के लिए अस्तित्व का प्रश्न महत्त्वपूर्ण हो गया। और इस अस्तित्व के प्रश्न ने दो तरह की प्रवृत्तियों को जन्म दिया, जिसमें एक कवि-वर्ग के संताप व आक्रोश करने के सिवा दूसरा रास्ता नहीं था और एक कवि-वर्ग ने मनुष्य की गरिमा के विरोध का रास्ता अपनाया। आल्बेयर कामू ने विद्रोह और आक्रोश में बुनियादी फर्क को स्पष्ट किया है। कामू के अनुसार—"विद्रोही के लिए द्वेष-भावना में अधिक महत्त्वपूर्ण राह है कि जो कुछ भी उसके पास है उस पर उसके अधिकार को मान्यता मिले, आक्रोश में विद्रोह का यह प्रेरक तत्त्व नहीं जिसके कारण व्यक्ति पंक्तिबद्ध होकर उस मानव गरिमा के लिए तत्पर होते हैं जो व्यक्ति ही नहीं मानव-मात्र की भी गरिमा है। दूसरों से तादात्म्य ही उसकी

अनिवार्य शर्त है।"[5] आक्रोश जिस प्रकार से दायित्वहीन होता है वह मनुष्य को मात्र निरीह या असहाय प्राणी के रूप में देखता है। मार्क्सवादी आलोचक जार्ज लुकाच भी यही कहते हैं कि—"इतिहास-शून्य निरीह मानव ही इस आधुनिकतावाद के केन्द्र में स्थित है।"

सातवें दशक की मुख्य प्रवृत्ति अकविता के भी दो छोर थे—एक जगदीश चतुर्वेदी, श्याम परमार, सौमित्र मोहन, मानो गुलाटी और परेश का प्रकृतवादी नकारात्मक अन्तर्मुखी छोर और दूसरा पक्ष—धूमिल, राजीव सक्सेना, कुमार विकल, लीलाधर जगूड़ी, राजकमल चौधरी का था, जिसमें नकारात्मक तेवर के बावजूद अपने समय की अमानवीयता के खिलाफ लड़ने का संकल्प था। इन कवियों की विचारधारा उस पूरे कुचक्रपूर्ण राजनीतिक-सामाजिक ढांचे के विरुद्ध है जो निर्जीव हो चुका है।

पहले प्रकार की स्थिति में एक ऐसा तनाव है जो बाह्य वास्तविकता और आन्तरिक यथार्थ के बीच संबद्ध सूत्रों और सामंजस्य को खो चुकने के बाद पैदा होता है। विजयकुमार के अनुसार—"युवा पीढ़ी एक ओर सम्पन्नता और वैभव पर टिकी हुई चकाचौंध के आतंक और दूसरी ओर अपने अस्तित्व को बनाये रखने की लाचारी, इन दो स्थितियों के बीच असहाय, मूक और कातर होकर रह जाती है।"[6] इस तरह की रचनाओं का संसार जगदीश चतुर्वेदी, श्याम परमार, सौमित्र मोहन की कविताओं में देखा जा सकता है।

> "याद करता हूं/बचपन तो बूढ़े गिद्ध का चेहरा याद
> आता है/भूल गया हूं शिवपुरी के भुतहे खंडहर/
> मालवे के हरे मैदान/उज्जैन के कापालिक और नागपुर
> के संतरों के बाग/मैं सब कुछ भूल गया हूं/मेरे चेहरे
> पर रह गई है तपिश/और झांइयां और नीले निशान।"[7]

आत्महीनता की यही पीड़ा श्याम परमार की इन पंक्तियों में देखी जा सकती है—

> "मेरे शरीर का कोई अंश निरन्तर सुनता रहता है/
> यह भी होता है कि हाथों की अनाम उंगलियां/
> जाने कहां से निकल कर काली सुर्खियों में घुस जाती हैं/
> और अर्थ की अंतड़ियों में जमे हुए जहर को/उनके पोर
> कुरेद कर ऊपर ले आते हैं/मस्तिष्क की दबी हुई गठानों

पर तब/आग के शोले/टकराते हैं/जिनकी आंच में
तुम्हारी ओढ़ी हुई चाल को/मैं बहुत आसानी से पहचान
लेता हूं।"[8]

अतः यहां द्रष्टव्य है कि इस तरह की कविताओं में एक आत्मदया, आक्रोश और स्वयं में सीमित हो जाने की स्थितियां एक साथ हैं। इसमें अहम् को वास्तविकता से कहीं अधिक बड़ा स्वीकार किया गया है। अतः इस प्रकार की कविताओं में अकेलेपन का मनस्ताप अधिक दिखाई पड़ता है। जगदीश चतुर्वेदी कहते हैं कि—"आज का साहित्यकार किसी के प्रति प्रतिबद्ध नहीं है। प्रतिबद्धता एक ऐसी नागफांस है जो व्यक्ति को मात्र कुंठित करती है। उसे एक दायरे में कैद कर देती है—वह दायरा चाहे राजनीति का हो या सामाजिक मर्यादाओं का या साहित्यिक चिन्तन का। मैं प्रतिबद्धता शब्द में एक विशेष अपराध वृत्ति मानता हूं और इसीलिए मुझे लगता है कि इस घातक विष के कुपरिणामों से आज के साहित्यकार को बचना चाहिए।"[9] अतः युगीन यातना की भयानक विभीषिका जिसे पश्चिम में आवाज मिली, अकवियों की स्वाभाविक प्रक्रिया बन गई। संबंधहीनता, अजनबीपन और अप्रतिबद्धता का परिणाम यह हुआ कि उसे अपने अस्तित्व के अलावा सब चीजें अर्थहीन और विसंगत लगने लगीं और उसका मुख्य स्वर सम्पूर्ण निषेध का पर्याय हो गया। लेकिन इस धारा का साहित्य में प्रभाव कम होता चला गया, क्योंकि सभी चीजों का निषेध सामान्य मनोविज्ञान के विरुद्ध भी है।

इसी दशक के कुछ कवि अस्तित्व के लिए अकेलेपन और अजनबीपन के रास्ते को न अपनाते हुए विद्रोह को स्वीकार करते हैं। इस कारण इनकी कविताओं में व्यवस्था विरोध की धारणा प्रबल दिखाई पड़ती है। सातवें दशक की प्रतिबद्धता में राजनीतिक षड्यंत्रों का खुलासा अधिक है।

सातवें दशक के उत्तरार्द्ध में प्रतिबद्ध कविता को लाने का श्रेय लघु-पत्रिकाओं को भी जाता है। इस समय 'आमुख', 'युयुत्सा', 'ओर', 'शताब्दी', 'वातायन', 'उत्कर्ष', 'वाम', 'कथा', 'फौलाद', 'सामयिक', 'शनीचर', 'उत्तरार्द्ध' आदि अनेक व्यवस्था-विरोधी पत्रिकाओं ने उग्र और आक्रामक राजनीतिक चेतना सम्पन्न कविताओं को प्रकाशित किया। साहित्य में प्रतिबद्धता के प्रश्न पर गम्भीर बहसें होने लगीं और साहित्य में प्रतिबद्धता की धारणा को एक बार फिर वेग प्राप्त हुआ। धूमिल, लीलाधर जगूड़ी, राजकमल चौधरी, कुमार पारसेन्द्रसिंह आदि कवियों ने इसे पर्याप्त विस्तार दिया। डॉ० विशम्भरनाथ उपाध्याय के अनुसार—"धूमिल की पटकथा हिन्दी कविता के उस मोड़ की सूचक है जहां इस मोड़ से पहले की कविता में 'सामाजिक क्रांतिकारी' का दर्प नहीं था, प्रतिपक्ष को धूल में

मिलाने का उत्साह नहीं था। कविता नई कविता के रूप में संदेहों और अनुचितों में फंसी हुई थी।"[10] धूमिल की कविताएं नयी कविताओं के संदेह से मुक्त और स्पष्ट दिशा वाली कविता है। उनकी कविता अन्यायी सत्ता के संत्रास और पूंजीवादी व्यवस्था से मुक्त करने के लिए प्रतिबद्ध होती है। 'हत्यारे' धूमिल की महत्त्वपूर्ण कविता है जो पूंजीवादी षड्यन्त्रों को खोलते हुए आदमी को सतर्क करती है।

> "हत्यारे एकदम सामने नहीं आते/वह पुराना तरीका है
> एक आदमी को मारने का/अब एक समूह का शिकार
> करना है/हत्यारे एकदम सामने नहीं आते/उनके पास
> हैं कई-कई चेहरे/कितने ही अनुचर और बोलियां/एक
> से एक आधुनिक सभ्य और निरापद तरीके/ज्यादातर वे
> हथियार की जगह तुम्हें/विचार से मारते हैं/वे तुम्हारे
> भीतर एक दुभाषिया पैदा कर देते हैं।"[11]

धूमिल की कविताएं मानवीय मुक्ति के लिए प्रगति विरोधी चिंतक और प्रतिक्रियावादी वर्ग के विपक्ष में भी खड़ी होती हैं—

> "नहीं, अब वहां कोई नहीं है/मतलब की इबारत से
> होकर/सबके सब व्यवस्था के पक्ष में चले गये हैं/
> लेखपाल की भाषा के लम्बे सुनसान में/जहां पाले और
> बंजर का फर्क मिट चुका है/चंद खेत हथकड़ी पहने खड़े
> हैं/और विपक्ष में सिर्फ कविता हैं।"[12]

इस प्रकार धूमिल ने अपनी कविताओं को नई कविता की रूढ़ि से मुक्त करते हुए सामाजिक सरोकारों के संदर्भ में व्यापक किया। पूंजीवादी, राजनीतिक व्यवस्था, सामंतवादी व्यवस्था की साजिशों का अनावरण किया, किंतु उनकी कविताएं भी अनुभव को वक्तव्य की तरह सामने लाती हैं। डॉ० परमानन्द श्रीवास्तव के अनुसार—"धूमिल कविताओं में अनेक बार कविता की परिभाषाएं बनाते हैं—ये परिभाषाएं कवि-कर्म की सार्थकता को सार्थकता से अलग वस्तुस्थिति के साक्षात्कार व्यवस्था के प्रति आक्रमण से जोड़ती है। धूमिल की कविता सिर्फ तेवर नहीं, एक अनिवार्य आघात है।"[13]

राजकमल चौधरी के साथ ही अकविता का दौर समाप्त होता है। उन्होंने अपने अंतिम दिनों में श्रीराम शुक्ल को लिखे एक पत्र में कहा है—"अब कविता

के लिए हमारी राजनीतिक, आर्थिक और सामाजिक परतंत्रताएं अधिक आवश्यक विषय हैं। स्त्री शरीर को राजनीतिज्ञों, सेठों, बनियों और इनके प्रचारकों ने अपना हथियार बनाया है—हम लोगों को अपना क्रीतदास बनाने के लिए।··· हम कवि हैं, हमें न तो नपुंसक और न स्त्री अंगों का वकील होना चाहिए।"[14] अपने अंतिम दिनों में राजकमल चौधरी 'मुक्तिप्रसंग' लिख रहे थे—

> "सबके लिए, सबके हित में, राजकमल चौधरी/चला गया
> है अस्पताल/मृत्यु-से पहले और कविता से पहले/वह
> फैसला करता है कि हम लोगों को अब शामिल नहीं होना
> है/इस धरती से आदमी को हमेशा के लिए खत्म कर
> देने की/साजिश में।"[15]

अतः निष्कर्ष के रूप में कहा जा सकता है कि सातवें दशक की कविता में भी हमारे समय की दुनिया की तस्वीर थी, हालांकि विद्रोह और आक्रोश ने कई स्तरों पर हमारी दृष्टि, सौन्दर्यशास्त्र, भाषा, मान्यताओं आदि में परिवर्तन किये। वैयक्तिक विद्रोह का सामाजिक विद्रोह में रूपान्तरण भी हुआ। मनुष्य की चिंता जो कि नारों के रूप में ही विकसित हो रही थी, अनुभव के स्तर तक आई और हम देखते हैं कि आठवें दशक में कविता आम आदमी के जीवन को उसकी जड़ों से समझने का प्रयत्न करती है। इसलिए मानवीय अनुभवों की तरह ही इन कविताओं का रचना-संसार भी व्यापक है। मां, पिता, पुत्र आदि की स्मृतियों के साथ घर, परिवार व रोजमर्रा की चीजें भी रचनात्मक अनुभवों का हिस्सा बन रही हैं। यह कविता मनुष्य के सुख-दुःख से प्रतिबद्ध है।

आठवें दशक में भी दो प्रकार की विचार पद्धतियों या नजरिये वाली कविताएं हैं। एक ओर मार्क्सवाद और प्रतिबद्धता को रचनाकार की ही नहीं मनुष्य की स्वतन्त्रता में बाधक समझने वालों की क्षीण धारा है जो अज्ञेय की तुलना में प्रकट रूप में मुक्तिबोध को अधिक प्रासंगिक समझने का प्रदर्शन भी करते हैं किन्तु भीतरी तौर पर वे अज्ञेय की धारा का ही प्रतिनिधित्व करते हैं। सातवें और आठवें दशक में इसका स्वरूप प्रयोगवाद और छठे दशक की नई कविता से भिन्न अवश्य दिखाई पड़ता है पर यह भिन्नता चरित्रवान भिन्नता नहीं है। इस संदर्भ में 'चौथा-सप्तक' की कविताएं इस दृष्टि से उल्लेखनीय हैं। 'चौथा-सप्तक' के सात कवि अवधेशकुमार, राजकुमार कुंभज, श्रीराम वर्मा, नन्दकिशोर आचार्य, स्वदेश भारती, सुमन राजे और राजेन्द्रकिशोर अज्ञेय की संवेदनशील भाषा और संवेदना की दृष्टि को ही दुहराते प्रतीत होते हैं। उनमें समय की असली लड़ाई में हिस्सेदारी बहुत कम है। राजेन्द्रकिशोर आज भी

कविता के अद्वितीय होने का दावा करते हैं और साधारणीकरण को अस्वीकार करते हुए कहते हैं—"कविता का सारा रूप निर्माण भोक्ता के लिए है" यदि कविता का पाठक के संप्रेषण से कोई संबंध नहीं तो आक्रोश भरी मानसिकता का क्या महत्त्व, जो कि उनकी कविताओं में मौजूद है।

श्रीराम वर्मा भी चेतन मन के कवि हैं। उनकी कविताओं में सौन्दर्य है, परन्तु अधिक व्यापक एवं सर्वस्पर्शी बनने का गुण; विराटता और गहराई को छूने वाली सामर्थ्य बहुत सीमित है। चन्द्रकान्त वाँदिवडेकर ने चौथे सप्तक की समीक्षा में कहा है कि—"श्रीराम वर्मा सौन्दर्य प्रेमी, संस्कार सम्पन्न व प्रभाववादी कवि हैं। 'देह का गीत' और 'चुम्बनान्त' की शब्द संयोजना एवं लय पर अज्ञेय का प्रभाव स्पष्ट है।"[16] श्रीराम वर्मा के पास शब्दों का अद्‌भुत संग्रह है लेकिन शब्द-शक्ति के बावजूद ये कविताएं अखबारी सतह पर ही हैं।

नंदकिशोर आचार्य की काव्य-दृष्टि भी आत्म-केन्द्रित ही है। उनके चिंतन व लेखन पर भी अज्ञेय का प्रभाव है। अज्ञेय की तरह ही उनकी कविताओं में भी आत्मान्वेषण की रहस्यमय गंभीर अभिव्यक्ति है। उन्हीं के शब्दों में उनकी कविता का रूप है : "बल्कि जल होना ही बहना है। और वह भी सदा बहना है खुद ही की ओर।"[17]

चन्द्रकांत वाँदिवडेकर के अनुसार—"स्वदेश भारती की कविता का रिश्ता नई कविता से स्पष्ट हो जाता है।"[18] अतः उनकी कविता में विवशता, त्रास, अकेलापन और असमर्थता के स्वरों को ही अभिव्यक्ति मिली है—

"मैं दराजों वाले नगर की/एक दराज में बंद/पत्रों,
फाइलों/फोन की घंटियों के बीच/समय के पहिये के
नीचे पिस रहा हूं/—मैं थर्मस में गर्म चाय हूं/जिसकी
गर्म भाप/खुली हवा को स्पर्श करने के लिए/शून्य
दीवारों से/अपना सिर बुनती है/पर बाहर नहीं
निकल पाती/मैं बीते हुए समय के पदचिह्नों में अपना
नाम खोजता हूं/और खिड़की के पार। पूरे नगर को
आकाश की ओर उठाये देखता हूं।"[19]

अशोक वाजपेयी मुक्तिबोध को अपनाते हुए भी अज्ञेय की विचारधारा का ही समर्थन करते दिखाई देते हैं। राजनीतिक जागरूकता के विषय में अशोक वाजपेयी कहते हैं—"इसका अर्थ अब केवल यह घोषित करना रह गया है कि लेखक सत्ता का विरोधी है या समर्थक। बौद्धिक रूप से हम इतने क्षीण हो गये हैं कि अब दो से अधिक स्थितियों की कल्पना करना हमारे वश में नहीं रह गया है।

छत्र-छाया सत्ता की हो या किसी दल की या किसी संस्थान की, वह रचनाशीलता को ढके बिना नहीं रह सकती।⋯दुर्भाग्य से कुछ कवि लेखकों ने सत्ता का टट्टू बनकर और शेष ने अपना विरोध कार्यालय सजाकर देश के म्रियमाण सामाजिक जीवन से अछूता रहने का निश्चय कर लिया है। इनकी रचनाओं में सामाजिक यथार्थ कैसे दिखेगा जब ये इसे छोड़ चुके हैं। अनुयायी और सर्जक साथ-साथ नहीं हुआ जा सकता। सोच और वाणी की मुक्ति सृजन की अनिवार्यता है। इसे गिरवी रखकर शक्तिमान लेखन की चेष्टा करना भुजाएं कटवा कर क्रांति के लिए ललकारने की भांति है।"[20] इस उद्धरण से स्पष्ट है कि वे प्रतिबद्धता कविता के लिए अनिवार्य नहीं मानते हैं। लेकिन अन्याय के विरुद्ध खड़े होने के लिए कविता को शोषक के विरुद्ध जनहित के पक्ष में होना ही होगा। अशोक वाजपेयी भयानक खबर और कलावाद को अपने चमकदार मुहावरे से गड्डमड्ड करते हुए समकालीन कविता के परिदृश्य पर झीना परदा ही डालते हैं। अशोक वाजपेयी के कलावाद के सम्पर्क से अनेक छोटे कवि भी भारत-भवन में मार्क्स-वाद विरोधी और शाश्वत कलावादी कविता की पताकाएं फहराते रहते हैं।

कमलेश, रमेशचन्द्र शाह, ध्रुव शुक्ल, मदन सोनी ऐसे ही कवि हैं। इस तरह की रचनाओं के बावजूद समकालीन कविता के केन्द्र में प्रतिबद्ध कविता की धारा का पाट चौड़ा हुआ है। सातवें दशक में जिस प्रतिबद्धता को धूमिल ने अपने काव्य में अभिव्यक्त किया, वही प्रतिबद्धता विकसित रूप में आठवें दशक में दिखाई देती है। इन दोनों दशकों की प्रतिबद्धता के स्वरूप में भी पर्याप्त अन्तर दिखाई पड़ता है। प्रचार मूल्यों की जगह काव्य-मूल्य की ओर स्वाभाविक रुझान बढ़ा और वक्तृता की जगह कविता को भीतरी धार दी गई। सातवें और आठवें दशक की कविता के इस अंतर की पहचान के लिए लीलाधर जगूड़ी और ऋतुराज की इन पंक्तियों से देख सकते हैं—

"सवाल का खड़ा होना और फिर खड़े-खड़े सवाल का/
खत्म होना/हर वाक्य के अन्त में/क्रियाएं इंतजार
कर रही हैं/अब कमीज के रंग और चेहरे की सौम्यता
से/कुछ नहीं बनता/जो कुछ कह सकूं वह सबसे बड़ा
साहस है/जो कुछ मार सकूं इस आपाधापी में/वह
सबसे बड़ा हाथ है/जो कुछ पहनकर उतार सकूं/वह
बहुत खोल है।"[21]

× × ×

"पूछ क्या रहे हो ? तस्वीर/फिर एक साल बाद पूछा/
क्या बना रहे हो ?/तस्वीर/तीन साल बाद मिलो/
क्या बना रहे हो प्रभु, मेरे मालिक/ जवाब मिला—
तस्वीर/तस्वीर ! हां !! तस्वीर ।"[22]

आठवें दशक की कविताओं में प्रतिबद्धता इस तरह समा गई है कि कई बार वह अमूर्त हो उठी है । प्रगतिवादी या सातवें दशक की कविताओं के साथ इन कविताओं को पढ़ने से साफ लगता है कि आज की कविता में प्रतिबद्धता सादगी के साथ प्रस्तुत हुई है । वह आदमी के सुख-दुःख को भीतर से महसूस करती है । वह कविता केवल व्यवस्था का ही विद्रोह नहीं करती बल्कि यथास्थितिवाद के उस सोच का विद्रोह भी करती है जिसने चुप रहकर इस षड्यंत्र को स्वीकार कर लिया है । आठवें दशक के कवि ने अपने जाने हुए परिवेश को जीवित रखने की कोशिश की है ।

इन कवियों का झुकाव अपने समय के जनजीवन की ओर बढ़ा है । इनकी प्रतिबद्धता राजनीतिक बयान में नहीं बल्कि, जन-सामान्य के दैनंदिन संघर्षपूर्ण जीवन से है ।

इस दशक की कविता की विशेषता यह भी है कि इसमें प्रगतिशील परम्परा की तीनों पीढ़ियां एक साथ सृजनरत हैं । यह वह दशक है जिसमें त्रिलोचन, शमशेर, केदारनाथ अग्रवाल, रघुवीर सहाय, केदारनाथसिंह, विजेन्द्र वेणुगोपाल, कुमार विकल, लीलाधर जगूड़ी, चन्द्रकान्त देवताले, मलयज, विनोदकुमार शुक्ल, राजेश जोशी, उदय प्रकाश, अरुणकमल, भगवत रावत, सोमदत्त, ज्ञानेन्द्र पति आदि सक्षम कवि एक साथ कार्यरत हैं । इन सब कवियों की कविताओं में प्रतिबद्धता का स्वरूप अपने-अपने ढंग से व्यक्त हुआ है, लेकिन इनमें जन-संघर्ष के प्रति गहरी संलग्नता दिखाई देती है । यह कविता में छोटे-छोटे अनुभवों के द्वारा समय की पहचान को व्यक्त करते हैं । केदारनाथ सिंह की 'आवाज' कविता द्रष्टव्य है—

"मुझे लगा मुझे एक दाने के अन्दर/घुस जाना चाहिए/
पिसने से पहले मुझे पहुंच जाना चाहिए/आटे के शुरू में/
चक्की की आवाज के पत्थर के नीचे/मुझे होना चाहिए
इस समय जहां से/गाने की आवाज आ रही थी ।"[23]

यह उद्धरण परिवेश में कवि की स्थिति को स्वयं ही स्पष्ट कर देता है । इसी प्रकार चन्द्रकान्त देवताले ने भी सदियों से चले आ रहे औरत के संघर्ष को प्रकृति

के साथ जोड़ते हुए व्यापक संदर्भ में प्रस्तुत किया है—

"एक औरत/दिशाओं के सूप में खेतों को/फटक रही है/
एक औरत/वक्त की नदी में/दोपहर के पत्थर से/
शताब्दियां हो गयीं/एड़ी घिस रही है···।"[24]

इन कविताओं ने अपनी प्रतिबद्धता को व्यक्त करने के लिए वक्तृता या नाटकीयता का सहारा नहीं लिया। इस दशक में वामपंथी कविता का आदर्श ही सहजता रहा है।

नई कविता के दौर में जैसे किशोर रोमानियत का ही बोलबाला था, वैसे ही इस समय की कविता में सामाजिकता का प्रभाव दिखाई पड़ता है। आठवें दशक की कविता में केवल सत्ता के विरुद्ध ही विरोध नहीं है, उसमें कुछ न कर पाने की असमर्थता का बोध है और साथ ही वह अपने रचनात्मक संघर्ष में खुद भी हिस्सेदार है।

रघुवीर सहाय ने 'पक्षधरता' को न्याय की संकल्पना कहा है। उनकी कविताओं में पक्षधरता सत्ता के विरुद्ध जनता के पक्ष में खड़ी होती है, जिसे वे व्यंग्यात्मकता के सहारे रचना में अभिव्यक्ति देते हैं।

ज्ञानेन्द्रपति की कविताएं भी विपक्षधर्मी हैं।

इन कवियों ने आम आदमी को अपनी कविता में पिसते हुए देखा है। किस तरह आदमी और आदमी के बीच वर्ग-संघर्ष का फासला बढ़ता ही जा रहा है। यही चिन्ता समकालीन कविता के केन्द्र में है।

"एक बहुत छोटा-सा सवाल पूछा था विज्ञान-कक्ष की
सबसे छोटी लड़की ने/पूछा था कि सारे आदमी जब/
एक से ही आदमी हैं/जल पर और स्थल पर एक साथ
चलकर ही/बने हैं इतने आदमी/तो एक आदमी अमीर/
एक आदमी गरीब क्यों है/एक आदमी तो आदमी है/
दूसरा जैसे आदमी ही नहीं है।"[25]

और हम देखते हैं कि इसलिए ही कविता में आन्तरिक ताप बढ़ गया है। केदारनाथ सिंह लिखते हैं कि—

"आप विश्वास करें/मैं कविता नहीं कर रहा/सिर्फ
आग की ओर इशारा कर रहा हूं/वह पक रही है/

और आप देखेंगे—यह भूख के बारे में/आग का बयान
है/जो दीवारों पर लिखा जा रहा है।"[26]

× × ×

"उसने कहा—लिखो—'आग'/दिनभर के थके-मांदे
चंद अनपढ़ खेतिहर मजदूरों ने/सिर झुका, पहली बार/
अटक-अटक कर/स्नेह से खड़िया पर लिखा/आगे।"[27]

क्रांति और आग को संवेदन के स्तर पर एक करने वाली पंक्तियों को आठवें दशक की कविता में लगातार लक्षित किया जा सकता है।

उदयप्रकाश की कविताओं का पक्ष भी स्पष्ट है। उनकी कविताओं में निम्न मध्य वर्ग के आम-आदमी का ही पिसता हुआ संसार है।

"पास ही तो अनुकपुर/जहां पोटर-खलासी बीड़ी फूंकते/
खैनी मलते/हक्क हक्त हंसते/पटरियों के किनारे/
चलते चले जाते हैं दूर तक।"[28]

× × ×

"मुझे मालूम है/तुम कहोगे—सब ठीक ठाक है/चल
रही है गाड़ी/लेकिन तुम्हारी हंसी/तुम्हारी खड़खड़िया
सायकिल की/सीट जैसी उखड़ी है/तुम्हारे दांत हैंडिल
की तरह/टेढ़े हैं।"[29]

अतः आठवें दशक में कई काव्य-संग्रह प्रकाशित हुए, जिनमें व्यक्तिवादी और प्रतिबद्ध समाजवादी दोनों ही तरह की कविता प्रकाशित हुई। किन्तु यह निर्विवाद कहा जा सकता है कि इस दशक के केन्द्र में रचनाकार मार्क्सवाद से प्रभावित ही रहे हैं। सातवें दशक की कविता में क्रांति को नारे के रूप, क्रांति का खिलौने की तरह इस्तेमाल हो रहा है, वहीं विद्रोह की धारणा अनुभव के स्तर पर महसूस की गई। कविताओं को समाज के व्यापक परिवेश से जोड़ा गया।

सन्दर्भ

1. मुक्तिबोध रचनावली भाग-5, मुक्तिबोध, पृ० 315
2. संकलित रचनाएं भाग-2, पृ० 9-10

3. पाश्चात्य काव्यशास्त्र : एक दृष्टि, डॉ० अरविंद पाण्डे, पृ० 146
4. वही, पृ० 152
5. अस्तित्ववाद—कीर्केगार्द से कामू तक, योगेन्द्र शाही, पृ० 186
6. मीनिंग ऑफ कांटेम्परेरी रियलिज्म, जार्ज लुकाच, पृ० 20-21
7. साठोत्तरी हिन्दी कविता : परिवर्तित दिशाएं, विजयकुमार, पृ० 85
8. दस्तावेज, सं० विश्वनाथप्रसाद तिवारी, पृ० 31
9. वही, पृ० 60
10. वही
11. समकालीन कविता की भूमिका, डॉ० विशम्भरनाथ उपाध्याय, पृ० 128
12. संसद से सड़क तक, धूमिल, पृ० 25
13. समकालीन कविता का व्याकरण, डॉ० परमानंद श्रीवास्तव, पृ० 81
14. समकालीन कविता पर बहस, जगदीश श्रीवास्तव, पृ० 95
15. समकालीन कविता का व्याकरण, डॉ० परमानंद श्रीवास्तव, पृ० 82
16. लहर, (राजकमल मूल्यांकन अंक, दिसं०-जन०, 68), पृ० 39
17. मुक्तिप्रसंग, समकालीन कविता की भूमिका, पृ० 127
18. दस्तावेज, सं० विश्वनाथप्रसाद तिवारी, पृ० 56
19. चौथा तारसप्तक, सं० अज्ञेय, पृ० 51
20. दस्तावेज, सं० विश्वनाथप्रसाद तिवारी, पृ० 57
21. फिलहाल, अशोक वाजपेयी, पृ० 68
22. इस व्यवस्था में, सं० विशम्भरनाथ उपाध्याय समकालीन कविता की भूमिका, पृ० 145
23. तस्वीर, ऋतुराज, पृ० 12
24. जमीन पक रही है, केदारनाथसिंह, पृ० 14
25. लकड़बग्घा हंस रहा है, चन्द्रकान्त देवताले, पृ० 11
26. शब्द लिखने के लिए ही यह कागज बना है, ज्ञानेन्द्रपति, पृ० 22
27. जमीन पक रही है, केदारनाथसिंह, पृ० 24
28. जंगल का दर्द, सर्वेश्वरदयाल सक्सेना, पृ० 15
29. सुनो कारीगर, उदयप्रकाश, पृ० 22

मूल्यांकन एवं समापन

"शेष समय की भट्ठी में
अतिरिक्त सैकड़ों शब्द सेंकता हूं
सिर्फ वही जगह छूटती है
जहां कुछ हो सकता है,
वैसे फेंकता हूं अपने को
शहरों के बीच
सड़कों पर
लोगों के भीतर।"

—चन्द्रकान्त देवताले

समकालीन कविता के पिछले परिदृश्य का अवलोकन किया जाये तो हम देखते हैं कि उसमें अनेक उतार-चढ़ाव आते रहे, वह अनेक प्रकार के आन्दोलनों से प्रेरित रही। तो आखिर पिछले चार दशकों की कविता में इतने उतार-चढ़ाव क्यों आते रहे ? प्रयोगवाद, नई कविता से जिस आत्म-मुग्ध अहाते को पुख्ता किया जा रहा था, वह उस वक्त के कवियों की सही जमीन नहीं थी। जब तक कविता अपने समय के साथ सामंजस्य स्थापित नहीं कर लेती तब तक इस तरह के उतार-चढ़ाव आते ही रहते हैं। दूसरी बात यह है कि कविता परिस्थितियों व परिवेश से प्रभावित होती है। समय के बदलाव के साथ कविता भी नवीनीकरण करती है और ऐसे ही समय में कवि को निर्णय करते हैं। ये निर्णय गलत भी साबित हो सकते हैं क्योंकि निर्णय करते वक्त उस पर अनेक प्रकार के दबाव कार्य करते हैं। ये दबाव कभी समाज से अनुप्रेरित होते हैं और कभी वैश्विक हलचलों से। महत्त्वपूर्ण यही है कि निर्णय करते समय कवि को सतर्क होना होता है।

हिन्दी साहित्य में आधुनिक युग का प्रारम्भ तो भारतेन्दु युग से ही हो जाता है। दलित वर्ग के प्रति सहानुभूति, न्याय के लिए पक्ष व लोकमंगल की भावना तो साहित्य में प्रारम्भ से मिलती है, लेकिन उसे प्रगतिवाद नहीं कहा जा सकता बल्कि प्रगतिशील कहा जा सकता है। प्रगतिवादी विचारधारा जीवन के प्रति वैज्ञानिक दृष्टिकोण रखती है तथा व्यक्ति को सामाजिक चेतना से प्रतिबद्ध करती है। अतः प्रगतिवादी काव्य में तात्कालिक स्थितियों का चित्रण है एवं भाषा में सपाटबयानी और व्यंग्यात्मक शैली का परिष्कृत रूप भी है। फिर भी उसका कलात्मक पक्ष बेहद कमजोर था। इसी कारण साहित्य में प्रयोगों को महत्त्व दिया गया।

अतः प्रयोगवाद व प्रगतिवाद ने कविता के जिस तेवर को विकसित किया था, वह उस समय की प्रासंगिक आवाज थी। वह मानवता के पक्ष में वाणी का सार्थक प्रयोग भी था। किन्तु प्रासंगिक आवाज होने की कोशिश में रचनात्मक भाषा का स्खलन एक ऐसी समस्या थी जिससे किसी भी सुकवि का विचलित होना सहज था। यह एक महत्त्वपूर्ण तथ्य है कि अज्ञेय ने इसी चिन्ता और नए पाश्चात्य अनुभवों की जमीन पर तार-सप्तक (1943) के माध्यम से प्रयोगवाद

का प्रारम्भ किया। वह पारस्परिक जड़ के प्रति विद्रोह तो था ही किन्तु ज्ञात के स्थान पर अन्वेषण का पथ भी था। प्रथम तार-सप्तक तो यह प्रयोगों का ही साधन था जिसे बाद में प्रयोगवादी कवियों की संज्ञा दे दी गई।

सन् '60 तक आते-आते अन्वेषण की यह दिशा आत्मान्वेषण की ओर मुड़ गई तथा पूरी तरह सौंदर्यवादी पक्ष में लुप्त हो गई। बहुत से लोग प्रयोगवाद और नई कविता में अन्तर नहीं मानते यहां तक कि मुक्तिबोध जैसे कवि भी इसमें पृथक्ता स्वीकार नहीं कर पाते। लेकिम प्रयोगवाद और नई कविता में थोड़ा अन्तर है। प्रयोगवाद में स्वतन्त्रता के पहले की संघर्ष की गूंज थी किन्तु नई कविता स्वतंत्रता के बाद आए परिवर्तनों का परिणाम है। स्वतंत्रता के बाद औद्योगिक और बौद्धिक जगत् में तेजी से परिवर्तन आए और हमारे सम्बन्ध अन्तर्राष्ट्रीय स्तर पर सक्रिय हुए। नवीनता का उत्साह और कौतुक जैसी प्रवृत्तियों ने कवियों को पाश्चात्य साहित्य की ओर प्रेरित किया और वे उसका अन्धानुकरण करते रहे। होना तो यह चाहिए था कि वे उसमें से सार्थक को ग्रहण करते और अपनी जमीन को उर्वर बनाते। लेकिन पश्चिमी कलावादी प्रतिमानों के कुहासे में हमारी बहस के बीच जिन चिन्ताओं का समावेश हुआ उसने कविता को व्यापक संदर्भों से काट दिया और आधुनिकता ही बहस का केन्द्रीय मुद्दा बन गया।

हम जानते हैं कि तार-सप्तक के एक कवि मुक्तिबोध भी हैं जिन्होंने आधुनिकता को एक नया अर्थ और वैज्ञानिक दृष्टिकोण प्रदान किया। उनकी विशेषता यही है—आजादी का उल्लास और नई प्रवृत्तियों का मोह भी उन्हें अपनी जमीन से पृथक् नहीं कर पाया जबकि पूरा साहित्यिक परिवेश पश्चिमी हवाओं में सांसें ले रहा था। इसी मौसम में नई कविता कई प्रकार के कला-सिद्धान्तों को साथ लेकर आई जिन पर क्रमश: फ्रायड का मनोविश्लेषण, बिम्बवाद, प्रतीकवाद, अभिव्यंजनावाद, अतियथार्थवाद और अस्तित्ववाद जैसे पश्चिमी आन्दोलनों का प्रभाव था। जैसा कि चन्द्रकान्त देवताले ने कहा है—"अभिव्यंजनावाद, बिम्बवाद, प्रतीकवाद, अतियथार्थवाद और अस्तित्ववाद आदि अनेक रासायनिक घोलों पर आधुनिकतावाद एक अनिश्चित चिपकी की तरह प्रयोग में आता रहा।"

यहां हम इतना ही कहना चाहते हैं कि स्वतंत्रता के बाद जैसा कि हम पश्चिमी प्रभावों से प्रभावित हुए वह उस समय को देखते हुए अप्रासंगिक नहीं है, कई पश्चिमी प्रभाव जरूरी भी थे लेकिन हमने उनका अन्धानुकरण किया और आधुनिक दृष्टि से यथार्थ को परखने की बजाय कई बौद्धिक सिद्धान्तों को जन्म दिया। अद्वितीयता, प्रामाणिकता, व्यक्तित्व की खोज, क्षणवाद, कुण्ठा, लघुमानव और अप्रतिबद्धता जैसे प्रश्नों ने हमें अपनी ही जमीन से पृथक् कर दिया और कविता मध्य-वर्ग की आशा-निराशा और सौन्दर्यवादी प्रतिमानों में ही सत्य की

खोज करने लगी। इसका आशय यह कदापि नहीं है कि इतने समय में जो कुछ घटित हुआ वह निरर्थक था। बौद्धिकता और नवीन भाषा जैसी सार्थक चीजें इसी समय की उपज हैं।

सन् 1962 के बाद का मोहभंग तथा अन्यायपूर्ण अत्याचार और समाज में व्याप्त भ्रष्टाचार ने मध्यवर्गीय सोच को उत्तेजित किया। उन्हें पश्चिमी कलावादी प्रतिमान अपने लिए अप्रासंगिक प्रतीत होने लगे। समकालीन परिस्थितियों का दबाव रचनाकार की संवेदना पर इतना पड़ने लगा कि रचनाकार के रचनाकर्म तथा वस्तुजगत् में सम्बन्ध तीव्रता से कायम होने लगे। इस समय भी पश्चिमी प्रभावों का आतंक बराबर बना रहा। इसी दौरान हम बीट जनरेशन के दौर से गुजरे। पूर्ववर्ती कविता में जहां आधुनिक जीवन-दृष्टि कविता के केन्द्र में थी वहीं इस बदलते हुए परिप्रेक्ष्य में कवि का अहम् मुद्दा वर्तमान का अस्वीकार बन गया। वर्तमान की भी प्रत्येक चीज को नकारा नहीं जा सकता, वैसे भी यह सामान्य मनोविज्ञान के विरुद्ध ही है। इसलिए निषेध एक स्थाई रचनात्मक पैंतरा नहीं बन सका। अकविता में मोहभंग के बाद आई विसंगतियों के प्रति तीखा आक्रोश किन्तु बेहद अकेलापन था। भीड़ से आतमघाती भय तथा अस्तित्व की चिन्ता अधिक थी। इन सब स्थितियों में समकालीन कवियों ने मुक्तिबोध को सार्थक कवि के रूप में पाया। अतः सातवें दशक में ही कवि आतमघाती तथा यौन-केन्द्रित विद्रोह से हटकर अपने सामाजिक आशयों के साथ जूझता दिखाई देता है। अकविता के कवि राजकमल चौधरी ने युग की इस आवश्यकता को पहचाना। उनकी लम्बी कविता 'मुक्ति-प्रसंग' में इसे देखा जा सकता है। राजकमल चौधरी के जीवन का असामयिक अन्त हुआ था। वे एक विवादास्पद कवि और व्यक्ति रहे। उनकी कविता का समुचित मूल्यांकन किए जाने के बदले उन्हें यौन-भावना, अकविता का कवि कहकर खारिज किया जाता रहा। हमारी धारणा है कि समग्र कविताओं के मूल्यांकन से राजकमल चौधरी के प्रति धारणा बदलेगी, उनकी कविता की शक्ति और विविधता को पहचाना जायेगा। इसी दशक में धूमिल जैसे कवि भी सामयिकता के लिए संघर्ष करते दिखाई देते हैं।

सातवें दशक में ही मार्क्सवादी लेखकों का पुनः संगठन हमारे समय की महत्त्वपूर्ण घटना है। क्या कारण है कि प्रयोगों का रास्ता अपनाने वाली कविता मार्क्सवादी विचारधारा से सम्बद्ध हो जाती है और फिर से अन्याय के विरोध में खड़ी होती है। जब तक स्वार्थ, भ्रष्टाचार, अवसरवाद और शोषण का चक्रव्यूह समाज में है तब तक प्रतिबद्ध कविता की आवश्यकता समाप्त नहीं होती, किन्तु इस दशक के कवियों को भी भाषा के सम्मोहन में खोते देखा गया।

अतः हम देखते हैं कि सातवें दशक में अकविता और प्रतिबद्ध कविता दोनों

ही साधारण मनुष्य को उसके ठोस संसार में नहीं पा सकी। अकविता में जहां वैयक्तिकता और वर्तमान को नकारने का पाखण्डपूर्ण रवैया था वहीं प्रतिबद्ध कविता में बड़बोलापन और नाटकीयता अधिक थी। व्यवस्था विरोध की इस कविता में आक्रामक शब्दों के बीच वास्तविक अनुभूति दब-सी गई और कविता वक्तव्य बनकर रह गई। यथार्थ को देखने की दृष्टि और तौर-तरीके जब मुहावरे में बदलने लगते हैं तो आन्तरिक ताप खोने लगता है। इन सीमाओं के अतिरिक्त यह दशक कविता के लिए महत्त्वपूर्ण भी साबित हुआ। आक्रोश और विद्रोह जैसी धारणाओं ने कई स्तरों पर हमारी मान्यताओं में भारी उलट-फेर किये। वैयक्तिक विद्रोह का सामाजिक विद्रोह में रूपान्तरण भी हुआ। अमूर्त चीजों से अलग मनुष्य की उपस्थिति ने कविता को अधिक मानवीय बनाया और समकालीन कविता इन सब स्थितियों से गुजर कर ही सहज और मुक्त हो सकी।

सन् 1970 के बाद की कविता अपनी अस्मिता को प्राप्त करती है। वह अपने परिवेश, पर्यावरण, संस्कृति और सामाजिकता को नए अर्थ प्रदान करती है क्योंकि आठवें दशक का कवि मनुष्य को केन्द्र में रखकर ही, परिवेश, संस्कृति और सामाजिकता के व्यापक संदर्भों तक पहुंचता है। समकालीन कविता मनुष्य का प्रकृति, परिवार और समाज के साथ रिश्ता कायम करती है। मां, बच्चा, पिता, घर और परिवार का सम्मिलन उसे और अधिक मानवीय बना रहा है। वह सामाजिकता, राजनीतिकता के संदर्भों में मानवीय अस्तित्व की तलाश करती है। मनुष्य को होने वाले षड्यन्त्रों के बारे में सतर्क करती है, विरोध भी करती है किन्तु ऐसा करते हुए वो चीखती नहीं, आक्रामक शब्दों का प्रयोग नहीं करती। मित्र की तरह कान में फुसफुसाती है जिसकी आवाज को हम भीतर तक अनुभव कर सकते हैं। समकालीन कविता की भाषा का संस्कार भी प्रकृति और चीजों से आत्मीय रिश्ता कायम करते हुए ही हुआ है। अतः समकालीन कविता के कथ्य का फलक विस्तृत हो गया है।

समकालीन कविता अज्ञेय और मुक्तिबोध की रचनाओं से ही नहीं विचारों से भी प्रभावित हुई है। दोनों के आन्तरिक उद्देश्य भिन्न हैं। उन्होंने अपने-अपने ढंग से समकालीन कविता को प्रभावित किया है। अज्ञेय और मुक्तिबोध के चिन्तन की द्वंद्वात्मकता को समकालीन कविता के परिप्रेक्ष्य में देखना हमारा उद्देश्य भी रहा है। इसलिए अज्ञेय और मुक्तिबोध के जीवन तथा सौन्दर्य चिन्तन के बिन्दुओं का समझना हम आवश्यक समझते हैं।

अज्ञेय नई कविता के प्रवर्तक हैं। उन्होंने छायावादी भावुकता और प्रगतिवादी इकहरी मानसिकता से पृथक् हिन्दी कविता को सार्थक दिशा में ले जाने का प्रयत्न किया। जब कोई भी कवि अपनी प्रचलित परम्परा को तोड़ता है तो उसका विरोध होना भी स्वाभाविक है। अज्ञेय को आरम्भ से ही छोटा कवि सिद्ध

करने के लिए अनेक बार अतिरंजित वक्तव्य भी दिए गए हैं, जबकि किसी भी कवि की मानसिकता को उसके समय से पृथक् कर नहीं देखा जा सकता। अपने समय और जीवन को समझने की उसकी निजी-दृष्टि भी होती है।

अज्ञेय किसी भी विचारधारा से जुड़े हुए नहीं हैं। उनके चिन्तन में विविधता है। वे साहित्य में वाद की प्रवृत्ति को अस्वीकार करते हैं और प्रयोग को महत्त्व देते हैं। अज्ञेय ने मनुष्य की गरिमा को आधुनिक, वैज्ञानिक, अन्वेषक की दृष्टि से लगातार प्रतिष्ठापित करने का प्रयत्न किया है। यही अन्वेषी दृष्टि उन्हें आधुनिकता की ओर ले जाती है। उनकी आधुनिकता का सम्बन्ध आधुनिकतावाद से है। आधुनिकतावाद पश्चिमी आन्दोलनों और वादों से उपजा है। लेकिन अज्ञेय आधुनिकतावादी दृष्टि ने हमारे समय और मानवीय परिस्थितियों को सच्चाई से देखा है और युग के महत्त्व को कलाकार की दृष्टि से अनुप्राणित किया है। हिन्दी में तार-सप्तक का प्रकाशन आधुनिकता-बोध का प्रथम प्रस्फुटन है, जिसने समकालीन कवियों को भी व्यापक स्तर पर प्रभावित किया और हिन्दी को नए उपमान, प्रतिमान व नया मुहावरा दिया, यह बात अलग है कि ऐसा उन्होंने पाश्चात्य वादों से प्रेरित होकर किया है। अज्ञेय पर अनेक पाश्चात्य कवियों व वादों का प्रभाव है। यह उन्होंने स्वयं अपने वक्तव्यों में भी स्वीकार किया है। प्रभावित होते हुए उनका चिन्तन नितान्त मौलिक है।

निष्कर्ष के तौर पर हम यह कह सकते हैं कि अज्ञेय का काव्य निजी समझ पर आधारित है। मनुष्य का कोई कार्य व्यापार मौलिक नहीं। महत्त्व इस बात का है कि उसे किस अन्तरंगता से ग्रहण किया जा रहा है। समय के साथ उसका सामंजस्य हो रहा है अथवा नहीं।

अज्ञेय जीवन को स्वप्नों का और आकारों का रंगीन विस्मय-भरा पुंज मानते हैं। जीवन एक क्षण से दूसरे क्षण तक चलता रहता है। यह रुक जाये तो कभी भी समाप्त हो सकता है। यह कोई छोटा विस्मय नहीं। अज्ञेय के जीवन दर्शन को किसी विशेष दर्शन से बांधा नहीं जा सकता, हम यही कह सकते हैं कि उनका चिन्तन निजी अनुभवों पर आधारित है। अज्ञेय बाहरी प्रभावों को साहित्य के लिए प्रेरक मानते हैं किन्तु आन्तरिक बाध्यता को साहित्य के लिए महत्त्वपूर्ण मानते हैं। उनके चिन्तन में व्यक्तित्व का आग्रह प्रधान है।

व्यक्ति-चेतना अज्ञेय के उनके चिन्तन का केन्द्र-बिन्दु है तो इसका यह आशय नहीं है कि वे समाज की सत्ता को अस्वीकार कर देते हैं। वे व्यक्ति-चेतना को प्राथमिकता देते हुए उसे सामाजिक चेतना से जोड़ देते हैं। उन पर यह आरोप लगते रहे हैं कि वे असामाजिक दृष्टिकोण वाले लेखक हैं और कुण्ठाओं, निराशा आदि व्यक्त करने वाले मनोवैज्ञानिक साहित्यकार हैं। उन्होंने स्वयं कहा है—"संक्षेप में यह कहूं कि मैं व्यक्ति को अपने प्रति उत्तरदायी मानता हूं और समाज

के प्रति भी, पर मैं अपने प्रति उत्तरदायित्व को प्राथमिक मानता हूं और समाज के प्रति दायित्व को उसी से उत्पन्न।"[1] इतने स्पष्ट विचारों के बाद यह आरोप अतिवादी धारणाओं के अतिरिक्त कुछ नहीं है।

अज्ञेय विचारधारा से जुड़े हुए नहीं हैं किन्तु विचारधारा का वे विरोध भी नहीं करते। विचारधारा का अर्थ वे जीवन-दृष्टि व मूल्य-पद्धति मानते हैं। विचारधारा और मतवाद में हमेशा अन्तर करते हैं। वे मतवादी प्रतिबद्धता को अस्वीकार करते हैं। उनके अनुसार विवेक-स्वातंत्र्य को नकारकर जो प्रतिबद्धता है वह साहित्यकार के लिए मानसिक गुलामी है। इससे यह महत्त्वपूर्ण तथ्य सामने आता है कि अज्ञेय की प्रतिबद्धता किसी के निर्देश पर चलना नहीं चाहती और इसी अर्थ में वह प्रचलित प्रतिबद्धता से भिन्न है। अतः दूसरे तक मूल्य-बोध को पहुंचाना ही अज्ञेय की सामाजिक प्रतिबद्धता है। संस्कृति, समाज, साहित्य आदि अवधारणाओं को वे एक-दूसरे का पूरक मानते हैं। संस्कृति का अनिवार्य सम्बन्ध मूल्य-दृष्टि से होता है। संस्कृति की परिभाषा के अनुकूल ही चेतना का क्षेत्र निर्धारित होता है। संस्कृति को परिभाषित करने में वर्तमान की उपेक्षा नहीं की जा सकती और वह काल के अनुसार बदलती रहती है। विज्ञान, खेल, श्रम, दर्शन, सामाजिक शिष्टाचार हमारी संस्कृति के अंग हैं। व्यक्ति की अद्वितीयता उनके हर चिन्तन में मौजूद रहती है।

नैतिकता को वे साहित्य के लिए अनिवार्य मानते हैं लेकिन कला का मूल्यांकन वे नैतिकता के आधार पर नहीं करते। साहित्य तो शाश्वत होता है जबकि नैतिकता काल के अनुसार बदलती रहती है। अतः साहित्य का मूल्यांकन नैतिकता के आधार पर कैसे हो सकता है। वैसे नैतिकता उनके लिए अन्तःप्रेरणा है। समाज की खोखली सिद्ध हो जाने वाली मान्यताओं के बदले दृढ़तर मान्यताओं को प्रतिष्ठित करने की कोशिश है।

अज्ञेय यथार्थ को भी विशिष्ट दृष्टिकोण से नहीं परखते, क्योंकि यथार्थ अनेकायामी होता है। वे साहित्य में मनोवैज्ञानिक दृष्टि को आवश्यक मानते हुए ऐतिहासिक दृष्टि का विरोध नहीं करते। अज्ञेय की यथार्थ-चेतना वास्तव में वादों-दृष्टिकोणों से निरपेक्ष है। इसीलिए उनका यथार्थ वही है जो रचना स्वयं है। अज्ञेय कला को शुद्ध अनुभव की अभिव्यक्ति मानते हैं और शुद्ध अनुभव वही है जिसका हेतु स्वयं अनुभव हो, जिसका मूल्यांकन नैतिकता, सत्य और उपयोगिता के बाह्य मानदण्ड न हो। कला उनके लिए कलाकार को प्रमाणित करने का प्रयत्न है। अपर्याप्तता का विरोध है। हम देखते हैं कि समाज, साहित्य, आधुनिकता, नैतिकता, प्रतिबद्धता, यथार्थ, संस्कृति जैसे महत्त्वपूर्ण विषयों पर व्यक्ति की विशिष्टता निरन्तर हावी रही है, जिसके कारण उन्हें अहंवादी भी घोषित किया गया। लेकिन कई बार यह आरोप शिविरों की उत्तेजना का

परिणाम भी होते हैं। रचना-कर्म व्यक्ति की स्वतंत्र अभिव्यक्ति है। उसे किसी भी परिभाषा में बांधा नहीं जा सकता।

अज्ञेय रचनाकार को स्वतंत्र मानते हैं और इसी अर्थ में कला को भी स्वतंत्र मानते हैं। इसलिए प्रारम्भ से ही वे कविता की व्याख्या के विरोधी रहे हैं। उन्होंने रचनाकारों की कृतियों को ही नहीं बल्कि समीक्षा सिद्धान्तों को साहित्यिकता की कसौटी पर परखा है। अज्ञेय के कला तथा साहित्य सम्बन्धी विचारों को त्रिशंकु, तार-सप्तक तथा अन्य संग्रहों की भूमिका को, 'प्रतीक' की टिप्पणियों, आत्मनेपद तथा 'आज का भारतीय' आदि पुस्तकों में व्यक्त किया है और अभी-अभी वत्सल निधि के शिविर में उनके निबंधों का प्रकाशन भी हुआ।

तार-सप्तक की भूमिकाओं में अज्ञेय आन्दोलन के प्रवर्तक के रूप में खड़े होते हैं। त्रिशंकु में मुख्यतया युग-विश्लेषण और भूमिकाओं में अपने काव्य की विशेषताओं को स्पष्ट करने का प्रयत्न किया है। वर्तमान समीक्षा-दृष्टि के विरुद्ध टिप्पणियां भी की है। अज्ञेय किसी भी विषय पर एकपक्षीय दृष्टिकोण से विचार नहीं करते और न ही अपने निष्कर्ष किसी पर थोपने की कोशिश करते हैं।

अज्ञेय भाषा के सम्बन्ध में हमेशा सचेत रहे। अज्ञेय ने पहली बार भाषा को मुख्य प्रश्न के रूप में देखा। अज्ञेय ने साहित्य के चिन्तन में प्रयोगों को अत्यधिक महत्त्व दिया है। प्रतीक, बिम्ब आदि के सम्बन्ध में भी वे प्रयोगों के हिमायती हैं। प्रतीक को उन्होंने सत्यान्वेषण का साधन कहा है। काव्य को वे सबसे पहले शब्द मानते हैं। समय के अनुसार प्रतीक, बिम्ब पुराने पड़ जाते हैं। उनमें नये अर्थ भरने से काव्य में सौन्दर्य बढ़ता है। उनकी भाषा ने कई परिवर्ती कथाकारों को भी प्रभावित किया। भाषा के संदर्भ में संप्रेषण की प्रयोजनीयता पर विचार अज्ञेय की महत्त्वपूर्ण देन है।

सौंदर्य के बाहरी तत्त्वों पर अज्ञेय काव्य का विश्लेषण करने पर हम पाते हैं कि अभिव्यक्ति पक्ष की प्रधानता ही उन्हें 'कला-कला लिये' सिद्धान्त का समर्थक बनाती है। उनका साहित्य सम्बन्धी चिन्तन नई कविता को समझने के लिए दिशा प्रदान करता है। उन्होंने साहित्य के क्षेत्र में जो स्थापनाएं कीं, वे परम्परागत धारणाओं से इतनी भिन्न व वैयक्तिक है कि हिन्दी जगत् में उसका सर्वत्र विरोध हुआ। फिर भी हमें यह नहीं भूलना चाहिए कि सन् 1943 से लेकर सन् 1960 तक वे कविता के केन्द्र में थे। दो दशकों के समय में उन्होंने हिन्दी कविता को बदलने में बहुत योगदान दिया। इतने समय तक उनका कविता के केन्द्र में रहना उस समय उनकी प्रासंगिकता को स्पष्ट कर देता है। लेकिन समय के बदलावों के कारण वे कविता के केन्द्र से हटते दिखाई देते हैं और केवल इस कारण साहित्य में उनके महत्त्व को कम कर नहीं आंका जा सकता।

मुक्तिबोध के कृतित्व ने ही नहीं जीवन ने भी समकालीन कवियों को

प्रभावित किया। उनकी रचनाओं से उनका जीवन भी इस कदर सम्बद्ध है कि उसे पृथक् नहीं किया जा सकता। कोई भी रचनाकार अपने परिवेश और घटनाओं से प्रभावित होते हुए ही अपना रास्ता आविष्कृत करता है। उसकी जीवन-दृष्टि भी जीवन में आये घात-प्रतिघातों से निर्मित होती है जिसके द्वारा वह अपने काव्य में प्रति-संसार की सृष्टि करता है। प्रति-संसार की रचना करते हुए वह अपने समय और इतिहास को जटिलताओं से कट नहीं जाता और वहीं अभिव्यक्ति के मानवीय अर्थ प्रकट होने लगते हैं। मुक्तिबोध के समग्र रचनात्मक साहित्य का भाव-इतिहास उपेक्षित, पीड़ित जनों और निम्न-मध्यवर्गीय जीवन है। उनके लिए चिन्तन कोई सैद्धान्तिक प्रश्न नहीं था। वे जीवन के भाष्यकार थे। वे मूलतः कवि थे, इसलिए जीवन समस्याओं के साथ सृजनात्मक समस्याओं से जूझते हुए उन्हें निरन्तर उनकी कविताओं में देखा जा सकता है। मार्क्सवाद के प्रति उनकी आस्था भावुकता वश नहीं हुई थी बल्कि उनके लिए वह जीवन की आवश्यकता थी। मार्क्सवाद के प्रति उनकी आस्था ही नहीं थी वे उसे करुण पवित्र कविता की तरह मानते थे। मुक्तिबोध साहित्य में विचारधारा को बहुत आवश्यक समझते हैं और प्रतिबद्धता को अनिवार्य मानते हैं। उनके लिए प्रतिबद्धता आत्मा का, अन्तरात्मा का प्रश्न है। उनकी प्रतिबद्धता उस दुनिया से सम्पृक्त है, जिसमें वह जीता है और अपना सह-दायित्व अनुभव करता है।

मुक्तिबोध का चिंतन प्रतिबद्ध रचनाकार का चिंतन है। वे कहते हैं साहित्य कला है और इसमें मानव-जीवन के सभी अंगों की अभिव्यक्ति होती है। वे व्यक्ति-मोक्ष की अपेक्षा सामाजिक मोक्ष पर बल देते हैं, वहीं वे अज्ञेय से भिन्न हो जाते हैं।

काव्य का प्रमुख स्रोत वे जीवन को मानते हैं और जीवन उनके लिए रंगीन व विस्मय भरा पुंज नहीं है। उनके लिए जीवन वही है जो मनुष्य के द्वारा जिया जाता है। इसीलिए वे चाहते हैं कि घर में, परिवार में, सबको मानवोचित जीवन प्राप्त हो। मानवीय चिंता उनमें इतनी उफनती है कि कविता, कहानी, निबन्ध, लेख यहां तक कि पत्रों में भी व्यक्त होती है। मुक्तिबोध को जिंदगी के पेचीदा सवालों से जूझते हुए उनकी रचनाओं की प्रत्येक पंक्ति में देखा जा सकता है।

मुक्तिबोध की रचनाएं एक साथ ही यथार्थ की अभिव्यक्ति और भविष्य का स्वप्न है जो लोगों को सजग करने के लिए षड्यंत्रकारियों की साजिशों का वीभत्स चित्रण करता है और जनता की विजय दर्शाकर आशावादी रास्ता आविष्कृत करता है। मुक्तिबोध के बारे में भिन्न-भिन्न लोगों के भिन्न-भिन्न मत हैं—कुछ लोग उनकी कविताओं में अंधेरा, निराशा और आतंक ही देख पाते हैं और कुछ लोगों को उन कविताओं में प्रेम-सौन्दर्य, संगीत के तत्त्व तथा भविष्य के स्वप्न भी दिखाई देते हैं। निष्कर्ष के रूप में हम कह सकते हैं कि सामाजिक

अन्याय के विरुद्ध आवाज उठाते हुए वे सबसे पहले उसकी साजिशों का खुलासा करते हैं और फिर भविष्य के स्वप्न सजाते हैं। टूटी हुई ताकत को पुनः प्राप्त कर लेने का संकल्प इन कविताओं का भावेइतिहास है।

मुक्तिबोध प्रत्ययवादी दर्शन को अस्त्र के रूप में स्वीकार करते हैं। वे जानते हैं कि जीवन के महत्त्वपूर्ण प्रश्नों के हल शून्य में नहीं ढूंढ़े जा सकते। उनकी दृष्टि में मानव से बड़ी और कोई सत्ता नहीं है। इसलिए उसकी समस्याओं के हल भी उससे बाहर नहीं हैं। प्रत्ययवादियों के अलावा एक दल बुद्धिवादियों का भी है जिन्होंने ईश्वर के स्थान पर स्वयं को स्थापित कर दिया है। उनकी दृष्टि में सारे प्रश्नोत्तर स्व-सापेक्ष थे। मुक्तिबोध जानते थे कि सामाजिक व मानवीय दायित्वों से बचने के ये पलायनवादी नुस्खे हैं। इसलिए उन्होंने नई कविता की व्यक्तिवादी धारणाओं का विरोध भी किया।

मुक्तिबोध की रचना और आलोचना दोनों का सार जीवन ही है। साहित्य और समाज का सम्बन्ध वे यान्त्रिक नहीं मानते हैं जैसा कि अन्य विज्ञानों में होता है। इसलिए प्रारम्भ से ही उनकी दृष्टि एकपक्षीय अतिरेकों की विरोधी रही है। वे आलोचना में ऐतिहासिक समाजशास्त्रीय तथा मनोवैज्ञानिक-सौन्दर्यात्मक विवेचना दोनों की एकात्मकता स्वीकार करते हैं। मुक्तिबोध साहित्य की आर्थिक-सामाजिक व्याख्या तथा भौतिक जगत् का अध्ययन आवश्यक समझते हैं क्योंकि ऐतिहासिक सामाजिक सत्ता द्वारा ही उसकी मानव-चेतना विकसित होती है। बाह्य और आन्तरिक अनुभवों का जब सामंजस्य होता है तब महत्त्वपूर्ण काव्य सत्य का उद्घाटन होता है। इसलिए साहित्य को किसी एक इकाई से नहीं परखा जा सकता।

मुक्तिबोध साहित्य में वायवीय स्थितियों के चित्रण के विरोधी थे। उनकी राजनीतिक चेतना जन समस्याओं पर आधारित है। मुक्तिबोध ने जब सृजन प्रारंभ किया स्वतंत्रता संग्राम की आग लगी हुई थी, जिसमें हर कोई कूद पड़ने को तैयार था। साहित्यिक जगत् भी उससे पृथक् नहीं था। मुक्तिबोध के लिए आजादी का अर्थ ही अलग था। वे मानवीय अधिकारों के लिए लड़ना चाहते थे। उनके लिए साहित्य और राजनीति एक ही है, मात्र अभिव्यक्ति में भिन्नता है। दोनों का मूल जन-जीवन के यथार्थ में है।

मुक्तिबोध के सृजनकाल में आधुनिकता का इस्तेमाल कई पदों में हो रहा था। आधुनिकतावाद, आधुनिकता, आधुनिकताबोध उस समय के चर्चित पद थे। और मुक्तिबोध ने कई जगह स्वयं को आधुनिकतावादी कहा है और कहीं कहा है मैंने आधुनिकतावादियों को देख लिया है। तो इस प्रकार के अन्तर्विरोध क्यों? इसका मूल कारण तो यह है कि उनका चिन्तन भी द्वन्द्वात्मक संघर्ष पर आधारित है और मुक्तिबोध जब स्वयं को आधुनिकवादी कहते हैं तब वे समकालीन परिवेश

से मानव की सत्ता को विस्मृत नहीं करते हैं और विज्ञान, टेक्नालॉजी, औद्योगिक क्रान्ति, नये विचारों को मानवीय विकास के रूप में देखते हैं और उस आधुनिकतावाद का विरोध करते हैं जो पाश्चात्य काव्यानुभूति पर आधारित है। वैज्ञानिक मानवतावाद और यथार्थ जीवन के बारे में सोचते हुए उनकी दृष्टि प्राथमिक आवश्यकताओं पर केन्द्रित रही।

मुक्तिबोध के अनुसार जीवन त्रिकोणात्मक है। इसकी तीन भुजाएं हैं—एक भुजा बाह्य जगत् है, दूसरी भुजा है हमारा अन्तर्जगत और तीसरी भुजा हमारी मानव चेतना है। उनके अनुसार साहित्य-विवेक मूलतः जीवन-विवेक है और कलाकृति भोगे हुए जीवन की विधायक पुनर्रचना है। कलाकार आस-पास के जीवन को देखता है, अनुभूत करता है और भोगे सत्यों को ही अभिव्यक्ति में आकार देता है। और वह जो पुनर्रचना होती है, उस जीवन का प्रतिनिधित्व करती है कि जो जीवन, इस जगत् में वस्तुतः जिया और भोगा जाता है। उनके अनुसार कला आभ्यन्तर के बाह्यीकरण का ही रूप है। प्रत्येक व्यक्ति अपनी चेतना के आधार पर सामाजिक जीवन का आभ्यन्तरीकरण करता है और इस प्रक्रिया में ही वह अपनी जीवन-दृष्टि को विकसित कर लेता है। इसलिए वे काव्य को आत्मपरक प्रयास मानते हुए भी सांस्कृतिक प्रक्रिया मानते हैं। रचना को सांस्कृतिक प्रक्रिया कहते हुए रचनाकार की निजता को गलत नहीं ठहराते हैं, लेकिन वे यह जरूर कहते हैं—उसमें जो सांस्कृतिक मूल्य परिलक्षित होते हैं वे व्यक्ति की देन नहीं बल्कि समाज व वर्ग की देन है। अज्ञेय भी कविता को सांस्कृतिक कर्म मानते हैं, लेकिन व्यक्ति की अद्वितीयता को ध्यान में रखते हुए उसे सांस्कृतिक स्वीकार करते हैं। मुक्तिबोध आत्मपरक काव्य और व्यक्तिवादी काव्य में फर्क करते हैं। वे कविता के आत्म-संचार पर जोर देते हैं लेकिन वहीं कलाकार को समाज, कुटुम्ब और सार्वजनिक कर्त्तव्यों से अलग व्यक्तिवाद के लौह प्रकोष्ठ में आबद्ध नहीं देखना चाहते थे। उनके अनुसार सौन्दर्यानुभूति वास्तविक जीवनानुभूति का ही अंग होती है अर्थात् जीवन के अनुभूत तथ्यों में से ही कलात्मक अनुभव उत्पन्न होते हैं। और यही कलात्मक अनुभव सौंदर्यानुभव कहलाता है। यह अनुभव केवल एक व्यक्ति नहीं, मनुष्य मात्र को हो सकता है। अपने से ऊपर उठना ही सौन्दर्यानुभूति का लक्षण है अर्थात् व्यक्ति मुक्ति की अपेक्षा सामूहिक मुक्ति के लिए सतत् प्रयत्न।

मुक्तिबोध रचना-प्रक्रिया को खोज व ग्रहण के रूप में स्वीकार करते हैं। रचना-प्रक्रिया स्वायत्त क्रिया है। रचना-प्रक्रिया के पहले जो मनोमय भूमि तैयार होती है उसे भी वे रचना-प्रक्रिया कहते हैं। अभिव्यक्ति के दौरान रचनाकार अज्ञात सत्य की खोज करता है और जीवन के अनुभूत तथ्यों को ग्रहण करने पर ही रचना के लिए मनोमय भूमि तैयार होती है।

मुक्तिबोध ने रचना-प्रक्रिया के तीन स्तर कला के तीन क्षण में माने हैं— पहला क्षण जीवन के तीव्र अनुभव का क्षण और दूसरा अनुभव का—अपने मूलों से पृथक् होकर फैण्टेसी का रूप धारण कर लेना और तीसरा अभिव्यक्ति का अर्थात् फैंटेसी के शब्दबद्ध होने का क्षण है। अभिव्यक्ति के संघर्ष को वे दीर्घ मानते हैं क्योंकि इस दौरान मनोमय तत्त्व बदलने लगते हैं।

उन्होंने अपने काव्य तथा समीक्षा में वस्तु रूप दोनों को महत्त्व दिया। शिल्प के भी वे उतने ही हिमायती थे जितने कथ्य के। अभिव्यक्ति को वे अभ्यास-साध्य मानते हैं। शिल्प के सम्बन्ध में फैण्टेसी को महत्त्व देते हैं। सौन्दर्य-शास्त्रीय विश्लेषण उनके लिए सिद्धान्त की नहीं जीवन की प्रखर मीमांसा और व्याख्या है।

मुक्तिबोध का रचना-संसार 1937-1964 की अवधि में फैला हुआ है। आरंभिक काल में वे उपेक्षित रहे। 'चांद का मुंह टेढ़ा है' के प्रकाशन के साथ ही वे महत्त्वपूर्ण कवि के रूप में प्रतिष्ठित होते हैं, लेकिन अन्तिम दस वर्षों की कविताओं को देखकर उनका सही मूल्यांकन नहीं किया जा सकता और न ही किया गया। क्योंकि मुक्तिबोध भी इस समय जीवन के यातनादायक समय को गुजार रहे थे। इन्हीं अनुभवों को उन्होंने अपनी अभिव्यक्ति के रूप में आकार दिया। मुक्तिबोध के संघर्षमय जीवन ने समकालीन कवियों को प्रभावित तो किया किन्तु मुक्तिबोध के बारे में गलत धारणाएं भी बनती गयीं। पन्द्रह वर्षों के बाद जब 'भूरी-भूरी खाक धूल' का प्रकाशन हुआ तो उसने मुक्तिबोध के बारे में बनी गलत भ्रान्तियों को ध्वस्त कर दिया है। इस संग्रह की कवितायं मुक्तिबोध के काव्य-संसार की परतें खोलती हैं। वे सिद्ध करती हैं कि समय की भयावहता तथा दहशत के खौफनाक वातावरण के साथ-साथ माता-पिता, मित्र आदि की स्मृतियां भी हैं। उनकी कविताओं में कल्पना की उदात्तता, अनुभव की सघनता, आत्म-संघर्ष ऐसे तत्त्व हैं जो उनके काव्य प्रयत्न के अंग हैं।

मुक्तिबोध की प्रारंभिक कविताओं पर छायावादी प्रभाव दिखायी देता है, फिर भी उनमें युग जीवन को समझने की बेचैनी निरन्तर दिखायी देती है। अतः हम कह सकते हैं कि उनकी कविता जमीन से जुड़कर ही आधुनिक हुई है। महत्त्वपूर्ण बात यह है कि प्रगतिवाद के समय में लिखी जाकर भी उस पर प्रगति-वादी सामाजिक चेतना का प्रभाव नहीं दिखाई पड़ता है, जिससे यह तथ्य सामने आता है कि मुक्तिबोध वादों से परे होकर निजी तौर पर जीवन को परख रहे थे। दूसरे दौर की कविताओं में वे परम्परा की आलंकारिकता को तोड़ते नजर आते हैं। इस समय तार-सप्तक का प्रकाशन हो चुका था और मुक्तिबोध की कविताएं भी उनमें शामिल थीं। प्रयोगवादी युग में कविताएं लिखते हुए भी वे प्रयोगवादी कविताओं से साम्य नहीं रखती है। मुक्तिबोध स्वयं को किसी वाद

में बांधकर नहीं चल पाते हैं। तीसरे दौर की कविताओं में आगामी दौर की कविताओं के संकेत मिलते हैं। कविता के इस दौर में उनका कई वादों से द्वन्द्वात्मक रिश्ता रहा, जिसके बीच उन्होंने अपने अनुभवों को व्यापक रूप में प्रस्तुत किया। चौथा दौर इन्हीं अनुभवों का विकसित रूप है। इसमें कवि का आन्तरिक तथा बाह्य संघर्ष व उसकी सृजनात्मक ऊर्जा के सम्बन्ध को हम उनकी इस दौर की कविताओं को जान सकते हैं तथा निष्कर्ष रूप में कह सकते हैं कि उनकी कविताओं की विकास-यात्रा क्रमशः उनके विचारों की काव्य-यात्रा है। आरम्भ में वे छायावादी व्यक्ति-चेतना के कवि थे फिर तार-सप्तक की कविताओं में उनमें मार्क्सवाद की किशोर सुलभ आस्था ही सक्रिय है। जैसे-जैसे मुक्तिबोध में दैनिक जीवनानुभवों की आभ्यन्तरीकरण की प्रक्रिया सक्रिय हुई, उसे वे मार्क्सवादी दर्शन द्वारा आत्मसात करने लगे, जिसके द्वारा मुक्तिबोध ने वर्तमान ह्रास सभ्यता के बीच आधुनिक मनुष्यों की समस्याओं का अन्वेषण किया है।

मुक्तिबोध ने अपने काव्य में कथ्य को ही अधिक महत्त्व दिया। वे शोषितों और उत्पीड़िकों के भाष्यकार थे। उनकी कविताएं सामाजिक विषमता के दुश्चक्र और दुःस्वप्न के बीच मनुष्य के संघर्ष को दर्शाती है। वे कल्पना लोक के वायवीय अंधेरे में चक्कर नहीं लगाती, जीवन के यथार्थ सत्यों की खोज करती हैं। मुक्तिबोध को विचारों की शक्ति मार्क्सवाद से प्राप्त हुई। इसलिए उनकी कविताओं में कथ्य न तो व्यक्तिवादी कला कर्म की तरह आता है न प्रगतिवादी नारों की तरह। मार्क्सवाद उनके अनुभवों में घुल-मिलकर धीरे-धीरे विकसित हुआ। मुक्तिबोध ने कथ्य को व्यापक आकार दिया। जिस वातावरण को देखा कथ्य से जोड़ दिया। इसलिए उनकी कविताओं का कथ्य लगभग सभी कविताओं में ऐसा ही है। यह ठीक भी है लेकिन उन्होंने निम्नवर्ग के संघर्ष को जीवन के हर कोण से देखा और व्यापक परिवेश दिया। मुक्तिबोध के कथ्य की महत्त्वपूर्ण विशेषता उनका आत्माभियोगी स्वर है। वे स्वयं को भी षड्यंत्रकारी साजिश में शामिल मानते हैं। कुछ न कर पाने की बेचैनी उनमें हमेशा मौजूद रहती है। मुक्तिबोध यथार्थ में जीते हुए भी मनुष्य में विश्वास नहीं खोते। उनकी रचना-प्रक्रिया में आधा खंड दुनिया के यथार्थ को उजागर करने में और आधा सामूहिक मुक्ति की सफलता का स्वप्न होता है। जनशक्ति में आस्था ही उन्हें महान कवि बनाती है। निजी स्तर पर मुठभेड़ मुक्तिबोध के कथ्य की महत्त्वपूर्ण विशेषता है।

मुक्तिबोध शिल्प की महत्ता को स्वीकार करते हैं। उनके लिए प्रमुख प्रश्न कण्टेंट की कमी व शिल्प के आधिक्य का नहीं, वरन् कण्टेंट के अतिरेक और शिल्प की अपर्याप्तता का है। इसलिए उनकी प्रत्येक कविता एक दस्तावेज की तरह होती है। मध्यवर्गीय त्रासदी, युगीन परिवेश और आगामी स्वप्नों को

अभिव्यक्त करने के लिए मुक्तिबोध ने जिस कला-पैटर्न का निर्माण किया वह अपने आप में अद्‌भुत है क्योंकि समय के प्रचलित लगभग सभी पैटर्नों को अपनाते हुए उससे भिन्न हैं। मुक्तिबोध का रचना-शिल्प फैण्टेसी पर आधारित है। मुक्तिबोध ने फैण्टेसी को अनुभव की कन्या कहा है। इसलिए मुक्तिबोध की स्वप्न कथाएं यथार्थोन्मुखी हैं। यथार्थ की पर्तें खोलने के लिए मुक्तिबोध फैण्टेसी का विविध ढंग से इस्तेमाल करते हैं।

प्रश्न यह उठता है मुक्तिबोध ने फैण्टेसी का ही शिल्प क्यों चुना ? वे चाहते तो व्यंग्यात्मक भाषा का भी प्रयोग कर सकते थे ? इन प्रश्नों का हल हम उनके बुनियादी स्वभाव में पाते हैं और दूसरा कारण प्रगतिवाद के कमजोर पड़ने का कारण कलात्मकता की कमी थी। अपनी कविता में इच्छित स्वप्नों को अभिव्यक्त करने के लिए तथा यथार्थ को उसकी विराटता तथा समग्रता से चित्रित करने के लिए वे फैण्टेसी का प्रयोग करते हैं। मुक्तिबोध का बिम्ब-संसार विविधतापूर्ण है जिसमें वे यथार्थ की विराटता और सम्बन्ध सूत्रता को समेटे हैं। उनके पास शब्दों की विशिष्ट दुनिया है जो कई अर्थों में फैली है। मुक्तिबोध के शिल्प की प्रमुख विशेषता यह भी है कि उसमें परस्पर भावों का धूप-छांही मेल है। उनकी काव्य-भाषा की अनगढ़ता पर अनेक प्रकार के आरोप लगाए गए हैं। इसके सम्बन्ध में हम इतना ही कहेंगे कि जीवन की समग्रता को वे जिस शब्द-सम्पदा में अभिव्यक्त कर लेते हैं वह क्या असमर्थ भाषा होगी।

मुक्तिबोध ने अपने शिल्प, कथ्य, विचार, जीवन आदि के माध्यम से समकालीन कवियों को प्रभावित किया है। यह आकस्मिक नहीं है कि वे समकालीन कविता के महत्त्वपूर्ण नायक बन गये हैं। उन्होंने वादों से ऊपर उठकर समकालीन कविता को सार्थक दिशा प्रदान की। सन् 60 के बाद कवियों का एक बड़ा वर्ग मुक्तिबोध से प्रभावित नजर आने लगा। इस समय की युवा पीढ़ी में बदलाव के चिह्न आए और रचना की सोद्देश्यता पर बल दिया गया और स्वयं को व्यापक स्तर पर जोड़ने का प्रयत्न किया जाने लगा। अब कविता में आक्रोश मूक दर्शक रूप में नहीं सक्रिय हस्तक्षेप के रूप में बदल गया और कविता की रचना संवेदना दो भागों में विभक्त हो गई और मुक्तिबोध समकालीन कविता के नायक बन गए।

मुक्तिबोध की तरह समकालीन कविता में अपने समय की पहचान है उसके सपने भी जनजीवन को सुखी देखने के हैं। समकालीन कविता उन सभी स्थितियों के विरोध में खड़ी होती है जो व्यक्ति की स्वतंत्रता और मानवीय हित में बाधक है। आत्म-विस्तार करने की प्रवृत्ति भी समकालीन कवियों को मुक्तिबोध से विरासत में ही प्राप्त हुई है। जीवन को देखने के लिए वह परिवार की जड़ों तक जाती है। उसका तटस्थ मूल्यांकन करती है। समकालीन कवियों ने भी अपनी

कविताओं में निम्नवर्ग और निम्न मध्यवर्ग के शोषित, विवश, संवेदनशील व्यक्तियों को काव्य नायक बनाया है। धूमिल, कुमार पारसेन्द्रसिंह, सौमित्र मोहन, चन्द्रकान्त देवताले, केदारनाथ सिंह आदि कवियों की कविताओं में इस प्रभाव को देखा जा सकता है। आत्माभियोग का स्वर भी समकालीन कविताओं में देखा जा सकता है।

भाषा की जटिलता और खुरदुरेपन के होते हुए मुक्तिबोध की भाषा समकालीन शिल्प-चेतना को प्रभावित करती है। यह बात अलग है कि मुक्तिबोध की आवेगमय ऊबड़-खाबड़ भाषा ने उन्हें ठीक उसी तरह प्रभावित नहीं किया। उन्होंने अपनी शब्द-सम्पदा को दैनिक जीवन से गूंथ दिया था। समकालीन कविता इसी अर्थ में मुक्तिबोध के शिल्प से प्रभावित है। मुक्तिबोध की द्वन्द्वात्मकता का भी समकालीन कवियों पर प्रभाव देखा जा सकता है वह अनुभव के इकहरेपन से उठकर जीवन की द्वन्द्वात्मकता में जाता है। फैण्टेसी के शिल्प को कई कवियों ने अपनी रचना-प्रक्रिया का हिस्सा बनाया, पर मुक्तिबोध की तरह नहीं। मुक्तिबोध लैंडस्केप का इस्तेमाल करते हैं। नए कवियों ने उसका अलग ढंग से प्रयोग किया। इस अन्तर को चन्द्रकान्त देवताले की लम्बी कविता 'भूखण्ड तप रहा है' तथा सौमित्र मोहन की 'लुकमानअली' में देखा जा सकता है।

महत्त्वपूर्ण तथ्य यह है कि मुक्तिबोध की कविता ही नहीं जीवन ने भी समकालीन कवियों विशेष तौर से आठवें दशक के कवियों को आत्मीय ढंग से प्रभावित किया है जिसका सबसे बड़ा परिणाम यह निकला कि निजी और पारिवारिक अनुभूतियों का दायरा बढ़ा। निजता में सामाजिकता का ताप घुल-मिल गया। आत्मा के सामाजिक अन्तःकरण में संस्कारित होने जैसी प्रक्रिया घटित हुई। इस सबका श्रेय निश्चित ही मुक्तिबोध को जाता है।

मुक्तिबोध ने निश्चित आठवें दशक के कवियों को प्रभावित किया है। किन्तु अज्ञेय ने हिन्दी साहित्य में नई कविता की नींव रखी और सन् 1943 से 1960 तक वे नवलेखन के केन्द्र में थे। उन्हीं के काव्य-प्रयत्नों से नई कविता छायावादी भावुकता से मुक्त हो सकी। अज्ञेय ने अपने सृजन का प्रारंभ सन् 1929 में किया। हिन्दी साहित्य में यह समय छायावाद का था। इसलिए आरम्भिक कविताओं में छायावाद और रवीन्द्र का प्रभाव दिखाई पड़ता है। प्रसाद की तरह अज्ञेय ने भी स्त्री-पुरुषों के मनोभावों का चित्रण किया है। लेकिन 'इत्यलम्' में कवि ने इस परम्परा को तोड़ने का प्रयास किया है। हम इसे हिन्दी साहित्य में प्रयोगकाल के नाम से जानते हैं। तीसरे दौर में वे अस्तित्व के साथ जीवन की व्यापकता से जुड़ते हैं। 'वर्षान्त' कविता में हम उनकी जिज्ञासा को देखते हैं जो बाद में

'आंगन के पार द्वार' में अपना हल खोजती है। कविता के चौथे दौर में इसी जिज्ञासा के अन्वेषण की ओर वे अग्रसर होते हैं। उनकी काल की अवधारणा उपनिषदों से तुलनीय हैं। वे काल को शाश्वत व अन्तहीन चक्र मानते हैं और काल की व्याख्या उसी आधार पर करते हैं। किन्तु उन्होंने अपने चिन्तन में मानव-सापेक्ष विभाजित काल को भी स्थान दिया है। उसमें वे वर्तमान को ही अधिक महत्त्व देते हैं। इस बात से यह महत्त्वपूर्ण तथ्य सामने आता है कि उन्हें पाश्चात्य सिद्धान्तों के आधार पर ही आधुनिक नहीं कहा जा सकता। वे परम्परा से भी गहराई से सम्बद्ध हैं। बाद की कविताओं में वे समकालीन जीवन के दैनिक अनुभवों के अधिक निकट हैं।

अज्ञेय विविध संवेदनाओं के कवि हैं, इसलिए उनकी कविताओं का कथ्य विविध अनुभवों से जुड़ा है। रहस्य, समाज, आत्मान्वेषण आदि भावों की एक साथ प्रस्तुति हम उनके काव्य में देख सकते हैं। प्रकृति और प्रेम उनकी कविता के मुख्य विषय हैं। अज्ञेय के काव्य में नव्य रहस्यवाद के तत्त्व दिखाई देते हैं। उनकी रहस्य वृत्ति जीवन से पलायन की प्रेरणा नहीं देती। वह आत्मा के सत्य की ओर उन्मुख है। उन्होंने काव्य विषयक चिन्तन को भी काव्य का मुख्य विषय बनाया है। प्रगतिशीलता के जो तत्त्व उनकी प्रारम्भिक कविताओं में दिखाई दिए थे लेखकीय चिन्ता में बदल गए। कवि-कर्म उनके लिए सरल प्रक्रिया नहीं, आन्तरिक नैतिकता का प्रश्न है।

अज्ञेय ने अपने काव्य में शिल्प और भाषा को अत्यधिक महत्त्व दिया है। वे काव्य में गतिशील भाषा को ही महत्त्व देते हैं। अज्ञेय ने बचपन से कई भाषाओं का अध्ययन किया था इसलिए भाषाओं के मिश्रित प्रभाव को उनकी कविताओं में देखा जा सकता है। संप्रेषण की समस्या को ध्यान में रखने से उनकी भाषा जनता तक संप्रेषित होने में समर्थ है। वह विभिन्न प्रभावों से प्रभावित होते हुए भी अपनी मौलिक पहचान रखती है। अज्ञेय के बिंब विधान में विविधता है और प्रकृतिपरक बिंबों की प्रधानता है। मुक्तिबोध के काव्य में प्रकृति रहस्यात्मक ढंग से प्रकट होती है, वहीं अज्ञेय के काव्य में मन के भावों को व्यक्त करने हेतु माध्यम के रूप में प्रकट होती है। अज्ञेय ने छायावादी सौन्दर्यबोध को प्रकृति के माध्यम से ध्वस्त किया है। अज्ञेय की कविता में प्रतीकवादियों की तरह पलायन नहीं है, रोमांटिक कवियों की तरह विद्रोह का स्वर है। बिम्ब व प्रतीकों की खोज करते हुए उन्होंने परम्परा की उपेक्षा नहीं की। इसलिए हम कह सकते हैं कि उन्होंने विशेष वाद से जुड़ने के लिए प्रतीकों की सृष्टि नहीं की। अनुभूति के दबावों ने ही उन्हें प्रतीकों के अन्वेषण के लिए भटकाया है।

अज्ञेय का समकालीन कविता पर प्रभाव अनेक रूपों में दिखाई देता है। लगातार चार दशकों तक तार-सप्तक का नेतृत्व करने के कारण वे नई कविता के

केन्द्र में छाये रहे और बाद में भी धर्मभारती, गिरिजाकुमार माथुर, जगदीश गुप्त, विजयनारायण देव साही, श्रीराम वर्मा, लक्ष्मीकान्त वर्मा, नन्दकिशोर आचार्य, स्नेहमयी चौधरी, राजेन्द्रकिशोर आदि कवि स्पष्टतः अज्ञेय की कलावादी रोमेंटिक धारा के ही निकट हैं। कुछ अंश में तो अज्ञेय का यह प्रभाव विरोधी-प्रभाव के रूप में रेखांकित किया जा सकता है। ऐसे कवि जो मार्क्सवाद से भावुकतावश प्रभावित होते हैं वे अज्ञेय के विरोध में आरम्भ से अपने को पाते हैं।

आठवें दशक के कवियों में भी कुछ कवि कविता में राजनीतिक विचारधारा के विरोधी हैं। वे श्रीकान्त वर्मा की तरह पक्षधरता के भी विरोधी हैं और अज्ञेय के नव्य-रहस्यवाद की विचारधारा का भी विरोध करते हैं। वे आधुनिकता और व्यक्ति के स्वर को अज्ञेय के मुहावरे के विरोधी मुहावरे में ढालते हैं।

अज्ञेय-ग्रन्थि के रूप में भी अज्ञेय के प्रभाव को देखा जा सकता है जिसके शिकार श्रीकान्त वर्मा और अशोक वाजपेयी जैसे अन्य कवि हैं। यह कुछ अंश तक मुक्तिबोध जैसे कवि में भी प्रकारान्तर से दिखाई पड़ता है जिसके कारण वे नये कवियों का विचित्र प्रकार से विभाजन करने लगते हैं।

मोहभंग के पश्चात् अज्ञेय की धारा कविता के केन्द्र से हटती दिखाई देती है किन्तु समाप्त नहीं होती। समकालीन कविता में भी वह अवचेतन के रूप में विद्यमान रहती है। प्रकृति और प्रेम की साहित्य में तो क्या जीवन में जरूरत खत्म नहीं होती। औद्योगिक सभ्यता तथा वैज्ञानिक प्रगति के साथ उसकी आवश्यकता बढ़ती जाती है। कविता को जीवन की तरह आन्तरिक अनुभव और बाहरी अनुभव जैसे खेमों में विभाजित नहीं किया जा सकता, और इसलिए अज्ञेय के महत्त्व को कम कर नहीं आंका जा सकता। समकालीन कविता के निर्माण में उनकी ऐतिहासिक भूमिका है।

यह तो हम जानते हैं कि तार-सप्तक के प्रकाशन के बाद अज्ञेय नई कविता के केन्द्र में थे किन्तु सन् 1964 के बाद अर्थात् मुक्तिबोध की मृत्यु और 'चांद का मुंह टेढ़ा है' के प्रकाशन के पश्चात् मुक्तिबोध समकालीन कविता के केन्द्र में प्रतिष्ठित हो जाते हैं। यहीं से कविता भी दो भागों में विभक्त हो जाती है। इन दो विरोधी विचारधारा वाले कवियों के शीतोष्ण टकराव से एक द्वन्द्वात्मकता समकालीन कविता में उभर कर आई और तभी से अज्ञेय विरुद्ध मुक्तिबोध बहस तेजी से प्रारम्भ होती है। मुक्तिबोध का अतिवादी प्रचार किया गया। अज्ञेय को छोटा और मुक्तिबोध को बड़ा कवि सिद्ध करने के लिए तानाशाही पूर्ण निर्णय भी दिए गए। हमारा उद्देश्य किसी भी कवि को कमतर आंकना नहीं है। हम प्रचलित बहसों से अलग मुक्तिबोध और अज्ञेय की विचारधाराओं को उस समय की परिस्थिति में रखकर देखना चाहते हैं और फिर उन बदलावों के बीच मुक्तिबोध की प्रासंगिकता के कारणों को जानना चाहते हैं।

नई कविता में आधुनिकता का आन्दोलन एक क्रान्तिकारी विचारधारा लेकर आया था, लेकिन उसका सम्बन्ध आधुनिकतावाद से ही अधिक था। प्रश्न उठता है कि क्या अज्ञेय समय के यथार्थ से परिचित नहीं थे ? आधुनिक युग की जटिलताओं को, भ्रष्टाचार व अन्याय को उन्होंने नहीं देखा था ? तो इसके उत्तर में हम देखत हैं कि अज्ञेय ने आधुनिक युग की जटिलताओं को समझा था, लेकिन उनका मुख्य उद्देश्य कल्पना के सत्य के स्थान पर, व्यक्ति सत्य को प्रतिष्ठापित करना था और प्रगतिवादी वामपन्थी विचारधारा के विरुद्ध होने के कारण उनकी व्यक्तिवादी धारणा पाश्चात्य प्रवृत्तियों पर आधारित हो गई। जबकि मुक्तिबोध ने समय के बदलावों को स्वीकार किया है। मुक्तिबोध की आधुनिकता सामान्य आदमी के मनोलोक और जीवन समस्याओं से जुड़ने के कारण नई परम्परा को गढ़ने की सामर्थ्य रखती है।

अज्ञेय कविता की स्वायत्तता और कलात्मक अनुभव की अद्वितीयता को सर्वोपरि मान शब्द-शक्ति में विश्वास करते हैं। यहीं उनका काव्य-संसार छोटा होने लगता है और मुक्तिबोध अपने सीमित दायरे से निकलकर व्यापक दुनिया में प्रवेश करते हैं। अज्ञेय के वक्तव्य भी उनके विरोध का कारण रहे हैं।

साहित्यिक जगत् में कई बार इस तरह के प्रश्न उठते रहे कि मुक्तिबोध मार्क्सवादी थे अथवा नहीं थे या वे भिन्न पथ की तलाश में संलग्न थे ? या उनकी कविता प्रगतिवादी ढांचे को स्वीकार नहीं सकी ? मनमोहन कृष्ण बोहरा के अनुसार—"वे प्रगतिवादी आलोचना के विरुद्ध खड्गहस्त होकर ही आलोचना में आए थे।" यह गलत प्रतीत होता है। प्रगतिवाद के प्रतिमानों, वामपन्थी विचारधारा से मुक्तिबोध का कोई विरोध नहीं था। वे उसकी कमजोरियों पर ध्यान दिलाकर उसे दूर करना चाहते थे और यही बात नई कविता के लिए भी थी।

मुक्तिबोध निजी सत्य को सामान्य सत्य में रूपान्तरित करने के लिए निरन्तर संघर्ष करते हैं जबकि अज्ञेय के लिए निजता से मुक्ति जरूरी नहीं है। दोनों कवियों की मानसिकता का प्रभाव उनकी कविताओं के ढांचे में देखा जा सकता है। मुक्तिबोध आत्मग्रस्तता के कटघरे से और मानवीय अधिकारों के बारे में सदैव सतर्क रहे हैं। कविता को जीवन से जोड़ने की यही आकांक्षा उन्हें महत्त्वपूर्ण कवि बनाती है। अज्ञेय सौन्दर्यानुभूति को जीवन से अलग मानते हैं और क्षण की महत्ता स्वीकार करते हैं। मुक्तिबोध इस क्षणवाद का विरोध करते हैं। वे सौन्दर्य को वास्तविक जीवन की समग्रता में स्वीकार करते हैं। अज्ञेय की व्यक्ति स्वातंत्र्य की अवधारणा जीवन की प्राथमिक आवश्यकताओं के प्रति बेखबर है जबकि मुक्तिबोध पश्चिम के व्यक्ति-स्वातंत्र्य और गरीब देश के व्यक्ति स्वातंत्र्य में हमेशा फर्क करते हैं। परिवेश और अपने लोगों के प्रति यह

चिन्ता ही उन्हें परवर्ती पीढ़ी से जोड़ देती है। अज्ञेय में भीड़ के प्रति भय की स्थिति बराबर बनी रहती है जबकि मुक्तिबोध भीड़ को हमेशा एक शक्ति के रूप में स्वीकार करते हैं।

कलाकार रचना-प्रक्रिया के संघर्ष में आत्माभिव्यक्ति करता है। केवल आत्माभिव्यक्ति ही नहीं खोज भी करता है। अज्ञेय इस खोज को आत्मान्वेषण और व्यक्तित्व की खोज का नाम देते हैं जबकि मुक्तिबोध रचना-प्रक्रिया को खोज ही नहीं ग्रहण के रूप में भी स्वीकार करते हैं। अज्ञेय और मुक्तिबोध के संदर्भ में इस बात को ध्यान में रखना चाहिए। मुक्तिबोध की दृष्टि में रचना-प्रक्रिया वह है जिसमें कवि की मनोमय भूमि तैयार होती है जबकि इलियट और अज्ञेय कविता के पहले नियोजन को अस्वीकार करते हैं। इसलिए दोनों ही आत्म-संघर्ष का रास्ता अपनाते हुए भिन्न प्रकार की खोज करते हैं। मुक्तिबोध के लिए यह वास्तविकता सामाजिक संघर्ष में खोजा गया मानव सत्य होगा और अज्ञेय के लिए अद्वितीय, रहस्यवादी, विशिष्ट सत्य होगा।

अज्ञेय और मुक्तिबोध की काव्य-भाषा में अन्तर भी उनकी काव्य की मूल संवेदना का परिणाम है। अज्ञेय की भाषा में तराश है जबकि मुक्तिबोध की भाषा में केन्द्रीय जीवन-दृष्टि का तनाव है। अज्ञेय की भाषा में तराश को पाते हुए समकालीन कवि शब्द की उस विशेषता का अभाव पाते हैं जो युग के संदर्भों के साथ और चमक उठते हैं। फिर भी हम देखते हैं कि मुक्तिबोध की भाषा ऐसी नहीं जो जनभाषा के रूप में संप्रेषित हो सके। फैंटेसी जैसी शिल्प पद्धति अपना कर भी वे युवा कवियों के संदर्भ कैसे बन जाते हैं? और वहीं नई कविता के प्रवर्तक अज्ञेय पीछे छूट जाते हैं? उसका कारण यह है कि कविता में भाव-चेतना के अनुरूप ही भाषा की आवश्यकता पड़ती है। मुक्तिबोध संवेदना के अनुरूप ही भाषा का निर्माण करते हैं।

अब प्रश्न यह उठता है कि मुक्तिबोध की कविता समकालीन कवियों के लिए प्रेरणास्पद होते हुए भी अनुकरणीय रही है तो क्या सचमुच उनकी काव्य-भाषा की जटिलता, दुर्बोधता, ऊबड़-खाबड़पन ही उनके कथ्य तक न पहुंचने का परिणाम है? और यदि है तो उन्हें जनकवि कहा जा सकता है? यह बात सही है कि सामान्य पाठक वर्ग को उनकी कविता समझ में नहीं आती, इसलिए वे जनवादी कवि तो नहीं कहे जा सकते, लेकिन जनता के कवि कहे जा सकते हैं। ऐसे कवि जो जनता के जीवन मूल्य, आदर्शों को मुक्ति-पथ की ओर अग्रसर करते हैं। दूसरा महत्त्वपूर्ण प्रश्न यह है कि मुक्तिबोध की कविता के सभी उपकरण एक से ही प्रतीत होते हैं और जिस कण्डीशन में साहित्यिक रिफ्लेक्सेज से बचने का मुक्तिबोध ने आग्रह किया है, क्या वे उससे बच पाते हैं? इसका कारण यह है कि उनकी सारी काव्य-यात्रा का मार्ग निम्न मध्यवर्गीय जीवन है। इसीलिए उसी

के सुख-दु:ख, आशा-निराशा उनकी कविता में जगह बनाए हैं। मुक्तिबोध की भाषा किसी प्रकार के अन्तर्विरोध को व्यक्त करते समय झेंपती नहीं। विचार को संवेदना में पचाकर जहां जो दिखता है उसे अपने कोण से चुनती है। यह कोण जिंदगी को व्यक्त करते समय दुनिया का एक ढाचा लेकर चलता है। इस ढांचे को बनाने में मुक्तिबोध की भाषा अज्ञेय की भाषा से आगे निकल जाती है और समकालीन कवियों के लिए प्रासंगिक हो जाती है।

अज्ञेय के संस्कारों ने उन्हें अद्वितीयता, विशिष्टता और वैयक्तिकता की ओर मोड़ दिया जबकि मुक्तिबोध तो हमेशा अपने लोगों से दूर रहने की भावना और कुछ न कर पाने की व्यथा से ग्रस्त रहे। मुक्तिबोध की यही आत्मीयता उन्हें आत्म-विस्तार में सहायक होती है।

मुक्तिबोध की महत्ता केवल साहित्यिक बदलावों से ही नहीं वरन् ऐतिहासिक बदलावों से भी स्थापित होती है। तार-सप्तक का जब प्रकाशन हुआ, उसमें चार प्रगतिवादी कवि थे और तीन प्रयोगवादी। तार-सप्तक के आरम्भ में जो व्यापक सत्य की घोषणा की गई थी, तार-सप्तक तक आते-आते उनका व्यापक सत्य आत्म-सत्य में केन्द्रित हो गया। अत: प्रगतिवादी कवियों का एक दल हमेशा से आपत्ति करता रहा। वह यह जानना चाहता था कि वह आत्म-सत्य की खोज किन मूलों में करता है? इसका उत्तर उन्हें मुक्तिबोध की रचनाओं में मिला।

अत: निष्कर्ष के रूप में हम कह सकते हैं कि अज्ञेय और मुक्तिबोध को विरुद्ध रखकर जो बहस आरम्भ हुई थी, उसका एक कारण साहित्यिक वाद-विवाद था और इसी कारण अज्ञेय पर जो अशोभनीय प्रहार किए गए वे गैर साहित्यिक थे। दूसरी तरह यह बदलाव समकालीन कविता के चरित्र में आए बदलावों के कारण था। यह बदलाव आधुनिकतावाद से मुक्ति और अपनी धरती से जुड़ने की सहज कामना का परिणाम था। इस बदलाव को मुक्तिबोध ने पुष्ट आधार प्रदान किया। इसीलिए अज्ञेय मुख्य जीवन-प्रवाह से अलग होते गए और मुक्तिबोध की केन्द्रीय कविता के रूप में प्रतिष्ठा हो सकी।

पिछले तीन-चार दशकों की हिन्दी कविता का विकास देखा जाये तो हम पायेंगे कि उसमें दो समानान्तर प्रवृत्तियां एक साथ सक्रिय रही हैं और इन विरोधी विचारधाराओं का प्रतिनिधित्व अज्ञेय और मुक्तिबोध करते हैं। उनके विरोधी चिन्तन तथा प्रभावों को देखने के पश्चात् हम देखते हैं आज भी मुक्ति-बोध और अज्ञेय के विरोधी विचारों से उपजी द्वन्द्वात्मकता मौजूद है और अभी भी यह समानन्तरीय धारा वर्तमान कविता में सक्रिय है। लेकिन प्रतिबद्धता की धारणा समकालीन कविता के केन्द्र में है।

आर्थिक व सामाजिक दबावों के कारण ही मनुष्य बदलते हुए मूल्यों के लिए

आवाज उठाता है और रचनाकार भी इसी समाज की एक इकाई है। वह जानता है कि आर्थिक, सामाजिक, सांस्कृतिक साधनों पर नियन्त्रण करने के कारण शोषक व उत्पीड़क वर्ग की स्थिति मजबूत होती है। इसलिए इस संकट के विरुद्ध वह जनशक्ति के पक्ष में प्रतिबद्ध होता है। अत: प्रतिबद्धता किसी युग की धरोहर नहीं है।

प्रतिबद्धता के आविर्भाव को समय के अनुसार बांधा नहीं जा सकता, उसे हम बदलती हुई घटनाओं और स्थितियों के परिप्रेक्ष्य में देखें तो जानेंगे कि मध्य-युग में हमें उसके बीज दिखाई देते हैं। मध्ययुग में वह सब प्रारम्भ हो चुका था जिसे हम पूंजीवादी कपट के नाम से जानते हैं। इसलिए प्रगतिशील चेतना भी कभी कबीर, कभी निराला के रूप में सामने आई। पहले प्रगतिशील चेतना का सम्बन्ध जनसंघर्ष से ही था जो बाद में मार्क्सवादी विचारधारा से सम्बद्ध माना जाने लगा और प्रतिबद्धता के रूप में विकसित हुआ।

अज्ञेय और मुक्तिबोध के विरोधी प्रभावों से जो दो काव्यधाराएं विकसित हुई उनमें से एक तो प्रकृति को अंगीकार करते हुए धीरे-धीरे अपने रूपाकार में ज्यादा नागरिक और प्रकृति में ज्यादा सार्वभौम होती चली गई और दूसरी हर कीमत पर अपने खास भारतीय मिजाज को बनाए रखने के लिए ठोस व जनभाषा से जुड़ी रही। ऐतिहासिक बदलावों के कारण एक का प्रभाव कम और दूसरी यानी मुक्तिबोध प्रभावित प्रतिबद्ध धारा का विकास होता जाता है।

सातवें दशक की मुख्य प्रवृत्ति अकविता के भी दो छोर थे। एक प्रकृतिवादी नकारात्मक अन्तर्मुखी छोर था और दूसरे में नकारात्मक तेवर के बावजूद अपने समय की अमानवीयता के खिलाफ लड़ने का संकल्प था। धूमिल, राजकमल चौधरी, लीलाधर जगूड़ी, कुमार विकल आदि कवियों में वह उस पूरे कुचक्रपूर्ण राजनीतिक सामाजिक ढांचे के विरुद्ध है जो निर्जीव हो चुका है। इस दशक के उत्तरार्द्ध में प्रतिबद्ध कविता को लाने का श्रेय लघु-पत्रिकाओं को भी जाता है। उनके पत्र-पत्रिकाओं ने उग्र तथा आक्रामक राजनीतिक चेतना सम्पन्न कविताओं को प्रकाशित किया। साहित्य में प्रतिबद्धता के प्रश्न पर गंभीर बहसें होने लगीं। और साहित्य में प्रतिबद्धता की धारणा को एक बार फिर वेग प्राप्त हुआ। धूमिल की कविताएं नई कविताओं के संदेह से मुक्त और स्पष्ट दिशा वाली कविता है। उनकी कविता अन्यायी सत्ता के संत्रास और पूंजीवादी व्यवस्था से मुक्त करने के लिए प्रतिबद्ध है।

अत: निष्कर्ष के रूप में कहा जा सकता है कि सातवें दशक की कविता में भी हमारे समय की तस्वीर थी, वैयक्तिक विद्रोह का सामाजिक विद्रोह में रूपान्तरण भी हुआ किन्तु मानवीय चिन्ता नारे के रूप में बदल गई।

आठवें दशक में कविता आम-आदमी के जीवन को उसकी जड़ों से समझने

का प्रयत्न करती है। इसलिए मानवीय अनुभवों की तरह ही इन कविताओं का रचना-संसार भी व्यापक है। रोजमर्रा की चीजें तक रचनात्मक अनुभवों का हिस्सा बन रही हैं। यह कविता मनुष्य के सुख-दुःख से प्रतिबद्ध है। लेकिन आठवें दशक में भी दो प्रकार की विचार-पद्धतियां दिखाई देती हैं। एक ओर मार्क्सवाद और प्रतिबद्धता को मनुष्य की स्वतन्त्रता में बाधक समझने वालों की क्षीण धारा दिखाई देती है जो अज्ञेय की तुलना में प्रकट रूप में मुक्तिबोध को अधिक प्रासंगिक समझने का प्रदर्शन करते हैं किन्तु भीतरी तौर पर वे अज्ञेय की धारा का ही समर्थन करते हैं : इसका स्वरूप निश्चित ही प्रयोगवाद व नई कविता से भिन्न दिखाई देता है पर यह चरित्रगत भिन्नता नहीं है।

अशोक वाजपेयी भी मुक्तिबोध को अपनाते हुए अज्ञेय की विचारधारा का समर्थन करते दिखाई देते हैं। अशोक वाजपेयी के कलावाद के प्रभाव में अन्य कवि भी भारत-भवन में मार्क्सवाद विरोधी और शाश्वत कलावादी कविता की पताकाए फहराते रहते हैं। कमलेश, रमेशचन्द्र शाह, जितेन्द्र कुमार आदि ऐसे ही कवि हैं। इस तरह की रचनाओं के बाद भी समकालीन कविता के केन्द्र में प्रति-बद्ध कविता की धारा का पाट ही चौड़ा हुआ है। आठवें दशक की कविताओं मे प्रतिबद्धता इस कदर समा गई है कि वह कई बार अमूर्त हो उठी है। आठवें दशक के कवि ने अपने जाने हुए परिवेश को समझने की, जीवित रखने की कोशिश की है। विद्रोह की धारणा को अनुभव के स्तर पर महसूस किया गया है तथा कविताओं को समाज के व्यापक परिवेश से जोड़ा है। गिरधर राठी कहते हैं कि—"कविता में व्यक्ति चेतना इतनी विकसित हुई है कि समाज को अपने भीतर समेट ले।"[2] वहीं रघुवीर सहाय जैसे कवि यह कहते हैं कि—"समकालीन कविता में गतिरोध आ गया है। गतिरोध आने के कारण अनुभवों की कमी है।"[3] आज यदि संग्रहों को देखकर हमें ठहराव का आभास होता तो यह नहीं कहा जा सकता कि गति रुक गई है। हो सकता है साहित्यिक सभाओं से अलग कोई आग सुलग रही हो जो उभरकर सामने आए।

सन्दर्भ

1. आतमनेपद, अज्ञेय, पृ० 42
2. जनसत्ता, 25 दिसम्बर, 1988
3. वही

आधार ग्रंथ सूची

अज्ञेय

1. भग्नदूत (1933)
2. चिन्ता (1942)
3. इत्यलम् (1946)
4. हरी घास पर क्षण भर (1949)
5. बावरा अहेरी (1954)
6. इन्द्रधनु रौंदे हुए (1957)
7. अरी ओ करुणा प्रभामय (1959)
8. आंगन के पार द्वार (1961)
9. कितनी नावों में कितनी बार (1967)
10. क्योंकि मैं उसे जानता हूं (1969)
11. सागर-मुद्रा (1970)
12. पहले से सन्नाटे बुनता हूं (1973)
13. महावृक्ष के नीचे (1977)
14. ऐसा कोई घर आपने देखा है (1985)
15. सदानीरा भाग-1 (1980)
16. सदानीरा भाग-2 (1980)

मुक्तिबोध

17. मुक्तिबोध रचनावली भाग-1 (1980)
18. मुक्तिबोध रचनावली भाग-2 (1980)
19. मुक्तिबोध रचनावली भाग-3 (1980)
20. मुक्तिबोध रचनावली भाग-4 (1980)
21. मुक्तिबोध रचनावली भाग-5 (1980)
22. मुक्तिबोध रचनावली भाग-6 (1980)

23. चांद का मुंह टेढ़ा है (1964)
24. भूरी-भूरी खाक धूल (1980)

संपादन मुख्य

तार-सप्तक—सं० अज्ञेय
दूसरा तार-सप्तक—सं० अज्ञेय
तीसरा तार-सप्तक—सं० अज्ञेय
चौथा तार-सप्तक—सं० अज्ञेय
अन्तरा—सं० अज्ञेय
अद्यतन—सं० अज्ञेय
आत्मनेपद—सं० अज्ञेय
आलवाल—सं० अज्ञेय
त्रिशंकु—सं० अज्ञेय
भवन्ती—सं० अज्ञेय
धार और किनारे—सं० अज्ञेय

समकालीन काव्य संग्रह

1. धूमिल—संसद से सड़क तक
2. चन्द्रकान्त देवताले—दीवारों पर खून से
   —लकड़बग्घा हंस रहा है
   —भूखण्ड तप रहा है
3. केदारनाथसिंह—जमीन पक रही है
4. उदयप्रकाश—सुनो कारीगर
5. अशोक वाजपेयी—शहर अब भी संभावना है

संदर्भ ग्रंथ सूची

1. आचार्य नन्दकिशोर : अज्ञेय की काव्य तितीर्षा
2. कृष्ण भावुक : अज्ञेय की काव्य-चेतना
3. रामस्वरूप चतुर्वेदी : अज्ञेय और आधुनिक रचना की समस्या
4 शम्भूनाथ चतुर्वेदी : अज्ञेय का काव्य : एक पुनर्मूल्यांकन
5. सुमन झा : अज्ञेय का काव्य
6. भोलाभाई पटेल : अज्ञेय : एक अध्ययन
7. केदार शर्मा : अज्ञेय साहित्य : प्रयोग और मूल्यांकन
8. शैल सिन्हा : प्रयोगवाद और अज्ञेय

9. अशोक चक्रधर : मुक्तिबोध की काव्य प्रक्रिया
10. चन्द्रकान्त देवताले : मुक्तिबोध के चिन्तन और काव्य का मूल्यांकन (अप्रकाशित)
11. लक्ष्मणदत्त गौतम : गजानन माधव मुक्तिबोध
12. शशि शर्मा : ग० मा० मुक्तिबोध का साहित्य
13. मोतीराम वर्मा : मुक्तिबोध का गद्य साहित्य
14. गंगाप्रसाद विमल : मुक्तिबोध का रचना-संसार
15. पुष्पलता : मुक्तिबोध के आलोचना सिद्धान्त
16. गजानन माधव मुक्तिबोध : एक साहित्यिक की डायरी
17. डॉ० नामवर सिंह : कविता के नए प्रतिमान
18. डॉ० लक्ष्मीकान्त वर्मा : नई कविता के प्रतिमान
19. डॉ० शिवकुमार : नया हिन्दी काव्य
20. नन्ददुलारे वाजपेयी : हिन्दी साहित्य : बीसवीं शताब्दी
21. विशम्भरनाथ उपाध्याय : समकालीन कविता की भूमिका
22. विजयकुमार : साठोत्तरी कविता की परिवर्तित दिशाएं
23. जगदीशनारायण श्रीवास्तव : समकालीन कविता पर बहस
24. विनयमोहन शर्मा : समकालीन कविता के आन्दोलन
25. राकेशकुमार : समकालीन कविता की रचना-प्रक्रिया
26. रामस्वरूप चतुर्वेदी : हिन्दी नवलेखन
27. शम्भूनाथ चतुर्वेदी : नया साहित्य काव्य और विवेचना
28. इन्द्रनाथ मदान : आधुनिकता और हिन्दी साहित्य
29. विद्यानिवास मिश्र : आज के लोकप्रिय कवि—अज्ञेय
30. गिरिजाकुमार माथुर : नई कविता की सीमाएं व सम्भावनाएं
31. रामस्वरूप चतुर्वेदी : नई कविता एक साक्ष्य
32. डॉ० सम्पत ठाकुर : मुक्तिबोध के काव्य का पुनर्मूल्यांकन
33. नामवर सिंह : इतिहास और आलोचना
34. डॉ० रघुवंश : साहित्य का नया परिप्रेक्ष्य
35. केदारनाथ सिंह : आधुनिक हिन्दी कविता के बिम्ब विधान
36. डॉ० रामविलास शर्मा : नई कविता और अस्तित्ववाद
37. शिवप्रसाद सिंह : आधुनिक परिवेश और नवलेखन
38. श्रीकान्त वर्मा : जिरह
39. प्रकाश दीक्षित : नई कविता का अस्तित्ववाद
40. अशोक वाजपेयी : फिलहाल

41. डॉ० ओमप्रकाश अवस्थी : नई कविता की रचना प्रक्रिया
42. डॉ० योगेन्द्र शाही : अस्तित्ववाद : कीर्केगार्द से कामू तक
43. जार्ज लुकाच : मीनिंग ऑफ कांटेम्परेरी रियलिज्म
44. काडवेल : इल्यूजन एण्ड रियलिज्म
45. निर्मल वर्मा : कला को जोखिम
46. चन्द्रकान्त बांदिवडेकर : कविता की तलाश
47. चन्द्रकान्त बांदिवडेकर : अज्ञेय की कविता—एक मूल्यांकन
48. दुर्गाशंकर मिश्र : अज्ञेय का काव्य—एक विश्लेषण
49. कृष्णलाल : तार-सप्तक के कवि : काव्य शिल्प के मान
50. परमानन्द श्रीवास्तव : समकालीन कविता का व्याकरण
51. विपिनकुमार अग्रवाल : आधुनिकता के पहलू
52. कार्ल यास्पर्स : Man in the morden age.
53. अशोक वाजपेयी : शहर अब भी संभावना है
54. श्याम परमार : अकविता और कला-संदर्भ
55 गजानन माधव मुक्तिबोध : नए साहित्य का सौन्दर्यशास्त्र

सहायक पत्रिकाएं

1. आलोचना (जनवरी-मार्च, 1968)
2. धर्मयुग (जनवरी, 1967)
3. दस्तावेज (13-14 अंक) (1985)
4. दस्तावेज (1985)
5. पूर्वाग्रह (अंक 73-74, 1986)
6. पूर्वाग्रह (मई-जून, 1981)
7. वसुधा (अंक-6, 1986)
8. अवन्तिका पत्र (5 जनवरी, 1954)
9. जनसत्ता पत्र—25 दिसम्बर, 1988
10. हंस (अक्टूबर, 1944)
11. हंस (अक्टूबर, 1947)